두 번째 화살을 피하는 방법

호흡하세요
그리고
미소지으세요

타라 브랙 Tara Brach 지음

윤서인 옮김

불광출판사

"타라 브랙은 자애로운 열린 마음으로 글을 쓰고 가르친다. 누구든지 자신과, 그리고 타인과 오래도록 진정으로 교류할 능력을 갖고 있음을 되새겨준다. 명상을 일상화하기 위해 타라 브랙은 간단하고도 심오하고 누구든 쉽게 익힐 수 있는 다양한 기법을 소개한다."

　　　– 샤론 샐즈버그, 『자애Lovingkindness』와 『하루 20분 나를 멈추는 시간Real Happiness』의 저자

"이 심오하고도 시기적절한 책에는 타라 브랙 자신의 고통과 상실에 대한 진솔한 고백과 무수한 상담 경험에서 비롯된 실질적인 조언이 가득하다. 몸과 마음에 대한 깊은 이해에 관조적인 지혜가 더해진 『호·그·미True Refuge』는 당신이 내면의 안식처에 이르러 힘과 평화와 치유를 얻게 도와줄 것이다."

　　　– 릭 핸슨Rick Hanson 박사, 『붓다 브레인Buddha's Brain: The Practical Neuroscience of Happiness, Love, and Wisdom』의 저자

"타라 브랙은 내면의 안식처, 우리 안의 신성한 영적 공간으로 돌아가 위안을 얻고 어떤 역경 앞에서도 그곳에 의지하는 법을 친절하게 알려준다. 이 뛰어난 책은 불교 사상과 마음챙김 명상을 응용하여 우리가 언제 어디서든 자신의 분노를 다정하게 자각하고 내려놓게 한다."

　　　– 라마 수리야 다스Lama Surya Das, 『내 안의 붓다를 깨워라Awakening the Buddha Within: Tibetan Wisdom for the Western World』의 저자이자 〈족첸 센터Dzogchen Center〉와 〈족첸 선원Dzogchen Retreats〉 설립자

"이 책은 연민–따스하고 지혜로운 관심–이 치유와 화해와 성장의 근간이라는 진실을 거듭 강조한다. 타라 브랙은 노래하듯 참으로 부드러운 목소리로 그 진실을 수없이 되새겨준다. 『호·그·미』의 한 문장 한 문장이 우리를 위로한다."

　　　– 실비아 부어스타인Sylvia Boorstein 『행복은 마음의 일Happiness is an Inside Job: Practicing for a Joyful Life』의 저자

"강하고 중요한 책! 타라 브랙은 이 시대의 위대한 스승 중 한 명이다. 『호·그·미』는 그녀가 우리에게 주는 더없이 소중한 선물이다. 타라 브랙은 우리에게 정서적 치유의 길을 보여주고 우리가 마음을 열어 더욱 진실하고 풍요롭게 살아갈 수 있게 해준다. 이 책을 찬찬히 읽고 마음에 새긴다면 당신은 지금껏 결코 상상도 하지 못했던 자유에 이를 것이다."

> – 엘리샤 골드스타인Elisha Goldstein 박사, 『지금 효과The Now Effect』와
> 『마음챙김에 기초한 스트레스 완화 워크북A Mindfulness-Based Stress Reduction
> Workbook』의 저자

"우리를 지혜와 연민의 마음 공간으로 안내하는 아름다운 책. 괴로움에 직면해서 우리가 자기연민을 키우고 마음챙김 명상을 심화하는 방법에 관해 유용하고 실질적인 조언을 들려준다. 『받아들임』에 이은 이 훌륭한 책은 더욱 커다란 통찰을 얻고 마음이 더욱 활짝 열리기를 원하는 모든 사람의 필독서다."

> – 크리스틴 네프Kristin Neff 박사, 『자기연민Self-Compassion』의 저자

"이 우아한 책에는 아주 특별한 것이 있다. 명료하고 아름답고 소박하고 인간적인 문장들이 당신의 귀에 대고 실제로 노래를 불러준다. 심금을 울리고 기분을 돋워주는 이 책은 누구나 쉽게 따라할 수 있는 대단히 실용적인 여러 가지 명상 기법을 단계적으로 소개한다. 『호·그·미』를 읽으면서 나는 이 책을 다정하고 지혜로운 인생 지침서로 적극 활용할 수 있을 여섯 사람을 떠올렸다. 거기에는 당연히 나도 포함된다."

> – 벨러루스 나파스텍Belleruth Napastek, 『보이지 않는 영웅Invisible Heroes』의
> 저자이자 『건강을 얻는 여행Health Journeys』 시리즈 창시자

"타라 브랙의 신작의 제목은 참으로 적절하다. 『호·그·미』는 불교의 전통적인 세 귀의처에 관한 책일 뿐만 아니라 이 책 자체가 바로 귀의처다. 타라는 자신이 겪은 고통과 혼란을 남김없이 드러냈고, 바로 이 개인적인 경험담이 이 책에 실린 가르침을 훨씬 더 심오하고 실용적으로 만든다. 『호·그·미』는 지혜의 보고다. 나는 이 책을 읽고 또 읽는다."

> – 스티븐 코프Stephen Cope, 『진정한 삶을 찾는 여행The Great Work of Your Life: A
> Guide for the Journey to Your True Calling』의 저자

"두려움과 부정적인 감정에서 우리를 지켜주는 내면의 안식처에 관한 타라 브랙의 이 훌륭한 책은 실용적이고 시기적절하고 지혜로운 길잡이다. 『호·그·미』는 적절한 사례와 이야기가 조합된 명료하고 명쾌한 책이다. 이해하기 쉽고 통찰력 있고 실용적인 이 책을 통해 타라 브랙은 누구든지 깨어있는 마음을 키울 수 있음을 보여준다. 이것은 우리 모두에게 주는 선물이다."

　　　　－ 촉니 린포체Tsoknyi Rinpoche, 『열린 마음, 열린 정신Open heart, Open Mind』의
　　　　　저자

"명상은 내게 항상 중요했으며 내가 이끄는 농구팀에게 큰 의미가 있었다. 좋은 명상 서적을 알려달라고 사람들이 내게 자주 부탁한다. 이제 나는 『호·그·미』를 추천할 수 있다. 연민의 길에 들어서는 방법을 찾고 있는 사람들에게 이 책은 일종의 입장권이다."

　　　　－ 필 잭슨Phil Jackson, 시카고 불스와 LA 레이커스 전 감독

"감동적인 이야기와 심오한 지혜로 가득한 최고의 안내서를 타라 브랙이 써냈다. 숨 가쁘게 변하고 불안정한 이 세계에서 『호·그·미』는 우리가 찾는 안전한 피난처가 바로 우리 마음속에 있음을 깨우쳐주고 거기에 이르는 방법을 알려준다. 이 책은 진짜 보물이다."

　　　　－ 제임스 버라즈James Baraz, 〈스피릿 록 명상 센터Spirit Rock Meditation Center〉의
　　　　　공동 설립자이자 『기쁨을 깨워라Awakening Joy: 10 Steps That Will Put You on the
　　　　　Road to Real Happiness』의 저자

"『호·그·미』는 보기 드문 선물이다. 이 책은 살면서 곤경에 처할 때 우리가 돌아가 의지할 수 있는 다정한 마음에 대해 알려준다. 그 '현존'에 이르는 길을 타라 브랙이 우리와 함께 동행한다. 우리가 타고난 자비로운 참자아로 돌아가게 이끌어준다. 타라 브랙은 도저히 이겨낼 수 없을 것 같은 고통 속에서도 고요하고 평화롭게 살아갈 수 있는 방법과 조언을 제공한다. 겸손하고 감동적이고 지혜로운 이 책은 마음챙김 명상 수행의 놀라운 치유력을 명확하게 보여준다."

　　　　－ 크리스토퍼 K. 거머Christopher Germer 박사, 하버드 의대 교수이자
　　　　　임상심리학자, 『마음챙김에 의한 자기연민The Mindful Path to Self-
　　　　　Compassion』의 저자

조녀선에게 이 책을 바친다.

그의 마음은

다정하고 안전하고 유쾌하고 조화로운 의지처이자

내 삶의 가장 큰 기쁨 중 하나이다.

차례

4부. 자각의 문 417

상담 사례

17

당신에게 보여줄 수 있다면,
당신이 홀로 있을 때나 혹은 어둠 속에 있을 때
당신이 뿜어내는 그 찬란한 빛을
보여줄 수 있다면.

– 하피즈 Hafiz, 페르시아 서정시인

삶을 있는 그대로
사랑하기를

어린 시절 행복했던 맨 처음 기억은 바닷물 속에서 장난치던 순간이다. 그때 우리 가족은 여름마다 케이프코드에 놀러가곤 했다. 키 작은 소나무 숲과 높다란 모래 언덕과 매끈하게 펼쳐진 드넓은 백사장이 진짜 우리 집처럼 느껴졌다. 우리는 몇 시간이든 해변에서 뛰어놀고 파도 속으로 뛰어들며 온몸으로 파도를 타고 물속에서 공중제비를 돌았다. 해마다 여름이면 여름 별장은 가족과 친구들로 시끌벅적했다. 세월이 흘러 하나둘 결혼을 하면서 아이들도 태어났고 집은 사람들로 넘쳐났다. 그곳은 모두의 천국이었다. 짭조름한 공기 냄새, 끝없이 열린 하늘, 항상 손짓하는 바다는 내 삶의 모든 것을 품어 안았다. 내 마음에서 떠나지 않는 고통까지도 감싸주었다.

아침 해가 뜬 지 얼마 되지 않아 나만 남고 친구들과 가족들은 차 두 대에 나눠 타고 해변으로 향했다. 저녁 식사시간이 되어서야 억지로 바다에

21

서 끌려 나오곤 했던 소녀는 이제 어른이 되어 여기에 있다. 더 이상은 모래밭을 걸을 수도, 바다에서 수영도 할 수 없는 중년의 여성이 되었다. 원인도 모른 채 시름시름 앓은 지 20년이 지난 후, 마침내 내 병의 정체를 알게 되었다. 내 병은 치유 불가능한 유전 질환이었고 1차적 치료법은 진통제였다. 여름 별장의 테라스에 앉아서, 즐겁게 웃는 사람들을 가득 태운 차 두 대가 진입로를 빠져나가는 것을 지켜보면서 나는 슬픔과 외로움으로 갈기갈기 찢기고 있었다. 하염없이 흐르는 눈물 속에서 내 염원은 단 하나였다. "제발, 내가 평화로워지기를, 어떤 삶이든 그 삶을 있는 그대로 사랑하게 되기를."

이 책은 가장 커다란 곤경에 직면해서도 평화와 사랑과 자유의 공간을 찾아온 내 경험의 결실이다. 나는 그 공간을 '참된 귀의처'라고 부른다. 이 귀의처는 우리의 외부에 있지 않다. 어떤 특별한 상황이나 특별한 사람 혹은 특수한 치료법도 아니고 신기하고 독특한 기분이나 감정상태도 아니다. '참된 귀의처'를 찾으려는 열망은 보편적인 것이다. 우리의 모든 소망과 두려움의 밑에 그 열망이 놓여 있다. 우리는 앞으로 닥칠 일을 스스로 다룰 수 있다고 믿고 싶어 한다. 자기 자신을, 자신의 삶을 믿고 싶어 한다. 온전한 나 자신으로 충만하게 살고 싶어 한다.

참된 귀의처를 찾는 동안 나는 내 삶의 중심인 불교 명상 수행과 영적 가르침을 더 깊이 파고들었다. 나는 임상심리학자로 30년 이상 명상을 가르쳐왔다. 워싱턴 D.C.에 있는 〈통찰 명상회Insight Meditation Center〉의 설립자이자 지도 교사이기도 하다. 나의 자기 탐구 작업과 수많은 상담 경험을 모아 『받아들임Radical Acceptance』을 썼고, 심리학자와 일반인들에게 명상을 통해 정서적 치유에 이르는 법을 가르쳤다. 불치병 진단을 받고 나서 나의 불안정한 실존에 내적 세계가 뒤흔들렸고 그로 인해 언제나 나를 이끌었던 영적 가르침을 더욱 생생하게 체험할 수 있었다.

초기불교 경전을 기록한 언어인 빨리Pāli어에서 '둑카dukkha'는 우리가 살면서 느끼는 정서적 고통을 의미한다. 둑카는 종종 '괴로움苦'으로 번역되지만 스트레스와 불만, 불안, 슬픔, 좌절, 일상의 불쾌 등 우리가 경험하는 모든 괴로움을 다 포함한다. '둑카'라는 말은 원래 바퀴가 망가진 수레를 뜻한다. 괴로워할 때 우리는 균형을 잃고 불안하게 덜컹거리며 인생길을 따라간다. 우리는 무너졌거나 길을 잃었거나 단절되고 고립되었다고 느낀다. 이 느낌은 때로는 가벼운 동요나 불만으로 드러나기도 하고, 때로는 뼈저린 슬픔이나 극한의 두려움으로 나타나기도 한다. 하지만 깊이 주의를 기울이면 우리는 모든 곤경의 밑에 외로움과 불안감, 자신이 뭔가 잘못됐다는 느낌이 놓여 있음을 알아차릴 수 있다.

『받아들임』에서 나는 뿌리 깊은 수치심의 괴로움, "난 뭔가 잘못됐어."라는 믿음의 고통에 대해 이야기했다. 이 책에서는 둑카를 더욱 광범위하게 살펴보고자 한다. 『받아들임』이 출간된 후, 나는 큰 상실감을 느껴왔다. 아버지가 돌아가셨고 사랑하는 사람들이 육체적, 정신적으로 쇠약해졌으며 나는 불치의 유전병 진단을 받았다. 내가 가르치던 수많은 수련생들 역시 삶의 격변을 겪었다. 어떤 이들은 실직을 하고 나서 생계를 꾸려갈 걱정을 하며 의미 있는 일을 애타게 찾고 있다. 어떤 이들은 가족과 친구들과 사이가 멀어져서 친밀한 관계를 갈망하고 있다. 늙음과 병, 불가피한 죽음으로 고심하는 이들은 훨씬 더 많다. 그들에게는 "난 뭔가 잘못됐어."라는 믿음이 삶 자체와 벌이는 고통스러운 싸움과 서로 얽혀 있다.

붓다는 이런 불안과 고립감, 결여감은 누구도 피할 수 없다고 가르쳤다. 우리 인간은 분리감을 느끼게 조건화되고 수시로 변하며 통제 불가능한 삶과 맞서 싸운다고 붓다는 말한다. 바로 그 분리감이 파괴적인 감정−두려움, 분노, 수치심, 슬픔, 질투−과 끝없는 편협한 자기 대화와 충동적인 대응 행동을 일으켜서 우리의 고통을 가중시킨다.

그러나 붓다는 근본적인 진실을 알려준다. 불교를 비롯한 지혜로운 수많은 영적 전통이 공유하는 그 진실은 바로 우리가 자신의 내면에서 참된 귀의처를 찾을 수 있다는 것이다. 바로 여기, 지금 이 순간의 삶 한가운데에서 우리는 귀의처를 찾을 수 있다. 연이은 수많은 활동과 쉼 없는 악전고투의 배경에 놓인 고요한 자각의 공간을 인식할 때마다 우리는 참된 귀의처에 이른다. 우리의 마음이 자애와 연민으로 열릴 때마다 우리는 귀의처에 이른다. 우리의 참된 본성의 타고난 지혜에 접할 때마다 우리는 귀의처에 이른다.

이 책 『호·그·미』에서 우리가 태어날 때부터 가지고 있는, 생생하고 즉각적인 자각을 강조하기 위해 '현존現存, presence'이라는 말을 사용했다. 현존은 설명하기 쉽지 않은 말이다. 현재에 존재한다는 것은 하나의 개념이 아니라 일종의 체험이기 때문이다. 지금 이 순간 내면의 깨어있는 고요를 감지할 때, 즉 현존할 때, 나는 완전한 나에게로, 참된 본성으로, 고향으로 돌아간다. 이 몸과 마음속에서 나는 더없이 편안하다. 지상에서 모든 존재와 더불어 참으로 편안하다. 현존은 경계가 없는 광활한 안식처로서 내 삶의 모든 것을 품어 안는다. 내게서 너무 많은 것을 앗아간 질병까지도 감싸 안는다.

『호·그·미』에는 위기와 혼란의 한복판에서 현존을 발견한 사람들의 이야기를 담았다. 지난 수십 년 동안 내가 직면한 가장 고통스럽고 어려운 문제들도 일부 털어놓았다. 이 이야기들 중에 여러분이 도움받을 것이 있기를 바란다. 그 다양한 이야기를 통해 우리를 현재에서 떼어놓는 강력한 요인들과 우리가 종종 '그릇된 귀의처'를 추구하는 이유를 알아볼 것이다. 이 책에서 여러 가지 명상법과 성찰법을 소개하였다. 여기에는 전통적인 수행법도 있고 새로운 명상법도 있으며 현대 신경학 연구의 열렬한 지지를 받는 기법도 있다. 이 모두가 나를 비롯한 많은 사람들이 현재에 존재하게 이끌어 준 믿을 만한 기법이다. 그 중에는 언제 어디서나 적용 가능한 가장 실용적인 마음챙김 명상 기법도 있다. 내가 오래 전부터 수행해온 그 기법은 바로 RAIN이다. RAIN은 강렬하고 부정적인 감정이 일어날 때 바로 그 자리에서 다루도록 도와주고 거의 모든 상황에서 각자에게 알맞게 바꾸어 적용할 수 있다.

『호·그·미』는 참된 귀의처로 통하는 세 개의 문을 중점적으로 다룬다. 불교뿐만 아니라 수많은 영적 전통에서 공통적으로 등장하는 그 문은 바로 진리^{이 순간의 실상}와 사랑과 자각이다. 앞으로 확인하겠지만 이 세 개의 문은 우리를 치유와 영적 자유로 안내한다. 진리와 사랑과 자각은 강박적 사고, 편협한 믿음, 트라우마와 관련된 불안 같은 일상의 괴로움을 이겨내는 열쇠이자 자기연민과 친밀한 인간관계에 들어서는 열쇠다. 또한 평화와 행복을 얻고 편안한 삶을 영위하게 해주는 열쇠이다.

케이프코드에서 슬픔에 빠져 있던 그날, 나는 내 앞에 펼쳐질 미래를 알지 못해 불안했다. 불치의 병으로 고통받으면서도 내가 앞으로 행복하게 살 수 있을까? 알 수 없었다. 힘겨운 눈물을 흘리고 있을 때 내 곁에 앉아 있던 애완견 체일라가 걱정스런 표정으로 나를 툭툭 건들었다. 체일라가 곁에 있다는 사실이 위로가 되었고, 내가 다시 현재로 돌아와 존재하게 해주었다. 잠시 체일라를 쓰다듬다가 일어나 산책을 나갔다. 체일라가 앞장섰다. 우리는 바다를 바라보며 비교적 평탄한 길을 따라 걸었다. 깊은 슬픔을 느낀 뒤여서 나는 말이 없었고 열려 있었다. 내 마음은 모든 것을 끌어안았다. 무릎의 통증과 반짝이는 드넓은 바다와 체일라와 알 수 없는 나의 미래와 갈매기 소리. 그 모든 것을 자각하고 받아들였다. 잘못된 것은 하나도 없었다. 참된 귀의처에 들어선 이 순간은 불교 수행이 주는 가장 커다란 선물 중 하나다. 현재에 온전히 존재하는 그러한 순간에 우리는 '이유 없이 행복'하다. 그 순간에는 삶을 있는 그대로 사랑할 수 있다.

이 책을 집어든 사람이라면 '참된 귀의처'에 이르는 길에 이미 들어선 것이다. 당신은 지금껏 자신과 싸움을 벌여왔고 앞으로 자신에게 더욱 다정해지기를 원할지도 모른다. 중독증과 씨름하고 강박적 사고와 지독한 수치심에서 벗어나기를 갈망할지도 모른다. 실직, 사랑하는 사람과의 이별, 건강 악화 등, 고통스런 상실을 겪고 있어서 평온한 마음을 되찾을 수 있을지 의심하고 있을지도 모른다. 이 세계에 만연한 크나큰 괴로움에 슬퍼하고 치유를 도와줄 방법을 찾고 있을지도 모른다. 아무리 힘겨운 상황에서도 치유와 자유를 약속하는 참된 귀의처, 즉 현존에 이르는 길은 항상 존재한다.

이 책을 쓰는 과정은 깨달음의 연속이었다. 나의 경험과 주변 사람들의 경험을 통해 나는 날마다 새로운 것을 배웠기 때문이다. 나는 간절히 염원한다. 이 책에 실린 가르침과 명상 수행이 영성의 길을 가는 당신에게 자신감을 불어넣고 믿음직한 동행이 되어주기를.

1부

귀의처를
찾아서

아, 단절되지 않기를,

그 어떤 사소한 간극에도

별의 법칙과 단절되지 않기를.

내면 – 그것은 무엇인가?

광활한 하늘,

새가 힘차게 날아다니고

귀향의 바람이 불어오는

아득하게 높은 하늘.

– 라이너 마리아 릴케Rainer Maria Rilke

귀향의 바람

명상 수업이 끝날 무렵, 팜이 나를 한쪽으로 데려갔다. 60대 후반인 팜과 그녀의 남편 제리가 3년 동안 겪어온 시련이 이제 막바지에 이르고 있었다. 림프종 진단을 받고 투병하던 제리는 죽음이 임박하자 팜에게 자신을 전적으로 간병해달라고, 자신이 죽어갈 때 이끌어주고 격려해달라고 부탁했다. 팜이 간절하게 말했다. "타라, 나는 도움이 정말 필요해요."

팜은 남편에게 해줄 수 있는 모든 것을 하려고 필사적이었다. "난 어떻게든 남편을 살리고 싶었어요." 팜이 말을 이어갔다. "아유르 베다 의학, 침술, 중국 약초도 자세히 알아보았어요. 대체의학이란 의학은 전부 조사하고 연구 결과도 철저히 찾아봤어요…… 우리는 그 병을 완벽하게 물리칠 계획이었어요." 팜은 의자에 털썩 주저앉아 어깨를 축 늘어뜨렸다. "그리고 지금은 지인들과 계속 연락하며 경과를 알려주고…… 호스피스 치료를 받고 있어요. 남편이 깨어 있을 때는 최대한 편안하게 해주려고 해요. 책도 읽어주고······."

나는 조용히 말했다. "제리를 잘 돌보려고 정말로 애쓰네요······ 몹시 바빴겠어요." 이 말에 팜은 미소를 지어보였다. "맞아요, 바빠요. 이 말이 조금 이상하지만요." 팜은 잠시 말을 멈추었다. "기억하는 한, 정말로 항상 바빴어요······ 하지만 지금은······ 글쎄요, 가만히 앉아서 제리가 그냥 죽게 내버려둘 수 없었어요."

팜은 말없이 앉아 있다가 불안한 눈으로 나를 바라보았다. "이제 남편은 언제 죽을지 몰라요, 타라······ 내가 꼭 배워야 할 불교 의식이나 수행은 없을까요? 내가 읽으면 좋을 만한 것이 있나요? 『티베트 사자의 서』는 어때요? 제리를······ 죽어가는 제리를 어떻게 도와주면 좋을까요?"

대답을 하기 전에 나는 팜에게 내면의 목소리에 귀를 기울이고 지금 어떤 감정을 느끼고 있는지 말해달라고 했다. "나는 남편을 정말 사랑해요. 그에게 도움이 되지 못할까봐 두려워요." 팜이 흐느끼다가 말을 이었다. "평생 동안 내가 부족할까봐 두려워했어요. 어떤 일이든 더 잘해내려고 지나치게 애쓰며 살아온 것 같아요. 지금 이렇게 중요한 순간에 내 노력이 부족할까봐 두려워요. 남편은 죽을 테고, 나는 정말로 혼자 남게 되겠죠. 내가 부족해서 제리를 살리지 못했기 때문에요."

나는 말했다. "팜, 당신은 이미 아주 많은 일을 해냈어요······ 그렇게 바쁘게 열심히 노력할 시기는 지났어요. 지금 당신이 할 일은 없어요. 어떤 것도 할 필요가 없어요." 나는 잠시 기다렸다가 말을 이었다. "그냥 제리 옆에 있어주세요. 매순간 온전히 함께 있는 당신을 통해 제리가 당신의 사랑을 느끼게 해주세요."

그 힘겨운 시기에 나는 가장 단순한 가르침을 권했다. 그 가르침은 내가 이끄는 명상 수업이나 상담 치료 작업의 핵심이다. 다정한 현존이 우리의 본성임을 깨닫고 지금 이 순간에 그렇게 존재할 때 우리는 진정한 자유를 발견하기 때문이다. 피할 수 없는 상실의 순간에 이 영원한 현존은 우리와 타인의 마음을 치유하고 평화를 가져온다.

팜은 고개를 끄덕였다. 그들 부부는 가톨릭 신자인데 내 수업에서 배운 마음챙김 명상 덕분에 신앙이 더욱 깊어졌다고 했다. 하지만 지금 팜은 갑자기 악화된 제리의 상태에 당황하여 안절부절못했다. "호스피스 간호사들이 최선을 다해 도와주고 있어요. 하지만 이런 일이 있어서는 안 된다고 생각해요. 제리는 완전히 기진맥진해 있고 너무 고통스러워해요. 어느 누구도 이런 일을 겪어서는 안 돼요. 이건 분명코 잘못된 거예요." 수많은 이들이 그렇듯이, 팜 역시 질병은 불공평하다고, 대항해야 할 적이라고 느꼈다. 그녀는 둑카dukkha, 즉 삶에 가득한 괴로움을 마주하고 있었다.

"가장 힘든 그런 순간에 잠시 멈춰서 당신이 어떤 감정을 느끼고 있는지 알아차리세요. 두려움이나 분노, 슬픔 같은 감정을 알아차리고, 속으로 이렇게 말하세요. '인정해, 인정해.'" 얼마 전에 나는 토머스 키팅Thomas Keating 신부님에게서 그 말을 들었는데 팜이 가톨릭 신자니까 그녀에게 특히 도움이 될 수도 있겠다고 생각했다. "인정해." 또는 내가 자주 가르치듯 "그래yes."라고 말하는 것은 지금 이 순간을 거부하고 저항하는 경직된 마음을 이완시켜서 우리가 삶의 난제를 더욱 열린 마음으로 마주하게 해준다.

내 말에 고개를 끄덕이고는 있었지만 팜의 표정에는 걱정스러운 기색이 역력했다. "타라, 나도 그렇게 하고 싶어요. 하지만 극도로 불안할 때는 마음이 너무 소란해져요. 나 자신에게 끝없이 말을 하고…… 제리에게도 계속 말을 걸어요. 어떻게 하면 멈추는 걸 기억할 수 있을까요?" 내가 자주 듣는 좋은 질문이었다. 나는 대답했다. "멈춰야 한다는 것을 잊어버릴 거예요. 적어도 한동안은요. 그건 아주 당연해요. 멈추겠다고 그냥 다짐하기만 하세요. 지금 일어나고 있는 감정을 알아차리고 '그대로 놔두겠다'고 다짐하세요." 내 말을 이해하고 팜의 표정이 누그러졌다. "그건 할 수 있어요. 매순간 온 마음을 다해 제리 옆에 있겠다고 다짐할 수 있어요."

도움을 청하는 외침

"종교와 영적 전통은 모두 '도와주세요!'라는 외침에서 시작된다."라고 19세기의 심리학자이자 철학자인 윌리엄 제임스William James는 말했다. 내담자나 명상 수련생들은 다양한 형태로 내게 도움을 청한다. "이 끈질긴 두려움을 어떻게 다루면 좋을까요?" "이 무가치감과 실패감을 어떻게 하죠?" "이 괴로운 상실감은요?" 이 모두가 '도와주세요!'라는 외침이다.

팜이 깨닫고 있었듯이, 삶을 통제하려고 아무리 애써도 우리는 변화와 상실과 죽음이라는 근본적인 현실을 통제하지는 못한다. 영원하지 않은 이 세상은 불안정할 수밖에 없다. 그래서 우리는 참된 귀의처를 간절히 원한다. "도와주세요! 내가 안전하고 보호받고 사랑받고 평화롭기를. 나의 삶이 편안하기를 원합니다."

그러나 자신의 삶을 정직하게 들여다보면 우리는 이 깊은 염원에 현명하게 대응하지 못할 때가 자주 있다. 참된 귀의처를 찾지 못하고 우리는 '그릇된 귀의처'로 나아간다. 그것이 그릇된 귀의처인 이유는 일시적으로 평온하고 안정될 뿐 장기적으로는 더 괴로워지기 때문이다. 팜이 그랬던 것처럼, 우리는 실패할까 두려운 나머지 항상 바쁘게 돌아다니거나 모든 일을 더 잘 해내려고 분투하거나 다른 사람을 돌보는 것에서 귀의처를 찾곤 한다. 아니면 자신은 사랑받을 자격이 없다고 느끼고 성공이나 부에 의지하기도 한다. 비난이 두려워서 갈등을 회피하고 다른 사람을 항상 기쁘게 하는 것에서 위안을 찾는다. 또는 불안하거나 공허해서 술과 음식, 인터넷 서핑에 의지하기도 한다. 자신이 지금 실제로 느끼고 있는 감정을 인정하고 받아들이는 대신 그릇된 귀의처에 의지하는 것은 정서적 고통을 회피하는 한 가지 방법이다. 하지만 이런 회피는 우리를 진정한 평온에서, 고향에서 더 멀리 떼어놓을 뿐이다.

그릇된 귀의처를 쫓아다니는 한, 괴로움이 우리를 쫓아다닐 것이다. 제대로 잠을 못 이루고 불안이나 공포에 짓눌려 한밤중에 수시로 깨는 이들이 얼마나 많은가? 너무 긴장하거나 심란해서 지금 이 순간에 일어나고 있는 일을 알아차리지 못하고 하루 종일 정신없이 살아가는 이들은 또 얼마나 많은가? 그릇된 귀의처는 참된 만족을 주거나 두려움을 없애주지 못하고 오히려 근본적인 자기 불신을 강화한다. 팜은 제리의 간병에 온 마음을 다해 헌신했지만 자신이 해낸 모든 것이 항상 부족해보였다. '올바로' 간병하려는 불안한 노력은 자신이 부족하다는 느낌만 강하게 했으며 자신에게 만족하지 못하고 제리를 도와줄 방법을 끝없이 찾게 만들었다.

1장. 귀향의 바람

배우자의 배신, 사랑하는 사람의 죽음, 자신의 임박한 죽음 등 위기에 처해서 휘청거릴 때에야 우리는 분명히 깨닫는다. 그릇된 귀의처는 아무 소용이 없다는 것을. 그릇된 귀의처는 우리가 가장 두려워하는 것, 즉 상실과 분리의 고통에서 우리를 구해주지 못한다. 위기는 그 힘이 강력해서 우리의 환상을 산산이 부숴버린다. 영원하지 않은 이 세상에서 우리가 딛고 설 튼튼한 토대는 존재하지 않는다는 것, 우리가 단단히 붙잡을 수 있는 게 하나도 없다는 것을 드러내준다. 이 위기의 순간에는, 삶이 무너지는 것 같은 순간에는 도움을 청하는 외침을 명확하게 알아차릴 수 있다. 이 외침은 우리의 가장 깊은 괴로움을 안아줄 수 있을 만큼 커다란 귀의처를 찾으려는 진심 어린 갈망이다.

다정한 현존으로의 귀향

나와 대화한 지 한 달 후, 팜이 전화를 걸어 제리가 세상을 떠났다고 말했다. 그러고는 우리가 대화한 그날 저녁의 일을 들려주었다. 집으로 돌아간 팜은 제리와 함께 묵언 기도를 드렸다고 한다. 팜이 말했다. "기도를 끝내고 우리는 각자 자기가 올린 기도를 솔직히 털어놓았어요. 나는 제리가 나의 사랑을 느끼게 해달라고 간절히 기도했다고 말했어요." 수화기 너머로 잠시 침묵이 흐르다가 울먹이는 목소리가 들려왔다. "제리도 나와 똑같이 기도했더군요······ 내가 그의 사랑을 느끼게 해달라고. 우리는 그냥 가만히 껴안고 함께 울었어요."

제리가 임종하기 전 몇 주 동안에도 팜은 바삐 움직이며 자신이 쓸모 있다고 느끼게 해줄 방법을 찾고 싶은 충동에 시달렸다고 했다. 어느 날 오후 제리는 이제 남은 시간이 별로 없다고, 자신은 죽음이 두렵지 않다고 말했다. 팜은 몸을 숙이고 그에게 입을 맞추며 서둘러 말했다. "여보, 오늘은 아주 좋았어요. 당신이 더욱 활기차 보였거든요. 허브차를 끓여올게요." 제리는 아무 말이 없었고, 그 침묵에 팜은 몸을 떨었다. "그런 순간마다 나는 확실히 깨닫곤 했어요. 지금 실제로 일어나고 있는 일에 온 마음을 다하는 것, 현재에 온전히 존재하는 것 외에 모든 것이 우리 둘을 실제로 갈라놓고 있다는 것을요. 지금 벌어지고 있는 일을 나는 인정하고 싶지 않았어요. 인정하게 되면 그 일이 정말로 현실이 되어버리니까요. 그래서 허브차를 마시자는 말로 현실을 회피한 거죠. 하지만 진실을 외면할 때마다 나는 제리와 멀리 떨어졌고, 그건 정말 가슴 아픈 일이었어요."

　찻물을 끓이면서 팜은 자신이 매순간 제리와 함께 온전히 존재할 수 있기를 염원했다. 그때 이후로 이 염원이 그녀를 이끌었다. "마지막 두 주 동안 제리가 어떻게 죽음을 맞는 게 옳을지, 또 내가 어떤 일을 해야 옳을지에 관한 생각을 수없이 내려놓아야 했어요. 그리고 '인정해.'라고 말하는 걸 기억해야 했지요. 처음에는 그 말을 기계적으로 중얼거렸지만 며칠 후부터는 내가 실제로 인정하기 시작하는 느낌이 들었어요." 강렬한 감정에 사로잡힐 때 팜은 잠깐 멈춰서 내면을 들여다보며 지금 일어나고 있는 일을 알아차렸다고 했다. 두려움과 무력감으로 가슴이 조여들 때는 그 느낌을 있는 그대로 경험하면서 자신이 매우 약하다는 사실을 인정했다. '뭐든 해야 한다'는 충동이 솟구쳐서 안절부절못할 때면 그 충동을 알아차리고 가만히 앉아서 그 충동이 오고가는 걸 내버려두었다. 엄청난 슬픔이 파도처럼 덮칠 때도 팜은 "인정해."라고 말하면서 무겁게 짓누르는 그 아픈 상실감을 고스란히 받아들였다.

　　현재의 내적 경험과 함께 존재함으로써 팜은 제리를 완벽하게 보살필 수 있었다. 그녀는 이렇게 말했다. "두려움과 괴로움을 진심으로 인정하면서부터 어떻게 해야 제리를 잘 돌보는 것인지를 깨달았어요. 언제 그에게 용기를 주고 언제 귀를 기울여야 하는지, 언제 그를 어루만져서 안심시켜줘야 하는지…… 언제 노래를 불러주고 언제 말없이 옆에 있어줘야 하는지를 느낌으로 알았지요. 제리와 함께 존재하는 방법을 알아낸 거예요."

　　전화를 끊기 전에 팜은 자신이 제리와 함께한 마지막 며칠은 선물이었다고, 기도의 응답이었다고 말하며 그 이유를 이렇게 설명했다. "침묵 속에서 나는 '그'와 '나'라는 느낌 그 이상을 감지할 수 있었어요. 우리가 바로 사랑의 공간이라는 것을, 완전히 열려있는 온기와 빛이라는 것을 점차 또렷하게 실감했어요. 제리는 떠났지만 그 따스한 기운은 항상 나와 함께 있어요. 내 마음은 내가 고향에 돌아왔다는 걸 알고 있어요…… 사랑의 공간에 정말로 돌아왔다는 것을요."

파도에 나를 맡기기

　　내적 경험이 아무리 고통스러워도 그 고통과 기꺼이 함께 존재함으로써 팜은 커다란 사랑의 공간에 들어설 수 있었다. 현존하는 능력, 즉 자신이 겪는 매순간의 실제 경험과 함께 머무는 능력이 커지면서 팜은 크나큰 상실을 겪고 있을 때조차 고향으로 가는 길을 찾을 수 있었다. 현존은 참된 귀의처의 본질이다.

내가 처음으로 집중 명상 수행을 한 것은 팜과는 다른 상실의 고통을 겪을 때였다. 당시 나는 이혼하기 직전이었고, 아들 나라얀은 네 살이었다. 불교 명상의 이익을 이미 체험한 적이 있었기에 단기간의 집중 명상 수행으로 나의 불안과 스트레스가 줄어들기를 원했다. 부모님께 나라얀을 맡긴 후 나는 매사추세츠에 있는 명상 센터를 향해 거센 눈보라를 헤치며 차를 몰았다. 쌓인 눈을 헤치며 천천히 운전하는 그 긴 시간 동안, 나는 내게 정말로 중요한 것이 무엇인지에 대해 숙고할 수 있었다. 나와 남편은 여전히 사랑하고 있었고, 그 사랑을 매장시킬 이혼은 원하지 않았다. 우리 두 사람이 서로 무정하고, 심지어 적대적인 타인이 되는 것을 원치 않았다. 나라얀에게서 안정감과 사랑받는 느낌을 앗아갈 이혼을 나는 원치 않았다. 이 모든 일이 일어나고 있는 내내 나의 마음과 항상 연결되는 방법을 찾게 되기를 염원했다.

그 후 닷새간의 침묵 명상 중에 나는 주의가 명확해지고 심화되다가 몸이 늘어지며 늪지 같은 졸음에 빠져들거나 신체적 통증에 괴로워하거나 방황하는 마음에 휩쓸려 허둥거리는 과정을 수없이 경험했다. 어느 날 초저녁, 앞날에 대한 생각이 끝없이 밀려왔다. 변호사를 고용해서 이혼 절차를 맡겨야 할까? 남편과 나는 언제쯤 각자의 거처로 짐을 옮겨야 할까? 그리고 가장 중요한 문제. 환경이 완전히 바뀌는 이 힘든 시기에 아들 나라얀을 위해 나는 무엇을 해야 하지? 이 불안한 생각들이 하나둘 표면으로 떠오르자

나는 마음을 실제로 깊이 파헤쳐서 그 안에 들어 있는 것을 모조리 꺼내 던 져버리고 싶었다. 그러나 한편으로는 내 몸이 경험하는 그 불쾌한 느낌들과 함께 존재해야 한다는 것을 알고 있었다. 18세기의 선승禪僧 료칸Ryokan의 시 가 떠올랐다. "불법佛法을 찾으려 하는가, 동쪽으로 흘러가고 서쪽으 로 흘러가게, 이리 오고 저리 가게, 파도에 자신을 맡기게."

'불법佛法'은 붓다의 가르침으로 세상만사에 관한 진리를 말한다. 자 신의 경험을 통제하려는 마음을 내려놓지 않는 한, 우리는 실상의 본질을 이 해하지 못한다. 폭풍우를 무시하거나 회피하려고 한다면 우리는 지금 일어 나고 있는 것을 명확하게 볼 수 없다. 명상 수행의 막바지 며칠 동안 나는 내 려놓고 또 내려놓으려고 노력했다. 하지만 기분을 돋우고 상황을 분석하려 는 나의 오래 묵은 전략들이 자꾸만 방해하는 느낌이었다. 료칸의 시는 가능 성을 일러주고 있었다. 어쩌면 나는 파도에 나를 맡길 수도 있을 것이다. 진 정한 평화를 얻으려면 삶을 있는 그대로 받아들이는 방법밖에 없을 것이다. 상황을 받아들이지 않고 어떻게든 해결하려고 애쓸 때마다 나는 그 뒤에 숨 어 있는 위협을, 문제를 일으킬 작정으로 구석에 숨어 있는 어떤 것을 항상 감지하곤 했다.

나는 감정의 파도에 따라 흘러가려고 노력했지만 나의 오래된 습관 들은 쉽게 물러나지 않았다. 가슴이 옥죄는 느낌을 잠깐 알아차리다가 곧이 어 아들이 새로 들어갈 유치원과 시간 조절이 가능한 베이비시터를 구하는 문제를 걱정하곤 했다. 그러면 귀중한 명상 시간을 '허비'하고 있다는 이유 로 나 자신을 가혹하게 비난했다. 내 마음이 매우 경직되어 있고 삶의 거친 파도에 내가 휩쓸려버릴까봐 두려워하고 있음을 점차 알아차렸다. 파도에 나를 맡기기 위해서는 도움이 필요했다.

명상 센터에서는 매일 오후마다 교사들의 지도로 모든 수련생이 자애 명상을 하고 있었다. 나는 이 기법을 명상에 엮어 넣었다. 전통적인 자애 명상은 먼저 나 자신에게, 그 다음에는 대상을 확장하여 모든 존재에게 자애로운 마음을 전하는 것으로 이루어진다. 나는 나를 위해 자애 구절을 외기 시작했다. "내가 행복하고 편안하기를 원합니다. 내가 행복하고 편안하기를." 이 말을 반복하는 것이 처음에는 피상적인 정신적 훈련처럼 느껴졌으나 곧바로 뭔가 변화가 일어났다. 내 마음이 그 평화와 행복을 염원하고 있었다. 나는 내 삶을 염려하고 있었고, 이러한 염려 덕분에 나의 경직된 마음이 얼마간 풀어졌다는 걸 알게 되었다.

이제는 두려움과 슬픔의 파도에 나 자신을 조금 더 쉽게 맡길 수 있었다. 이런저런 생각과 저리고 쑤시는 몸의 통증이 나타났다 사라지는 것을 단순히 알아차릴 수 있었다. 나를 괴롭혀온 걱정거리가 또 나타날 때마다 그것도 역시 내 가슴을 짓누르고 옭아매는 거친 파도라는 것을 자각했다. 파도에 저항하지 않고 그 파도가 나를 덮치게 내버려둠으로써 나는 편안히 이완하기 시작했다. 사납게 몰아치는 파도와 맞서 싸우는 대신, 나는 출렁이는 파도를 모두 품어 안는 자각의 바다 속에서 편안하게 쉬었다. 나는 진정한 귀의처에 이르렀다. 그곳은 더없이 크고 넓어서 나의 삶에서 일어나는 모든 것을 품어 안을 수 있을 것 같았다.

타고난 현존:
깨어있고 열려있고 다정한 느낌

현존現存은 우리가 애써 찾아내거나 만들어야 하는 색다른 상태가 아니다. 간단히 말해서 현존이란 지금 이 순간의 자신의 경험을 온전히 자각하고 있는 그대로 체감할 때 일어나는 깨어있고 열려있고 다정한 느낌이다. 당신도 현존을 실감한 적이 있을 것이다. 그 느낌을 현존이라고 부르지 않았더라도 그러하다. 무더운 여름밤에 명료한 정신으로 침대에 누워 귀뚜라미 소리에 귀를 기울일 때 현존을 느꼈을지도 모른다. 숲속을 혼자 거니는 동안 현존을 경험했을 수도 있다. 누군가의 임종이나 탄생을 목격하는 순간에 완벽한 현존에 이르렀을지도 모른다.

현존은 자각이며, 자각은 우리의 타고난 본성이다. 현존은 즉각적이고 포괄적이며 오감을 통해 지각된다. 지금 이 순간의 경험을 자세히 주시한다면 앞에서 말한 세 가지 특성을 발견할 것이다.

깨어있음wakefulness은 지금 일어나고 있는 것을 자각하는 기본적인 의식, 즉 주변 소리와 신체 감각과 생각 등, 물 흐르듯 변화하는 매순간의 경험을 인식하는 정신적 능력이다. 현존의 이 특성은 자각의 '앎'이다.

열려있음openness은 삶이 펼쳐지는 자각의 공간이다. 이 자각은 어떤 식으로든 우리의 경험에 저항하지도 판단하지도 않는다. 고통스러운 감정과 생각이 마구 일어날 때조차 열려있는 자각은 일어나고 있는 일을 그냥 알아차리고 우리의 정서적 삶을 있는 그대로 내버려둔다. 시시각각 날씨가 변해도 본디 푸른 하늘처럼, 드넓은 자각의 공간은 삶의 표정이 시시각각 변하며 우리를 뒤흔들어도 그에 물들지 않는다. 그러나 자각은 타고난 감성과 온정을 표현하는 능력이 있다. 세심하게 반응하는 이 감성을 나는 다정함 tenderness이라고 부른다. 다정함은 지금 일어나는 모든 것에, 그것의 모든 아름다움과 슬픔에 사랑과 연민과 경외로 반응하게 한다.

이 세 가지가 현존의 특성이라고 말할 수 있지만 이 셋을 따로따로 떼어내는 것은 사실 불가능하다. 햇빛이 찬란한 하늘을 생각해보라. 햇빛 가득한 하늘과 햇빛을 분리할 수는 없다. 그 찬란한 공간을 보며 우리가 느끼는 온기와 우리를 둘러싼 빛을 따로 떼어낼 수는 없는 것이다. 빛, 공간, 온기가 하나로 엮여 전체를 이룬다.

존재함으로써 충만한 삶을 살려는 갈망이 우리를 이 타고난 현존으로, 고향으로 돌아가게 만든다. 현존을 뚜렷하게 감지할 때 우리는 진실을 깨닫는다. 너그러운 현존에서 사랑이 흘러나온다. 활짝 열려서 현존할 때 우리는 살아있음을 느끼고 창의성이 꽃핀다. 우리가 소중하게 여기는 모든 것이 여기에, 현존 속에 이미 존재한다. 도와달라고 외칠 때마다 우리의 간절한 마음은 우리가 참된 귀의처로 향해야 한다는 것을, 타고난 현존의 자유와 치유로 향해야 한다는 것을 상기시킨다.

현존으로 돌아가기

명상 센터에서 명상을 마친 후 나는 불안하고 분노하고 긴장할 때마다 현존에 귀의하겠다고 다짐하고 집으로 돌아왔다. 일주

일이 지난 뒤 돌아와서 처음으로 벌컥 화가 났을 때 나는 몹시 예민한 상태였다. 남편이 전화를 걸어서 그날 저녁에 나라얀을 봐줄 수 없다고 말하는 바람에 나는 정신없이 베이비시터를 구해야 했고 내담자와의 상담 약속을 간신히 지킬 수 있었다. "나는 가장이야. 그 사람은 늘 이 모양이라서 도저히 믿을 수가 없어. 이번에도 그는 자기 할 일을 하지 않았어. 이번에도 나를 실망시켰어!" 나의 마음은 이렇게 내뱉으며 분노로 식식거렸다. 하지만 하루를 마감하면서 나는 잠깐 멈춰서 내 몸에 아직도 남아 있는 판단과 비난을 다정하게 쓰다듬고 나의 완강한 믿음을 누그러뜨렸다. 그렇게 고요히 앉아 있는 동안 비판하는 생각과 분노의 소용돌이가 나타났다가 사라졌다. 분노의 저 밑에 불안한 의문이 하나 웅크리고 있었다. "나는 앞으로 어떻게 해야 하지?" 그 불안의 파도가 나를 휩쓸고 지나가게 내버려두자 내면의 고요한 공간이 드러났다. 내가 한숨 돌리고 쉴 수 있는 공간, 보다 균형 잡힌 시각을 가질 수 있는 공간이었다. 물론 나는 미래가 어떠할지 알지 못했다. 내가 가진 시간은 지금 이 순간뿐이었고, 이 순간은 그런대로 괜찮았다. 이 내면의 공간에 머무는 동안 나는 남편이 받고 있을 스트레스를 감지할 수 있었다. 그는 이사 갈 집을 구하는 문제, 우리의 스케줄을 조정하는 문제, 그가 예전에 꿈꾸었던 것과는 다른 현실에 적응하는 문제로 스트레스를 받고 있었다. 이렇게 이해하자 나는 더욱 너그럽고 다정해질 수 있었다.

하지만 파도에 나를 맡기는 것에 훨씬 더 강하게 저항할 때도 있었다. 재정 문제나 양육권에 관한 세부 사항을 놓고 남편과 대립할 때 특히 그러했다. 파도에 나를 맡기는 것은 차후 단계였다. 그보다 먼저 연민으로 나를 감싸고 나를 보살피려는 욕구를 실제로 존중할 필요가 있었다. 그렇게 하자 나의 분노와 비열한 생각까지도 거의 전부 용서할 수 있었다. 내 마음은 조금씩 빗장을 풀었고, 분노와 두려움의 파도가 나를 덮치는 것을 있는 그대로 느끼곤 했다. 그러고 나서 명상 센터에서 경험했듯이, 나는 일어나는 모든 것을 품어 안을 수 있는 드넓은 현존을 다시 감지했다. 그렇게 현재에 존재함으로써 내 삶을 더욱 지혜로운 눈으로 바라볼 수 있었다. 이 광활한 현존 안에서 쉬면서 나의 불안하고 변덕스런 충동과 건강한 욕구를 더욱 명확하게 구별하기 시작했다. 내게 꼭 필요한 것을 주장할 때 나는 아주 편안했지만 삶을 완고하게 통제하려고 할 때는 편안하지 않았다. 그리고 남편은 내가 그를 존중하고 유연해지려고 노력한다는 것을 많이 느낄수록 내게 더욱 호의적이 되었다.

지금 이 순간에 있는 그대로 존재하기를 통해서, 남편과 나는 사이좋은 친구로 남았고 서로를 여전히 가족으로 여기게 되었다. 하지만 그 일이 처음부터 쉽지는 않았다. 우리 두 사람은 영적 수행에 전념한 적이 있었으므로 별거에 들어갈 때도 우리가 공손하고 성숙하게 그 일에 대처할 수 있다고 믿었다. 스트레스 때문에 서로에게 일부러 상처 주는 말이나 행동을 하리라는 것을 결코 예상하지 못했다. 하지만 그런 일이 잦았다. 우리는 마음에 없는 말이나 나중에 후회할 말을 내뱉고 때로는 울화를 터뜨리고 상대방을 경멸했다. 정서적으로 고통스러운 이 시기를 그나마 헤쳐나갈 수 있게 해준 것은 우리의 아들을 최우선시하자는, 그리고 서로에 대한 사랑을 포기하지는 말자는 약속이었다. 현존에 귀의하는 수행을 통해 나는 우리 두 사람을 용서할 수 있었고 우리는 서로를 계속 배려할 수 있었다. 고통스러울 때는 우리의 마음 깊은 곳에서 "도와주세요!"라는 외침이 터져 나온다. 제리의 옆에서 꿈이 깨달았듯이, 첫 번째 결혼 생활이 끝날 무렵에 내가 경험했듯이, 진실한 갈망은 우리를 깨운다. 그것은 우리를 온전하고 자유로운 본성으로 안내한다. 그리고 이 순간에 존재할 때 우리는 온전하고 자유로운 본성을 발견할 수 있다. 하지만 곤경에 처해 있을 때 우리는 결코 지금 여기에 존재하려 하지 않는다. 우리가 고향으로, 현존이라는 참된 귀의처로 돌아가지 못하게 방해하는 것은 무엇일까? 여기에 존재하기로 결심하지 못하게 막는 것이 무엇일까? 현존을 가로막는 것을 나는 '작은 자아의 미망'이라고 부른다. 다음에 펼쳐질 제2장에서 이 미망을 탐구해보자.

잠깐 멈춰서 현존하기

몸을 통해 자연스럽게 현존에 들어설 수 있다. 조용하게 혼자 있는 시간에 언제든 이 명상을 해보라.

적당한 장소를 찾아 편안하게 앉아서 눈을 감는다. 의식적으로 세 번 깊이 숨을 들이쉬고 내쉰다. 깊고 길게 숨을 들이쉬어 허파를 채운 다음, 천천히 숨을 내쉬면서 몸과 마음의 긴장이 모두 풀리는 것을 느낀다.

천천히 온몸을 느낀다. 당신의 몸이 감각의 들판이라고 상상한다. 온갖 감각들이 나타났다 사라지는 것이 느껴지는가? 따끔거림, 떨림, 따뜻함, 차가움, 딱딱함, 부드러움, 꽉 조임, 편안함을 느낀다. 춤추듯 변화하는 몸의 느낌에 주의를 기울인다.

이제 자각을 확장하여 주변 공간을 알아차린다. 온갖 소리의 교향곡을 받아들이고 그 소리들이 당신의 온몸을 타고 흐르는 것을 상상한다. 순간순간 변하는 수많은 소리에 귀를 기울일 수 있는가? 단지 귀로만 듣지 말고 자각을 총동원하여 그 다양한 소리를 듣는다. 주의를 활짝 열어 모든 소리에 귀를 기울인다.

눈을 계속 감은 채 당신의 감은 눈꺼풀에서 반짝이는 빛과 춤추는 이미지를 지켜본다. 명멸하는 빛이나 특정한 모양, 빛의 그림자나 흔적을 알아차릴 수도 있다. 그것을 잠시 주의 깊게 지켜본다.

호흡을 느끼고 주변 공간을 감지하면서 허공에 떠도는 모든 냄새와 향기를 느껴본다. 그 냄새와 향기를 모두 맡아보고 받아들이는 것이 어떤 느낌인지 느껴본다.

이제, 당신의 오감을 모두 활짝 열고 몸과 마음 역시 이완시켜서 활짝 연다. 삶이 당신의 온몸을 자유롭게 흐르게 한다. 당신이 원하는 만큼 오래 그 상태를 유지하면서 당신의 매 순간의 경험을 느끼고 경청한다. 지금 이 순간 물 흐르듯 변화하는 감각과 소리와 생기를 알아차리고, 그 배경에 놓인 현존 역시 알아차린다. 내면의 깨어있는 공간을 감지한다. 이 명상을 마치고 무엇을 하든지 당신이 명료하게 깨어서 그것을 감지할 수 있음을 알아차린다.

날마다 잠깐씩 멈춰서 당신의 감각을 다시 깨워라. 먼저 몸의 감각을 느끼고 소리에 귀를 기울여라. 연습을 되풀이하면 할수록 이 순간 현재에 존재하는 것이 갈수록 편안해진다.

존재를 떠난 것은 무엇이든

존재에 갇히고 술에 취하여

존재로 돌아가는 길을 잊는다.

– 루미 | Rumi

2장.

고향을 떠나:
작은 자아의 미망

　　우리는 활짝 열린 아름다운 영혼을 타고났으며 순수하고 유연하고 활기차다. 우리는 이러한 선함을 지니고 힘겨운 세상으로 들어선다.

　　태어나는 순간, 우리가 낯설고 새로운 환경에서 살 수 있게 도와줄 우주복을 한 벌 갖춰 입는다고 상상해보자. 이 우주복의 목적은 폭력과 탐욕에서 우리를 보호하고 자기 몰두와 불안에 빠져 있는 양육자에게서 보살핌을 받기 위한 것이다. 우리의 욕구가 채워지지 않으면, 이 우주복은 최선의 보호 전략과 대책을 강구한다. 여기에는 분노와 불안, 수치심 같은 감정과 육체적 긴장이 포함된다. 또한 판단과 숙고, 공상 같은 정신적 활동, 그리고 안전과 음식, 섹스, 사랑 등 부족한 것을 추구하기 위한 일련의 행동 전략도 포함된다.

　　우주복은 우리의 생존에 꼭 필요하며, 일부 전략은 우리가 생산적이고 안정적이고 책임감 있는 어른으로 성장하게 도와준다. 하지만 우리를 보호하는 그 우주복은 우리가 유쾌하고 자유롭고 자발적으로 사는 것을 방해하기도 한다.

우주복이 감옥으로 변해서 우리를 가둘 때 그러하다. 우주복의 행위와 강점과 약점이 점차 우리의 정체성을 규정한다. 우리는 자신의 문제해결 능력이나 소통 능력을 자기 자신과 동일시한다. 자신의 판단과 강박관념, 불안과 분노를 자신과 동일시한다. '동일시한다'는 말은 우주복이 곧 '나'라고 믿는다는 뜻이다. 우리의 눈에는 불안해하고 분노하는 자아, 판단하는 자아, 타인의 존경을 받는 자아가 진짜 '나'처럼 보인다. 특별한 자아 또는 부족하고 외로운 자아를 진짜 '나'라고 여긴다.

우주복과 한 몸이 될 때 우리는 미망 속에서 살아가기 시작하며, 우리의 정체성은 매우 작아진다. 자신이 우주복을 통해 세상을 바라보고 있음을 우리는 까맣게 잊고 산다. 우리 자신의 드넓은 마음과 자각을 잊는다. 오고가는 감정과 생각과 행동의 배경에, 항상 여기에 있는 신비로운 현존을 잊는다.

미망 속에서 살아가는 것은 꿈을 꾸는 것과 다르지 않다. 미망에 빠져 있을 때 우리는 매순간의 경험과 단절되고 살아 있는 이 세상과 단절된다. 우리는 고향을 떠난다. 자각과 생기를 잃어버리고 왜곡된 현실 조각에 자기도 모르게 갇힌다.

사람마다 그 나름의 방식으로 고향을 떠난다. 욕구 불만의 고통에 대처하는 우주복의 전략이 사람마다 다르기 때문이다. 하지만 미망에서 깨어나는 과정은 보편적이다. 자신이 비좁고 고통스런 현실에 갇혀 살고 있음을 우리는 천천히 또는 재빨리 깨닫는다. 우리는 자신의 선하고 순수한 본성과 다시 연결되기를 원한다. 자신의 참모습을 알기를 원한다. 이 진심어린 갈망이 참된 귀의처에 이르는 길로 우리를 이끈다.

내가 이렇게 깨어나기 시작한 것은 처음으로 불교 명상 센터에 들어가기 8년 전의 일이었다. 그 경험을 들려주고 싶다. 1장에서 말했듯이 깨어남은 단번에 성취되는 것이 결코 아니다. 하지만 미망에서 벗어나면, 비록 잠깐이더라도, 우리는 자유로워질 가능성과 괴로움에서 벗어나는 길을 엿볼 수 있다.

완벽주의 프로젝트

기억할 수 있는 한 오래 전부터 나는 진리를 깨닫고 깨어나고 다정해지기를 열망했다. 대학생 시절 요가를 알고 나서 나는 내가 원하는 사람이 되기 위한 지름길을 발견했다고 확신했다. 대학을 졸업하자마자 보스턴 근처에 있는 아슈람_{요가 공동체}에 들어갔다. 이 지름길에 들어서서 전심전력을 다한다면 영적 자유를 얻게 되리라고 믿었다.

그 공동체는 엄격한 규칙을 따랐다. 우리는 새벽에 일어나 찬물로 샤워한 후 서너 시간 동안 요가와 명상, 경전 암송, 기도를 했다. 또한 하버드 광장에 있는 요가 센터와 채식 식당, 소매점을 운영하느라 오랜 시간 동안 일을 했다. 나는 헌신적이고 열성적이었다. 동료들보다 훨씬 더 일찍 일어나고 훨씬 더 늦게까지 깨어서 추가로 영적 수행에 매진하는 날이 많았다.

영적 자유를 얻으려는 나의 진심어린 갈망은 한 가지 믿음과 단단히 엮여 있었다. 행복하고 자유로워지기 위해서는 반드시 불안과 이기심과 공격성이라는 불순물을 모두 없애서 자아를 정화해야 한다는 믿음이었다. 이것은 그 요가 공동체나 그와 유사한 수많은 영성 공동체와 종교 공동체가 고수하는 믿음이다. 최고난도의 요가 동작을 취하고 명상 중에 가끔씩 황홀한 감정에 휩싸일 때면 나는 내가 발전하고 있다고 안심했다. 하지만 그렇지 않을 때는 나의 '불순물'을 예리하게 자각했고 영적 수행에 더 열심히 몰두했다.

완벽해지려는 그런 안간힘은 미망 속에서 살고 있음을 알려주는 외적 신호다. 나의 미망을 지속하고 강화한 것은 내가 편협하고 별 볼 일 없는 자아라는 믿음이었다. 이것을 자각하지 못한 채, 나는 영적인 사람은 어떻게 보고 느끼고 행동해야 하는가에 관한 수많은 이상적인 기준을 세워놓고 그 기준에 도달하려고 했다. '철저히' 세속적인 사람은 어떠한가에 관한 기준도 있었다. 그 완벽한 자아와 비교해서 내가 어떻게 살고 있는지를 알기 위해 규칙적으로 나 자신을 점검했다. 당연히 나는 언제나 부족했다. 마음을 한 겹만 들추어도 바로 그 밑에 이기심과 잡다한 동기와 야망과 판단이 숨어 있는 것이 보였다. 이제와 돌이켜보면 순수한 영적 열망과 무의식적인 완벽주의의 조합이 어떻게 혼란과 무질서를 초래했는지 훤히 보인다. 시인 다나 폴즈Danna Faulds의 말처럼, '완벽주의는 고통의 전제조건일 뿐'이라는 것을 이제는 이해한다.

완벽주의 프로젝트가 무너지다

아슈람의 새벽 의식은 나를 활기차게 하고 자기중심적인 경직된 관점에서 일시적으로 벗어나게 하였다. 함께 생활하는 공동체 수련생들과 명상하고 경전을 외는 화기애애한 분위기와 다함께 아침을 먹고 일하러 가는 동료애가 무척 좋았다. 이 행복감은 여러 시간 동안 지속되었다. 그러던 어느 날 아침, 나는 완전히 무너졌다.

당시에 나는 요가 센터를 관리하고 있었다. 우리 관리자들은 한 해의 주요 행사를 계획하고 홍보하는 일을 맡았는데, 행사는 주로 유명한 요가 스승을 초빙하는 것이었다. 그날 주간 회의에 공동체 책임자가 뒤늦게 도착했다. 누가 봐도 화난 표정이어서 나는 뭐가 잘못되었냐고 물었다.

"뭐가 잘못됐냐고요?" 화를 꾹 눌러 참는 목소리로 그가 말했다. "이것 좀 봐요." 그는 행사를 알리기 위해 내가 만든 전단지를 내 앞으로 내던졌다. 굵은 글씨로 인쇄된 오자가 즉시 눈에 들어왔다. 행사 날짜가 잘못 인쇄된 것이다. 가슴이 철렁 내려앉았다. 당혹감에 얼굴이 화끈거렸다. 우리는 이 전단지를 3천 장이나 인쇄한 뒤였다. 대규모 행사를 내가 망친 것이다.

우리는 전단지를 새로 인쇄하고 우편물 발송 일정을 조정하고 오자를 고치는 등 다양한 방법을 궁리했다. 내 마음은 그 문제를 해결하려고 부산했지만 실패감이 바윗덩어리처럼 가슴을 짓눌렀다. 회의가 끝날 무렵, 나는 가라앉은 목소리로 실수를 사과했다. "이 일은 제 잘못입니다. 행사를 망쳐서 정말 죄송합니다." 그런데 나를 바라보는 다른 관리자들의 눈길이 느껴지자 갑자기 화가 치밀며 이런 말이 튀어나왔다. "하지만 이번 행사는 해야 할 일이 엄청나게 많았는데, 그 모든 걸 전적으로 나 혼자 했어요." 눈가가 뜨거워지는 느낌이 들었지만 힘주어 눈물을 참아냈다. "누군가가 교정을 봐줄 수 있었다면 괜찮았을 겁니다…… 이런 문제는 생기지 않았겠죠."

그 후 며칠 동안 나는 자기혐오에 사로잡혀 지냈다. 나의 마음은 내 결점을 드러내는 최근의 모든 사건을 몇 시간이고 자꾸만 되살려냈다. 사회적 의무를 피하고자 거짓말을 하고 요가 수업의 규모를 다른 교사에게 부풀려서 말하고 친구와의 관계를 돈독하게 하려고 남의 험담을 주고받는 나 자신이 보였다. 관용과 이타적인 봉사 대신, 나는 영적 성장과 요가 교사로서 돋보이려는 개인적인 열망에 중점을 두고 있었다. 내가 가장 싫어하는 나의 일면과 또다시 대면하고 있었다. 불안정하고 자기중심적인 성향과 다시 마주친 것이다. 나는 주변의 모든 사람과 단절되었다고 느꼈으며 내가 결코 되고 싶지 않았던 자아에 갇히고 말았다.

그렇게 괴로운 날들을 힘겹게 보내면서 나는 한 가지 사실을 깨달았다. 아주 오래 전부터 나는 내가 괜찮은 사람이라는 것을 입증하고 내가 발전하고 있다고 스스로를 안심시키려고 애써왔다는 점을 알아차린 것이다. 나에게는 학생이자 사회행동가, 요기, 교사로서 나의 성취와 업적을 점검하는 체크리스트가 있었다. 이 모든 역할 중에서 나는 '착한 사람'이라는 정체성을 구현하려고 애써왔다. 즉, 기꺼이 도움을 주고 타인의 말을 경청하고 건설적인 조언을 해주고 모든 상황에서 '긍정적'인 사람이 되려고 노력했다. 나는 요가와 명상을 열정적으로 수행했다. 하지만 이제, 내가 완벽하다는 느낌은 단 한 번의 실수로 즉시 허물어졌다. 착하고 영적인 사람이라는 정체감은 잠깐의 분노로 흔적도 없이 사라졌다.

수많은 자기 계발 전략에도 불구하고 나는 근본적으로 결함이 있는 자아라는 느낌과 마주하고 있었다.

우주복 자아는 작은 자아다

미망에 대해 배울 때 수련생들은 자아감은 모두 나쁘거나 영적이지 않으며 반드시 없애거나 벗어나야 하는 어떤 것이라고 여긴다. 그 요가 공동체에서 내가 고수한 관점이 바로 그것이었다. 그때 나의 자아감은 불완전성과 하나로 엮여서 결코 분리할 수 없었다. 나는 우주복 자아를 작은 자아small self, 널리 알려진 용어로는 '에고ego'라고 생각한다.

'에고'는 보통 부정적인 의미를 띤다. 하지만 사실 에고, 즉 작은 자아는 조건화의 자연스러운 산물이며 삶을 살아가는 데 꼭 필요하다. 에고는 '나'에 대한 느낌에서 생겨나며 우리의 기능을 증진하고 보호하는 모든 정신적 활동을 포함한다. 에고에는 방어적이고 두려워하는 자아도 포함되는데, 어떤 영적 전통에서는 그 자아를 두려움의 육신이라고 부른다. 음식, 섹스, 안정, 존중에 대한 욕구를 충족시키려고 애쓰는 욕망하는 자아도 에고의 일부다.

하지만 이 작은 자아는 우리의 참자아가 아니다. 작은 자아는 우리 자신을 전부 감싸 안지 못한다. 달리 말해서, 작은 자아를 자신과 동일시할 때 우리는 자신을 파도로 인식할 뿐, 자신이 드넓은 바다라는 것을 알지 못한다. 바다가 바로 참자아임을 깨닫는 순간, 익숙한 파도-두려움과 공격성, 욕구와 충동-는 여전히 우리의 일부이지만 그 파도가 나라는 존재의 정체성을 결정하지는 않는다.

거짓 자아는 붓다의 핵심적인 가르침이다. 붓다는 모든 사람이 유쾌하거나 익숙한 경험을 고수하고 _{집착 또는 애착} 불쾌한 경험에 저항하게 _{혐오} 조건화된다는 것을 알았다. 집착과 혐오는 자아감을 위축시키고, 그로 인해 우리는 제한적이고 개별적이고 고립된 존재라는 정체성을 고수한다.

우리의 자기 대화가 이 거짓 자아를 지속시킨다. 우리는 머릿속에서 종알거리는 목소리가 바로 자기 자신이라고 믿는다. 그 대화 속에서 '나'로 등장하는 인물이 바로 자기 자신이라고 믿는다. '저 바깥' 세상에 대한 자신의 견해가 바로 진실이라고 믿는다. 직장 동료와 가족과 친구들이 지나치게 많은 것을 요구해서 당신의 삶은 정신없이 바쁘고 스트레스가 심할지도 모른다. 이러한 상황은 당신이 얼마나 힘든지에 관한 온갖 사연과 감정을 불러일으킨다. 할 일이 항상 산더미라는 것, 다른 사람들이 당신에게 너무 많이 기대한다는 것, 여유 시간이 많기를 원하지만 무책임한 사람이 되고 싶지 않다는 것에 관한 자기 대화가 끝없이 이어진다. 이 정신적 수다는 과중한 노동, 나만의 시간을 갖기 위한 거짓말, 불안감을 잊으려는 과소비 같은 '그릇된 귀의처'로 쉽게 이어진다. 자기 대화를 끝없이 재생함으로써 당신은 일에 짓눌린 고분고분한 자아가 바로 자신이라는 믿음을 강화한다. 이것이 당신의 주요한 정체성이 된다. 당신은 우주복에 갇힌다.

사람들은 모두 자기 이익만 추구하고 당신이 어떤 기회를 이용하지 않으면 다른 사람이 가로챌 거라고 믿는다고 생각해보자. 그러면 어떤 일이 벌어질까? 다른 사람들이 자기 맘대로 하려고 할 때마다 당신은 분노하고 심지어 위법 행위를 저지를지도 모른다. 이것은 타인을 통제하기, 권력과 소유물 축적에 열중하기 같은 그릇된 귀의처로 이어질 수 있다. 당신의 세계관을 옹호하는 자기 대화를 많이 만들면 만들수록 공격적이고 통제적인 자아가 당신의 정체성으로 굳어진다.

두려움이 자기 대화를 부추기면 부추길수록 우리는 제한된 정체성에 더욱 철저히 갇힌다. 내가 그러했듯이, 우리의 마음은 "난 뭔가 잘못됐어."라고 믿을 뿐만 아니라 우리의 육체도 그 믿음과 상호 연관된 감정-우울, 수치심, 극심한 두려움-에 사로잡힌다. 그런 경우 "난 뭔가 잘못됐어."는 우리가 그냥 무심코 내뱉는 하나의 생각이 아니라 골수에 박힌 믿음이 된다. 그것이 사실처럼 느껴진다. 누군가에게 상처를 받을 때도 "난 뭔가 잘못됐어."라는 믿음이 사실로 느껴진다. 우리는 미망에 빠지고, 미망은 우리의 내적 세계와 타인들로부터 우리를 떼어놓는다.

작은 자아와 동일시하는 것은 항상 자각의 밖에서 일어나고 지속된다. 자기 대화가 진실이 아니라 단지 자기 대화일 뿐임을 자각하지 못한다면, 우리의 몸이 느끼는 감각을 자각하지 못하고 우리의 행동을 몰아붙이는 욕구나 불안을 자각하지 못한다면 그러한 동일시는 영원히 계속된다. 이것이 미망의 특징이다. 미망은 자각과 양립할 수 없으며 우리가 깨어서 현재에 존재하는 순간 소멸한다.

미망에서 깨어나기

전단지의 오자가 촉발한 자기혐오에 갇혀 있던 시기

에 내가 작은 자아와의 동일시를 자각하고 내려놓는, 일생에 걸친 과정이 시작되었다. 나의 자기혐오가 너무도 '영적이지 않아' 보였기 때문에 이 생각을 아무에게도 말하지 않았다. 일터에서는 오직 일만 했다. 함께 식사하는 자리에서는 격의 없는 농담과 장난을 삼갔다. 즐겁게 어울리려고 노력할 때마다 내가 위선자처럼 느껴졌다.

몇 주 후, 공동체의 여성들이 개인 문제에 관해 대화할 수 있는 감성 집단을 만들기로 결정했다. 나는 그것이 내가 더욱 진실해지는 기회가 될지도 모른다고 생각했다.

어느 여름날 저녁, 감성 집단의 첫 번째 모임이 열렸다. 처음에 다른 여성들이 직장에서 겪는 스트레스, 아이들과 건강 문제에 대해 이야기했다. 불안이 점점 커지는 느낌이었다. 대화가 잠시 중단되었을 때 나는 결국 봇물이 터지듯 속내를 털어놓았다. "나는 열심히 요가를 하고 많은 요가 수업을 지도하고 있어요. 그리고 나는 다른 사람들을 기꺼이 도와주고 배려하는 사람처럼 보일 거예요…… 어떤 면에서는 사실이겠지요. 하지만 그건 겉모습이기도 해요. 내게는 감춰진 면, 아무에게도 절대 들키고 싶지 않은 면이 있어요. 내가 지나치게 자기중심적이고 지나치게 이기적이고 비판적이라는 거죠." 말을 멈추고 주변의 심각한 표정을 둘러본 후 나는 과감하게 말을 이었다. "이런 말을 하는 건 쉽지 않지만…… 나는 내가 착한 사람이라는 걸 믿지 않아요. 그렇기 때문에 어느 누구와도 진정한 친밀감을 느끼기가 어려워요."

나의 이 솔직한 고백에 다른 여성들이 어떻게 반응했는지는 기억나지 않는다. 그들은 내 말에 공감하거나 자신도 비슷한 감정을 느끼고 있음을 알아차렸을지도 모른다. 하지만 그때 나는 수치심에 휩싸여서 그들의 반응을 알아차리지 못했다. 모임이 끝나자마자 서둘러 그 자리를 빠져나왔다. 그리고 내 방으로 돌아와 잔뜩 웅크리고 누워서 울었다.

나의 경험을 감성 집단의 여성들에게 솔직히 말함으로써 나는 작은 자아의 보호막을 한 겹 걷어냈다. 벌거벗은 느낌이 들어서 그런 말을 지껄인 나 자신을 질책하기 시작했다. 내일 다른 사람들 얼굴을 어떻게 보지? 당장 일어나서 요가를 조금 하자고 스스로에게 말했다. 하지만 요가 대신, 나는 정말로 뭐가 잘못됐는지, 무엇 때문에 내가 나를 그렇게 불신하고 혐오하는지 파악하려고 애쓰기 시작했다.

어느 순간, 나는 그러한 분석 행위가 지금까지의 나의 행위와 조금도 다르지 않다는 것을 불현듯 깨달았다. 삶을 분석함으로써, 명상을 더 많이 함으로써, 다른 사람이 보는 나를 조작함으로써 나는 세상일을 통제하려고 애쓰고 있었다. 이 그릇된 귀의처를 자각하고서 나는 즉시 멈추었다. 그릇된 귀의처에 갇히고 싶지 않았다.

내면의 목소리가 물었다. "지금 이 순간, 내가 어떤 것도 시도하지 않는다면, 어떤 것도 바꾸려 하지 않는다면 무슨 일이 일어날까?" 그 즉시 강렬한 두려움이 솟구치며 위장이 뒤틀리는 걸 느꼈다. 곧이어 수치심으로 가슴이 휑하게 비는 익숙한 느낌이 들었다. 그 두 감정은 내가 기억하는 한 오래 전부터 어떻게든 피하려고 애써온 것들이었다. 하지만 곧이어 내면의 목소리가 조용히 속삭였다. 늘 듣던 말이었다. *"그냥 내버려 둬."*

나는 똑바로 누워서 몸을 쭉 펴고 두세 번 심호흡을 했다. 침대가 떠받치고 있는 내 몸의 무게가 느껴졌다. 마음은 몇 시간 전에 내가 모임에서 했던 말을 자꾸 재생하거나 변명할 다른 말을 수없이 연습하려고 들었다.

"그냥 내버려 둬." 하고 다짐할 때마다 그 강렬한 두려움과 수치심이 어김없이 찾아왔다. 밤중에 어둠 속에서 그렇게 혼자 누워 있자니 어느 순간, 그 감정들이 물러가고 크나큰 슬픔이 몰려왔다. 무가치감에 빠져 있을 때 내가 삶에서 얼마나 많은 것을 놓쳤는지, 얼마나 무기력하고 냉정했는지를 문득 깨달았다. 나는 그 감정도 모두 받아들이며 깊이 흐느껴 울었다. 슬픔이 조금씩 잦아들었다.

나는 침대에서 일어나 작은 명상 제단 앞에 놓인 방석에 앉아 계속 주의를 기울였다. 마음은 저절로 고요해졌고, 나는 내면의 경험을 점점 더 많이 자각했다. 나의 내면은 다정함으로 충만한 지금 이 순간의 침묵을 경험하고 있었다. 이 현존은 모든 것을 품어 안는 드넓은 공간이었다. 이 공간은 슬픔의 파도, 눈물이 말라가는 느낌, 귀뚜라미 울음소리, 후텁지근한 여름밤을 전부 감싸 안았다.

이 열린 공간 속에서 생각들이 다시 거품처럼 끓어올랐다. 주간 회의에서 방어적으로 대응한 후 진심으로 사과하려고 한 기억이 떠오르고, 이어 내일 아침의 요가 수업에서 긍정적이고 당당해 보이려고 애쓰며 요가를 가르치는 내 모습이 떠올랐다. 이 장면들이 하나씩 눈앞에 나타날 때마다 마치 무대에서 연기 중인 배우를 지켜보는 느낌이었다. 그 연극배우는 자신을 보호하려고 끝없이 애쓰고 있었지만 그러면 그럴수록 자기 자신과 진정성, 타인과의 연결을 유지할 가능성과는 더욱 철저히 단절되었다. 그리고 각 장면마다 그 배우는 자부심을 더 많이 느끼기 위해 쉬지 않고 '행동doing' 하고, 고통을 피하기 위해 '행동' 하고, 실패를 피하기 위해 '행동' 하고 있었다. 나는 그것을 낱낱이 보았다.

명상 제단 앞에 앉아 이 연극을 지켜보면서 나는 그 배우는 진짜 '나'
가 아니라는 통렬한 느낌을 처음으로 생생하게 실감했다. 그녀가 드러내는
감정과 반응은 확실히 익숙했지만 그것은 단지 진짜 나의 표면에서 출렁이
는 물결일 뿐이었다. 이와 마찬가지로, 그 순간에 일어나고 있는 모든 것-이
런저런 생각, 가부좌 자세의 느낌, 다정함, 피로-은 '나'라는 존재의 일부지
만 나를 규정할 수는 없었다. 나의 마음이 크게 열렸다. 지금까지 그렇게 비
좁은 세계에서 살아왔다니, 쫓기듯 그렇게 조급해하며 그렇게 철저히 혼자
라고 느꼈다니 얼마나 슬픈 일인가!

미망에 빠지고 깨어나기,
모두 자연스럽다

미망에 빠져 두려움이나 수치심, 분노 같은 감정에 사로잡힐 때 우리
의 내면은 뭔가가 어긋났다는 것을 안다. 한동안, 심지어 수십 년 동안 우리
는 "난 뭔가 잘못됐어." 또는 "이 세상은 뭔가 잘못됐어."라고 오해한다. 자신
의 결함을 반드시 고쳐야 하고 어떻게든 실패를 막아야 한다고 오해한다. 그
러다가 난 뭔가 잘못됐다는 그 그릇된 믿음 때문에 바로 곤경에 빠진
다는 것을 불현듯 또는 서서히 알아차린다. 자신이 고립되고 결함 있는 작
은 자아에 갇혀서 살아왔음을 자각한다. 이 자각의 순간에, 다른 망상에 사
로잡히기가 쉽다. "내게 결함이 있으니까 자꾸 미망에 빠지는 거야."라는 망
상에 골몰하는 것이다. 그러나 깨어나 자각하는 순간, '지금 일어나고 있는

것'을 인식하고 인정하는 순간, 작은 자아는 소멸하고 우리는 본래의 완전한 자아에 다가가기 시작한다.

　　그 여름밤 명상 제단 앞에서, 내가 오래 고수해온 자아감이 소멸하고 있었다. 그러면 이제 나는 누구지? 바로 그 순간, 나는 참자아를 자아에 관한 생각이나 이미지에 담을 수는 없음을 깨달았다. 참자아는 고향처럼 느껴지는 현존의 공간 그 자체였다. 깨어있고 열려있는 침묵이었다. 항상 내 안에 존재하던 감사와 공경의 느낌이 충만하게 차올랐다.

　　그 후로 내가 목격했듯이, 미망에서 깨어나는 길은 수없이 많다. 그리고 대부분의 길은 정식이든 약식이든 우리의 주의를 기울이는 훈련이 포함된다. 한 친구는 그림을 배우다가 '나무'나 '구름'에 대한 생각을 초월하여 나무나 구름의 순간순간 변하는 모양과 색조와 그림자와 본질의 신비로운 세계를 자각하게 되었다. 그 친구는 이렇게 말했다. "어떤 나무 한 그루를 자세히 뜯어보는 게 아니라 그 나무의 질감과 빛깔의 살아있음을 그냥 생생하게 느꼈어…… 나 자신이 생명의 춤의 일부가 된 거야." 내가 아는 어떤 어머니는 십대 딸과의 대화에 관한 강좌를 들은 후 어떻게 자각이 열렸는지를 말해주었다. 딸이 이야기할 때 그 어머니는 의식적으로 주의를 기울이며 딸이 어떻게 행동해야 옳은지에 관한 생각을 모두 내려놓았다. 그리고 단지 딸의 목소리에 귀를 기울이고 딸의 눈빛을 느끼고 딸이 전하려고 하는 진심을 감지하고 진정으로 받아들였다. 판단하지 않고 경청하는 법을 익히자 그 어머니 자신의 자아도 더욱 확장되었다. "그때 나는 비판적인 엄마라는 틀에서 벗어났어요…… 시원한 바람이 한 줄기 불어오는 느낌이었죠."

　　가장 믿을 만한 주의 훈련은 규칙적인 명상이다. 명상은 우리의 주의를 훈련시켜서 미망이 나타나는 것을 알아차리게 한다. 실패나 비난에 대한 익숙하고 확고한 자기 대화, 겹겹이 쌓인 두려움이나 분노, 우울을 자각할 수 있게 된다. 제3장에서는 어떻게 하면 매순간 현재로 돌아올 수 있는지, 그리고 어떻게 하면 참자아와 계속 만날 수 있는지를 알아볼 것이다. 시간이 흐름에 따라 우리는 미망에 빠져 헤맬 때 그 사실을 더 빨리 자각하게 된다. 그리고 자신이나 타인, 세상에 대한 비난과 삶을 통제하거나 완벽해지려는 악전고투가 미망에서 벗어나는 길이 아님을 알게 된다. 미망이 일으키는 괴로움은 우리에게 고향으로, 지금 이 순간으로 돌아와 더 커다란 참자아와 만나야 한다는 것을 상기시킨다.

참자아를 깨닫는 경험을 말로는 설명하기 어렵다. 인도의 영적 스승 스리 니사르가다타Sri Nisargadatta는 이렇게 말한다. "깨달음의 순간에 당신은 완전하고 충만하고 자유롭다고 느낀다…… 하지만 일어나는 일을 언제나 설명할 수 있는 것은 아니다. 그 경험을 당신은 이렇게 부정적인 단어로 묘사할지도 모른다. '난 이제 잘못된 게 하나도 없어.'" 미망의 장막이 걷혀도 기쁨과 고통, 작은 우주복 자아에 대한 두려움과 희망은 여전히 오고 간다. 하지만 그것들이 더 이상은 당신을 규정하지 않는다. 어떤 상황이든 더 이상은 개인적으로 받아들이지 않는다. 이제는 "난 뭔가 잘못됐어."라고 느끼지 않는다. 그 대신 지금까지 미망에 가려져 있던 자신의 순수함과 선함을 믿기 시작한다. 그러면 당신은 크게 안도하고 자유를 음미할 수 있다.

자애 명상: 자신에게 다정하기

자애 명상은 우리를 깨워서 모든 생명과의 연결감을 느끼게 한다. 보통 자기 자신에게 자애를 보내는 것부터 시작한다. 이 간단한 명상 수행은 미망에서 깨어나는 강력하고도 직접적인 방법이다. 자신을 다정하게 대하면 고립되고 부족한 작은 자아가 소멸하기 시작한다. 이 명상 수행은 조건 없는 사랑으로 타인을 보듬기 위한 기반을 구축한다 376쪽 제12장 명상 연습 '자애 명상 - 가면 뒤를 보기'를 보라.

🍃

조용히 편안하게 앉아서 긴장이 느껴지는 곳을 모두 이완한다. 잠시 가슴으로 호흡을 느껴본다. 숨을 들이쉬면서 당신이 온기와 생기를 받아들이고 있음을 알아차린다. 숨을 내쉬면서 당신이 드넓은 공간으로 나가고 있음을 느낀다.

마음속으로 혹은 낮게 읊조리며 당신 자신에게 자애로운 말을 전한다. 다음 중에서 마음에 와 닿는 구절을 네다섯 가지 골라서 염원한다.

내가 자애로 충만하기를.

내가 자애 속에 머물기를.

내가 안전하고 편안하기를.

내가 안과 밖의 해악에서 보호받기를.

내가 행복하기를.

내가 나 자신을 있는 그대로 받아들이기를.

내가 깊은 평화를 느끼기를.

내가 살아있음의 기쁨을 알기를.

내가 내 안에서 참된 귀의처를 찾기를.

내 마음이 깨어나기를.

내가 자유롭기를.

자애의 구절을 반복하면서 이 구절과 함께 떠오르는 이미지와 감정을 모두 받아들인다. 당신의 마음이 열리고 온화해지는 데 어떤 이미지와 구절이 가장 큰 도움이 되는지 느껴본다. 이제 한 손을 고요히 가슴에 얹는다. 이런 자세일 때 자애의 느낌이 더욱 충만해지는지 느껴본다.

원하는 만큼 자신을 위해 자애 구절을 외우고 되새긴다. 명상을 마친 후 잠시 조용히 앉아서 몸과 마음의 경험을 자각한다. 다정하고 열려있는 느낌이 드는가? 자신을 더욱 편안하게 받아들이는가?

하루 종일: 자신에게 다정해지려는 마음을 자주 떠올릴수록 당신은 연결감을 더 느끼게 되고 미망에서 벗어나기가 더 쉬워진다. 어디서든 자애 명상을 할 수 있다. 걷고 있을 때, 운전할 때, 일상적인 일을 할 때 자신을 위한 자애 구절을 외우면 된다.

분노하거나 불안할 때: 분노나 두려움, 수치심, 혼란에 사로잡혀 있을 때는 자애 기도가 가당찮고 위선적으로 보일 수 있다. 자신이 얼마나 형

편없고 무가치한 인간인지를 자애의 구절이 오히려 강조하는 것처럼 느껴지기도 한다. 아무 판단도 하지 말고 자애를 염원한다. "이 마음도 자애로 충만하기를." 그러고 나서 자애 명상을 다시 시작하고, 떠오르는 생각이나 감정을 모두 받아들인다.

　　자애의 구절을 기계적으로 외울 때: 자애의 구절을 그냥 기계적으로 중얼거릴 때가 있을 것이다. 그렇더라도 걱정할 필요 없다. 마음이 열렸다 닫혔다 하는 것은 지극히 당연하다. 자애로운 마음을 일으키겠다고 다짐하는 것이 가장 중요하다.

제가 깨달음을 얻게 만들 수 있을까요?

아침에 해가 뜨게 만들 수 있다면 가능하지요.

그러면 신부님께서 알려주신 영성 훈련이 대체 무슨 쓸모가 있나요?

해가 떠오를 때 당신이 잠에서 깨어나게 하는 데 쓸모가 있지요.

– 앤소니 드 멜로 Anthony De Mello

당신 자신을 정기적으로 찾고 있는가?

– 루미

3장

명상: 현존에 이르는 길

제프는 아내 앨린과의 사랑이 식었고, 파국을 앞둔 26년간의 결혼생활을 되살릴 방법은 결코 없다고 믿었다. 제프는 앨린이 자신을 끊임없이 비판하고 결점을 지적할 때마다 숨이 막혔고 이제 그만 벗어나고 싶었다. 한편 앨린은 제프가 진솔한 대화나 친밀한 정서적 교류를 철저히 회피한다고 느껴서 상처받았고 분노했다. 마지막 방법으로 앨린은 제프를 설득해서 교회에서 후원하는 부부를 위한 주말 워크숍에 참석하기로 했다. 자신들의 미래에 대해 아직 한 가닥 희망을 갖고 있다는 것에 두 사람 모두 무척 놀랐다. 그들은 워크숍에서 "사랑은 결심이다."라는 말을 들었다. 우리가 사랑을 항상 느끼는 것은 아니지만 사랑은 늘 내 안에 있으니 사랑을 일깨우겠다고 결심해야 한다고 워크숍 진행자는 강조했다.

하지만 집에 돌아왔을 때 서로 모질게 치고받는 구태의연한 방식이 되살아나자 사랑을 일깨우자는 결심은 그야말로 헛수고 같았다. 몹시 절망한 제프가 내게 상담을 부탁했다. "지금의 상황을 어떻게 바꿔야 할지 도무지 모르겠어요. 어제 함께 있을 때도 그랬죠…… 나는 사랑을 결심하자고 속으로 말했어요. 하지만 달라진 건 아무것도 없었죠…… 앨린은 뭐 때문인지 나를 비난했고, 난 그저 앨린에게서 달아나고 싶은 마음뿐이었어요."

"어제 무슨 일이 있었는지 다시 한 번 떠올려볼까요?" 이렇게 말하며 나는 그에게 눈을 감고 그 상황을 떠올린 다음, 누가 옳고 그른지에 대한 생각을 모두 내려놓으라고 했다. "비난받는 느낌과 달아나고 싶은 마음을 당신의 몸이 어떻게 경험하는지 있는 그대로 느껴보세요." 제프는 꼼짝도 않고 앉아 있었다. 얼굴이 단단하게 굳으며 잔뜩 일그러졌다. 나는 말했다. "그 느낌을 그냥 그대로 내버려두세요. 그리고 어떤 느낌이 새로 생겨나는지 알아보세요."

제프의 표정이 점차 누그러졌다. 그가 말했다. "지금은 갑갑한 느낌이 들고 슬퍼요. 우리는 항상 이런 식이에요. 나는 나도 모르게 뒤로 물러나고…… 그게 앨린을 속상하게 하고…… 앨린은 화를 내고…… 그러면 나는 일부러 달아나요. 이런 악순환에 완전히 갇혀 있는 게 슬퍼요."

제프는 나를 바라보았다. 그의 말에 공감하여 나는 고개를 끄덕였다. "제프, 그 악순환이 시작될 때 달아나지 않고 당신이 느끼고 있는 감정을 앨린에게 정확하게 말할 수 있다면 어떻게 될까요? 앨린도 당신을 비난하지 않고 자신의 감정을 그대로 털어놓을 수 있다면 어떨까요?"

나의 제안에 제프가 빙긋 웃으며 말했다. "그러려면 우리가 어떤 감정을 느끼는지부터 알아야 할 겁니다. 우리는 서로 싸우느라 너무 바빠요."

"바로 그거예요!" 나는 대답했다. "당신과 앨린은 각자의 내면에서 일어나는 것에 주의를 기울여서 알아차려야 해요. 그렇게 하는 것은 오래된 고질적인 습관을 거스르는 행위지요. 감정적으로 몹시 흥분했을 때 우리는 지금 일어나고 있는 것에 대한 자기 대화에 골몰하고 반사적인 행동에 갇혀버려요. 반사적으로 상대방을 비난하거나 달아날 방법을 찾는 거죠. 그렇기 때문에 주의를 기울이는 훈련이 필요한 겁니다. 그러면 고질적인 습관에 휘둘리지 않아요."

명상을 하면 매순간 자신의 실제 경험을 직접 접하기 때문에 현존하는 능력이 커진다. 명상은 우리의 내면 공간을 더욱 넓혀주고 우리가 주위 환경에 대응할 때 대적하지 않고 창의성을 향상시킨다. 명상 수업에 앨린과 같이 오면 좋겠다고 권하자 제프는 선선히 응낙했다. 두 사람은 수요일 명상 수업에 함께 왔고, 한 달 후에는 주말 명상에도 참여했다.

주말 명상을 마치고 몇 주 뒤, 우리 셋은 명상 수업 후에 잠시 대화를 나누었다. 명상 덕분에 그들 부부는 사랑을 결심하는 법을 익히고 있다고 앨린이 말했다. "우리는 상대방과 함께 현재에 존재하자고 수없이 결심해야 해요. 화가 날 때 현존을 결심하고 상대방의 말에 귀 기울일 기분이 아닐 때 현존을 결심해야 하지요. 외롭다고 느낄 때, 상대방의 결점에 대한 케케묵은 자기 대화가 떠오를 때도 현존을 결심해야 해요. 현존을 결심하는 것이 우리가 마음을 여는 방법이에요." 앨린의 말에 제프는 고개를 끄덕였다. 그리고 빙그레 웃으며 이렇게 말했다. "지금의 상황을 바꾸는 것은 하나도 중요하지 않더군요. 중요한 것은 지금 어떤 일이 일어나든지 간에 그 일을, 이 순간의 삶을 온전히 자각하는 겁니다. 그러면 나머지는 저절로 풀려요."

현존에 귀의하기―이 순간에 존재하기로 결심하기―는 훈련이 필요하다. '지금의 상황'이 불쾌할 경우, 우리는 자신의 경험을 있는 그대로 느끼고 지속시키는 것을 결코 원하지 않는다. 우리는 파도에 자신을 맡기지 못하고 달아나고 자신을 가혹하게 비난하고 망각하고 별의별 짓을 다하려고 한다. 자신의 실제 경험을 마주하는 일만 하지 않는다. 그러나 앨린과 제프가 깨달았듯이, 그릇된 귀의처는 방어적인 작은 자아를 지속시킬 뿐이다. 우리가 자신과 그리고 타인과 진정으로 친밀해지려면 깊이 주의를 기울이면서 자신의 삶을 있는 그대로 내버려두는 방법밖에 없다. 35년이 넘는 세월 동안 명상을 가르치면서 나는 수많은 사람들이 그 방법을 통해 사랑을 일깨우고 감정적 고통을 덜어내고 각종 중독에서 벗어나는 것을 목격했다. 많은 이들에게 명상은 마음과 영혼을 심화하고 아름답게 변화시키는 토대를 마련해주었다.

마음 수행

불안이나 비난의 고질적인 악순환에 갇혀 있을 때는 변화할 수 있다는 것을 믿기 어렵다. 최근까지도 각종 과학적인 연구결과는 이런 회의주의에 힘을 실어주었다. 신경학자들은 우리가 일단 어른이 되면 뇌의 기본적인 구조와 기능이 고정된다고 생각했다. 각자의 주된 정서적 반응 양식에 고착되는 것이다. 성인기 이전까지 주로 불안과 혼란과 분노로 반응하던 사람은 앞으로도 내내 그렇게 살아갈 수밖에 없다고 여겼다. 그러나 이제, 뇌 영상 기술 등 첨단 테크놀로지의 도움으로 연구자들은 뇌의 신경가 소성neuroplasticity을 발견했다. 성인기에도 신경 통로가 강화되고 생성될 수 있으며 뇌와 마음은 일생에 걸쳐 끊임없이 성장하고 바뀔 수 있다. 따라서 특정한 정서적 반응 양식에 완전히 고착된 사람도 새로운 반응 양식을 익힐 수 있다.

규칙적인 사고나 행동은 무엇이든 하나의 습관이 된다. 뇌 속에 튼튼하고 강력한 신경 통로가 하나 생겨나는 것이다. 일이 잘못될 거라는 생각을 자주 하다보면 당신의 마음은 미리부터 곤경을 예상한다. 화를 내면 낼수록 당신의 몸과 마음은 공격적이 된다. 타인을 도와줄 방법에 대해 많이 생각할수록 당신의 마음은 더욱 너그러워진다. 아령 운동으로 근육이 튼튼해지듯이, 당신이 무엇에 주의를 기울이느냐에 따라 불안과 적대감과 중독 행동이 강화될 수도 있고 치유와 깨달음으로 이어질 수도 있다.

현존을 숲속의 샘물이라고 여겨라. 현존은 맑고 잔잔한 샘물이다. 생각과 감정의 숲에서 길을 잃고 너무 오래 헤맸기 때문에 우리는 이 샘물을 좀체 발견하지 못한다. 하지만 조용히 앉아서 규칙적으로 명상을 하다보면 숲을 가로지르는 길에 차차 익숙해진다. 나무 사이의 허공이 훤히 보이고 예전에 걸려 넘어졌던 나무뿌리가 눈에 들어온다. 가시나무숲에 갇혀 있더라도 우리는 분명 길을 찾아낼 수 있다.

규칙적으로 명상하면 우리 마음에 새로운 길이 생긴다. 우리의 고향으로, 깨어있고 열려있고 다정한 현존으로 이어지는 길이 열린다. 붓다는 이 길을 닦는 수많은 방법을 가르쳤지만 그 중에서도 마음챙김mindfulness 수행이 가장 중요하다고 말했다. 마음챙김이란 순간순간 펼쳐지는 경험에, 판단하지 않고, 의식적으로 주의를 기울이는 과정이다. 당신이

요금 청구서에 대한 걱정에 골몰할 경우, 이때의 마음챙김은 그 걱정 가득한 생각과 불안한 감정을 그저 주시하는 것을 말한다. 누군가에게 해야 할 말을 열심히 연습하고 있다면 이때의 마음챙김은 그 내적 대화와 불안과 두려움을 그냥 알아차리는 것이다. 마음챙김은 생각과 감정이 오고 갈 때 결코 저항하지 않고 모두 인식하고 인정한다. 우리의 마음에 새겨진 수많은 길 중에서 가장 깊이 파인 길은 현재에서 달아나는 길이다. 지금 일어나고 있는 것에 의식적으로 다시 주의를 돌려놓음으로써 마음챙김 수행은 오래된 길을 없애고 우리를 깨워서 살아있음을 느끼게 한다. 맑고 잔잔한 샘물이 하늘을 그대로 비추듯, 마음챙김은 우리가 이 순간의 실제 경험을 있는 그대로 바라보게 한다.

내가 주로 가르치는 불교 명상 기법은 위빠사나vipassana인데, 그 뜻은 '명확하게 보기'다. 위빠사나에서 마음챙김 수행은 먼저 집중하는 것부터 시작한다. 즉, 하나의 대상에 주의를 모으는 것이다. 마음이 두서없는 수많은 생각에 빠져 헤맬 때는 현재의 경험에 주의를 모으기가 쉽지 않다. 그러므로 가장 먼저 한 가지 감각을 명상의 대상으로 삼아 주의를 기울이면서 마음을 가다듬고 고요하게 해야 한다. 호흡을 따라가거나 신체 감각을 훑어보거나 소리에 귀를 기울이거나 '내가 행복하기를' 또는 '내가 평화롭기를' 같은 염원을 마음속으로 반복하는 것이 그 예다. 어떤 대상을 선택하든지 간에 수행을 하다보면 그 대상은 차차 주의를 한 곳에 고정시키는 믿을 만한 닻이 된다. 좋은 친구처럼, 그 감각 대상은 당신이 현재로 돌아와 내적 균형감과 행복감을 다시 경험하게 도와줄 것이다.

작가이자 정신과의사인 대니얼 시겔Daniel Siegel은 명상 중에 우리의 마음이 현재에서 어떻게 자꾸만 달아나는지를 비유를 통해 이해하기 쉽게 설명한다. 자각을 커다란 바퀴라고 가정하자. 바퀴축은 현재를 나타내고, 이 중심축으로부터 수많은 바큇살이 뻗어나가 바퀴 테두리에 이른다. 당신의 주의는 현재에서 달아나는 습관이 있으므로 중심축에서 벗어나 그때그때 다른 바큇살을 따라 멀어지다가 바퀴 테두리의 여기저기에 닿는다. 저녁 식사 계획을 세우다 말고 어제 나눈 언짢았던 대화에, 자기비난에, 라디오에서 흘러나오는 노래에, 어깨 결림에, 두려운 감정에 어느새 주의를 돌린다. 또는 강박적 사고에 빠져서 실패에 관한 자기 대화와 부정적 감정에 온통 주의를 기울인다. 당신이 현재에서 달아난다면, 즉 당신의 주의가 바퀴축에서 벗어나 테두리에 매달려 있다면, 당신은 온전한 자아와 단절되고 미망 속에서 살아간다.

호흡과 같이 당신의 주의를 한 곳에 모을 감각 대상을 미리 정해 놓아라. 그러면 당신이 현재에서 벗어난 순간을 더 쉽게 알아차리고 중심축으로 돌아오는 길을 금방 찾을 수 있다. 마음챙김 수행의 이 부분을 나는 '돌아오기coming back' 라고 부른다. 일단 중심축으로 돌아오면 이번에도 그 감각 대상의 도움으로 마음을 고요히 가라앉힐 수 있다. 주의가 시도 때도 없이 달아나 테두리의 공상이나 기억에 닿더라도 당신은 가만히 중심축으로 돌아와 다시 현재에 머물 수 있다.

주의가 더욱 안정됨에 따라 당신은 중심축의 경계가 흐려지고 열리는 것을 감지한다. 마음챙김 수행의 이 부분을 나는 '여기에 존재하기being here' 라고 부른다. 당신은 감각 대상에 계속 주의를 기울이는 동시에 테두리에서 일어나는 매순간의 다양한 경험을 인식하고 허락할 수 있다. 개 짖는 소리, 무릎 통증, 명상을 언제 끝낼지에 관한 생각 등을 자각할 수 있는 것이다. 이 경험들에 골몰하거나 저항하지 않고 모든 경험이 자유롭게 오고 가게 내버려둔다. 때로는 당신의 주의가 테두리에 매달려 있을 것이다. 그럴 때도 그것을 알아차리는 순간, 가만히 중심축으로 돌아오라. 마음챙김 수행이 '돌아오기'와 '여기에 존재하기'를 수없이 왔다 갔다 하는 것은 자연스럽다.

고요하게 깨어서 중심축에 오래 머무르며 지금 일어나고 있는 것을 낱낱이 자각할수록 중심축, 즉 현재는 경계가 사라지고 더욱 따뜻하고 밝아진다. 경험을 통제하지 않을 때, 애쓰지 않고도 매순간의 경험을 자각할 때, 당신은 온전히 현재에 존재한다. 바퀴축, 바큇살, 테두리 모두 열린 자각의 빛 속에서 부유한다.

무엇이 중요한지 기억하기

요즘에는 명상 기법이나 마음 수행법이 너무 다양해서 사람들은 '올바른 것'을 선택하는 문제로 고심하기도 한다. 하지만 영적 깨달음이라는 면에서 변화를 가능케 하는 것은 특정 기법이나 가르침이 아니라 당신의 진지함과 성실함이다. 자신의 마음이 가장 중요하게 여기는 것을 접할 때 우리는 진지하고 성실해진다. 마음의 가장 깊은 열망을 인식하고 결심하는 것을 불교 용어로 지혜 원력智慧 願力, wise aspiration이라고 한다. 당신의 마음은 영적 깨달음과 더욱 충만한 사랑, 진리와 평화를 염원할지도 모른다. 어떤 원력이든지, 그것이 당신의 명상 수행을 격려하고 이끈다. 선사禪師 스즈키 로쉬Suzuki Roshi가 가르쳤듯이, "가장 중요한 것은 가장 중요한 것을 기억하는 것이다."

당신에게 중요한 것을 숙고하는 것으로 명상을 시작하면 도움이 된다. 포괄적인 원력을 세우는 사람도 있고, 명상하는 동안이나 그날 하루 동안 지키고 싶은 다짐에 초점을 맞추는 사람도 있다. 예를 들어, 충만한 사랑을 염원할 수도 있고, 명상 중에 일어나는 불쾌한 감정을 모두 받아들이기를 염원하고 결심할 수도 있다. 지금 이 순간에 일어나고 있는 것을 실제로 주시하기를 염원해도 좋고, 오고 가는 생각을 알아차리고 내려놓겠다고 다짐해도 좋다. 자신의 마음에게 무엇이 중요한지 물어보는 순간, 당신은 이미 현존의 길에 들어선 것이다.

현명한 태도 키우기

지금 명상을 배우고 있는 사람은 잠시 시간을 갖고 명상을 대하는 자신의 태도를 전반적으로 숙고해보라. 더 오래 명상하고 더 나은 결과를 얻어야 한다고 생각하는가? 명상이 너무 힘들어서 그냥 포기하고 대충대충 하는가? 시간을 정해 놓고 명상하지만 최선을 다하지는 않는 느낌인가? 명상할 시간을 고대하는가? 어떤 경험이 펼쳐질지 궁금한가? 자신의 진전에 안달하지 않는가?

현재의 수준에 진지하게 관심을 갖되 결과를 판단하지 않는 태도가 바람직하다. 판단이나 분별없이, 지금 일어나는 모든 것에 느긋하고 다정하게 관심을 기울여야 한다. 명상을 자기 계발 계획의 일부로 삼는 것은 명상 수행을 실제로 방해할 수 있다. 대다수의 사람들은 '올바른' 명상의 기준고요하다, 열려있다, 명료하다, 자애롭다 등을 분명히 정해 놓고서 마음이 떠돌거나 불쾌한 감정이 일어나면 자신을 비난한다. 사실, '올바른' 명상이란 없다. 올바로 명상하려는 지나친 노력은 불완전하고 분투하는 자아를 강화한다. 이에 반해, 노력을 포기하고 대충대충 하는 것은 방만하고 단절된 자아를 강화한다.

1970년대에 틱낫한 스님이 샌프란시스코의 명상 센터를 방문했을 때 수련생들이 명상 수행을 심화시킬 수 있는 방법에 대해 물었다. 열여섯 살에 출가한 스님은 베트남에서 끔찍한 전쟁을 겪은 적이 있었다. 내가 보기에 수련생들은 자신의 영적인 삶을 향상시켜줄 엄격한 처방을 기대하고 있는 듯했다. 틱낫한 스님은 이렇게 대답했다. "우선, 여러분은 아침에 너무 일찍 일어납니다. 조금 더 늦게 일어나십시오. 그리고 여러분은 너무 엄숙하게 명상을 합니다. 여러분이 이번 주에 해야 할 일을 두 가지만 알려드리지요. 호흡하십시오. 그리고 미소 지으세요."

참으로 훌륭한 조언이다. 명상을, 그리고 당신의 삶을 열정적이되 여유로운 마음으로 대하라. 긴장하고 분투하지 않고도 열심히 노력할 수 있다. 명상 초보자든 경험이 풍부한 사람이든 판단을 경계하라. 판단이 일어날 때마다 그것을 모두 있는 그대로 내버려두어라. 판단은 습관이다. 판단을 내려놓을 때 당신은 다시 성실해지고 내면이 평온해지며, 그럼으로써 자연히 현재에 존재하고 자유로워진다.

명상 시간과 공간 마련하기

사람들은 온종일 정신없이 움직이며 이미 꽉 짜인 일정에 온갖 활동을 자꾸 끼워 넣는다. 이것이 우리 문화의 전형적인 특징이다. 휴대전화로 통화하거나 컴퓨터 화면을 들여다보거나 업무를 연달아 처리할 때조차 우리의 마음은 여전히 다른 곳을 기웃거린다. 따로 시간과 공간을 마련하여 내적 경험을 자각하는 것은 현대사회의 이러한 추세를 거스르는 행위다.

명상 입문자들은 마음을 모으고 가라앉히는 것의 가치를 자주 이야기하지만 그보다 더 기본적인 것도 언급한다. 최근에 어떤 수련생이 이렇게 말했다. "고요해지는 그 잠깐의 시간이 제 영혼에는 큰 선물이에요." 확실히 그것은 영혼에게 주는 선물이다. 바쁜 생활에서 한 걸음 물러나는 것, 더 멀리 가려는 끊임없는 노력을 잠시 멈추는 것은 우리가 자신의 영혼에게 줄 수 있는 가장 아름다운 선물이리라. 하지만 그것은 너무 단순하다. 루미의 말처럼, 우리는 자신을 정기적으로 찾아가는 법을 익히고 있다.

규칙적으로 명상할 수 있는 방법을 찾아라. 많은 명상 전통들은 하루 중 일정 시간을 정해서 날마다 명상할 것을 권한다. 보통 이른 아침 시간이 좋다. 늦은 밤보다는 아침에 잠에서 깼을 때 마음이 더 평온하기 때문이다. 그러나 현실적으로는 당신이 규칙적인 명상을 실천할 수 있는 시간이 당신에게 가장 좋은 때이다. 짧은 명상을 하루에 두 번, 즉 하루를 시작할 때와 마감할 때 한 번씩 행하는 사람들도 있다.

명상을 몇 분이나 해야 할까? 대체로 15분에서 45분 사이가 적당하다. 명상에 갓 입문한 사람에게는 15분도 영원처럼 느껴질 수 있다. 하지만 그 느낌은 명상이 깊어짐에 따라 달라진다. 날마다 명상을 하다보면 뚜렷한 이익을 경험하게 된다. 충동적인 대응이 줄어들고 더욱 평온해진다. 그리하여 명상 시간을 늘리기로 결정할 것이다. 몇 분 동안 명상을 하든 시작하기 전에 시간을 미리 정해놓고 시계나 타이머를 근처에 두는 것이 좋다. 그러면 명상을 언제 끝낼지 계산할 필요 없이 오직 명상에만 전념할 수 있다.

가능하다면 매일 명상을 할 수 있는 공간을 따로 마련해 두어라. 비교적 방해받지 않는 조용한 장소를 고른 후 언제든 돌아가서 앉을 수 있게 방석이나 의자를 놓아둔다. 제단을 마련해서 촛불, 감동적인 사진, 조각상, 꽃, 돌멩이, 조개껍질 등을 올려놓는 사람들도 있다. 아름다움, 경이로움, 신성함을 불러일으키는 것은 무엇이든지 괜찮다. 명상 제단은 꼭 필요하지는 않지만 명상하기 쉬운 분위기를 조성하고 당신이 사랑하는 것들을 기억하게 도와준다.

꾸준히 명상하기

규칙적으로 꾸준히 명상을 행하는 것은 결코 쉬운 일이 아니다. 아슈람에서 지낸 12년 동안, 내 곁에는 날마다 함께 명상을 하는 도반道伴들이 있었다. 그런 종류의 지원이 있었기 때문에 매일 시간을 내서 명상하는 것이 내게는 당연한 일상이었다. 하지만 아슈람에서 나온 후에는 매일 명상하기가 그렇게 쉽지 않았다. 1년이 못 돼서 나라얀이 태어났다. 이제 내게는 돌봐야 할 갓난아기가 있었고, 생활은 갈수록 불규칙해졌다.

어느 날 아침, 잠에서 깼는데 기분이 유난히 엉망이었다. 슈퍼마켓에서 사와야 할 것을 잊었다는 이유로 남편에게 한바탕 잔소리를 퍼부어댔다. 그는 나더러 잠깐 명상을 좀 하라고 권했다. 아기를 그에게 건네주고 나는 작은 제단 앞에 털썩 주저앉았다. 앉자마자 눈물이 줄줄 흘러내렸다. 나는 규칙적인 명상을 잊고 살았다. 나를 정기적으로 찾아가는 일을 까맣게 잊었던 것이다. 그때 해가 떠오르며 따스한 빛다발이 창을 넘어 방으로 흘러들어왔고, 나라얀에게 조근조근 말을 건네는 남편의 목소리가 등 뒤에서 들려왔다. 나는 다짐했다. 무슨 일이 있어도 매일 시간을 내서 마음을 가라앉히고 나의 내적 경험을 자각하겠노라고. 하지만 '편법'을 썼다. 내가 몇 분이나 명상을 하는지는 개의치 않기로 했다.

그 후로 줄곧 명상 시간을 마련했다. 보통 아침에 30분에서 45분 동안 명상을 했다. 하지만 그 정도의 시간도 내지 못하는 날이 있었다. 나라얀이 어릴 때 특히 그러했다. 그런 날은 잠자기 직전에 침대 끝에 앉아 몸을 의식적으로 이완하고 그 순간에 존재하는 감각과 감정을 자각하고 받아들이곤 했다. 2, 3분 정도 그렇게 한 다음에 기도를 하고 이불 속으로 들어갔다. 내 몸이 변해서 오래 앉아 있기가 갈수록 힘들어졌기 때문에 나는 종종 일어선 채 명상을 했다. 그러나 '무슨 일이 있어도' 날마다 명상을 하겠다는 다짐은 내 삶의 가장 중요한 버팀목 중 하나다.

몇몇 지인들은 나의 이런 다짐을 일종의 자기처벌 계획이라고 여기기도 한다. 별일이 생기면, 가령, 독감에 걸리거나 초저녁부터 곯아떨어지거나 그냥 잊어버리면 그 다짐을 지키지 못한다. 결론은, 스트레스 받지 말고 즐겁게 명상하라는 것이다. 요리 연구가 줄리아 차일드Julia Child는 이렇게 말했다. "양고기가 바닥에 떨어지면 그냥 주워서 쓰세요. 누가 알겠어요?" 명상을 하루 빼먹거나 한 주 또는 한 달을 걸렀다고 해도 그냥 다시 시작하라. 괜찮다.

명상으로 풍요로워진 느낌을 얻지 못할 경우, 당신은 명상을 계속하지 않을 것이다. 기계적으로 명상을 하거나 죄책감에서 명상을 하거나 진척이 없다고 자신을 비난하거나 "내가 알아서 해."라는 완강한 태도를 고집한다면 풍요로움을 느끼기 어렵다. 이 함정을 피하는 최선의 방법 중 하나는 다른 사람들과 함께 명상하는 것이다. 명상 교사가 이끄는 수업을 알아보거나 명상에 관심이 있는 친구를 찾아보라. 가능하다면 숙식을 함께하는 주말 명상이나 일주일 과정의 명상에 참여하라. 이 경험은 명상 수행을 심화시킬 뿐 아니라 매순간 깨어서 평화롭게 현존하는 자신의 능력을 더욱 확신하게 해준다. 요즘은 명상 수행에 더없이 좋은 시절이다. 명상 CD, 명상 서적, 명상 팟캐스트, 명상 교사, 동료 명상가 등 명상을 시도하는 사람들이 이용할 수 있는 자원이 갈수록 늘어나고 있다. 이러한 자원들은 사람들이 명상의 길을 걸어갈 때 응원해주고 길동무가 되어준다.

언제 어디서나: 일상 속에서의 명상

작가이자 불교학자인 로버트 서먼Robert Thurman은 불교도들은 항상 명상에 대해 이야기한다면서 이렇게 말한다. "명상, 명상, 온통 명상 얘기뿐이에요. 내가 알고 싶은 것은 성과가 언제 나타나는가 하는 겁니다." 나타나는 성과는 없다. 하지만 미망에 빠지곤 하는 일상의 순간순간에 더욱 깨어있을 가능성이 있다.

앞에서 소개한 제프와 앨린 부부의 경우, 명상은 두 사람의 관계 회복에 중추적 역할을 했다. 그들의 전략은 분노와 공격 반응에 사로잡힐 때마다 '타임아웃' 명상을 하는 것이었다. 둘 중 한 사람이 '타임아웃'을 원하면 두 사람 모두 모든 걸 멈추고 명상하기로 합의했다. '타임아웃' 명상이 시작되면 제프와 앨린은 따로 또는 함께 조용히 앉아서 이전의 수행을 통해 향상시켜온 기술을 이용했다. 자신의 염원현존을 결심하기, 사랑을 결심하기을 기억하기, 비난에 관한 자기 대화에서 물러서기, 심호흡을 하여 이완하고 진정하기, 이 순간의 괴로움과 두려움을 있는 그대로 경험하기가 그들이 적용한 기술이었다. 10분이나 15분 동안 이 짧은 명상을 한 후, 그들은 다시 대화할 준비가 되었는지 아닌지 서로 확인했다. 비난에 골몰하는 대신 자신의 취약함을 절감하면 준비가 된 것으로 여겼다. 어느 한 사람이 시간이 더 필요할 경우에는 다시 명상을 했다. 그 다음 날까지 기다렸다가 대화한 적도 몇 번 있었다. 하지만 대체로 그 짧은 명상을 한 차례 한 후에는 자신의 실제 감정을 더욱 정확히 확인하고 더욱 솔직히 대화할 수 있었다. 잠깐 멈춰서 현재에 존재하는 법을 배움으로써 제프와 앨린은 예전에는 상상도 못한 수준의 이해와 배려를 실천할 수 있었다.

수련생들은 할 일이 많아 몹시 바쁠 때 어떻게 하면 현존을 쉽게 기억할 수 있느냐고 자주 묻는다. 나의 첫 마디는 이렇다. "그냥 멈추세요." 그리고 이어서 말한다. "한 번 더 멈추세요. 의식적으로 두어 번 깊이 호흡하고 긴장을 푸세요." 우리의 삶은 쉬지 않고 미래로 달려간다. 지금 여기로 돌아오는 유일한 방법은 그냥 멈추는 것이다. 할 일을 미루고 아주 잠깐 그냥 가만히 있는 것만으로도 자애로움과 살아있음을 다시 느낄 수 있다. 이때 자신의 신체 감각을 의식적으로 자각하고 호흡하고 이완한다면 자애로움과 살아있음을 더욱 강렬하게 느낄 것이다.

내가 혼자 벌이는 게임이 하나 있다. 어떤 일을 한 번에 끝마쳐야 할 때 내가 멈춤을 저절로 기억하는지 아닌지 알아보는 것이다. 설거지하기, 사무실에서 부엌까지 걸어가기, 차례로 메일 보내기, 팝콘 먹기 등이 그런 일이다. 멈춤은 나를 가상현실에서 끌어내고 내가 다시 바퀴축으로 돌아와 깨어있고 열려있고 존재하는 것을 확인하는 훌륭하고 근본적인 방법이다.

의도적인 고요한 멈춤은 우리가 자주 잊는, 우리 내면과 주변 세상의 아름다움과 선함을 음미하게 도와준다. 나의 내담자인 프랜시스는 두 딸이 자신과 여행을 가지 않고 아빠^{프랜시스의 전남편}와 휴일을 보내기로 결정했을 때 큰 충격을 받았다. "엄마는 재미가 없어요. 항상 긴장하고 있어요." 딸이 말했다. 프랜시스가 부정하자 두 딸은 엄마는 '일밖에 모르고' 방학 계획을 짤 때는 엄숙하기까지 하다고 지적했다. 프랜시스는 두 딸이 말하는 자신의 모습을 인정했다. 다섯 아이 중 맏이였던 프랜시스는 어머니가 병석에 눕자 어린 나이에 동생들을 돌봐야 했다. "난 놀 줄 몰라요. 항상 바쁘게 일하고 어떤 일이든 미리 끝내놓는 게 훨씬 더 편해요." 그녀가 슬프게 고백했다.

두 딸의 거부에 엄청난 좌절감을 경험한 프랜시스는 긴장을 푸는 법을 배우기 위해 명상을 시작했다. 하지만 명상을 도와주러 만났을 때 프랜시스는 딱딱하게 굳은 자세에 눈썹을 잔뜩 찌푸리고 있었다. 삶의 모든 영역에서 그러했듯이 그녀는 명상도 너무 엄숙하게 대하고 있었다.

나는 프랜시스에게 산책하기 좋은 아름다운 장소를 찾아 그곳에서 명상을 몇 번 해보라고 권했다. 그녀의 과제는 마음을 고요히 하고 생각을 자각할 때 그 생각에서 깨어나는 것이었다. 하지만 그녀가 초점을 맞춰야 할 대상은 호흡이 아니라 오감이었다. 프랜시스는 땅을 굳게 디딘 발의 느낌을 자각하고 자연의 소리와 냄새와 풍경을 자각해야 했다. 어떤 것이 아름답거나 흥미로워서 감탄할 때는 언제든 멈춰서 그 경험에 온통 주의를 기울이라고 말했다.

몇 달 후, 프랜시스는 그 동안의 명상 체험을 들려주며 이렇게 말했다. "타라, 한 걸음 내디딜 때마다 한참씩 멈춰서야 해요!" 그리고 일상의 다양한 영역에서 새로 발견하고 있는 기쁨을 열거했다. 천천히 복숭아를 먹으며 과육의 질감과 맛을 음미하기, 뜨거운 물로 오래 샤워하기, 좌선 중에 들숨과 날숨을 느끼며 그냥 긴장을 풀기 등. 가장 중요한 것은 프랜시스가 두 딸을 새로운 시각에서 바라보고 있다는 점이었다. 이제 그녀는 옆 사람도 웃게 만드는 큰 딸의 웃음소리와 작은 딸의 우아한 거동을 높이 평가하고 있었다. 프랜시스는 미소를 지으며 말했다. "딸 아이들의 그런 모습을 즐기고 있어요. 이젠 아이들이 나와 함께 다니는 걸 꺼려하지 않아요." 프랜시스는 현존의 축복을 누리는 중이었다. 즉, 바로 지금 바로 여기에 있는 삶과 친해지고 있었다.

자신의 마음과 자각을 믿기

인도에서 열린 달라이 라마와의 만남에서 서양의 불교 교사들은 고국의 명상 수련생들에게 전해주면 좋을 가장 중요한 가르침을 부탁했다. 진지한 표정으로 잠시 생각에 잠긴 후, 달라이 라마는 활짝 웃으며 고개를 끄덕였다. "어떤 상황에서든지 자신의 마음과 자각이 깨어날 수 있다는 것을 믿으라고 전해주십시오."

우리는 자신에게 곤경을 해결하고 많이 사랑하고 이상적인 사람이 될 수 있는 능력이 있다고 믿기를 원한다. 종종 우리는 마음과 자각을 일깨우고 더욱 자신 있게 살아가기 위한 방법으로 명상을 시작한다. 그러나 나의 오랜 경험에 의하면, 사람들의 지속적인 명상을 가로막는 가장 큰 장애물은 의심이었다. "나는 명상을 제대로 하는 게 아니야. 이렇게 하는 건 아무 효과가 없을 거야. 다 쓸모없는 짓이야." 이렇게 의심한다. 수련생들은 생각을 통제할 수가 없으며 열린 마음으로 현존하는 경험을 유지할 수 없다고 토로한다. 명상하기가 왜 그렇게 어려운지 의아해한다.

　　주의를 훈련하는 일은 어렵다. 사실이다. 우리는 자신의 의도와 달리 거의 항상 온갖 생각에 빠지고 무의식중에 욕구와 두려움에 휩쓸린다. 마치 현재의 순간에서 달아나기 위해 자전거를 타고 열심히 페달을 밟으며 살고 있는 것 같다. 지금 일어나고 있는 것을 거부하기 위해, 뭔가를 바꾸기 위해, 다른 곳에 가기 위해 힘차게 페달을 밟는다. 뭔가 놓치고 있다거나 뭔가 잘못됐다는 느낌이 강하면 강할수록 우리는 더 열심히 페달을 밟아 더 빨리 달려간다. 심지어 명상 중에도 자신이 페달을 밟고 있음을 깨닫는다. 호흡을 따라가려고 바짝 긴장하고, 올바로 명상하려고 안간힘을 쓴다. 우리는 현재에서 달아나는 고질적인 습관이 있으며, 그 힘은 매우 강력하다. 이 점을 겸손하게 인정하지 않으면 명상은 오히려 자신에게 결함이 있다는 느낌만 줄 뿐이다. 그릇된 귀의처로 달려가는 이러한 경향은 신경 통로를 강화한다. 그 습관은 우리의 잘못이 결코 아니다! 이 강력한 습관에도 불구하고, 어떻게 하면 우리는 달라이 라마의 조언에 따라 자신의 마음과 자각을 믿을 수 있을까?

　　명상 중의 의도적인 '행' <sub 자신의 경험을 명명하기, 몸을 훑으며 감각을 알아차리기, 호흡에 초점을 맞추기>은 우리가 잠깐 멈춰서 이 순간의 삶을 받아들이게 도와준다.

하지만 우리는 더 많이 '행'하려는 욕구에 사로잡힐 수 있기 때문에 의도적인 '내려놓기'가 가장 큰 도움이 된다. 팜의 경우, "인정해."라는 속삭임이 남편 제리와 보낸 마지막 며칠 동안 그녀가 다정하게 현재에 존재하게 도와주었다. 내 경우에는 파도에 나를 맡기자는 다짐이 삶을 통제하려는 경향을 완화하고 드넓은 자각과 이어주었다. 요즘에는 때때로 라이너 마리아 릴케의 시구를 떠올린다. "모든 것이 일어나게 내버려두라. 아름다움도, 두려움도……." 어떤 것이 당신에게 자각과 현존을 가장 잘 상기시키는지 마음껏 실험해보라. 당신이 페달을 밟는 것을 멈추고 습관적인 '행'을 완화하고 그냥 존재하게 도와주는 단어나 구절은 무엇인가?

　　힌두교의 영적 스승 스와미 사치다난다Swami Satchidananda에게 어떤 수행자가 물었다. "요가를 깊이 수행하려면 반드시 힌두교도가 되어야 합니까?" 이에 사치다난다는 대답했다. "나는 힌두교도가 아닙니다. 나는 어디에도 매어 있지 않습니다." 명상으로 우리가 자유로워질 때도 마찬가지다. 명상은 우리를 더 착한 사람이나 다른 사람으로 바꿔놓지 않으며 어떤 특별한 곳으로 데려가지도 않는다. 우리는 영적 성취를 향해 페달을 밟고 있는 것이 아니다. 명상은 행동을 통제하는 습관과 편협한 고정관념을 내려놓고 습관적인 육체적 긴장과 방어적인 대응을 내려놓게 해준다. 궁극적으로는, 두려워하는 작은 자아와의 동일시를 내려놓게 해준다. 이 모든 '행'을 내려놓을 때 우리는 어디에도 매이지 않는다. 작은 자아 그 너머에 있는 드넓은 마음과 자각을 발견한다. 이 마음과 자각은 어떤 상황에서든 우리에게 귀의처를 내어준다. 우리는 자신의 가장 깊은 참자아를 믿을 수 있음을 깨닫는다. 이것이 바로 명상의 선물이다.

돌아오기

마음챙김 명상은 타고난 현존에 이르는 지름길이다. '돌아오기'는 주의가 흩어질 때 당신이 현재로 돌아올 수 있게 이끌어준다. 이 연습은 지금 이 순간에 지속적으로 주의를 기울이게 도와줄 것이다.

🍃

편안한 자세로 앉는다. 등을 최대한 똑바로 펴고 균형 잡힌 꼿꼿한 자세로 의자나 방석에 앉을 때 가장 명료하게 깨어있을 수 있다. 상체를 이렇게 곧추 세우고 나머지 뼈와 근육은 마음껏 늘어뜨린다. 양손을 무릎이나 허벅지 위에 편안하게 내려놓는다. 조용히 눈을 감는다. 원한다면 자연스럽게 눈을 뜨고 시선을 부드럽게 누그러뜨린다.

서너 번 천천히 깊이 숨을 쉰다. 숨을 내쉴 때마다 의식적으로 숨을 내보내면서 얼굴과 어깨, 양손, 배의 근육을 이완시킨다. 그런 다음, 다시 자연스럽게 규칙적으로 호흡하면서 초점을 맞출 대상을 고른다. 일반적으로 몸에서 느껴지는 감각이 가장 집중하기 좋다. 다음의 예에서 골라도 좋다.

○ 콧구멍으로 드나드는 호흡.
○ 호흡과 함께 일어나는 다른 감각들. 배가 솟았다 꺼지는 느낌.

○ 당신의 내부나 주변에서 들려오는 소리.

○ 그 밖의 신체 감각. 손이 얼얼한 느낌, 따뜻한 느낌, 차가운 느낌 혹은 근육의 조임이나 이완.

당신이 고른 초점의 대상에 느긋하고 다정하게 모든 주의를 기울인다. 당신이 지금 여기를 온전히 자각하고 매순간 물 흐르듯 드나드는 호흡 또는 매순간의 소리나 그 밖의 감각들을 받아들이고 있다고 상상해도 좋다. 억지로 주의를 기울이지는 않는다. 시시각각 변화하는 당신의 감각 대상을 편안하게 자각하고 받아들일 수 있는지 지켜본다. 그 감각 대상이 어떻게 당신을 깨워서 '지금 여기'에, 바퀴의 중심축에 머물게 해주는지를 느껴본다.

어떤 대상에 초점을 맞추든지 당신의 주의는 곧바로 흐트러질 것이다. 바퀴축에서 벗어나 생각 속을 휘젓고 다닌다. 이러한 주의산만은 지극히 자연스럽다. 몸이 소화효소를 분비하듯이, 마음은 생각을 일으킨다. 생각을 판단하지 말고, 적으로 삼지도 않는 게 좋다. 한 생각이 떠오를 때마다 그 생각을 자각하는 순간을 한 번 깨어나는 순간으로 받아들인다. 이렇게 존중하는 태도가 당신이 바퀴축으로 돌아와 다시 한 번 온전히 현재에 존재하는 비결이다.

생각에 빠져 있음을 알아차릴 때는 속으로 "그냥 생각이야." 또는 "생각, 생각."이라고 말하면서 그 생각을 인정하는 게 도움이 되기도 한다. 그러고 나서, 그냥 멈춘다. 감각 대상에 황급히 초점을 맞추지 않는다. 소리에 잠시 귀를 기울이면 자연히 현재로 돌아올 것이다. 어깨와 양손과 배를 다시 이완시키면, 마음을 가라앉히면 저절로 현재로 돌아온다. 서두르지 않으면 된다. 생각으로 산만한 마음과 현존으로 명료한 마음의 차이를 알아차린다. 그런 다음, 가만히 주의를 돌려서 감각 대상에 초점을 맞추고 바퀴축에, 현재에 머문다.

떠오르는 생각을 자각하고 그때마다 감각 대상으로 돌아와 느긋하게 주의를 기울이겠다고 다짐하며 명상을 계속한다. 바퀴축으로 되돌아오는 이 간단한 명상은 마음이 깨어나 자각하는 분위기를 확립하는 대단히 효과적인 방법이다. 당신의 명상 수행이 깊어지더라도 이 연습은 매일 명상의 핵심 요소로 남을 것이다.

명상 연습

여기에 존재하기

'여기에 존재하기'는 열려있는 명료한 자각을 직접 강화한다. 바퀴의 중심축에서 고요히 깨어있게 한다. '돌아오기'와 '여기에 존재하기,' 이 두 가지 연습에는 위빠사나 명상을 이루는 주요 마음챙김 기법이 포함되어 있다.

깨어있으면서 이완할 수 있는 자세로 앉는다. 주의를 기울여 머리끝부터 발끝까지 온몸을 훑어본다. 긴장이 확연히 감지되는 부위가 있으면 그 긴장을 풀고 내려놓는다. 그러고 나서 당신이 고른 감각 대상에 초점을 맞추고 시간이 얼마나 걸리든지 '돌아오기'를 연습한다. 처음에는 마음이 부산하고 주의가 흩어질 것이다. 하지만 몇 분 후에는 생각이 점점 띄엄띄엄 나타나고 당신이 감각 대상과 함께 바퀴축에 머무는 순간이 더욱 많아진다.

감각 대상에 한결같이, 그러나 가볍게 계속 주의를 기울인다. 하지만 그 감각 대상의 배경에 있는 자극도 빠짐없이 자각한다. 예를 들어, 당신의 감각 대상인 호흡의 들숨과 날숨에 주의를 기울이는 동시에 주변 소리, 불안한 감정, 간지러움, 열감도 모두 자각한다. 잠깐 동안은 이 자극들이 당신의

93 3장. 명상: 현존에 이르는 길

주의를 방해하지 않고 그냥 오고 갈 것이다. 하지만 어떤 자극이 유난히 강렬해서 주의를 잡아끌지도 모른다. 그 자극에 주의가 집중되면, 그것을 초점의 대상으로 삼는다. 강렬한 졸음을 느낄 수도 있다. 그렇다면 '졸음'과 관련하여 당신이 경험하고 있는 모든 것을 그냥 알아차리고 내버려둔다. 졸음에 몸이 어떻게 반응하는지, 그 다양한 감각을 느껴본다. 어느 부위에서 졸음이 가장 뚜렷하게 감지되는지, 졸음이 어떻게 느껴지는지 알아차린다. 눈두덩이 화끈거리는 느낌인가? 가슴이 갑갑하거나 묵직한 느낌인가? 머리가 몽롱한가? 그 느낌이 어떻게 변하는지 자각한다. 강렬해지는가, 변함없이 똑같은가, 점차 사라지는가? 졸음이 더 이상은 당신의 주의를 끌지 않을 때까지 계속 초점을 맞춘다. 졸음이 어떤 느낌인지 자각하고 '그냥 내버려둔다.'

　　　때로는 졸음이 강렬한 다른 자극으로 바뀌었음을 알아차릴 것이다. 잠들까봐 불안한 느낌으로 바뀌기도 한다. 명상이 시간 낭비라는 생각이 떠오르기도 하고, 그날 하루 종일 피곤할까봐 걱정스럽기도 하다. 그 생각을 자각하고 "생각, 생각." 몸이 느끼는 걱정을 감지한다. 가슴이 조이는가? 쑤시거나 뒤틀리는 느낌인가? 졸음과 마찬가지로, 그 감각이 어떻게 옮겨 다니고 강도가 어떻게 바뀌는지 알아차린다. 있는 그대로 그냥 내버려둔다. 그 감각이 더 이상은 당신의 주의를 끌지 않을 때, 원래의 감각 대상으로 돌아간다. 떠오르는 모든 것-생각, 감정, 감각-을 이렇게 바퀴축으로 데려가서 판단하지 말고 현재에 존재하며 받아들인다. 이 명상은 간단하다. 지금 여기에 있는 것을 그냥 자각하고 내버려두기만 하면 된다.

　　　여기에 존재하기를 도와주는 방법이 하나 있다. 강렬한 자극을 경험할 때 그 경험을 속으로 적어본다. 그 경험에 이름을 붙인다. 감각 "화끈거림, 화끈거림", 감정"두려움. 두려움", 생각의 종류"걱정. 걱정"에 이름을 붙이면 바퀴축을 벗어나지 않고도 당신의 내면에서 일어나고 있는 일을 더욱 명확하게 알아차릴 수 있다. 부드럽고 수용적인 어조로 속삭여야 한다. 이렇게 명명하는 이유는 판단하거나 저항하지 않고 이 순간의 실제 경험을 자각하게 도와주기 위해서다. 정확한 이름을 찾으려고 고심할 필요도 없고, 일어나는 모든 경험에 이름을 붙일 필요도 없다. 이름붙이기가 주의를 흐트러뜨리거나 어색하고 성가시게 느껴지면, 즉 현존의 흐름을 방해한다면 그 방법을 아주 가끔 사용하거나 아예 배제하면 된다.

　　마음이 부산하고 바퀴축에서 줄곧 달아나는 경우에는 '돌아오기'와 '여기에 존재하기'를 자연스럽게 왔다갔다 하는 명상을 계속해야 한다. 그러나 마음이 꽤 차분해졌다면 감각 대상을 내려놓는 단계로 넘어가도 좋다. 애써 주의를 기울이려 하지 말고 고요히 깨어서 바퀴의 중심에서 쉬면서 일어나는 모든 것을 자각하고 받아들인다. 생각이 오고 간다. 들숨과 날숨의 느낌, 바깥의 소리, 가슴을 조이는 두려움이 오고 간다. 지금 일어나고 있는 것을 매순간 자각하고 받아들이겠다는 다짐만 지니면 된다. 통제를 내려놓고 순간순간 변화하는 잇단 경험을 느긋하게 내버려둠으로써 당신은 현재에 자연스럽고 충만하게 머물기 시작한다. 바퀴의 중심축은 사실 경계가 없다. 현재의 경험이란 '여기'라는 특정한 장소에 있는 것이 아니라 깨어있는 드넓은 자각 속에서 나타났다 사라진다. 이 자각 속에서 쉬면서 삶의 모든 것을 있는 그대로 경험한다.

때때로 문 밖에서 당신을 부르는 소리가 들려온다,

바다를 떠난 물고기가 파도 소리를 듣듯이…… 돌아오라. 돌아오라.

당신이 깊이 사랑하는 것을 향하여 돌아서라.

이것이 당신을 살리는 길이니.

– 루미

4장.

귀의처로 통하는 문

영성의 길에 오르면 당신은 참된 귀의처에 이르는 길을 찾을 수 있다고 믿게 된다. 당신이 서 있는 바로 그곳에서, 당신의 삶의 한가운데에서 시작할 수 있고 어떤 상황에서도 평화로울 수 있음을 깨닫는다. 당신이 딛고 선 땅이 무너질 듯 요동칠 때, 당신의 삶을 영원히 바꿔놓을 상실을 겪을 때조차 당신은 고향으로 가는 길을 찾을 수 있다고 믿는다. 이렇게 믿을 수 있는 이유는 당신의 참자아에 내재한 영원한 사랑과 광활한 자각을 접했기 때문이다.

역사를 돌아보고 수많은 종교적, 영적 전통을 살펴보면 보편적인 깨달음의 길에는 세 개의 문이 항상 등장한다는 것을 알게 된다. 내가 보기에, 이 세 개의 문의 참뜻을 가장 잘 짚어주는 단어는 각각 '진리'와 '사랑'과 '자각'이다. 진리truth는 지금 이 순간에 드러나는 살아있는 실상實相, 만물의 있는 그대로의 참모습이다. 사랑love은 모든 생명과 연결되는 또는 하나가 되는 느낌이

97   4장. 귀의처로 통하는 문

다. 자각awareness은 모든 경험의 배경에 있는 깨어있는 침묵, 즉 이 문장을 읽고 소리를 듣고 감각과 감정을 지각하는 의식이다. 진리와 사랑과 자각은 근본적으로 우리의 일부다. 이 세 개의 문 역시 저마다 참된 귀의처다. 항상 여기에, 우리의 존재 안에 깊이 자리 잡고 있기 때문이다.

불교에 익숙한 사람은 이 세 개의 문이 불교 계율에 등장한다는 것을 알아차릴 것이다.

> 부처님佛, '깨달은 자' 또는 우리의 순수한 자각께 귀의합니다.
> 가르침法, 진리, 지금 이 순간의 실상, 길에 귀의합니다.
> 승가僧, 도반, 영적 공동체 또는 사랑에 귀의합니다.

그러나 앞으로 나는 이 세 가지를 다른 순서로 나열할 것이다. 그렇게 순서를 바꿨을 때 이 세 개의 문에 가장 쉽게 접근할 수 있다는 것을 알았기 때문이다. 많은 사람들, 특히 명상 수행자들은 지금 이 순간의 실상에 접하는 순간, 처음으로 내면의 귀의처에 들어선다. 다른 사람들에게는 사랑을 일깨우는 순간이 그 역할을 해준다. 진리와 사랑에 익숙해진 후에야 우리는 무형의 자각 그 자체를 향하여 돌아선다. 때로는 세 개의 문 중 어느 하나에 전념함으로써 자연스럽게 다른 문으로 나아가기도 한다. 자각, 진리, 사랑은 사실 불가분의 관계에 있다.

이 세 개의 문은 힌두교의 핵심으로 산스크리트어로는 사트 sat, 궁극적 진리 또는 실상, 아난다 ananda, 사랑 또는 환희, 치트 chit, 의식 또는 자각이다. 이 세 문은 기독교의 삼위일체에 대한 해석에서도 등장한다. 성부Father, 근원 또는 자각, 성자Son, 유형의 자각 또는 살아있는 실상, 진리, **성령**Holy Spirit, 사랑, 부자간의 사랑이 그것이다.

전쟁 같은 일상에 갇혀 있을 때는 이 모든 말이 다소 추상적이고 너무 멀게만 느껴질지도 모른다. 어떻게 하면 일상에서 이 문으로 들어설 수 있을까? 위의 설명을 다시 읽어보면 세 귀의처에 외적 영역과 내적 영역이 있음을 알아차릴 것이다. 외적 영역은 치유, 지지, 영감의 원천으로 주변 세상에서 이 원천을 발견할 수 있다. 가르침진리에서 우리는 삶의 지혜를 배운다. 좋은 친구와 가족의 온정사랑에서 자양분을 얻는다. 영적 스승들의 예자각를 보고 한껏 고양된다. 모든 종교와 영적 전통이 이러한 외적 영역, 즉 외부 귀의처를 제공한다. 그곳에 기꺼이 손을 내밀면 구체적인 도움을 즉시 얻을 수 있다. 하지만 외부 귀의처는 더 많은 것을 제공한다. 그것은 순수한 자각, 매 순간의 살아있는 진리, 무한한 사랑이라는 내면의 귀의처의 문을 열어준다. 우리의 참된 본성을 드러내주는 그 내면의 귀의처에 머물 때 우리는 분리의 미망에서 벗어나 자유로워진다.

귀의처의 내적 영역과 외적 영역

	외부 귀의처	내면 귀의처
진리	명상, 윤리, 가르침	실상을 깨닫기 : 살아있는 현존을 체험하기
사랑	자신과 의식적 관계 타인과 의식적 관계	삼라만상이 하나임을 깨닫기 : 자애로운 현존을 체험하기
자각	감동을 주는 영적 인물들	텅 빈 자각의 빛을 깨닫고 체험하기

진리의 문

초기불교 경전의 언어인 빨리어에서 담마dhamma는
'길,' '불변의 진리,' '삼라만상의 실상,' '우주만물의 본성'을 의미한다. 명상
수업 중에 붓다의 가르침을 전할 때 나를 포함한 불교 교사들은 진리에 귀의
할 수 있는 세 가지 방법을 설명한다. 명상 수행을 통해 내적 경험 자각하기,
현명하고 윤리적인 행동 실천하기, 영성의 길에서 우리를 이끄는 가르침 또
는 실상을 이해하기가 그것이다.

명상: 진리를 깨닫기

병원이나 심리치료 현장, 회사의 세미나에서 종교에 상관없이 마음
챙김 명상을 접해본 독자들이 있을 것이다. 의식적으로 주의를 기울일 수 있
음을 깨닫는 것만도 놀랍고도 경이로운 경험이다. 마음챙김 명상을 시작하
는 순간부터 우리는 생각에서 벗어나 호흡을 느끼는 데서 생기는 고요한 집
중, 그리고 매순간의 경험을 자각하는 데서 생기는 명료한 의식을 체험할 수
있다.

많은 사람들이 주로 건강 문제나 심한 스트레스 때문에 내가 이끄는
수요일 명상 수업에 처음 발을 들여놓는다. 그들은 그 경이로운 경험에 때때
로 깜짝 놀란다.

테렌스는 워싱턴 D.C.에 사는 상급 법원 판사다. 첫 번째 명상 수업
후, 나를 찾아와서 판사라는 직업에 대해 이야기했다. 그는 혼잡한 법정과
매일 목격하는 통렬한 고통에 완전히 짓눌리는 느낌이 들 때가 많다고 했

다. "어떻게 하면 그 와중에서도 조금 더 숨이 트일까요?" 그가 물었다. '숨이 트이다'라는 그의 말을 실마리로 삼아 나는 호흡을 초점의 대상으로 정해서 매일 명상을 해보라고 권했다. 그렇게 하다보면 법정에서도 잠깐 멈춰서 자신의 호흡을 금방 알아차리고 평온하고 명료한 내면을 조금 접할 수 있을 터였다.

테렌스는 성실한 학생이었다. 다른 판사들을 위한 집단 명상 강좌에도 참여했고, 혼자서도 하루에 30분씩 명상을 했다. 강좌가 끝날 무렵, 그가 다시 찾아왔다. 그는 웃는 얼굴로 말했다. "타라, 효과가 있어요. 하지만 내가 예상한 방식과는 다르더군요. 나는 확실히 더욱 고요해졌습니다. 하지만 그게 전부가 아니에요. 요즘에는 판사석 앞에 선 사람들이 하나같이 진짜처럼 보입니다. 내가 마땅히 존중해야 할 진짜 사람이요. 게다가…… 그 사람들이 실제로 나와 '다르지 않다'는 걸 깨달았어요. 근본적으로 나와 똑같다는 것을요. 이제야 나는 삶의 진리와 사랑을 가슴으로 느꼈습니다. 머리로는 그걸 이해했지만 직접 체험한 적은 한 번도 없었어요."

명상의 이익은 구체적이고 고차원적이고 대단히 귀중하다. 하지만 붓다는 더욱 근본적인 측면을 설한다. 마음을 이완하고 주의를 모은다면 자신의 참자아를 직접 만날 수 있다고 가르친다. 테렌스는 연기緣起와 자비가 단지 생각이 아니라 생생한 체험이라는 것을 실감하기 시작했다.

윤리: 진리에 따라 살기

우리는 마음을 하늘만큼 넓히고 일상 행위를 모래알만큼 자세하게 나누어야 한다고 티베트인들은 가르친다. 이 말에는 근본적인 진리가 담겨 있다. 즉, 우리가 오늘 어떻게 사느냐-타인을 대하는 방식, 말투에 밴 기운, 자연을 대하는 습관-가 우리의 의식에 영향을 미치고 주변 세상으로 퍼져 나간다. 매순간 우리가 하는 말과 행동이 미래의 씨앗이다. 이 진리를 기억하고 이에 따라 사는 것은 우리가 마음을 열어 진리라는 내면의 귀의처로 들어가는 데 꼭 필요하다.

　다른 많은 성인들처럼, 붓다 역시 뭇 생명을 귀히 여기고 악행을 저지르지 말라고 가르쳤다. 불교의 다섯 가지 계율은 살생과 도둑질, 거짓말, 음행, 음주를 삼가라고 이른다. 또한 자비로운 삶을 살아야 한다고 일깨운다. 모든 생명을 중시하고 보호하며 다정하게 진실을 말하고 관대하고 자신의 몸과 마음을 보살피고 타인을 존중하고 진실한 관계를 맺으라고 가르친다.

　이 가르침이 거친 바다에서 사람들에게 구명정 역할을 하는 것을 나는 여러 번 목격했다. 내게 명상을 배운 매니는 성공적인 애플리케이션을 다수 개발한 소프트웨어 회사의 기획팀장이었다. 그 탁월한 제품들은 주로 기획팀의 젊은 두 남녀 직원의 창의적인 아이디어에서 나온 것이었다. 하지만 중역 회의에서 매니는 그 두 직원의 공로에 대해 말하지 않았다. 어느 날 자신의 행위를 돌아보면서 매니는 강한 자기혐오를 느꼈다. 그의 행위는 도둑질이었다. 다른 사람에게 돌아가야 할 공적을 가로챈 것이다. 또한 그것은 거짓말이었다. 그는 진실을 인정하지 않은 것이다. 이때부터 매니는 의식적으로 기획팀원들의 공로를 반드시 존중하고 팀원들 개인에게나 중역들에게나 진실을 정확하게 알렸다. 그는 자신의 마음이 더욱 청정해지고 더욱 편안해진 것을 알아차렸다.

　하루 종일 거짓말하고 도둑질하고 다른 사람을 두들겨 패다가 집에 돌아가서 고요하고 평화롭게 명상할 수는 없다고 한 친구는 농담처럼 말한다. 폭력적이거나 부정한 행위는 우리의 신경계와 정서에 직접 영향을 미친다. 이와 마찬가지로 윤리적인 행위는 행복하고 만족하는 마음을 조성한다. 내면의 지혜와 자비를 충분히 일깨우지 않더라도 다정하고 이타적으로 행동하려고 의식적으로 노력할 때는 외부 상황이 내부에 영향을 미치는 '아웃사이드인outside-in' 효과가 나타난다. 우리는 더욱 적극적으로 자신의 내적 삶과 외적 삶의 균형을 잡고 그 안팎의 삶을 일치시키고 더욱 평화롭게 영위하게 된다.

그러나 계율을 지키겠다는 다짐은 자신이 악담을 했거나 만취했을 때 호되게 자책해야 한다는 뜻이 아니다. 그 다짐은 어떤 활동 중에 우리가 잠깐 멈춰서 지금 일어나는 것을 알아차리게 하는 강력한 동기가 될 수 있다. 이러한 방법으로 주의를 깊이 기울임에 따라 우리는 모든 생명을 중시하는 자신의 참된 본성을 더욱 더 강하게 감지한다.

진리에 대한 가르침: 실상을 받아들이기

20여 년 전 나는 친한 친구와 차를 몰고 버지니아 주에 가서 틱낫한 스님이 이끄는 단기 명상에 참여했다. 명상을 마치는 날, 스님은 우리에게 파트너를 한 명 정해서-나는 친구와 마주보았다- 서로에게 절을 하라고 했다. 그 다음에 파트너를 껴안고 의식적으로 심호흡을 세 번 하라고 했다. 그리고 첫 번째 심호흡을 할 때 이 말을 곰곰이 생각하라고 일렀다. "나는 죽을 것입니다." 두 번째 심호흡에는 "당신은 죽을 것입니다." 그리고 세 번째 심호흡을 하며 "우리가 가진 것은 지금 이 소중한 순간뿐입니다." 천천히 팔을 풀고 나서 친구와 나는 서로를 바라보았다. 우리의 뺨 위로 눈물이 흐르고 있었다. 이렇게 아름다운 방법으로 틱낫한 스님은 우리가 진리의 귀의처로 향하게 해주었다.

우리 존재의 실상을 직면하고 받아들이는 것은 쉽지 않다. 어떤 것이 안정과 기쁨을 주고 고통을 없애줄 거라고 믿으면 우리는 그것에 철저히 집착하게 조건화되어 있다. 그 집착 탓에 내 친구 폴은 갈등으로 점철된 20년간의 결혼생활에 갇혀 살았다. 사람들과 어울리기를 좋아하는 외향적인 폴은 아내 캐런이 자신을 항상 밀어낸다고 느꼈다. "캐런은 나하고 같이 있느니 차라리 혼자서 시를 쓰며 고양이와 있으려고 할 거야." 하고 불평했다. 속상하고 화가 난 폴은 캐런이 그의 감정을 무시하고 그에게 관심도 없으며 얼굴도 쳐다보지 않는다고 비난했다. 그럴 때마다 캐런은 훨씬 더 멀리 물러났다. 그러던 어느 날 캐런이 일주일 일정으로 딸의 집에 가 있을 때 폴은 한 가지 사실을 깨닫고 아연했다. "그 20년 동안 매일 나는 캐런이 달라져야 한다고 믿었어. 우리의 관계가 달라져야 한다고 믿었지…… 그런데 캐런은 여전히 똑같아." 캐런과 가까워지려는 꿈은 결코 이루어지지 않으리라는 것을 폴은 깨달았다. 자신의 아픔과 외로움을 있는 그대로 더 많이 받아들일수록 그는 캐런을 있는 그대로 받아들이기 시작했다. 그들의 관계는 긴장이 풀리면서 근본적으로 더욱 정직해졌고 서로를 더욱 존중하고 배려했다. 폴이 내게 말했다. "우리 헤어지기로 결정했어. 싸우다가 홧김에 한 소리가 아니야. 우리는 서로 정직해졌고…… 상황을 있는 그대로 받아들였기 때문이지." 그리고는 쓸쓸하게 덧붙였다. "상대방이 달라지길 바라면서 그 긴 세월 동안 서로 사랑하는 척 속이며 살았다는 게 슬퍼."

진리의 문을 지날 때 우리는 실상을 인식하며 받아들이겠다고 다짐하기 시작한다. 있는 그대로 받아들인다는 것은 수동적인 체념이 아니다. 받아들임은 자신의 경험의 실상에 대한 용기 있는 관여다. 우리가 인식한 실상이 영 못마땅할지도 모른다. 하지만 자비심을 갖고 현재에 존재하면서 우리는 그것을 감싸 안을 수 있다. 이 자비로운 현존 속에 오래 머물면 머물수록 우리의 자각이 더욱 명료해진다. 우리는 생각과 감정과 감각의 변화무쌍한 연극 그 뒤에 숨겨진 것을 자각하고 내면의 귀의처를 발견한다. 우리의 모든 경험을 주시하고 품어 안는 깨어있고 열려있고 다정한 자각을 발견한다.

사랑의 문

수행 공동체에 참여하는 것은 아름다운 외부 귀의처이며, 참된 귀의처에 들어서는 강력한 방법을 제공한다. 전통적인 불교에서 승가 僧家, sangha는 원래 붓다의 가르침을 따르는 비구와 비구니 집단을 이르는 말이다. 오늘날 서양에서는 승가의 개념이 크게 확대되었다. 승가, 즉 수행 공동체가 그 밖의 사회 조직과 가장 크게 다른 점은 일련의 특별한 계율을 엄격하게 지키고 영적 깨달음을 돕는 수행이나 의식을 치른다는 것이다. 서양에서 가장 유명한 승가로는 12단계 단체가 있는데, 이곳은 구성원들이 중독 행동에서 벗어나고 삶의 질을 향상시키게 서로 돕는 공동체다.

모든 종교 집단은 고유의 영적 공동체를 갖고 있지만 그곳에 정식으로 가입할 필요는 없다. 내가 몸담고 있는 명상 공동체에는 종교와 전통을 초월하여 다양한 사람들이 참여한다. 철저한 무신론자도 여럿 있다. 이 대규모 명상 공동체의 수행자들은 칼야나 미타kalyana mitta라고 부르는 소집단을 25개 이상 조직했다. 진실한 친구를 뜻하는 칼야나 미타는 영성의 길을 함께 가는 도반 집단으로서 붓다의 가르침을 일상에서 실천하는 방법을 탐구하고 서로 이끌어준다. 이곳은 관심 있는 모든 이에게 열려 있다. 일부 구성원은 특정 대중을 위한 동아리에도 가입한다. 십대와 청년들, 유색인종, 중독증과 싸우는 사람들, 레즈비언과 게이와 양성애자, 트랜스젠더, 진리를 의심하는 사람들을 위한 동아리가 있다.

수행 공동체에 속하지 않더라도 우리는 승가의 이익을 누릴 수 있다. 가족과 친구와의 관계에서 우리는 가장 충만하고 지속적이고 용기를 북돋우는 깨달음을 자주 경험한다. 생일과 결혼을 축하할 때, 사랑하는 사람의 죽음을 애도할 때, 명절에 함께 모였을 때, 말하기 힘든 진실을 털어놓을 때, 서로 도와서 질병이나 스트레스를 이겨낼 때 우리의 마음이 크게 열린다. 이 친밀한 순간에 우리는 작은 자아를 초월하여 참자아를 살짝 경험한다.

나는 단순하고도 강렬한 방식으로 사랑의 귀의처를 항상 생생하게 실감한다. 고통스러워하는 친구 옆에 말없이 있어줄 때, 컴퓨터의 까다로운 기능과 씨름하는 나를 조녀선이 도와줄 때, 우리 명상 공동체의 관리 위원들이 상반되는 의견을 존중하며 서로에게 귀를 기울일 때 나는 사랑으로 돌아가 의지한다. 공동 목표를 위해 다른 사람들과 협력할 때도 나는 사랑에 귀의한다. 글을 쓰는 일이든 문제를 해결하거나 요리를 하거나 작지만 현실적인 방법으로 세상 사람들을 돕는 일이든 그 목표는 그다지 중요하지 않다.

이때 '나'는 점차 희미해지다가 소멸한다. 나는 더 커다란 어떤 것의 일부가 되고 분리의 고통과 두려움에 의해 위축되지 않는다.

우리 명상 공동체에 들어오는 사람들은 모든 구성원이 다정하고 사려 깊고 너그러울 거라고 종종 기대한다. 어쨌든 우리는 영성을 추구하는 이들이 아닌가! 함께 명상하는 도반이 무신경한 말이나 비판적인 말을 하고 '옳은' 것에 방어적으로 맞서거나 서로 대립할 때 그들은 기대가 무너져 크게 실망한다. 자신의 부정적인 감정, 공격적인 대응, 타인과의 거리감을 초래하는 습관적인 방식이 다시 드러날 때도 그들은 실망하고 환멸을 느낀다.

그러나 비판하고 공격하는 습관이 되살아날 때도 지금 일어나고 있는 일을 그때그때 자각한다면 심오한 변화가 가능하다. 이때 공동체는 귀의처, 진정한 깨달음을 주는 장소가 된다.

내게 상담을 청한 찰리는 어머니에게 방치당하고 아버지에게 학대당한 경험이 있는 대학 졸업반 학생이었다. '익명의 마약중독자 모임 Narcotics Anonymous'에 가입했지만 그는 후원자가 자신을 진정으로 염려하고 지역 모임 일원들이 자신의 참석을 실제로 반긴다는 것을 믿지 못했다. 나는 찰리에게 모임에 계속 참석하면서 다른 참석자들을 피하지 말고 적극적으로 교류하겠다고 다짐해보라고 격려했다. 여러 달이 걸리긴 했지만 규칙적으로 모임에 참석하면서 마침내 그는 진짜 가족을 찾았다고 느끼게 되었다.

우리들 중에도 찰리처럼 항상 바깥에 서서 안을 들여다보기만 하는 사람들이 있다. 어떤 이들은 다른 사람을 통제하려 하고 진정한 친밀감을 느끼지 못한다. 자신이 지나치게 공격적으로 또는 방어적으로 대응해서 갈등을 자주 겪는다고 느끼기도 한다. 과거에 어떤 일을 겪었든지 간에 우리에게는 진실하고 친밀한 관계를 맺을 수 있는 능력이 있으며, 수행이 그 능력을 활성화시킨다. 우리가 매순간 자신에게, 상대방에게 의식적으로 주의를 기울이는 법을 배워갈 때 그 일이 일어난다. '계속 참석하겠다.'는 다짐, 너그럽고 친절하겠다는 다짐, 함께 깨달음에 이르겠다는 다짐을 공유하는 집단이나 개인과의 모든 관계에서 우리는 그 능력을 활성화시킬 수 있다.

영성의 길을 함께 가는 친구는 피상적인 조력자가 아니다. 도반은 우리가 분리의 미망에서 벗어나게 도와준다. 너무 깊이 빠져 있어서 우리가 쉽게 알아채지 못하는 그 미망에서 우리를 꺼내준다. 도반과의 진실한 관계는 우리의 지독한 무가치감과 외로움을 드러내고 진정한 연결감을 일깨운다. 우리는 이 세상에 가득한 괴로움에 더욱 자비롭고 더욱 적극적으로 반응하기 시작한다. 진정한 수행 공동체는 모든 존재를 아우른다. 자신이 하나로 연결된 삼라만상의 일부라는 것을 확신함에 따라 우리는 자각의 빛 한 줄기만으로도 모든 존재를 비출 수 있음을 알아차린다. 도반은 조건 없는 사랑이라는 내면의 귀의처의 문을 열어준다.

자각의 문

깨달음을 얻은 후 붓다는 가르침을 전하기 시작했다. 붓다가 발하는 범상치 않은 광휘와 평화로운 현존에 사람들이 경탄했다. 한 남자가 물었다. "당신은 누구십니까, 천상의 존재입니까, 신입니까?"

"아니오." "성인입니까, 영웅입니까?" "아니오." "마법사입니까?" "아니오."
"그렇다면 대체 누구십니까?" 붓다가 대답했다. "나는 깨달은 자Buddha입니
다."

　　　나는 이 이야기를 자주 들려준다. 그 이유는 범상치 않은 사건처럼
보일 수도 있는 것–영적 깨달음–이 인간에게 내재된 능력이라는 것을 알
려주기 때문이다. 훗날 붓다로 불린 고타마 싯다르타Gautama Siddhartha는 인
간이었다. 신이 아니었다. 붓다라는 이름은 '깨달은 자'를 뜻한다. 붓다에게
귀의할 때 불교도들은 먼 옛날 내면의 평화와 자유를 깨달을 수 있었던 동
료 인간에게 돌아가 의지하고 있는 것이다. 우리처럼, 싯다르타의 몸은 통
증과 질병을 겪었다. 우리처럼, 싯다르타의 마음은 괴로움과 갈등을 겪었
다. 붓다는 실상을 용기 있게 탐구하고 직시했으며 자비심을 갖고 매순간
깨어서 존재했다. 이것을 되새기면서 불교도들은 자신에게도 그와 똑같은
능력이 있다는 자신감을 얻는다. 이와 유사하게, 우리는 예수나 다른 영적
전통의 대가와 현자들을 돌아보기도 한다. 영적으로 깨달은 인물들은 우리
자신도 깨달음에 이를 수 있다고 믿게끔 도와준다. 자애롭고 지혜로운 지
도자나 스승이 있는 외부 귀의처를 이미 찾아낸 사람도 있을 것이다. 소아
혈액암 전문가인 나의 이모는 연세가 여든 여섯인데, 중학교 과학 시간에
자신의 자애로운 본성을 발견하고 의사가 되겠다는 결심을 고백했다. 의과
대학에 진학하는 여학생이 극히 드문 시절이었지만 지적이고 열정적인 여
성이었던 과학 선생님은 이모가 평생 마음에 새겨둘 조언을 해주었다. "너
의 능력을 믿고 항상 호기심을 불태우거라!" 기업에서 다양성 훈련을 지도
하는 아프리카계 미국인 친구는 자신이 다니는 교회의 목사에게서 귀의처

를 발견하고 영감을 얻었다. 그 목사는 민권운동의 지도자이자 관용과 유머와 지혜의 전형이었다. 나는 첫 번째 명상 스승인 스티븐에게서 귀의처를 찾았다. 명상에 대한 그의 무한한 애정과 변함없는 친절과 청정함은 내가 깨어서 영성의 길에 매진하게 도와주었다. 우리는 스승의 말에 깨어난다. 그들은 우리가 이미 갖고 있는 깨달음의 자질에, 불성佛性에, 우리의 참자아에게 말을 건네기 때문이다. 영적 스승은 우리의 능력을 깨우쳐주고 그 능력을 실현시킬 것을 상기시킨다. 이것이 스승의 선물이다. 이와 마찬가지로 우리는 자신의 선한 본성을 접하게 도와주는 영적 인물들에게 이끌린다.

10여 년 전에 나는 간단한 자기 주도 명상을 실험해보았다. 신성한 어머니the divine mother의 출현을 간곡히 청했고, 다음 1분여 동안 찬란한 빛이 나를 에워싸는 느낌을 받곤 했다. 이 신성한 어머니의 정신을 상상할 때 나는 광활함과 명료함을 느낄 수 있었다. 그리고 나서 이 깨어있는 존재의 마음을 상상할 때는 섬세함과 따스함과 열려있음을 느낄 수 있었다. 마지막으로, 나는 안으로 주의를 돌려서 모든 것을 아우르는 그 다정하고 드넓고 빛나는 자각이 나의 내부에도 생생하게 살아있는 것을 보았다. 내 몸과 마음과 정신에 환하게 불이 켜지는 느낌이었다. 마치 햇빛 찬란한 하늘이 나의 온몸의 세포 하나하나를 환히 비추고 세포들 틈으로 파고드는 듯했다.

이 명상을 하는 내내 그것을 감지할 수 있게 되자 나는 외부의 귀의처에서 내면의 귀의처로 옮겨가는 실험을 해보았다. 나의 내면에 살아있는 신성한 어머니의 면면을 규칙적으로 접하면서 나의 본성, 참자아에 대한 믿음이 점차 깊어졌다.

참자아를 깨닫는 것은 우리 인간의 잠재력을 실현시킨다. 자신이 편협한 자기 대화와 변덕스런 감정을 통해 경험하는 작은 자아가 아니라 더욱 거대하고 신비로운 존재라는 것을 우리는 직관으로 안다. 내면의 빛나는 자각을 접하는 법을 배울 때 우리는 영원하고 깨어있는 참된 본성을 발견한다. 순수한 자각이라는 이 내면의 귀의처는 우리가 돌아가야 할 궁극적인 고향이다. 이 순수한 자각은 모든 영적 수행의 결실이며, 우리의 삶을 아름답고 의미 있게 한다.

지금 있는 곳에서 시작하라

영성의 길을 가는 신참자든 고참자든, 자신의 삶에서 이 시점에 주의를 기울여야 할 최선의 귀의처를 직관으로 알아야 한다. 각자의 환경, 기질, 과거사에 따라 더 쉽고 더 자연스럽게 들어설 수 있는 외부 귀의처를 한두 곳 찾을 수 있을 것이다. 특정 유형의 영적 동아리에 참여할 때 가장 활발해지는 사람도 있고, 명상 수업에 열성적인 사람도 있다. 어떤 이들은 불교 사상과 그 밖의 영적 전통, 인본주의 사상을 공부하는 일에 전념하기도 한다. 어디에서 시작하든지, 어떤 귀의처를 고르든지 지금 당장은 그곳이 최선이라고 믿어도 좋다.

귀의처에 대한 가장 큰 착각은 우리가 다른 곳으로 가고 있다는, 다른 사람으로 바뀌고 있다는 생각이다. 그러나 결론적으로, 귀의처는 우리의 밖에 있지 않다. 미래의 어느 시점에 있지 않다. 항상 여기에 있고, 이미 여

기에 있었다. 다음에 이어지는 제5장에서도 거듭 확인하겠지만, 지금 이 순
간에 존재할 때에만 우리는 진리를 발견할 수 있다. 지금 여기의 바로 이 마
음속에서만 우리는 사랑을 경험할 수 있다. 자신의 깨어있는 드넓은 마음 공
간을 발견할 때에만 우리는 자각을 깨달을 수 있다.

성찰 연습
가장 중요한 것을 기억하기

　　마음의 염원에 귀를 기울일 때 우리는 진리, 사랑, 자각의 귀의처를 향해 나아간다. 어떤 명상 기법을 행하든지 간에, 우리의 영혼을 깨우고 자유롭게 하는 것은 바로 자신에게 가장 중요한 것을 기억하는 것이다. 앞서 소개했듯이 선사 스즈키 로쉬는 이렇게 가르쳤다. "가장 중요한 것은 가장 중요한 것을 기억하는 것이다." 자신의 깊은 염원을 깨닫고 접하는 데는 시간과 관심이 필요하다. 양파 껍질을 한 겹 한 겹 벗기듯, 우리는 즉흥적인 욕구와 두려움을 한 겹씩 벗겨서 근원에, 순수한 염원에 도달해야 한다. 이 순수한 염원을 한결같이 되새길 때 그것이 마음의 나침판이 되어서 우리를 고향으로 이끈다.

　　편안한 자세로 앉아서 느긋하게 긴장을 푼다. 세심하게 주의를 기울여 마음 상태를 자각한다. 열려있는 느낌인가, 갑갑하게 조이는 느낌인가? 평화로운가, 불안한가? 만족스러운가, 불만스러운가? 당신의 삶에서 특별한 걱정이 있거나 중요한 고민이 있거나 단순히 강렬한 감정이 하나 일어난다면 그 감정이 그냥 드러나게 둔다. 배우자가 당신을 존중해주기를 원하고 있음을 자각할지도 모른다. 회사에서 유난히 바쁜 시기가 얼른 지나가기를 빌고 있을 수도 있다. 만성 통증에서 벗어나기를 갈망할지도 모른다. 자녀가 더욱 차분하고 당당해지길 바라고 있을 수도 있다.

어떤 것이 떠오르든지 그냥 내버려둔다. 그리고 관심을 갖고 자문한다. "내가 원하는 것이 이루어지면 내가 실제로 얻는 것은 무엇일까?" 배우자에게 존중받는다면 당신은 더욱 상냥하고 명랑해져서 더욱 사랑받을 거라고 상상할지도 모른다. 만성 통증에서 벗어난다면 당신은 편안해지고 삶을 더욱 즐길 수 있을 것이다.

이렇게 계속 질문하다가 이제 단도직입적으로 질문해본다. "내 마음이 정말로 간절히 원하는 것은 무엇인가?" 이런 질문도 도움이 된다. "이 삶에서 내게 가장 중요한 것은 무엇인가?" 또는 "죽음을 앞두고 되돌아본다면 오늘, 지금 이 순간의 삶에서 가장 중요한 것은 무엇일까?" 이 질문들을 숙고하면서 직접 당신의 마음에 묻고 있다고 상상한다.

당신의 마음에게 물은 후, 그냥 귀를 기울이면서 떠오르는 단어나 이미지, 감정을 낱낱이 자각한다. 조급해하지 않는다. 마음이 삶에 관한 습관적인 자기 대화에서 벗어나 가장 진실하고 생생한 열망을 찾아내는 데는 시간이 걸린다. "내 마음이 간절히 원하는 것은 무엇일까?" 이러한 유형의 질문을 여러 번 해야 할지도 모른다. 떠오르는 모든 것을 예리한 침묵 속에서 경청한다. 경청하는 내내 몸의 느낌과 특히 마음의 느낌을 줄곧 알아차린다.

염원은 그때그때 다르게 표현되기도 한다. 온전히 사랑하고 진리를 깨닫고 평화롭고 이타적이고 두려움과 괴로움에서 벗어나려는 갈망을 느낄 수도 있다. '옳은' 염원은 없다. 때로는 당신의 염원을 지지하는 욕구가 즉시 솟아나기도 한다. 예를 들어, 시를 쓰거나 그림을 그리고 싶은 욕구를 자각할 지도 모른다. 이 욕구는 활기차고 창조적인 삶을 살고자 하는 깊은 염원이 이뤄지게 도와줄 것이다. 지금 이 순간에 당신에게 가장 진실한 것을 찾아나가는 것이 중요하다. 뚜렷한 욕구나 깊은 염원에 이르렀을 때는 진실함이나 순수함, 에너지, 몰입감이 느껴진다. 마음 상태가 달라지면서 새로운 결심과 열려있음, 편안함을 느낀다고 말하는 사람들도 있다. 자신에게 가장 중요한 것과 접하는 느낌을 받지 못해도 괜찮다. 조용히 앉아서 자연스럽게 일어나는 모든 것을 받아들이거나, 아니면 이 성찰 연습을 다음번에 계속하기로 결정해도 좋다.

만일 순수하고 깊은 염원처럼 느껴지는 것에 다다른 느낌이 들면 그 진실한 열망을 오래 음미한다. 염원이 당신의 온몸을 통해 표현될 때 그 염원의 본질을 온몸의 세포 하나하나로 느낀다. 그 염원을 당신의 마음을 깨우는 기도로 삼는다.

하루의 시작과 끝, 그리고 명상의 시작과 끝에서 자신의 염원을 되새겨도 좋다. 이에 더해서, 하루를 보낼 때 규칙적으로 잠깐씩 멈춰서 그 순간 당신에게 가장 중요한 것이 무엇인지 자문하라. 당신에게 중요한 것을 기억할 때마다 당신의 마음이 열리면서 참된 귀의처의 축복을 받아들인다.

2부

진리의
문

자극과 반응 사이에 공간이 있고,

그 공간에 우리의 힘과 자유가 있다.

– 빅토르 프랑클Viktor E. Frankl

행복으로 가는 지름길은

당신이 이미 갖고 있는 것을

선택하는 것이다.

– 워너 에어하드Werner Erhard, 잠재력 계발 전문가

RAIN :
고통스러운 순간의 마음챙김

자녀가 학교에서 정학을 당했다는 사실을 방금 알았다면?

지금 막 사장에게서 한 달 동안 작성한 보고서를 처음부터 다시 써오라는 지시를 받았다면?

3시간 동안 페이스북을 하면서 시리얼 한 통을 먹어치웠다는 것을 퍼뜩 깨달았다면?

조금 전에 배우자가 불륜을 고백했다면?

지금 실제로 느끼고 있는 감정과 함께 머무는 것은 무척 어렵다. 위기에 처할 때마다 또는 충격을 받고 혼란에 휩싸일 때마다 잠깐 멈춰서 그 감정을 자각하겠다고 우리는 진심으로 다짐한다. 하지만 우리는 즉각 대응하거나 도망치거나 감정에 사로잡히도록 매우 강하게 조건화되어 있다.

그렇다. 현재에 존재하는 것이 아득히 멀게만 보이고 너무 힘들어서 견딜 수 없을 때가 있다. 그릇된 귀의처가 스트레스를 덜어주고 숨을 틔워주고 기분을 돋워줄 때도 있다. 하지만 명료하고 다정하게 현재에 존재하지 않으면 오해와 갈등이 커지고 우리의 내면과 그리고 타인과 더 멀어질 가능성이 크다.

약 12년 전에 많은 불교 명상 지도자들이 강렬하고 부정적인 감정이 일어날 때 즉석에서 다루게 도와주는 새로운 마음챙김 기법을 공유하기 시작했다. 네 단계의 첫 글자를 따서 RAIN이라고 부르는 그 기법은 거의 모든 상황에서 사용할 수 있다. RAIN은 우리가 명확하고 체계적으로 주의를 기울이도록 이끌어서 혼란과 스트레스를 약화시킨다. 그 네 단계는 고통스러운 순간에 귀의할 곳을 제공한다. RAIN을 규칙적으로 사용하면 고향으로, 우리의 가장 깊은 본성으로 돌아가는 능력이 강화된다. 시원하게 비가 내린 후의 청명한 하늘과 공기처럼, 이 마음챙김 기법은 일상생활이 다시 고요해지고 활짝 열리게 해준다.

지금까지 나는 수많은 수련생과 내담자, 정신건강 전문가들에게 RAIN을 가르치고 계속 수정하고 확장해왔다. 그렇게 조금 변형된 기법을 이 5장에서 소개할 것이다. 이 기법은 나의 삶에서 핵심 수행법이기도 하다. 내 경험에 의하면, 아래의 순서로 제시된 네 단계의 RAIN이 가장 도움이 된다.

R : 지금 일어나고 있는 것을 인식하라Recognize.

A : 삶을 있는 그대로 허락하라Allow.

I : 내면의 경험을 다정하게 조사하라Investigate.

N : 비동일시Non-identification

RAIN은 우리가 매순간의 경험에 습관적으로 저항하는 방식을 없애준다. 화가 나서 고함을 지르든, 담배를 피우든, 강박적 사고에 골몰하든, 당신의 저항 방식은 중요하지 않다. 내적 삶과 외적 삶을 통제하려는 시도는 당신을 자신의 마음과 단절시키고, 살아 있는 이 세계와 실제로 단절시킨다. 첫 단계를 취하자마자 RAIN은 이 무의식적인 저항 방식을 소멸시킨다.

지금 일어나고 있는 것을 알아차려라

인식은 내적 삶의 실상을 보는 것이다. 바로 지금 여기서 일어나는 모든 생각과 감정, 느낌, 감각에 주의를 기울이는 순간, 인식이 시작된다. 광범위하게 한결같이 주의를 기울일 때 당신은 특정 경험이 다른 경험보다 더 확실하게 감지된다는 사실을 알게 된다. 한 예로, 당신은 바로 지금 불안을 느끼고 있을지도 모른다. 하지만 불안한 생각에 골몰한다면 몸이 경험하고 있는 뒤틀림이나 조임, 짓눌림은 알아채지 못한다. 한편, 몸이 불안하게 마구 떨고 있더라도 "나는 또 실패할 거야."라는 숨은 믿음이 그 떨림을 촉발하고 있음을 알지 못할 것이다. 인식을 가능케 하는 간단한 방법이 있다. 이렇게 자문하라. "지금 내 안에서 무슨 일이 일어나고 있지?" 호기심을 발휘하여 내면에 초점을 맞추어라. 선입견을 모두 내려놓고 다정하고 너그럽게 당신의 몸과 마음에 귀를 기울여라.

삶을 있는 그대로 허락하라

허락은 당신이 인식한 생각이나 감정, 느낌, 감각을 그냥 내버려두는 것이다. 혐오감이 일어날 때 당신은 그 불쾌한 감정이 사라지길 원할 것이다. 하지만 일어나는 모든 것을 그냥 기꺼이 내버려두려고 한다면 주의의 성질이 달라진다. 허락은 치유의 일부다. 이 점을 깨달으면 내버려두겠다고 의식적으로 다짐할 수 있다.

내버려두겠다는 다짐을 강화하기 위해 나의 수련생들은 격려해주는 단어나 구절을 속으로 속삭인다. 예컨대, 두려움에 사로잡힐 때 "그래." 슬픔이 점점 커질 때 "그래."라고 속삭인다. "그냥 내버려둬." 또는 "인정해."라고 말해도 좋다. 처음에는 불쾌한 감정이나 신체 감각을 그냥 견디고 있다는 느낌이 들 수도 있다. 수치심에 "그래."라고 속삭인 후, 그 감정이 감쪽같이 사라질 거라는 희망에 "그래."라고 말하기도 한다. 사실, 허락을 여러 번 반복해야 한다. 하지만 허락을 처음 시도하고 "그래." 또는 "맞아."라고 단지 속삭이기만 해도 날카로운 고통이 조금 누그러지기 시작한다. 이제는 당신의 온 존재가 하나로 뭉쳐서 거칠게 저항하지 않는다. 인내심을 갖고 온화하게 격려하라. 그러면 당신의 방어벽이 헐거워지고, 당신은 파도처럼 밀려오는 온갖 경험에 자신이 항복하거나 그것을 모두 수용하고 있음을 느낄 것이다.

다정하게 조사하라

RAIN의 처음 두 단계, 즉 R과 A를 간단히 실행하기만 해도 대체로 편안해지고 현재에 다시 존재할 수 있다. 하지만 인식하고 허락하겠다는 간단한 다짐만으로는 부족할 때가 있다. 예를 들어, 이혼 소송 중일 때나 실직을 앞두고 있을 때, 생명을 위협하는 질병과 투병 중일 때는 강렬한 감정에 쉽게 휩쓸린다. 조만간 헤어질 배우자에게서 전화가 오고 은행 잔고가 바닥이 나고 통증으로 잠을 설칠 때마다 강렬한 감정이 치밀어 오른다. 그렇기 때문에 당신의 습관적인 대응이 갈수록 확고해진다. 이러한 상황에서는 RAIN의 세 번째 단계를 통해 더욱 바짝 깨어서 자각을 강화할 필요가 있다.

조사는 타고난 호기심-실상을 알려는 욕구-을 발휘하고 현재의 경험에 더욱 세심하게 주의를 기울이는 것이다. 잠깐 멈춰서 "지금 내 안에서 무슨 일이 일어나고 있지?"라는 간단한 질문에서 인식이 시작된다. 하지만 조사 단계에서는 더욱 적극적으로 정곡을 찌르는 질문을 던진다. "무엇이 나의 관심을 가장 원하고 있지?" "내 몸은 이 감정을 어떻게 느끼고 있지?" "나는 어떤 믿음을 고수하고 있지?" "이 감정이 내게 원하는 게 무엇이지?" 등의 질문이 그 예다. 가슴이 휑하게 빈 느낌이나 불안한 떨림을 감지하다가 당신은 그 느낌들 밑에 무가치감과 수치심이 놓여 있음을 깨달을지도 모른다. 밑에 깔린 믿음과 감정을 자각하지 못한다면 그것들이 당신의 경험을 좌우하고 부족한 작은 자아와의 동일시를 영속시킨다.

RAIN을 수련생들에게 처음 소개했을 때 조사 단계에서 난관에 직면

5장. RAIN: 고통스러운 순간의 마음챙김

한 이들이 많았다. 어떤 사람은 이렇게 말했다. "두려움을 느껴서 그것을 조사하면 저는 무엇이 두려움을 일으키는지, 어떻게 하면 두려움을 없앨 수 있을지 자꾸 그 생각만 하게 돼요." 이렇게 말하는 이들도 있었다. "어떤 감정이 몸의 어느 부위에서 가장 확실히 느껴지는지 조사할 수 있을 정도로 그렇게 오랫동안 내 몸을 자각할 수가 없어요." 조사 단계에서 많은 수련생이 판단에 휘말렸다. "이 수치심을 조사해야 한다는 걸 알고 있어요. 하지만 저는 그 감정이 정말 싫어요…… 수치심을 느끼는 내가 너무 싫어요."

이 모든 반응은 불편하고 불쾌한 감정을 느끼지 않으려는 우리의 자연스러운 저항을 보여준다. 즉, 수많은 생각이 머릿속을 휘젓고, 우리는 몸에서 주의를 거두고, 지금 일어나고 있는 것을 판단한다. 수련생들의 체험담은 RAIN에 중요한 요소가 하나 빠졌다는 것을 나에게 알려주고 있었다. 조사를 통해 치유와 자유에 이르기 위해서는 자신의 경험에 온화하게 주의를 기울여야 한다. 표면에 떠오르는 것은 무엇이든지 상냥하게 환영해야 한다. 그렇기 때문에 나는 "다정하게 조사하라."고 말한다. 마음이 다정해지지 않으면 조사하기는 정곡을 찌르지 못한다. 마음이 충분히 열리지도 안정되지도 않아서 내면과의 진정한 접촉이 불가능하다.

자녀가 학교에서 괴롭힘을 당하고 울면서 집에 왔다고 하자. 무슨 일이 있었는지, 아이가 어떤 감정을 느끼는지 알기 위해서는 다정하고 너그럽고 온화하게 관심을 기울여야 한다. 이와 똑같이, 자신의 내적 삶을 다정하게 들여다보아야만 조사가 가능해지고, 궁극적으로는 치유가 가능해진다.

비동일시: 타고난 자각 속에 머물러라

RAIN의 R과 A와 I 단계에서 일어난 명료하고 열려있고 깨어있고 다정한 현존이 N 단계까지 이어진다. N은 비동일시의 자유, 그리고 내가 타고난 자각 또는 타고난 현존이라고 부르는 것에 대한 깨달음을 말한다. 비동일시란 당신의 자아가 제한된 감정, 신체 감각, 자기 대화와 합쳐지지 않고 그것들에 의해 규정되지 않는 것을 의미한다. 작은 자아와의 동일시가 약화될 때 우리는 자신이 태어날 때부터 지니고 있던 다정하고 드넓은 자각을 직관으로 알고 사랑과 관용이 충만한 삶을 살기 시작한다. RAIN의 처음 세 단계에는 의도적인 활동이 조금 필요하다. 반면에 RAIN의 N은 결과, 즉 우리가 본래부터 지니고 있던 자각에 대한 깨달음이다. 이 깨달음이 자유를 선사한다. RAIN의 이 마지막 단계에서 해야 할 일은 하나도 없다. 깨달음은 저절로 일어난다. 우리는 타고난 자각 속에서 그냥 편안하게 머문다.

비난과 RAIN 수행

몇 년 전 크리스마스 다음날, 나는 만나기를 고대해온 가족들과 함께 지내면서도 그들 모두에게 화가 나 있었다. 심성이 정말로 고약한 사람은 한 명도 없었지만 나는 끝없는 짜증과 판단에서 헤어나지 못했다. 점심 식사 중에 누군가가 아버지의 말을 가로막자 아버지는 화가 나서 그때부터 언짢은 표정으로 한 마디도 하지 않았고, 그 바람에 식사 분위기는 엉망이 되었다. 나의 아들 나라얀은 설거지를 돕겠다는 약속을 어기고 친구를 만나러 몰래 빠져나갔다. 어머니는 나라얀이 밖으로만 나돈다고 불평을 했다. 여동생 한 명은 이번 음식도 여느 때처럼 자신의 식성을 결코 배려하지 않았다며 토라져 있었다. 다른 여동생은 가족 모임 일정에 관해 자신과 상의하지 않았다고 쏘아붙였다. 심지어 애완견들까지도 버릇없이 굴어서 식탁 주위를 맴돌며 먹을 걸 달라고 칭얼거렸다. 내 생각으로는, 모든 가족이 자신이 피해자이고 희생자라는, 무시되고 방치되고 있다는 케케묵은 믿음을 각자의 방식대로 드러내고 있었다. 게다가 공간과 화합을 원하는 나의 욕구는 충족되지 못하고 있었다. 그렇다. 고작 이틀간의 만남에도 나는 분노에 사로잡혀 괴로워하고 있었던 것이다.

크리스마스 가족 모임이 있기 두어 달 전에 나는 나의 습관적인 판단이 타인과의 분리를 초래한다는 것을 확신하게 되었다. 그리고 이 분리의 고통을 계기로 나의 영적인 삶에 한 가지 수행을 추가하기로 다짐했다. 불쾌한 판단과 비난에 의도적으로 RAIN을 적용하기 시작한 것이다. 그리하여 다음 서너 주 동안, 나의 정신이 타인을 폄하하는 이야기를 늘어놓을 때 내 몸과 마음이 어떻게 느끼는지 알아차리려고 노력했다. 내면의 비판가가 남을 비하할 때마다 나는 그 밑에 어떤 믿음이 깔려 있는지를 알아냈다. 판단하고 비난하는 습관에 대한 조사는 나의 눈을 열어서 내가 마음을 닫고 살아가는 순간이 얼마나 많은지, 그 실상을 보게 해주었다. 이 인식이 나의 수행을 심화시켰다. 그 그릇된 귀의처가 주는 고통을 더 자주 알아차릴수록 나는 그 너머에 있는 자유와 열린 마음을 더 자주 감지했다.

이 새로운 수행에도 불구하고, 그날 오후 나는 내적 삶을 조사할 기분이 전혀 아니었다. 가족들에 대한 온갖 판단이 마음을 들쑤시고 있었기에 신경이 바짝 곤두서고 피곤해서 재밌는 책이나 읽으려고 했다. 하지만 내면의 목소리는 비난에 RAIN을 적용하겠다는 다짐을 끈질기게 상기시키고 있었다. 그 종알거리는 입을 도저히 막을 수 없었다.

나는 툴툴거리며 파카를 걸치고 12월 오후의 잿빛 대기 속으로 걸어 나갔다. 내가 더욱 온전히 현재에 존재하고 평화로워질 방법을 찾을 수 있을까?

이슬비 속을 걸으면서 나는 가족을 한 명씩 떠올려 숙고하고 그 사람을 꼬치꼬치 비난하는 내 마음을 주의깊게 바라보기 시작했다. 나의 판단을 지켜보았다. "아빠, 다른 사람이 말을 자를 때마다 아빠는 지나치게 화를 내고 흥분하세요. 그게 뭐 그리 대수예요? 그리고 너, 나라야, 어떻게 그렇게 책임감이 없니? 도대체 약속을 지키는 법이 없어……." 그리고는 RAIN의 첫 번째 R 단계에 들어가 나의 반응을 인식하기 시작했다. 가족들이 말하고 행동하는 방식을 내가 지독히 싫어한다는 것, 그 방식이 전부 어느 정도는 잘못됐다고 내가 믿고 있는 것을 분명하게 인식했다.

RAIN의 두 번째 A 단계로 넘어가서 나는 그 반응을 허락하기 위해 잠시 시간을 갖고 비난하는 생각들을 인정한 다음, 그냥 내버려두었다. 판단하는 마음을 판단하지 않고 "그냥 생각이야."라는 것을 기억하려고 노력했다. 이 순간의 경험을 있는 그대로 경험하다보니 가슴 한 군데가 뻐근하게 조이는 느낌이 들었다. 이 느낌은 RAIN의 세 번째 I 단계, 조사하기에서 초점을 맞춰야 할 대상이었다. 조금 호기심을 갖고 내 몸에 주의를 기울이자

5장. RAIN: 고통스러운 순간의 마음챙김

그 조임이 즉시 단단한 매듭으로 바뀌어 가슴을 힘껏 짓눌렀다. 온갖 불평불만이 마음을 휘젓는 동안, 나는 그것이 모두 한 군데에서, 뻐근하고 갑갑한 부위에서 생겨나고 있음을 알아차렸다.

이제 나는 그 매듭진 부위에 대고 물었다. "네가 보기에는 내 삶이 어떤 것 같니?…… 너에게는 어떻게 보여?" 예전에 이런 유형의 질문이 내가 어떤 경험의 '안으로' 들어가게 도와준 적이 있었다. 이 질문의 대답으로 깨달음이 찾아왔다. 식구들에 대한 나의 비난 밑에는 나 자신에 대한 불만이 묻혀 있었다. 그들의 행동은 하나같이 내가 부족하다는 느낌, 가족의 중재자로서, 책임감 있는 엄마로서, 믿음직한 딸로서, 자상한 언니로서 내가 부족하다는 느낌을 촉발시켰다. 나의 질문은 비난으로 꽁꽁 엮인 매듭을 풀기 시작했다. 그 매듭이 무엇을 감추고 있었는지 그제야 느낄 수 있었다. 그 매듭의 뒤에는 우울하고 침체된 실패감이 숨어 있었다.

지난 두 달에 걸친 RAIN 수행을 통해 나는 타인을 비난할 때 내 자신에게도 반감을 느낀다는 것을 알게 되었다. R 단계에서 내가 남들의 '잘못'을 일일이 따진다는 것을 자주 인식했지만 자기혐오를 자각한 적은 없었다. 그런데 지금, 그 비난 밑에서 나는 익숙하고도 고통스러운 믿음, 작은 자아를 영속시키는 믿음과 다시 마주쳤다. 그 믿음은 바로 "난 뭔가 잘못됐어."였다.

RAIN을 행할 때는 내면에 기울이는 주의의 성질에 따라 우리가 접할 수 있는 진실의 깊이가 달라진다. 이것을 알고 있기에 나는 일부러 걸음을 늦추고 온화하고 너그럽게 주의를 기울여 변변찮은 작은 자아가 완전히 표출되게 내버려두었다. 내 심장이 철조망으로 꽁꽁 묶여서 작고 딱딱하고 묵직해지는 느낌이 들었다. 나의 마음이 보기에, 나는 철저히 혼자였다. 다른 사람들과 완전히 단절된 자아였다. 이제 나는 이번 크리스마스 경험이 일상에서 정기적으로 일어나는 경험의 확장판에 지나지 않다는 것을 알아차렸다. 나는 우리 공동체 관리 위원들이 노력하지 않아서 공동체 내의 인종 다양성 수준이 늘 제자리걸음이라고 비난하곤 했지만, 사실은 내가 그 다양성 문제에 전념할 시간이 없어서 속상해하고 있었다. 아들 나라얀이 숙제를 자주 잊는다고 야단치곤 했지만, 그 밑에서는 "나는 엄마 노릇을 제대로 못 하고 있어."라는 믿음 때문에 괴로워했다. 내가 너무 바빠서 얼굴 보기도 힘들다고 불평하는 여동생을 비난하곤 했지만, 그 밑에서 나는 여동생과 조카들을 만날 시간도 내지 못하는 것에 죄책감을 느꼈다. 자신을 비난하든 타인을 비난하든, 비난에 사로잡힐 때마다 유난히 또렷하게 드러나는 것은 내가 단절되었다는, 굳게 닫힌 마음을 지닌 철저한 외톨이라는 아주 익숙한 느낌이었다.

그러자 이제 슬픔이 솟구치는 느낌이 들었다. 짜증이 슬픔으로 바뀌고 있었고, 나의 주의는 더욱 온화하고 다정해졌다. 통렬한 슬픔이 파도처럼 밀려와 나를 휩쓸고 지나가며 심장을 덮치고 비판적인 모든 생각과 실패 경험에 대한 모든 자기 대화를 깨끗이 쓸어냈다. 결코 감당할 수 없을 것 같던 강렬하고 생생한 슬픔이 차차 누그러지기 시작했다. 슬픔의 파도가 잔잔해지면서 나는 고요하고 다정한 자각 속에서 편안하게 쉬었다.

나의 내면의 급격한 변화에 동조하듯, 갑자기 빗줄기가 굵어졌다. 쏟아지는 비를 순순히 받아들이며 나는 돌아서서 집을 향해 걷기 시작했다. 가족들을 다시 한 번 내 마음에 불러들였다. 한 사람씩 떠오를 때마다 거센 빗

줄기가 그의 '잘못'에 대한 나의 고집스런 생각을 말끔히 씻어냈다. 더 이상은 그들을 '문제 덩어리…… 저 밖에 있는…… 타인'으로 여기지 않았다. 가족 개개인은 내 마음 속 곳곳에 특별한 자리를 하나씩 차지하고 있는 유일무이한 존재들이었다.

집에 이르렀을 때, 나는 흠뻑 젖어 있었다. 애완견들 말고는 근처에 아무도 없었다. 개들이 꼬리를 치며 반갑게 달려들었다. 다른 식구들은 컴퓨터를 하거나 낮잠을 자는 등 각자 자기 일에 빠져 있었다. 그게 좋게 느껴졌다. 식구들이 지금과는 완전히 달라져야 한다는 수많은 자기 대화가, 감사하게도, 나를 방해하지 않았다.

그날 저녁 식사 후, 어머니는 피아노 앞에 앉아 크리스마스 캐럴을 치기 시작했다. 우리는 모두 모여 노래를 불렀다. 음정도 들쭉날쭉, 가사도 제멋대로였다. 피아노 독주가 뮤지컬로 바뀐 꼴이었다. 한마디로 불협화음이어서 우리는 결국 웃음을 터뜨렸다. 그러면서도 몇 곡 더 불렀다.

그날 밤 나는 깊은 행복을 느끼며 잠이 들었다. 내 가족은 변하지 않았다. 하지만 내 마음은 이제 분리와 비난의 미망에서 벗어나 크게 열리고 사랑과 평온으로 충만했다. 이것이 진리에 귀의하는 것의 축복이다.

시인 도로시 헌트Dorothy Hunt는 이렇게 썼다.

평화는 판단하지 않는 이 순간에 있네.
오직 그것 뿐. 모든 것을 있는 그대로 환영하는
마음 공간 속에 있는 이 순간에.

RAIN 수행 지침

정식 명상 중에 강렬하고 부정적인 감정이 떠오를 때마다 RAIN의 네 번째 N 단계를 적용할 수 있다. 또는 나처럼 일상생활 중에 그 기법을 사용해도 좋다. 어느 경우든 중요한 것은 RAIN을 의식적이고 의도적으로 시작해야 한다는 점이다. 당신이 지금 여기서 실상을 있는 그대로 경험하겠다고 다짐하고 있음을 기억해야 한다.

RAIN을 행하는 방법을 더 자세히 소개하겠다. 수련생과 심리치료사들에게 그 기법을 가르칠 때 권하는 사항들이다.

멈춰라

RAIN을 시작하기 전에 잠시 멈춰라. 멈춤을 외부 자극에서 물러서는 물리적 타임아웃의 형태로 행할 수도 있다. 더욱 중요한 것은 정신적 타임아웃으로, 반발하듯 대응하는 생각들에서 물러서는 멈춤이다. 멈춤으로써 당신은 주의산만 요소를 치워놓고 주의를 기울일 수 있는 공간을 의도적으로 만들어내고 있다. 습관적인 행위를 기꺼이 의도적으로 중단하고 현재에 존재하겠다는 다짐은 RAIN 수행에서 주의 집중과 명료한 자각을 강화한다.

규칙적인 명상의 도움을 받아라

규칙적인 명상은 RAIN의 핵심 요소-마음챙김, 열린 마음, 질문-을 직접 활성화시킨다. 그 12월 오후의 빗속을 걷는 동안, 오랜 명상 수행을 통해 갈고 닦은 기술들이 내게 큰 도움이 되었다. 생각을 자각하는 기술은 내가 생각에 빠지지 않고 그것을 그냥 주시하게 도와주었다. 이 순간의 불쾌한 느낌을 있는 그대로 경험하는 기술 덕분에 나는 마음을 열고 실제 감정과 신체 감각을 받아들일 수 있었다. 가장 중요한 것은 자기연민을 일깨우는 기술일 것이다. 나의 명상 수행과 가르침의 핵심인 이 자기연민의 도움으로 나는 맹렬한 비난과 판단에 따뜻하고 다정하게 주의를 기울일 수 있었다.

융통성을 발휘하라

당신의 육체와 정신과 마음은 고유의 역사와 습관을 지닌 유일무이한 존재다. 모든 상황과 모든 마음 상태를 완벽하게 다루는 비법은 없다. 능동적이고 수용적으로 내면에 귀를 기울임으로써, 오직 이 방법을 통해서만 당신은 어느 시점에서 무엇이 당신의 치유와 자유에 가장 큰 도움이 될지를 분간할 수 있을 것이다.

RAIN에서 내가 제시한 순서는 반드시 그대로 지켜야만 하는 것은 아니다. RAIN를 행할 때 이 점을 기억하라. 당신의 내적 경험에 맞춰 순서를 바꿀 필요가 있을 수도 있다. 한 예로, 불안을 느끼자마자 당신은 자신이 그 불안을 누구나 흔히 느끼는 보편적인 감정으로 인식해서 개인적으로 받아들이지 않고 있음을 발견할지도 모른다. 이 경우 당신은 이미 RAIN의 네 번째 N 단계에 이른 것이다. 그러므로 다정하게 조사하기 같은 '행동'을 계속하는 대신, 당신은 타고난 자각 속에서 그냥 쉴 것이다. 이와 비슷하게 RAIN의 네 가지 단계를 순서대로 모두 거치지 않고 이 기법을 마칠 수도 있고, 뜻밖의 경험이 일어날 경우 그 과정을 다시 시작할 수도 있다.

내면이 무엇을 원하고 있는지에 귀를 기울일 때 RAIN에 다른 유형의 명상 기법을 끼워 넣고 싶을 수도 있다. RAIN 실행 전에 일종의 준비 단계로서 신체 감각 알아차리기^{47쪽 제1장 명상 연습 '잠깐 멈춰서 현존하기'를 보라}나 요가, 걷기 명상을 먼저 행하여 기초를 다져도 좋다. RAIN을 행하는 도중에 강렬한 감정이 일어나면 잠시 멈춰서 호흡에 초점을 맞춰도 된다. 또는 2, 3분간 자애 명상^{66쪽 제2장 명상 연습 '자애 명상: 자신에게 다정하기'}을 하면 더욱 온화하고 자비롭게 주의를 기울여 조사하는 데 도움이 되기도 한다. 이러한 종류의 경청과 융통성은 처음에는 기계적인 기술처럼 보일 수도 있는 기법을 영성의 길에서 깨어있게 하는 창의적이고 감동적인 수행법으로 바꿔준다.

'작은 문제'로 연습하라

8세기 인도의 불교 수행자 샨티데바^{Shantideva}는 "작은 근심을 겪음으로써 우리 자신이 큰 역경을 다루도록 훈련"시킬 것을 권한다. 습관적인 대응을 촉발하는 상황에 RAIN를 적용할 때마다 당신이 미망에서 깨어나는 능력이 강화된다. 당신의 고질적인 '작은 문제'를 미리 확인하라. 상대방이 같은 말을 되풀이할 때 치미는 짜증, 줄서서 기다릴 때의 조급함, 어떤 것을 깜빡 잊고 사오지 않았을 때 느끼는 좌절감 등이 작은 문제일 수 있다. 이 작은 문제에 잠깐 멈춰서 간단한 '약식' RAIN을 적용해보면 좋다. 이 약식 기법이 제5장의 끝에 소개되어 있다. 하루를 보내며 여러 번 멈춰서 자신의 습관적인 대응 방식에 주의를 기울이고 인식하고 허락한다면 당신의 삶은 더욱 더 편안하고 자유로워진다.

도움을 청하라

RAIN 실행은 당신이 느끼는 감정을 강화할 수 있다. 고통스럽거나 혼란스러운 감정을 조사할 때는 서양 심리치료가 큰 도움이 되기도 한다. 나의 상담 치료 작업은 유진 젠들린Eugene Gendlin이 개발한 초점 맞추기Focusing 기법의 영향을 받았다. 초점 맞추기는 신체 감각에 기초한 심리치료 기법으로 특정 경험에 대한 몸의 느낌을 수용적인 태도로 주의를 기울여 추적하는 것을 강조한다. 마음챙김 명상에 기초한 다른 심리치료 기법들도 우리가 한결같이 주의를 기울여 내면에서 일어나고 있는 것을 탐구할 때 비슷한 도움을 제공한다.

감정에 휩쓸리거나 압도될 것 같아서 걱정스럽다면 RAIN을 혼자 행하지 말고 도움을 찾아라. 특히 트라우마를 다룰 경우, 심리치료사나 심리학 지식을 갖춘 명상 지도자의 안내를 받는 것이 중요하고, 반드시 필요할 수도 있다. 노련하고 믿을 만한 전문가가 옆에 있으면 안정감이 들어서 자신의 취약한 내면과 편안하게 접촉할 수 있으며 지나치게 강렬한 감정이 일어나도 안심할 수 있다트라우마 치유에 관해서는 9장을 보라.

신체 감각을 현존의 입구로 삼아라

당신이 생각에서 한 걸음 물러나 몸의 경험을 자각하는 법을 배울 때 RAIN 수행이 활기를 띤다. 하루 종일 잡다한 생각에 사로잡혀서 몸에서 느껴지는 감각과 단절된 채 살아가는 사람이 많다. 심각한 트라우마나 정서적 상처가 있는 사람은 신체적 감각과 단절되어 있을 가능성이 특히 크다. 극심한 공포와 수치심을 느끼고 있든지, 비교적 온건한 정서적 반응을 느끼고 있든지 간에, 그 감정이 몸에서 어떻게 표현되는지에 주의를 기울이면 내면이 자유로워진다. 크리스마스 다음 날의 오후 산책에서 끝없는 판단과 무가치감과 슬픔이 심장을 아프게 조이는 느낌을 내가 뚜렷이 감지했을 때가 바로 결정적 순간이었다.

의심을 자각하라

의심은 RAIN 수행을 방해하고, 더욱 넓게는 참된 귀의처의 모든 문을 닫아버리는 주된 장애물이다. 붓다는 집착과 혐오와 더불어 의심이 영적 자유, 즉 해탈을 방해하는 보편적인 장애라고 말했다. "나는 절대로 변하지 않을 거야." "내겐 영적 수행을 할 자질이 없어." "치유와 자유는 사실 불가능해." 와 같은 믿음을 고수하는 사람은 영성의 길에서 늘 제자리걸음만 한다.

유익하고 바람직한 의심도 당연히 있다. "이 직업이 내 가치관에 부합하는지 더 이상은 확신할 수가 없어." "지금까지 나는 친밀한 관계를 회피해온 것 같아." "다른 스승들을 헐뜯는 영적 스승을 신뢰할 수 있을까?" 등의 의심이나 의문이 그렇다. 조사하기처럼 유익한 의심은 실상을 알려는 욕구에서 생겨나며, 불합리한 믿음이나 현상現狀에 도전하여 치유와 자유를 돕는다. 이에 반해, 장애로 작용하는 해로운 의심은 두려움과 혐오에서 생겨나며, 자신 또는 타인의 근본적인 잠재력이나 가치를 믿지 못한다.

마음속에서 해로운 의심이 일어나면 그 의심을 RAIN의 주제로 삼아라. "이건 의심이야."라고 자신에게 말하여 마음속에 의심이 있음을 의식적으로 인정하는 것이 도움이 된다. 의심이 생길 때 그것을 인식하고 인정하되 판단하지 않는다면 당신의 시야가 즉시 넓어지고 미망에서 벗어날 것이다.

의심이 끈질기게 일어날 경우, 그때마다 그것에 다정하게 주의를 기울임으로써 자각을 강화할 수 있다. 의심에 휘둘리거나 무력해지지 말고, 의심을 지금 이 순간에 명료하게 깨어서 자각하라는 외침으로 여겨라.

인내하라

인내는 깨달음의 과정에서 기쁨을 안겨준다. 인내하지 않으면 당신은 주의산만이나 충동적인 대응으로 항상 괴로울 것이다. 오랫동안 명상을 수행한 사람들이나 심리치료 내담자들은 종종 이렇게 불평한다. "저는 이 문제를 수십 년째 겪고 있어요." 그들이 문제를 겪는 이유는 무가치감이나 피해의식, 불안감, 수치심 등 오래 묵은 감정으로 번번이 돌아가기 때문이다. 그러한 번뇌 망상은 절망감과 두려움을 동반할 수 있으므로 감정과 행동의 악순환이 결코 끝나지 않는다. RAIN 실행이 번뇌의 속박을 약화시키기는 하지만 일회성 경험일 뿐이다. RAIN을 수없이 행함으로써 다정하게 주의를 기울이며 고통의 악순환을 자꾸 접해야 한다.

"난 뭔가 잘못됐어."라는 믿음과 느낌은 나의 전작 『받아들임』의 주제였고, 지금도 여전히 내 삶의 일부다. 하지만 지금 이 순간에 존재하면서 그 믿음과 느낌을 수없이 접하는 방법이 효과가 있었다. 그러한 번뇌 망상이 훨씬 더 흐릿해지고 금방 사라지며 괴로움이 흩어진다. 보통, 번뇌가 잠깐 등장하고, 이어서 "아, 또 나타났네……." 하고 인식하고, 내려놓는다. '나'가 번뇌를 내려놓는 것이 아니라, 인식하는 순간 오래된 작은 자아가 그냥 소멸한다. 번뇌가 사라진 자리에는 내 삶을 모두 품어 안는 마음 공간에 대한 가슴 벅찬 깨달음, 그리고 번뇌 그 너머에 있는 다정한 자각에 대한 신뢰가 남아 있다.

습관적인 정서적 반응이 등장하는 순간, 현재에 존재하며 그것과 대면할 때마다 진리에 대한 깨달음이 깊어진다. 작고 부족한 자아와 덜 동일시하고, 지금 일어나고 있는 것을 편안하게 자각하며 주시하는 능력이 더 커진다. 자비심 속에 머물고 우리의 진정한 고향을 기억하고 신뢰하는 능력이 더욱 커진다. 오래된 습관으로 번번이 돌아가지 않고 우리는 영적 자유를 향해 실제로 달려가고 있다.

성실하라

RAIN 같은 기법을 성실하게 행할 때 당신의 마음과 정신은 영적 자유를 지향한다. 당신에게 가장 중요한 것을 스스로에게 거듭 상기시켜라. 당신은 참자아를 깨닫기를 염원할지도 모른다. 더 많이 사랑하거나 평화를 얻거나 더 자주 현재에 존재하기를 염원할 수도 있다. 당신에게 가장 중요한 것이 무엇이든, 그 진실하고 간곡한 염원이 당신의 명상 수행에 힘을 불어넣는다. 진실한 염원이 당신을 고향으로 데려갈 것이다.

> 당신이 간절히 원하는 모든 것이
> 이 순간 당신 앞에 있다.
> 당신이 숨을 한 번 크게 들이쉬고
> 속삭이기만 한다면,
> "그래."라고.
> – 다나 폴즈

성찰 연습

곤경에 RAIN 적용하기

조용히 앉아서 눈을 감고 두세 번 심호흡을 하라. 현재 당신을 힘들게 하는 상황을 생각해보라. 분노나 두려움, 수치심, 절망 등 불쾌한 감정을 촉발하는 상황을 하나 골라라. 가족과의 갈등일 수도 있고 만성질환, 직장에서의 실패, 중독의 고통, 후회스러운 대화일 수도 있다. 잠시 그 경험 속으로 들어가라. 관련 장면을 고스란히 떠올리고, 했던 말을 기억해내고, 가장 괴로웠던 순간을 느껴보라. 그 경험의 가장 강렬한 요소를 접하는 것은 RAIN의 치유력을 체험하기 위한 첫 걸음이다.

R: 일어나고 있는 것을 인식하라.

그 상황에 대해 숙고하면서 자문한다. "지금 내 안에서 무슨 일이 일어나고 있지?" 몸에서 어떤 느낌이 가장 뚜렷하게 감지되는가? 가장 두드러지는 감정은 무엇인가? 마음이 휘몰아치는 생각들로 가득 차 있는가? 그 상황에 대해 당신의 몸이 전반적으로 어떻게 반응하는지, 그 느낌을 잠시 자각하라. 그 경험이 몸과 마음과 정신 속에 살고 있는 것이 느껴지는가?

A: 삶을 있는 그대로 허락하라.

당신의 마음에게 이 경험을 모두 내버려두라고 말한다. 기꺼이 잠깐 멈춰서 이 순간의 그 경험을 받아들여라. "그렇구나…… 그렇군." 또는 "그래." "인정해." "내버려둬." 같은 말을 속으로 가만히 속삭여봐도 좋다.

"아냐!"라고 소리치는 내면의 목소리에게, 고통스럽게 저항하는 몸과 마음에게 당신은 "인정해."라고 수긍하고 있다. "난 이게 너무 싫어!"라고 말하는 당신의 일부에게 "그렇구나."라고 말해주고 있다. 이것은 허락하는 자연스러운 과정이다. RAIN 수행의 이 시점에서 당신은 실상을 그냥 주시하고 있을 뿐이다. 당신이 인식한 것을 판단하지 않고, 밀어내지도, 통제하지도 않고 다만 지켜보고 있다.

I: 다정하게 주의를 기울여 조사하라.

이제 그 상황과 관련하여 당신이 지금 경험하고 있는 것을 더 자세히 탐구해본다. 내적 삶에 대한 관심과 호기심을 발휘하자. 이렇게 자문해도 좋다. "내가 가장 먼저 주의를 기울여야 할 것이 무엇이지?" "어떤 것을 가장 먼저 받아들여야 하지?" 온화하고 다정하고 호소력 있는 목소리로 질문하라.

그 경험이 몸의 어느 부위에서 가장 뚜렷하게 느껴지는지 알아차려라. 따뜻함이 느껴지는가? 조임, 짓누름, 쿡쿡 쑤심, 뒤틀리는 느낌이 느껴지는가? 느낌이 가장 강렬한 부위를 찾아냈다면 그 느낌을 얼굴로 가져간다. 몸의 그 부위가 느끼고 있는 것을 표정으로 거울처럼 똑같이 드러내고, 할 수 있다면 과장해도 좋다. 이렇게 할 때 어떤 감정이 일어나는가? 그 감정을 자각한다. 두려움인가? 분노? 슬픔? 수치심인가?

조사를 계속할 때 도움이 되는 질문이 있다. "나는 어떤 믿음을 고수하고 있는가?" 이 질문이 수많은 생각을 일으킨다면 질문을 중단하라. 하지만 질문을 하자마자 아주 분명한 믿음 하나가 떠오르는 것을 알아챌지도 모른다. 당신은 자신이 어떤 면에서는 실패자라고 믿는가? 누군가가 당신을 거부할 거라고 믿는가? 앞으로 무슨 일이 닥치든 그것을 감당할 능력이 없다고 믿는가? 자신에게 정말로 결함이 있다고 믿는가? 자신은 결코 행복할 수 없을 거라고 믿는가? 이 믿음이 당신의 몸의 어느 부위에 살고 있는가? 그 부위에 어떤 느낌이 드는가? 옥죄는가? 콕콕 쑤시는가? 화끈거리는가? 허전하고 텅 빈 느낌인가?

허락 단계에서 했듯이, "그래." 또는 "인정해." "내버려둬."라고 말하면서 그 강렬한 느낌이나 고통스러운 느낌을 고스란히 경험하라. 그 경험을 인식하고 허락할 때 무엇을 자각하는가? 몸과 마음이 조금이라도 누그러졌는가? 조금 더 열린 느낌, 조금 더 훤히 트인 느낌이 드는가? 아니면 허락하자는 다짐이 오히려 더 많은 긴장과 판단과 두려움을 불러오는가? 그 다짐이 당신이 경험하는 느낌을 강화하거나 변화시키는가?

이제, 가장 고통스러워하는 부위에 대고 물어보자. "내가 어떻게 해주길 원하니?" 또는 "내가 너에게 어떻게 해줘야 할까?" 아파하는 그 부위는 인식해주길 원하는가? 받아들여주길 원하는가? 용서를 청하는가? 사랑을 원하는가? 그 부위가 무엇을 원하는지 알아차릴 때 당신은 어떻게 반응하는가? 당신은 그 부위에게 지혜로운 조언을 건네거나 다정하게 꼭 안아줄지도 모른다. 가슴에 살짝 손을 올려놓을 수도 있다. 어떤 방법을 이용하면 당신의 내면과 친해질 수 있는지 마음껏 실험해보라. 말이나 접촉, 다정한 기운,

이미지 등 무엇이든 상관없다. 당신이 얼마나 더 자애롭게 주의를 기울일 수 있는지 알아보라.

N: 비동일시: 타고난 자각 속에서 쉬어라.

내적 경험에 이렇듯 조건 없이 다정하게 주의를 기울일 때 이 자각이 편안하고 그대로 지속될 수 있음을 느낀다. 파도가 출렁이는 바다처럼, 당신 자신을 이 순간 오고가는 감각과 감정과 생각을 모두 감싸 안는 다정하고 깨어있고 열려있는 존재라고 여긴다. 당신의 자아가 두려움의 파도나 분노와 고통의 파도에 결코 동일시되지 않고 묶여 있지 않다는 것을 느낄 수 있는가? 표면의 파도는 당신이 경험하는 감정과 생각일 뿐, 그것이 더없이 깊고 거대한 당신의 존재를 손상시키거나 바꿀 수 없다는 것이 느껴지는가? 원하는 만큼 오래, 이 드넓고 다정한 자각 속에서 그냥 쉰다. 몸과 마음에서 어떤 것이 일어나든지, 모두 자유롭게 오고 가게 허락한다. 이 자각이 바로 당신의 내면 가장 깊은 곳에 있는 참자아다.

약식 RAIN : 즉각적인 실행

하루를 보내며 RAIN을 잠깐씩 여러 번 행하라. 우리를 미망에서 깨어나게 하는 데 있어서 이 약식 RAIN은 더욱 철저한 정식 수행만큼 중요하다. 샤워하듯, 잠깐 번뇌를 씻어내는 약식 RAIN을 행하는 데는 1분 정도 걸린다. 네 단계를 거치는 것은 똑같고, 단지 축약될 뿐이다.

🍃

정서적 반응을 인식한다.

멈춰서 세 번 심호흡을 하고, 내면에서 일어나는 것을 있는 그대로 받아들인다.

가장 분명한 내적 경험을 모두 다정하게 조사한다.

하던 일을 다시 시작하고, 자연스럽게 더 많이 현존하는지 알아본다.

무시당한 느낌, 설거지하지 않은 그릇, 엉뚱한 자리에 놓인 안경, 체한 느낌, 후회스러운 말 등에 당신이 충동적으로 대응하고 있음을 인식하는 순간, 약식 RAIN이 시작된다. 그 습관적 대응을 인식하면 하던 일을 모두 멈추고 세 번 길게 심호흡한다. 이 심호흡은 당신이 점차 강렬해지는 생각과 감정에서 물러나고 내적 경험이 머물 공간을 마련하게 도와준다. 이제 조사 단계에 들어가서 "나는 무엇을 느끼고 있지?"라고 자문하고 몸에 주의를 기울인다. 특히 목과 가슴, 배의 느낌을 자각하라. 가장 강하게 느껴지는 몸의 감각 조임, 뜨거움, 압박감 등과 감정 분노, 두려움, 죄책감 등을 자각한다. 자각한 것을 다정하게 대하겠다고 다짐한다. 호흡을 계속 따라가는 동시에 지금 느끼고 있는 신체 감각을 고스란히 경험하려고 노력한다.

　　때로는 뚜렷한 감각이 느껴지는 부위를 쉽게 찾을 때도 있지만, 느낌이 확실치 않아서 금방 확인하기 어려울 때도 있다. 괜찮다. 잠깐 멈춰서 더욱 깊이 주의를 기울여 살펴보는 것이 중요하다. 스스로를 다정하게 대할 수 있는지 살펴본다.

　　긴장이 풀리고 하던 일을 다시 시작하는 순간, 약식 RAIN이 끝난다. 다음 활동으로 넘어갈 때 무엇이 달라졌는지 알아차린다. 더욱 명료하게 자각하는가? 더욱 열려 있는가? 마음이 따뜻해졌는가? 만사를 개인적으로 받아들이는 경향이 줄었는가? 자연스럽게 현재에 더 자주 존재하는가? 비동일시의 자유를 더 많이 경험하는가?

　　정식 RAIN을 철저히 행할 때는 창의성과 융통성을 발휘하여 실험해보자. 어떻게 하면 다정하게 주의를 기울여 당신의 내적 경험을 가장 잘 자각할 수 있는지, 그 최선의 방법을 금방 찾아낼 것이다.

신뢰하라, 당신을 관통하는 활기찬 기운을 신뢰하라.

그리고 그 기운이 훨씬 더 깊은 곳을 흐르게 하라.

그 기운이 되어라.

어떤 것도 밀어내지 말라.

모든 감각을 따라가 그 근원에,

광대하고 순수한 자각 속에 자리한 그 근원에 닿아라.

– 다나 폴즈

여기 이 몸속에 신성한 강이 흐르네.

여기 이 몸속에 해와 달이 있네, 모든 성소가 여기에 있네.

나의 몸만큼 더없이 행복한 신전은 어디에도 없다네.

– 탄트라의 시가

6장.
몸의 경험

"무감각하다는 게 어떤 느낌이지요?" 내가 물었다. 제인은 싸늘한 눈길로 바닥을 응시하더니 잠시 후, 나직하게 중얼거렸다. "모든 것을 차단한 느낌, 아무것도 들어올 수도 나갈 수도 없는 느낌이에요. 내 마음을 담요로 꽁꽁 싸맨 것 같아요."

일주일 과정의 집중 명상을 시작한 지 사흘째 되는 날, 제인이 찾아와서 명상에 도무지 진전이 없다고 말했다. 방에 들어설 때 제인은 줄곧 나의 시선을 외면했다. 그리고 일단 자리에 앉자 미간을 잔뜩 찡그리고는 짧게 자른 금발을 불안하게 만지작거렸다.

제인이 입을 열었다. "명상을 해볼 생각은 오래 전부터 했어요. 그런데 이제야 하게 된 건 요즘 들어 절망감이 너무 심해서…… 나는 끝없이 불안한 상태거나, 철저히 고립되어 우울한 상태거나 항상 둘 중 하나인 것 같아요." 사회학자인 제인은 대학에서 강의하고 연구하면서 10년 이상 일에 빠져 살았다. 하지만 경쟁적인 논문 발표가 갈수록 무의미해 보였고, 자신의 내면이 죽어 있음을 조금씩 알아차렸다. "명상을 통해 내가 살아 있다는 걸 느낄 수 있길 바랐어요."

그런데 지금은 명상에 참여한 게 헛수고일까봐 걱정하고 있었다. "내가 뭔가를 잘못하고 있는 거예요." 제인이 단정 지어 말했다. "오늘 아침 대화 시간에 사람들은 마음이 열렸다거나 감춰져 있던 슬픔을 느꼈다거나 깊은 통찰을 체험했다고 말했어요." 제인은 고개를 내저었다. "하지만 내게는 아무 일도 안 일어나요. 내가 어떤 감정을 느끼고 있는지 하나도 모르겠어요. 명상을 하고 있을 때 내 마음은 아주 소란하거나, 아니면 호흡을 따라가는 게 지루해져요. 그냥 무감각해요." 이 말에 이어 자신의 마음을 담요로 꽁꽁 싸맨 것 같다는 표현을 했다.

"그 담요에 대해 더 자세히 말해볼래요?" 내 요청에 제인이 불쑥 내뱉었다. "난 그게 진짜 싫어요!" 재빨리 나를 한 번 흘긋 본 후 말을 이었다. "나는 심리치료를 오래 받아서 그 무감각이 내 삶을 망쳐놓고 있다는 걸 알아요. 그것 때문에 다른 사람들과 의미 있는 관계도 맺을 수가 없어요. 그것 때문에 내가 정말로 원하는 게 뭔지도 모르고, 그것 때문에 그 무엇도 기대하지 않아요." 제인은 고개를 가로저었다. "나의 내부에 뭔가 묻혀 있다는 걸 알고 있어요. 그리고 나의 일부는 그게 거기 묻혀 있는 걸 원치 않아요. 그래서 결국 여기에 온 거예요, 명상하러……. 그런데 그게 뭔지 아직도 모르겠어요."

"제인," 내가 말했다. "당신은 잘못하고 있는 게 하나도 없어요. 그걸 아는 것이 중요해요." 제인은 앉은 자리에서 불편하게 몸을 움직였다. 나는 말을 이었다. "당신은 자신의 경험을 있는 그대로 정직하게 인식하고 이름 붙이고 있어요. 그건 명상에 필수적이에요."

나는 명상 참여자들에게 RAIN을 이미 가르쳤으므로, 그녀가 내적 경험을 인식한다는 것은 지금 RAIN의 R 단계를 행하고 있다는 뜻임을 상기시켰다. "RAIN의 다음 단계를 함께 진행해보는 건 어떨까요?" 나의 말에 제인이 고개를 끄덕였다. "좋아요, 그러면 잠깐 멈춰서 당신의 몸에 주의를 기울여 보세요." 그리고 잠시 기다렸다가 물었다. "지금 당신의 안에서 어떤 것이 일어나고 있나요?"

꼬았던 다리를 푼 다음, 제인은 의자에 기대 앉아 손의 위치를 바꾸었다. "너무 불안해요…… 이미 말한 그대로예요. 지금 여기에 앉아 있기가 너무 힘들어요. 집에서 명상을 해보려고 애쓰고 있을 때와 똑같아요. 일어나서 인터넷에 접속하거나 학생들의 보고서를 평가하고 싶어요. 그냥 이렇게 앉아 있는 것만 빼고 뭐든 하고 싶어요." "그러니까 당신의 내면에는 불안이 있군요." 내가 말했다. "지금 그것을 거기에 그냥 내버려둘 수 있나요? 그 불안을 있는 그대로 허락해서 조금 더 조사할 수 있겠어요?" 제인이 살짝 미소를 지었다. "네, 물론이죠."

"좋아요, 자, 그 불안이 몸의 어느 부위에서 가장 확실히 느껴지지요?" 처음에 제인은 고개를 그냥 가로저었다. 하지만 심호흡을 한 번 하고는 눈을 감았다. 조금 후, 제인은 가슴 한복판, 흉골 위를 손끝으로 문지르기 시작했다. "제인, 바로 그 부위에, 당신이 손을 올려놓은 그 지점에 모든 주의를 기울이세요…… 그리고 지금 거기서 무엇이 느껴지는지 말해보세요." 내 말이 끝나기가 무섭게 제인이 대답했다. "불편하고 마구 떨려요. 그 느낌이 정말 불쾌해요."

이것은 RAIN의 I 단계, 즉 조사하기의 아주 좋은 예라고 나는 말해주었다. 그러고 나서 물었다. "실험을 하나 해보겠어요?" 제인이 고개를 끄덕였다. "좋아요, 아주 잠깐이면 돼요. 불편하게 떨리는 그 느낌을 있는 그대로 잠시 거기에 내버려두면 어떻게 될까요? 마치 당신이 그 느낌의 한복판에 서 있는 것처럼, 그걸 그냥 놔두면 어떤 일이 일어날까요?" 제인이 얼어붙은 듯 딱딱하게 굳는 것을 알아채고 나는 다시 덧붙였다. "손은 바로 그 지점에 계속 그대로 놓아두세요. 그리고 가장 강렬한 느낌이 있는 지점으로 숨을 불어넣었다가 내쉬어보세요. 그러면 그 느낌을 계속 경험할 수 있을 거예요."

제인은 손끝을 가슴에 댄 채 꼼짝도 않고 앉아 있었다. 그리고 1분쯤 지나 눈을 뜨더니 잠깐 나를 보고 나서 바닥으로 시선을 돌렸다. 다시 미간을 찡그리며 그녀가 말했다. 체념한 목소리였다. "처음에는 불안이 느껴지더군요. 하지만 그 느낌이 사라지고 나는 다시 무감각해졌어요." 제인은 잠깐 말을 멈추고 나서 어깨를 으쓱했다. "늘 그렇죠 뭐. 난 어떤 것도 제대로 느끼지 못해요."

연쇄 반응

명상 수련생이나 내담자들 중에도 제인과 비슷한 사람들이 있다. 그들은 자신이 철저히 무감각하고 생각에 골몰하고 삶과 단절되어 있다고 말한다. 어떤 이들은 불안이나 상심, 분노와 같은 부정적인 감정에 짓눌려 있다고 말한다. 감정에 사로잡히든 감정과 동떨어지든 간에, 그때마다 우리는 미망에 빠져서 온전히 현존하지 못하고 살아있는 느낌과 단절된다.

불교 심리학과 서양 심리학의 일관된 견해에 따르면, 정서적 반응은 보편적인 조건반사에서 시작된다. 즉, 의식적이든 무의식적이든 우리는 지금 일어나고 있는 모든 것을 유쾌, 불쾌, 보통^{중성적}이라고 분별한다. 갓 구운 쿠키 냄새는 대개 '유쾌'하다. 최근의 언쟁에 관한 생각은 대개 '불쾌'하다. 바깥의 자동차 소리는 대개 '보통'이다. '유쾌'한 느낌은 좋아하는 것을 소유하려는 조건반사에서 생겨난다. 우리는 그 고소한 쿠키를 갈망하고 맛있게 먹는 상상에 빠진다. '불쾌'한 느낌은 싫어하는 것을 피하고 없애려는 조건반사에서 촉발된다. 언쟁에 관한 생각은 신체적 긴장과 분노 감정, 자신의 논리를 입증하려는 계획으로 이어질 것이다. 어떤 경험이 보통이라고 느껴지면 우리는 대체로 그것을 무시하고 다른 것에 주의를 돌린다.

이러한 정신적, 정서적 반응은 자연스러운 것이다. 하지만 우리는 그 반응과 자신을 쉽게 동일시하고 우주복 자아로 후퇴한다. 예를 들어, 쿠키에 대한 갈망-너무 먹고 싶지만 먹어서는 안 된다는 생각-에 주의를 고정시키면 우리는 점차 작아지고 욕망하는 자아에 더욱 빠져든다. 언쟁-심한 모욕감과 그때 꼭 했어야 했던 말-에 주의를 고정시키면 우리는 점차 작아지고 분노하고 공격하는 자아에 더욱 빠져든다. 생각과 감정이 서로 꼬리를 물고 돌고 돌기 시작한다. 분노를 촉발한 사건에 대해 많이 생각하면 할수록 우리는 더욱 더 분노하고, 분노를 많이 느끼면 느낄수록 분노에 찬 생각을 더 많이 양산한다. 이러한 연쇄 반응에 갇힐 때 우리는 미망에 빠져 허우적

댄다. 더 커다란 자아와 자신의 삶에서 중요한 것으로부터 멀어진다.

불교 명상 수행에서 미망에서 깨어남은 몸의 감각을 자각하는 것에서부터 시작된다. 감각은 우리가 삶을 가장 즉시 경험하고 삶과 가장 즉시 연결되는 방법이다. 생각에, 외부 상황에, 사람들에, 감정에 대한 그 밖의 반응들은 사실 신체 감각에 반응하여 생겨난다. 누군가에게 분노할 때 우리의 몸은 감지된 위협에 반응하고 있는 것이다. 누군가에게 매혹될 때 우리의 몸은 안락이나 호기심이나 욕망에 반응하고 있다. 그 기본적인 신체 감각을 인식하지 못하면 우리는 생각과 느낌과 감정의 소용돌이에 갇혀 영원히 돌고 돌 것이다. 그 쉴 없는 소용돌이가 일상의 미망을 이룬다.

땅을 만지기

지금까지 내가 들은 최고의 명상 지침 중 하나는 태국의 고승 아짠 붓다다사Ajahn Buddhadasa가 말해준 것이다. "당신을 몸에서 떼어놓는 것은 그 무엇도 하지 말라." 몸은 현재에 살고 있다. 몸을 자각할 때 당신은 살아있는 현재와 연결된다. 현재는 당신이 실상을 볼 수 있고 실제로 일어나는 것을 볼 수 있는 유일한 장소다. 몸에 대한 자각은 있는 그대로의 실상으로 통하는 문이다.

이 문은 붓다 자신의 깨달음에 결정적인 역할을 했다. 고타마 싯다르타는 보리수깨달음의 나무 아래에 정좌한 후, 해탈에 이르기 전에는 결코 이 자리를 뜨지 않겠다고 결심했다. 그는 명상을 시작하여 주의를 모으고 마음을 고요히 하며 본성으로 돌아가 현재에 온전히 존재했다. 전하는 이야기에 따르면, 바로 그때 자유자재로 마법을 부리는 악마 마라Mara가 대군을 이끌고 나타났다. 마라는 유혹하는 자로서 그 이름은 빨리어로 '망상'을 뜻한다. 그리고 마라를 고타마 싯다르타의 그림자shadow self, '나'의 어두운 면으로 무의식의 측면에 있는 나의 분신로 여길 수도 있다. 마라의 목적은 고타마를 유혹하여 미망에 빠뜨리는 것이었다.

　　마라는 밤새 돌덩이를 던지고 화살을 쏘고 끓는 진흙과 뜨거운 모래를 집어던져 고타마가 맞서 싸우거나 달아나게 자극했다. 하지만 고타마는 이 공격에 자비로운 현존으로 응했고, 마라가 쏘아댄 모든 것은 천상의 꽃으로 화했다. 그러자 마라는 세 딸을 보냈다. '갈애, 불쾌, 탐욕'을 의미하는 세 딸은 관능적인 시종들을 거느리고 고타마를 유혹하려 했으나 그의 마음은 여전히 오롯이 현재에 존재했다. 새벽이 밝아오자 마라는 최후의 수단을 강구했다. 바로 '의심'이었다. 마라가 물었다. 고타마는 자신의 자비심을 무엇으로 증명하는가? 자신이 깨달음에 이르렀음을 무슨 근거로 확신하는가? 마라는 작은 자아를 영속시키는 습관적인 대응, 즉 자신의 무가치감에 대한 뿌리 깊은 믿음을 자극하고 있었다.

　　고타마는 신비로운 방법으로 자신을 입증하려 하지 않았다. 그는 땅을 만지며 자신의 자비를, 자신의 참자아를 증명해달라고 청했다. 그 대답으로 땅이 울리며 큰 소리로 외쳤다. "내가 당신을 증명한다!" 마라와 그의 군대는 혼비백산하여 사방으로 흩어졌다.

　　자신이 땅에 닿아 있음을 인식하는 순간, 고타마는 붓다-깨달은 자-가 되었고 해탈에 이르렀다. 이 완전한 살아있음에 접함으로써 붓다는 분리의 미망의 마지막 흔적까지 소멸시켰다.

　　이 이야기는 근본적이고도 경이로운 진리를 제시하여 우리를 격려한다. 붓다처럼, 우리도 자신의 살아있음에 귀의하는 순간, 언제든 치유와 깨달음에 이른다. 자신의 살과 피에, 자신의 호흡에, 공기 그 자체에, 자신을 이루는 모든 요소에, 그리고 자신의 고향인 땅에 닿는 순간 우리는 해탈에 이른다. 살아있는 감각 세계에서 이 순간에 존재할 때마다 우리도 땅을 만지고 있는 것이다.

몸속으로 들어가기

　　제인의 경우 감각 세계에 들어서는 방법을 찾은 것이 결정적이었던 듯했다. 대화를 끝내기 전에 나는 제인에게 명상 중에 몸의 경험을 안으로부터 느끼는 시간을 가져보라고 격려했다. 그리고 우선 유쾌하거나 중성적인 감각을 알아차리는 것부터 시작하면 그 일이 더 쉬울 거라고 일러주었다. 내 말 뜻을 온전히 전하기 위해 나는 제인에게 눈을 감아보라고 했다. "두 손의 긴장을 풀고 그냥 편안하게 무릎 위에 놓으세요. 이제 당신이 손의 내부를 느낄 수 있다고 상상하세요. 손을 조금 더 이완시키고 손이 경험하는 것을 감지할 수 있는지 알아보세요." 그리고 잠시 후 물었다. "떨리는 느낌이나 저릿저릿한 느낌이 느껴지나요? 뜨거움이나 차가움이 느껴지나요? 손이 무릎과 닿은 부위, 그리고 손가락이 서로 맞닿은 부위의 눌리는 느낌이 느껴지나요?"

정지한 듯 앉아 있던 제인이 살짝 미소를 띠며 고개를 끄덕였다. "좋아요, 그러면 이제 발에서도 그와 똑같은 살아 있음을 한 번 느껴보세요. 그냥 잠깐 동안 발에서 떨림, 저릿함 같은 변하는 감각을 느껴보세요." 잠시 후, 제인이 다시 고개를 끄덕였다. "제인, 손과 발에서 느낀 그 살아 있는 느낌은 당신의 온몸에도 똑같이 존재해요. 이제 주의의 폭을 넓혀서 몸에 존재하는 감각을 전부 다 느껴보세요. 불쾌한 감각도 있고 유쾌한 감각도 있을 거예요…… 그것들이 오고 가게 그냥 내버려두면서 가장 강한 감각을 모두 알아차리세요. 당신의 숨결이 그 모든 감각을 관통하여 흐르는 것을 감지하려고 노력하세요. 그러면 이완과 자각을 유지하는 데 도움이 될 겁니다."

제인이 눈을 뜨고 나를 바라보았다. 눈빛이 더욱 온화해지고 밝아진 듯했다. 제인은 방 안을 둘러보았다. 촛불과 시계, 휴지상자 등 주변에 놓인 것을 처음으로 온전히 인식하고 있는 것 같았다. 그녀가 입을 열었다. "타라, 몸의 다른 곳에서는 감각을 별로 느끼지 못했어요. 하지만 잠깐 동안 손과 발을 느끼고 호흡을 느낀 것만으로도…… 뭐랄까…… 내가 여기에 실제로 있는 것 같은 느낌이었어요!"

마음챙김 명상을 통해 몸을 자각하는 훈련을 처음 시작할 때 위장이나 가슴, 목의 감각을 잘 느끼지 못하는 사람들이 있다고 나는 제인에게 말해주었다. 하지만 자꾸 연습하다보면 몸에 대한 자각이 깨어난다고 장담했다. 다음 이틀에 걸쳐 제인이 해야 할 일은 명상을 할 때마다 중성적 감각이나 유쾌한 감각을 잠시 탐구하는 것이었다. 손과 발의 감각을 안으로부터 느껴본 다음에 다른 신체 부위의 감각을 가능한 한 많이 자각해야 했다.

나는 더욱 어려운 과제도 제안했다. 고통스런 감정-공포, 불안, 슬품, 분노-을 경험할 때 이렇게 자문하라고 권했다. "지금 내 안에서 무슨 일이 일어나고 있지?" 그리고 호흡에 계속 주의를 기울이면 그 감정들 밑에 놓인 신체 감각을 조금 더 쉽게 인식하고 받아들일 수 있다고 알려주었다. "특히 그게 불쾌한 감각일 때는 호흡에 초점을 맞추는 게 안전해요…… 호흡은 좋은 친구예요."

　　마음챙김을 통한 신체 감각 인식은 RAIN 수행의 기본이다. 나는 정서 상태가 어떻게 신체 감각으로 표현되는지, 다양한 감정이 한 가지 생각으로 통합되기 전에 먼저 몸에 어떻게 나타나는지를 제인이 발견할 수 있기를 바랐다. "당신이 하는 경험은 무엇이든 당신의 몸에 그 뿌리를 두고 있어요. 그러니 몸의 경험을 접하면, 그 신체 감각을 그냥 느끼면 더욱 안정적이고 더 많이 자각한다는 느낌이 들 겁니다."

　　"담요 같은 무감각을 느끼는 것도요?" 제인이 눈을 동그랗게 뜨며 물었다. 장난기가 밴 그 질문에 나는 웃으며 대답했다. "그래요, 그것도요."

　　제인이 발견했듯이, 지금 이 순간에 일어나는 모든 것, 그 하나하나의 경험이 치유의 문을 열어준다.

느낌이 너무 강렬할 때

　　오래 전 내가 위빠사나 명상 센터에 처음 갔을 때 우리는 상당히 획일적인 지침을 받았다. 그 지침에 따르면, 우리는 호흡을 닻으로 삼아 계속 초점을 맞춰야 하지만 강렬하거나 불쾌한 감각이나 감정이 일어나면 모든 주의를 동원해 그것을 고스란히 경험해야 했다. 여기에는 무감각, 공포, 절망, 격분을 자각하고 수용하는 것도 포함되었다. 이 방법으로 대다수의 참여자들은 귀중한 통찰을 얻었으나 일부-치료받지 않은 트라우마를 지닌 사람들-에게는 해로운 방법이었다. 새로운 통찰과 폭넓은 자각 대신, 그들은 격렬한 감정에 휩쓸리고 극도의 무기력에 빠졌다. 그 방법은 그들의 두려움과 무력감을 강화할 뿐이었다. 이런 까닭에 나는 제인에게 초점의 대상을 그대로 유지하라고 권한 것이다. 제인의 무감각이 무엇을 보호하고 있는지를 나는 아직 알지 못했기 때문이다.

고통을 떼어놓으려는 습관은 우리의 생존 장비의 일부다. 깊은 정서적 상처나 신체적, 정신적 트라우마를 겪었을 경우, 적나라한 신체 감각과 극심한 두려움을 차단하는 것은 강력하고도 반사적인 자기 보호 반응이다. 그러나 트라우마를 완전히 처리하지 않는 한, 이 고통스러운 에너지는 세포 조직과 신경계에 그대로 남아 있다. 트라우마는 고질적인 신체적, 정서적 고통으로 표현되기 때문에 우리는 끝없이 전략을 강구하여 자신의 감각이나 감정을 회피하려고 한다. 몸을 긴장시키기, 신체 감각에 무감각해지기, 잡다한 생각을 일으키기, 중독 행동에 몰두하기, 공격적으로 행동하기 등이 그런 전략의 예다. 몸에 주의를 기울이는 것은 이 보호 전략을 무력화시켜서 우리는 강렬하고 종종 파괴적인 에너지를 고스란히 경험할 수밖에 없다. 이 '무력화'는 결과적으로 치유에 꼭 필요한 부분이다. 하지만 매순간 깨어서 자각하는 능력이 강하거나 확고하지 않을 경우, 그 격렬한 에너지가 우리를 집어삼켜서 우리는 트라우마를 다시 체험할 가능성이 있다.

사람들은 대부분 정서적 상처를 갖고 있으며, 많은 사람들이 어느 정도의 트라우마를 지닌 채 살아간다. 제인의 말처럼, '내부에 뭔가 묻혀' 있다. 오랫동안 회피해온 이 감정과 언제 접촉하는 게 안전한지, 그 시점을 어떻게 알 수 있을까요? 내부에 깊이 묻혀 있는 것을 일부러 파헤쳐 경험한다면 제가 완전히 무너지고 정신적으로 무력해지거나 정서 장애가 생기지 않을까요? 어떤 명상 기법이 저에게 가장 적합할까요? 나의 수련생들은 두려움과 호기심에서 이렇게 묻는다.

진지하게 숙고할 가치가 있는 중요한 질문들이다. 명확한 공식은 없다. 하지만 나는 마음챙김 기법을 이용해 몸을 자각하려면 충분한 안전감과 안정감이 필요하다는 것을 발견했다. 다시 말해서, 우선 어느 정도의 의지처가 필요하다. 마음챙김 명상과 트라우마 치유와 관련하여 충분한 자격을 갖춘 명상 지도자나 심리치료사의 안내를 받는 것이 좋다. 불안하고 쉽게 상처받는 사람은 집단 명상을 하고, 덧붙여 마음챙김 명상 지도자나 심리치료사, 믿을 만한 친구가 옆에서 필요할 때 도와줄 거라고 확신한다면 안전감을 충분히 느낄 수 있다. 제인과 대화할 때, 자신의 경험을 기꺼이 탐구하려는 태도를 통해 나는 제인이 나의 도움을 신뢰하고 있음을 알 수 있었다. 사랑이라는 귀의처의 강력한 한 가지 측면을 나는 '동행'이라고 부른다. 우리의 행복을 염원하는 타인의 존재는 일종의 치유의 '그릇'이 되어서 우리 내면의 격렬한 에너지를 보듬어줄 수 있다.

내적 능력―몸과 마음을 고요히 하고 자각을 지속시키는 능력―이 커짐에 따라 안전감과 안정감도 증가한다. 지금 우리는 진리에서, 자신의 몸과의 완전한 현존을 가능케 하는 수행에서 귀의처를 찾고 있다. 제인이 찾아왔을 때 나는 맨 먼저 그녀에게 몸이 경험하는 유쾌한 감각이나 중성적 감각을 그대로 느껴보라고 권했다. 이 능력을 키운다면 제인은 마음을 더 쉽게 이완하고 자신의 신체 감각이 안전한 귀의처라고 느낄 터였다. 또한 우리는 초점의 대상^{호흡}을 제인이 현재에 머물게 하는 믿을 만하고 안전한 감각으로 확립하게 노력했다. 매우 격렬한 감정이 일어나더라도 제인은 호흡을 이용해 자신을 진정시킬 수 있다는 것을 알아야 했기 때문이다. 이 초점의 대상은 제인이 앞으로 더욱 고통스러운 감정을 경험할 때도 그녀를 도와주는 '좋은 친구'가 되어줄 수 있었다.

최근에 나는 이라크에서 복무하고 외상 후 스트레스 장애post-traumatic stress disorder, PTSD를 겪고 있는 청년과 상담을 했다. 첫 상담 시간에는 발을 제외한 다른 신체 부위에 주의를 기울이는 모든 행위가 극심한 공포를 일으켰다. 우리는 함께 노력하여 초점의 대상을 두 개 확립했다. 하나는 발의 감각으로 이것은 그에게 안정감을 부여했다. 또 하나는 만트라, 즉 신성한 단어로서 그에게 자비로운 우주의 영靈의 보호를 상기시켰다. 그는 만트라를 속으로 끝없이 외면서 그 의미를 되새기고 땅을 디딘 발의 감각을 느끼는 명상을 주로 했다. 그렇게 한 지 약 여섯 달 후, 안정감과 안전감이 크게 증가하자 그는 발 이외의 몸의 다른 곳의 느낌을 조금씩 자각하기 시작했다. 그 청년은 이것을 '완전하고 살아 있는 나로 돌아가는 여행'이라고 불렀다.

일주일 과정의 명상 수행에 참여한 한 여성은 극심한 불안으로 괴로워하며 그 불안이 "내 목을 조른다."고 말했다. 그 여성은 강렬한 신체 감각을 일부러 경험한 다음에 그 감각에서 떠남으로써 불안을 다루는 법을 익혔다. 우선 자신이 불안의 강으로 걸어 들어가고 있다고 상상하고, 자신의 내부에 살고 있는 꽉 움켜쥐는 느낌과 비틀어 짜는 느낌, 쓰라린 느낌을 있는 그대로 경험하곤 했다. 그런 다음 그 강에서 걸어 나와 강둑에 앉아 있다고 상상했다. 그곳에 잠시 앉아 의도적으로 자신의 감각을 깨워서 주변을 자각했다. 즉, 눈을 뜨고 주변을 둘러보며 밖에서 들려오는 소리, 주변 공간과 공기, 자신의 호흡, 의자가 몸을 떠받치는 느낌을 낱낱이 자각했다. 이렇게 주의의 폭을 넓힘으로써 그 여성은 불안의 손아귀를 여전히 자각하면서도 그렇게 버겁다고는 느끼지 않을 수 있었다. 한 차례의 명상에서 그녀는 강으로 들어가 불안을 몸으로 느낀 다음에 강에서 걸어 나와 평온하고 드넓은 강둑에 앉아 쉬는 과정을 여러 번 행할 수도 있었다. 점차적으로 그녀는 너무도 무시무시해 보였던 그 에너지가, 티베트 승려 초감 트룽파Chogyam Trungpa의 말처럼, '다룰 수 있는' 것임을 발견했다.

정서적 고통을 다루는 것에 관한 질문은 신체적 통증에 관해서도 똑같이 거론된다. 나의 수련생들은 통증이 심해서 주의를 흐트러뜨리면 명상을 중단해야 하는지 여부를 궁금해 한다. "그 편두통을 고스란히 느껴야 할 이유가 있을까요?" 그들은 묻는다. "그 메스꺼움과 복통을 있는 그대로 경험하자고 다짐할 이유가 있겠어요?" "통증이 너무 심하면 어떻게 해야 하죠?"

때로는 통증이라는 말 자체가 '그 경험이 불쾌하다' 또는 '너무 아프다'고 단정하기 위한 일종의 준비 장치다. 통증과 함께 존재하기에 대해 가르칠 때 나는 수련생들이 각자 '통증'이라고 이름 붙인 다양한 신체 감각을 모두 조사하도록 격려한다. 통증이라는 견고한 개념 밑에는 시시각각 변화하는 다양한 경험이 살고 있다. 화끈거림, 따끔거림, 뒤틀림, 짓누름, 쓰라림, 쿡쿡 쑤심 등이 그 밑에 있다. 이런 여러 가지 몸의 느낌이 어떻게 생겨나고 옮겨 다니는지, 어떻게 약화되고 강화되는지에 단지 관심을 갖기만 해도 그 느낌을 보편적인 경험으로 여길 수 있으며 당신이 현존한다는 느낌이 확장된다.

　내가 자주 추천하는 방법은 먼저 주의를 넓힌 후에 불쾌한 신체 감각을 경험하는 것이다. 통증은 주의의 폭을 지나치게 좁혀서 우리는 지금 일어나고 있는 다른 감각들과는 접촉하지 못하게 된다. 이런 경우에는 온몸을 훑으면서 중성적 감각과 유쾌한 감각을 찾아보고, 그 부위에 잠깐 머무는 것이 도움이 된다. 그리고 나서, 실험삼아 그 중성적이거나 유쾌한 감각과 불쾌한 감각을 왔다갔다 번갈아 경험해보라. 또는, 내가 제인에게 권했듯이, 중성적이거나 유쾌한 감각^{호흡}에 계속 초점을 맞추면서 그와 동시에 불쾌한 감각을 조사해도 좋다.

　불쾌한 신체 감각의 주변 공간에, 또는 단순히 몸의 주변 공간에 주의를 기울이다가 그 공간을 들락날락함으로써 주의의 폭을 넓힐 수도 있다. 통증에 저항하느라 경직된 작은 자아에서 벗어나 이제 당신은 더욱 드넓은 자각의 문을 조금씩 열어서 그 불쾌한 감각에 대응하거나 물러서지 않고 그것과 함께 존재할 수 있다.

　그러나 통증을 접하려는 시도가 명상의 이익을 줄이거나 부정적인 결과를 초래할 때가 있다. 지금 극심한 불안이나 두려움을 느끼고 있다면 잠시 휴식을 취하는 것이 최선이다. 방향을 바꿔서 유쾌한 감각이나 중성적 감각을 하나 고른 후 그 감각에 주의를 기울여보라. 호흡을 주시하기, 주변 소리에 귀 기울이기, 만트라 외우기 등이 그 예다. 전보다 차분해진 느낌이 들면 조금 더 강렬한 신체 감각으로 돌아가서 그것에 온화하게 주의를 기울일 수 있다. 아니면, 지금 당장 일어나서 통증을 줄여줄 방법을 무엇이든 −진

통제, 스트레칭, 뜨거운 목욕, 차 한 잔 등– 찾아보라.

고통과 함께 존재하기는 인내력 테스트가 아니다. 당신이 성공할 수 있음을 입증해야 하는 또 하나의 영역이 아니다. 당신이 해야 할 일은 단지 안전감과 안정감을 키울 토대를 닦고 그 방법을 찾는 것뿐일 때도 있다. 심한 통증이 느껴질 때는 단 30초, 1분, 5분 동안 현재에 머무는 것만으로도 충분하다. 가장 중요한 것은 당신이 고통을 어떤 태도로 대하느냐는 것이다. 귀의처는 언제나 당신을 기다리고 있다. 당신이 일어나고 있는 것과 다정하고 온화하게 함께 존재하는 지금 여기에 당신이 의지처가 있다.

살지 않은 삶

처음 대화를 나눈 지 이틀 후, 제인에게서 쪽지가 날아왔다. 불쾌한 감각과 유쾌한 감각 두 종류 모두 경험하는 요령을 터득하고 있다는 소식이었다. 다음 날 늦은 오후, 우리는 다시 만났다. 울어서 빨갛게 핏발이 선 눈으로 제인은 그날 겪은 일을 들려주었다.

"나는 엄마 생각을 하고 있었어요. 2년 전에 돌아가셨지요. 엄마와 나의 관계는 항상 소원하고 불편했어요. 엄마는 싱글맘에 대학교수였는데, 항상 일에 빠져 있었고 내가 집에 없는 걸 좋아했어요. 그래서 엄마가 돌아가신 게 정말로 슬프지는 않았어요. 명상을 하는 동안 나는 담요의 묵직하고 무감각한 느낌을 그대로 경험할 수 있었어요. 그 담요가 나와 엄마 사이, 나와 나머지 모든 것 사이에 놓여 있는 것 같더군요. 선생님 말씀대로, 나는 그

묵직함과 무감각함을 거기 그냥 놔두고 내 몸이 그걸 어떻게 느끼는지 있는 그대로 경험해보려고 했어요. 목구멍이 꽉 조여서 마른침을 자꾸 삼켜야 했어요. 그런데 어떤 기억이 하나 떠올랐어요…… 까맣게 잊고 있었던 너무 아픈 기억이요.

틀림없이 일곱 살 무렵이었을 거예요. 그때 나는 금발머리가 허리까지 치렁치렁하게 늘어져 있었죠. 난 그 머리카락을 정말 사랑했어요. 학교에서 돌아오면 예쁜 스카프를 두르고 빙글빙글 돌며 춤을 추곤 했어요. 내가 아름다운 공주가 된 느낌이었지요. 그런데 어느 날 오후, 엄마가 미용실에 같이 가자고 하더군요, 내 머리카락이 골칫덩이라고. 나는 '골칫덩이'라는 단어를 알고 있었어요. 그건 강아지를 사달라고 엄마한테 자꾸 조르거나 새로 산 드레스를 입고 놀아서 더럽혀 놓거나 엄마가 학생들 보고서를 채점하고 있는데 관심을 끌려고 방해하는 걸 의미했어요. 그렇게 골칫덩이가 되면 모든 문이 닫히고 난 혼자 있어야 했지요. 그런데 그날은 엄마한테 사정하면서 머리를 항상 하나로 묶겠다고 약속했어요. 계속 울면서 싹싹 빌었어요. 하지만 엄마는 날 질질 끌고 나가서 차에 태우고는 이제는 철이 들 나이라고 말했어요.

겁에 질려 울고불고 하는 나를 뻔히 보면서도 미용사는 그냥 웃기만 하더군요. '여름에 더 시원할 거야.' 그렇게 말하더니 한 치의 망설임도 없이 나의 긴 머리카락을 뭉텅뭉텅 잘라냈어요." 제인은 무의식적으로 머리를 향해 손을 뻗었다. 마치 더 이상은 거기에 없는 아름다운 금발을 느껴보려는 듯이. "거기, 그 미용실 의자에 앉아 있는 동안 내 안의 어떤 것이 깨달았어요. 나는 중요하지 않다는 것을요. 내가 느끼는 감정은 하나도 중요하지 않고, 아무도 나에겐 관심이 없다는 것을요." 제인이 갑자기 말을 멈추었다. 입을 앙다물고 이제는 두 손을 무릎에 올려놓은 채 주먹을 꽉 쥐고 있었다. "아마 그때였을 거예요. 나의 일부가 살아 있기를 그만둔 때가."

들릴 듯 말 듯 작은 목소리로 제인이 말을 이었다. "타라, 나는 점점 엄마를 닮아가고 있어요. 기뻐할 줄도 모르고 밤낮없이 일만 하고 항상 긴장하고 무미건조한 여자. 아빠가 떠나신 후, 엄마는 마음의 문을 닫았어요. 당신의 고통과 욕구를 외면했어요⋯⋯ 사랑스런 내 딸의 고통과 욕구까지도." 방금 한 말을 숙고하는 듯, 제인은 말을 멈추었다. 그리고 잠시 후 다시 입을 열었다. "나 역시 마음을 닫았어요. 이제는 알아요, 내가 가장 두려워하는 게 뭔지. 그건 엄마처럼 죽는 거예요. 살아본 적도 없이 죽는 거요."

칼 융Carl Jung은 이렇게 썼다. "부모의 살지 않은 삶unlived life은 그들의 환경에, 특히 자녀에게 심리적으로 가장 강력한 영향을 끼친다." 살지 않은 삶의 외적 영역에는 교육과 직업, 인간관계, 창의성과 관련하여 당신이 잠재력을 드러내고 실현하는 것을 억눌렀던 경험과 상황이 모두 포함된다. 하지만 괴로움을 일으키는 것은 살지 않은 삶의 내적 영역이다. 이곳에는 당신이 일부러 차단해온 강렬한 신체 감각과 갈망, 상심, 분노, 공포가 모여 있다. 경험에 동반된 강렬한 에너지를 멀리 떼어놓을 때 당신은 실상과도 멀어진다. 당신은 가혹한 계약을 맺은 것이다. 마음의 고통을 그대로 표현하는 몸의 통증을 외면하는 대가로 당신은 타인과의 친밀한 관계를 가능케 하는 진정한 사랑도 경험하지 못한다. 현실 세계와 당신을 이어주는 살아 있는 신체 감각으로부터 자신을 단절시킨다. 살지 않은 삶이 있다면 당신은 자신을, 자녀를, 자신의 세계를 잘 보살필 수가 없다.

당신이 외면하려고 애쓰는 감정과 감각은 방에 갇혀 울부짖는 어린 아이와 똑같다. 당신은 귀를 막고 집의 한구석에 틀어박힐 수 있지만 육체와 무의식은 갇혀 있는 그 아이를 결코 잊지 않는다. 아마도 당신은 긴장이나 죄책감을 느낄 것이다. 어쩌면 제인처럼, 타인의 친밀한 표현에 당황하거나 무의미감을 떨치지 못할 것이다. 끝마쳐야 할 갖가지 일에 집착하기도 한다. 당신은 자신의 삶을 주도하지 못한다. 당신의 몸과 마음은 울부짖는 그 아이에게 여전히 반응하고 있기 때문이다. 그 아이를 잊으려고 당신이 행한 모든 것이 그 아이와의 연결을 강화할 뿐이다. 당신의 자아감-정체성-은 당신이 삶의 가장 중요한 부분을 배제하거나 거기서 달아난 경험과 통합된다.

소중한 머리카락이 뭉텅뭉텅 잘려나간 일곱 살 어린아이가 경험한 분노와 고통과 상심을 차단한 순간, 제인은 무감각하고 불안해하는 자아 한 조각에 자신을 가두었다. 하지만 제인의 내면의 어떤 것이 제인더러 더욱 충만하게 살라고 외치고 있었다. 몸의 감각을 그대로 경험함으로써, 땅을 만짐으로써 제인은 지금껏 자신이 줄곧 달아나던 것으로 통하는 문을 열고 있었다.

몸을 통해 깨어나기

살아본 적도 없이 죽는 것이 두렵다고 털어놓은 후, 제인은 아무 말도 하지 않았다. 지금 내면에서 일어나고 있는 것에 RAIN을 적용해보면 어떻겠냐고 내가 조심스레 묻자, 제인은 고개를 끄덕였다. 나는 조용히 말했다. "좋아요. 그럼 먼저 그 두려움을 있는 그대로 느껴보세요. 그리고 그 감정이 몸의 어느 부위에 살고 있는지도 느껴보세요." 제인은 가슴 한복판을 가리킨 다음, 지난번처럼 그 지점에 손끝을 갖다 대었다. "그 지점에, 그 지점의 내부에 어떤 느낌이 있는지 알아내서 그 느낌을 조사해보세요."

제인은 꼼짝도 하지 않고 잠시 앉아 있었다. 그러고는 심호흡을 한 후 대답했다. "날카로운 발톱이 심장을 뜯어내고 찢어발기고 있는 느낌이에요." 나는 제인에게 그 느낌을 거기 그냥 내버려두고 그것이 얼마든지 표현되게 허락하라고 말했다. 제인은 계속 심호흡을 하면서 그 호흡의 도움으로 몸의 느낌을 계속 경험하고 있었다. "심장을 찢어발기는 발톱이 나를 끌어당겨요…… 찢겨서 벌어진 그곳으로…… 거기는 아주 뜨거워요…… 지금은 날카로운 비명이 들려요…… 그 커다란 비명이 모든 것을 산산이 부셔서 날려버려요…… 그건 내 목소리에요. 엄마를 향해 울부짖고 있어요."

"제인, 그 목소리가 말하고 있다면, 그리고 당신이 원한다면, 그걸 소리 내서 말해도 좋아요."

제인은 두 눈을 꽉 감았다. 처음에는 그 목소리가 하는 말에 반박하는 것처럼 보였다. 그러더니 억눌렸던 말이 튀어나왔다. "엄마, 난 엄마가 너무 미워. 내 머리카락을 잘라버린 엄마가 미워. 어떻게 나한테 그럴 수가 있었지? 어떻게 그럴 수가 있어?" 제인의 목소리가 갈라졌다. 제인은 두 손으로 얼굴을 감싸고 흐느껴 울었다. "엄마는 항상 내가 없어지기만을 원했어. 그러면 내가 엄마를 귀찮게 하지 않을 테니까. 엄마는 나를 사랑하지 않았어…… 나를 사랑할 수가 없었어."

두 팔로 자신을 감싸 안고 몸을 앞뒤로 흔들며 제인은 한동안 서럽게 울었다. 시간이 아무리 오래 걸려도 자신의 마음속에 있는 것을 충분히 느끼라고, 그리고 원한다면 지금 일어나고 있는 것에 이름을 붙여보라고 나는 조용히 격려했다. "칼로 찌르는 것처럼 너무 아파요." 제인은 계속 자신을 감싸 안은 채 그렇게 중얼거렸다. 그리고 잠시 후, 보다 온화하고 다정한 목소리로 또박또박 말했다. "지금은 쓰라린…… 깊은…… 슬픔." 흐느낌이 잦아들었고, 우리는 침묵 속에 함께 앉아 있었다. 물을 조금 마신 후, 제인이 고개를 들어 나를 보았다. 처음으로 그녀는 친근한 눈빛으로 나의 눈을 응시했다.

"타라, 방금 전에 말없이 앉아 있을 때 그 슬픔이 감미롭고 평화로운 기운으로 바뀌었어요. 그 강렬한 기운으로 온몸이 얼얼한 느낌이었어요. 내가 온전하게 살아 있다고 느꼈어요…… 난생 처음으로요. 그리고 다른 목소리도 들렸어요. 더없이 부드러운 속삭임 같은 목소리가 나를 축복해주었어요. 앞으로는 이렇게 생생하게 살아 있는 공간에서 살게 해주겠다고 말했어요. 그 속삭임이 진짜 나, 살아 있는 영혼에서 흘러나오고 있다는 걸 어렴풋이 느꼈어요. 오랜 세월 동안 눈에 보이진 않았지만 그래도 실제로 떠난 적은 없는 살아 있는 영혼이요." 제인의 두 눈이 눈물로 반짝였다. "무엇보다 그 살아 있는 영혼의 말을 믿고 싶어요. 진짜 나와 항상 만나고 싶어요."

제인은 참된 귀의처로 가는 중이었다. 이 순간의 몸의 경험을 다정하고 성실하게 조사함으로써 제인은 자신의 살지 않은 삶에 다가갔다. 이제 희망에 찬 지혜로운 목소리가 그녀의 깊은 내면으로부터 흘러나오고 있었다. 길고 고통스러운 잠에서 깨어났음을 알려주는 목소리였다.

우주와 연결되기

20세기 초, D. H. 로렌스Lawrence는 전쟁으로 파괴된 사회, 산업주의에 유린된 자연 풍경, 몸과 마음의 근본적인 단절로 괴로워하는 문화를 목격했다. 1931년에 출간된『'채털리 부인의 사랑'에 관하여 A Propos of "Lady Chatterley's lover"』에서 로렌스는 절박하게 말한다.

> 사실, 문제는 관계다. 우리는 관계로, 우주만물과의 활기차고 풍요로운 관계로 돌아가야만 한다…… 진실을 말하자면, 더 큰 욕구가 충족되지 않았기에 우리는 소멸하고 있다. 내면의 성장과 부활의 원천, 우주로 영원히 흘러들어가는 그 거대한 원천으로부터 우리는 단절되어 있다. 진실로, 인류는 죽어가고 있다. 뿌리가 뽑혀 허공에 드러난 거목처럼. 우리는 자신을 우주에 다시 심어야 한다.

몸은 우리의 존재를 생생하게 표현한다. 그런 몸과 단절될 때 우리는 자신을 삶의 모든 것과 이어주는 활발한 표현과 멀어지고 있는 것이다. 뿌리가 뽑혀 땅과 단절된 거목을 상상해보라. 그 단절의 부자연스러움과 폭력과 고통이 느껴질 것이다. 뿌리가 뽑히는 경험은 일종의 죽어가는 경험이다. 그것을 제인은 '내면의 죽음'으로 느꼈으며, 자신은 하루하루 기계적으로 간신히 살아가고 있다고 말했다. 어떤 사람들은 진정으로 살지 않고 표면을 스치듯 사는 것에 대한 절망감을 토로한다. 어떤 이들은 조만간 위기가 닥칠 거라는 불안을 영영 떨치지 못한다. 심한 피로가 늘 무겁게 짓누른다고 말하는 이들도 많다. 고통과 긴장에서 끊임없이 달아나고 이 순간의 삶에서 매번 도망치는 것은 에너지를 소모시킨다. 허공에 뿌리를 드러낸 채 우리는 자신의 가장 깊은 존재를 풍요롭게 하는 사랑과 살아있음과 아름다움과의 연결고리를 잃어버렸다. 그릇된 귀의처로는 그 상실을 채울 수 없다.

명상 센터를 다녀간 지 몇 년 후, 제인은 회의 차 워싱턴 D.C.에 오는 길에 나에게 상담을 청했다. 치렁치렁한 금발을 자랑하며 상담실로 들어서는 여성을 나는 금방 알아보지 못했다. 느긋하게 미소를 지으며 제인은 나와 눈을 맞추고 미용실을 보이콧하고 있다고 농담을 했다. 그리고 지금도 우울과 불안의 오래된 악순환이 나타날 때마다 RAIN을 이용해서 몸의 경험을 자각하는 마음챙김 명상을 꾸준히 하고 있다고 말했다. 제인은 때때로 여전히 불안하고 경직되지만 그녀의 삶은 많은 면에서 뜻밖의 방식으로 크게 변했다. 가장 커다란 변화는 마음에서 일어났다. "머리카락이 잘린 여자아이에게 관심을 기울이고 그 아이의 슬픔을 몸으로 느낄 때 가끔씩 나도 모르게 엄마를 위해 울어요. 엄마는 느긋하게 삶을 즐기는 법을 결코 알지 못한 분이었어요. 엄마의 괴로움이 내 몸에서도 느껴져요. 엄마의 외로움과 상실감이 느껴져요. 엄마는 당신 자신이 그런 감정을 느끼는 걸 절대 용납하지 않았을 거예요. 내 마음속에는 방이 하나 있어요. 그 방에는 엄마의 삶이 놓여 있고, 또 엄마가 살아 계실 때 내가 결코 실감하지 못한 사랑의 느낌이 놓여 있어요."

제인과 나는 잠시 말없이 앉아 서로의 우정을 함께 느꼈다. 제인이 입을 열었다. "현재에 존재하며 몸을 자각할 때 나는 더 커다란 존재가 돼요. 예전에 나에 대해 가졌던 그 모든 생각이나 느낌보다 훨씬 더 큰 존재요. 명상 센터에서 만난 그 살아 있는 영혼이 진짜 나예요." 그 깨달음을 음미하며 우리는 다시 침묵에 빠졌다. 그리고 작별 인사를 나누었다.

땅을 만진 붓다처럼, 우주와 다시 연결될 때 우리는 삶과 영혼을 되찾는다. 우리가 몸의 실제 경험과 연결되는 순간 삶과 영혼이 되살아나기 시작한다. 우리가 우주라고 부르는 생생하게 살아 있는 그 신비한 공간을 경험하는 방법은 몸의 살아 있는 느낌을 자각하고 함께 느끼는 것이다. 이 방법밖에 없다. 제인의 경우, 손의 살아 있음을 느끼는 간단한 방법이 점차 확장되어 살지 않은 삶의 상처와 고통을 느끼게 하고, 이어 몸과 마음의 순수한 살아있음을 감지하게 했다. 내적 삶을 접함으로써, 이 순간의 실제 경험을 있는 그대로 경험함으로써 제인은 자신을 우주에 심기 시작했다.

통증에 RAIN 적용하기

몸에서 느껴지는 불쾌한 감각에 대한 저항을 누그러
뜨리며 그 감각을 다정하게 알아차리고 경험할 때 우리는 통증과 함께 일어
나는 괴로움에서 벗어날 수 있다. 이 명상 수행은 지금 몸에서 통증이 느껴
질 때 특히 유용하다. 통증이 너무 심하면 언제든 명상을 중단하고 통증을
줄여서 당신을 편안하게 해줄 수 있는 모든 것을 찾아보라. 그런 다음에 다
시 준비가 되었을 때 매순간 깨어서 자각하는 이 마음챙김 명상으로 돌아오
면 된다.

편안한 장소를 찾아서 앉거나 눕는다. 몸과 마음을
고요하게 이완하면서 자연스럽게 호흡한다. 천천히 온몸의 긴장을 차례대
로 푼다. 이마와 턱의 긴장을 풀고 어깨를 늘어뜨리고 양손의 힘을 뺀다. 몸
의 긴장을 풀고 편안히 이완한다.

RAIN의 R^{인정} 단계를 시작하여 온몸을 훑어보면서 몹시 불편하거나
통증이 느껴지는 부위가 있는지 알아차린다. 그런 곳이 있다면 그 불쾌한 감
각에 마음을 집중한다. 그 통증을 있는 그대로 경험할 때 어떤 일이 일어나
는지 살펴본다. 통증을 거부하는 마음이 느껴지는가? 통증을 차단하고 외

면하고 떼어놓으려 하는가? 두려워하는가?

불쾌한 감각에 저항하는 성향 때문에 열려있는 현존을 깨우는 RAIN의 A^{허락} 단계가 반드시 필요하다. 이 열려있음을 확고히 다지기 위해 드넓은 푸른 하늘을 떠올리고 마음이 그 광활한 공간과 한데 섞이는 상상을 해도 좋다. 감각을 열어 소리를 받아들이고 온전히 주의를 기울여 그 소리에 귀를 기울인다. 소리에 귀를 기울이면서 그 소리가 생겨나고 있는 공간을 느껴본다. 이어서 중성적 감각이나 유쾌한 감각이 느껴지는 곳을 알아차린다. 눈가, 손, 발, 뺨이 그러한 부위일 수 있다. 이 부위나 온몸을 사방이 훤히 트인 감각의 들판으로 느껴본다.

RAIN의 I^{조사}는 주의를 심화하는 단계다. 그 열려있는 드넓은 공간을 계속 자각하면서 불쾌한 감각을 자발적으로 경험할 때 조사가 시작된다. 가장 강렬하거나 가장 불쾌한 감각이 느껴지는 한 부위 또는 여러 부위에 주의를 기울인다. 이것이 힘들고 버겁게 느껴진다면 불쾌한 감각의 주변에 조금 더 오래 가볍게 주의를 기울이면서 열려있음을 더욱 확고하게 다진다. 가만히 주의를 옮겨가며 불쾌한 통증과 그 주변을 번갈아 느껴본다. 저항하지 않고 그 통증의 한복판으로 완전히 들어갈 수 있다고 느껴질 때까지 이 과정을 되풀이한다.

통증을 직접 경험할 때 그 불쾌한 감각이 어떤 식으로든 가장 자연스럽고 사실적으로 드러나게 허락한다. 그 통증이 어느 부위에 있는가? 어떤 모양인가? 얼마나 강렬한가? 1에서 10까지의 척도에서 10이 가장 강렬하다. 통증의 위치와 모양, 강도를 감지할 때 당신이 얼마나 진심으로 "그래." 또는 "인정해."라고 말하며 저항을 모두 내려놓고 그 통증을 있는 그대로 내버려둘 수 있는지 알아보자. 통증과 그 배경을 이루는 드넓은 감각의 들판과 공간을 모두 계속 느껴보자. 저항하지 않으면 그 불쾌한 감각에 어떤 일이 일어나는가?

이 단계를 여러 번 되풀이하는 것은 아주 자연스럽다. 통증 주변의 열려있는 공간을 편안하게 자각할 수 있다면 이제 통증의 한가운데로 주의를 옮긴다. 살살 흩뿌리는 이슬비처럼, 당신의 자각이 그 통증에 촉촉하게 스며들게 한다. 당신의 주의가 통증의 중심부에서 통증과 하나로 섞일 수 있는가? 편안하게 열려있는 공간이 그 고통스런 감각을 분산시키는 것이 느껴지는가? 또는 통증이 녹으면서 그 열린 공간으로 스며드는 것이 느껴지는가? 통증에 항복하고 또 항복하여 그 불쾌한 감각을 고스란히 경험하고 있을 때 어떤 일이 일어나는지 계속 자각한다.

그 열려있는 공간처럼, 당신의 몸이 통증이 얼마든지 일어나고 소멸하고, 강해지고 약해지고, 움직이고 변화할 수 있는 드넓은 공간이 되게 한다. 집착도 없고, 긴장도 없다. 이 순간에 존재하며 거듭 항복하고 저항을 거듭 내려놓는다는 것이 어떤 의미인지를 탐구한다. 아무런 저항도 하지 않을 때 고통을 지닌 자아가 존재하는가? 고통의 피해자인 자아가 존재하는가? 어떻게 하면 자각의 바다에 거하면서 수시로 변화하는 감각의 파도를 모두 끌어안되 그것과 자신을 동일시하지 않을 수 있을까? 이것이 바로 RAIN의 N^{비동일시}이다. 당신은 동일시에서 벗어나 타고난 현존의 자유를 누리고 있다.

성찰 연습
붓다의 미소

불상과 불화에 묘사된 붓다는 언제나 은은한 미소를 띠고 있다. 연구에 따르면 작은 미소만으로도 충동적인 행위들이 줄어들고 편안하고 행복한 느낌이 더욱 커진다. 이 짧은 성찰 연습은 정식 명상 중에 행할 수도 있고 하루 중 아무 때나 행해도 좋다.

🍃

눈을 감고 두세 번 심호흡을 한다. 숨을 내쉴 때마다 긴장이 풀리는 느낌, 몸이 이완되고 부드러워지는 느낌을 자각한다. 미소가 당신의 두 눈으로 스며들어서 눈꼬리가 살짝 올라가고 눈언저리가 부드럽게 이완되는 것을 상상한다. 입가에 떠오른 작은 미소를 느껴본다. 미소 짓는 입안의 느낌도 살펴본다. 턱의 긴장을 풀고, 입과 뺨 전체에서 일어나는 감각들을 알아차린다.

미소가 심장으로 스며드는 것을 상상한다. 그 미소가 심장과 가슴 전체로 퍼지면서 당신이 지금 느끼고 있는 모든 것을 감싸 안을 넓은 공간이 생겨나는 것을 감지한다. 가슴에서 느껴지는 모든 감각과 느낌이 그 다정한 공간 속에서 떠 있는 것을 느낀다.

미소가 배꼽으로 스며드는 것을 상상한다. 동그랗게 휘어진 미소가

172   2부. 진리의 문

배 전체로 퍼지면서 배의 긴장이 모두 풀리는 것을 느껴본다. 이 자각이 가슴과 배의 깊은 곳을 깨우고 있음을 감지한다.

이제 미소를 더욱 넓혀서 그 온화한 기운이 온몸을 감싸 안는 것을 느껴본다. 두세 번 더 심호흡을 하면서 미소로 휘감긴 당신의 온몸에 충만한 살아있음을 감지한다. 살아있고 열려있는 그 느낌 속에서 원하는 만큼 오래 머물며 쉰다.

당신은 생각이 너무 많다. 그게 당신의 문제다.

영리한 사람과 식료품점 주인은 모든 것의 무게를 잰다.

– 니코스 카잔차키스Nikos Kazantzakis

걱정을 비워라.

누가 생각을 만들어냈는지 생각해보라!

문이 이렇게 활짝 열려 있는데

어찌하여 당신은 계속 감옥 속에 있는가?

– 루미

7장.

마음의 감옥:
강박적 사고

위대한 마술사 해리 후디니Harry Houdini는 마술을 시작한 초기에 유럽 전역의 작은 도시를 찾아다녔다. 그러고는 그 도시의 교도소장에게 자신을 구속복으로 묶어 감방에 가둬보라고 도전장을 내밀곤 했다. 그는 탈출이 불가능해 보이는 감방에서 번번이 순식간에 빠져나와 관중을 즐겁게 해주었다. 그러다가 아일랜드의 어느 작은 마을에서 그는 곤경에 처했다. 마을 사람들과 신문 기자들이 떼로 몰려와 열렬히 환호하는 가운데 후디니는 손쉽게 구속복을 벗어던졌다. 하지만 아무리 애를 써도 자물쇠를 풀 수 없어서 감방문을 열지 못했다.

사람들이 모두 떠난 후, 후디니는 교도소장에게 물었다. "이 교도소 감방문은 대체 어떤 자물쇠로 잠그는 겁니까?" 교도소장이 대답했다. "아, 그거요. 아주 평범한 자물쇠지요. 나는 당신이 그걸 금방 풀 거라고 생각했어요…… 그래서 아예 처음부터 잠가놓지 않았습니다." 활짝 열린 감방 안에서 후디니는 자신이 갇혀 있다고 믿었고, 자물쇠를 풀어 벗어나려는 노력이 오히려 자신을 단단히 가둔 셈이었다!

이 이야기를 처음 들었을 때 나는 생각했다. 얼마나 많은 사람들이 후디니처럼 삶이 반드시 풀어야 할 자물쇠라고, 해결책이 필요한 문제라고 믿고 있는가? 우리의 문제는 생각에 갇혀 있다는 것이다. 우리의 문제는 삶 자체를 통제하려는 노력이다. 쉼 없는 자기 대화가 침묵할 때, 오직 그때에야 우리는 감방문이 이미 열려 있다는 것을 깨닫는다.

생각에 빠져 있습니다

아짠 붓다다사에게 한 수행자가 오늘날의 세상 사람들에 관한 견해를 구하자 그는 한 마디로 이렇게 말했다. "생각에 빠져 있습니다." 끝없는 생각의 흐름에 빠져 살아갈 때 우리는 정신의 창작물과 자신을 동일시한다. 정신이 떠올린 사건과 사람이 마치 진짜인 양 그에 대응하고, 정신이 지어낸 이야기 속의 자신이 진짜 나라고 믿는다. 지금 이 순간의 직접적인 경험—지금 여기에 있는 실상—과 단절된 채 우리는 가상현실에 빠져 있다.

보통 우리는 괴로운 강박적 사고를 알아차린다. 두려운 취업 면접에 관한 잇단 생각이나 금주 맹세를 한 후 술 한 잔 마시는 것에 관한 끈질긴 공상을 자각한다. 하지만 강박적 사고는 일상적으로도 나타난다. 걱정과 계획이 삶의 일부로서 날마다 끝없이 이어진다. 이 일상적인 강박적 사고는 마음껏 돌아다닌다. 쉬지 않고 옮겨 다니며 달라붙을 수 있는 모든 대상에 달라붙는다. 진행 중인 프로젝트에 대해 불안하게 강박적으로 생각하다가, 그 프로젝트가 끝나면 우리는 즉시 대상을 바꿔 앞으로 끝내야 할 다른 업무에 대해 줄기차게 생각한다. 또는 누군가의 인정을 끝없이 갈망하거나 어떤 신제품을 사고 싶어 안달하다가 그 욕구가 충족되면 다음 번 인정이나 물건을 열렬히 갈망한다. 가벼운 불안이나 스트레스도 몇 날 며칠 계속되는 강박적인 걱정과 계획과 판단과 계산으로 이어질 수 있다.

강박적 사고의 정도는 다양하지만 한 가지 공통점이 있다. 생각에 빠질 때마다 우리는 몸과 오감과 단절된다는 것이다. 우리의 타고난 지혜와 자비의 토대인 지각력과 감수성과 단절된다.

지금 나는 사고의 가치를 폄하하려는 것이 결코 아니다. 사고는 인간의 진화를 가속화한 결정적 요소이며 중요한 생존 수단이자 발전 수단이다. 우리 인간이 세상에 내놓는 모든 것-건축물, 컴퓨터, 피아노, 시 등-이 정신에 떠오른 한 가지 생각에서 비롯된다. 하지만 이 사고하는 뇌는 우리 인류와 다른 동물들을 향한 잔인한 폭력의 근원이기도 하다. 사고하는 뇌는 이 살아 있는 지구를 파괴하는 과소비를 부추기고 수많은 정서적 고통을 야기한다. 후디니가 스스로를 감방에 가두었듯이, 우리의 생각은 고통스러운, 때로는 악몽 같은 미망에 우리를 가둔다.

강박적 사고는 그릇된 귀의처다

강박적 사고는 우주복 자아의 주요 전략이다. 일시적으로 스트레스를 통제하거나 욕망 또는 두려움이 일으킨 육체적 긴장에서 잠시 달아나기 위한 가장 쉽고 빠른 방법이다. 사고는 우리가 무력감을 느끼지 못하게 막는다. 우리는 무력하게 그냥 앉아 있지 않고 무엇인가를 하고 있다…… '생각'을 하고 있는 것이다! 데카르트가 말했듯이, "나는 생각한다, 고로 나는 존재한다." 사고는 쉬지 않고 자아감을 재건하고, 그 자아감은 '나'라는 자아가 존재하고 있다고 우리를 안심시킨다.

그러나 강박적 사고가 도움이 된다는 생각은 착각이다. 근본적으로, 강박적인 생각들은 두려움에 기초한 믿음에서 생겨난다. 강박적 사고에 사로잡힐 때 우리는 곤경에 빠진 자아, 고립되고 위기에 처한 자아라는 정체성에 골몰한다. "난 뭔가 잘못됐어." 또는 "넌 뭔가 잘못됐어."라는 믿음이 점차 우리를 지배한다. 강박적 사고 탓에 우리는 자신이나 타인의 괴로움의 근원을 명확하게 보지 못한다. 그 괴로움에 다정하고도 현명하게 대응하지 못한다. 진정한 치유로 이어질 수 있는 방법으로 대응하지 못하는 것이다.

때때로 나의 수련생들은 강박적 사고가 유익할 수도 있다고 반박한다. "창조적인 강박적 사고도 있잖아요? 가장 알맞은 표현을 찾으려고 며칠을 고민하는 시인이나 한 가지 문제에 강박적으로 몰두하는 과학자처럼요?" 하지만 이런 종류의 주의집중, 이렇게 강렬하고 깨어있는 몰입은 뒤죽박죽 휘몰아치는 강박적 사고와는 다르다. 사고의 배후 목적이 지식의 심화 또는 명확한 소통, 영적 깨달음, 주변 생명체의 양육일 때 우리의 사고는 작은 자아를 보호하는 것에 초점을 맞추지 않는다. 무엇이 자신이나 타인에게 상처를 주거나 도움을 줄지에 관해 끝없이 생각하지 않는다. 우리는 생각에 사로잡히지 않고, 생각을 도구로 활용한다. 그리고 우리의 타고난 자비와 직관과 창의성이 그 생각을 이끈다.

　　수련생들은 실제 위기 상황에 대해서도 묻는다. "그럴 때도 강박적 사고는 아무 쓸모가 없는 겁니까?" 우리가 자신을 반드시 보호해야 하는 상황에서는 두려움에 기초한 사고가 중요한 역할을 한다. 위험이 닥친 순간, 우리 몸이 곳곳으로 다량의 혈액을 흘려보내 근육을 긴장시킴으로써 위험을 준비하듯이, 마음도 총동원되어 대응 전략을 궁리한다. 하지만 이 궁리가 결코 끝나지 않을 때, 한없이 이어지는 두려운 생각에 완전히 동일시될 때, 우리는 주의를 기울여야 하는 실제 감정과 실제 상황과 단절된다. 계속 반복되는 그 생각들은 출구도 없고, 결론도 없다. 그냥 돌고 돈다. 더 나쁜 경우, 그 생각들이 우리를 두려움에 가둬버린다.

심장을 옥죄는 강박적 사고

　　내가 고통스런 강박적 사고를 처음 대면한 것은 대학교 2학년 때였다. 당시에 나는 심리치료를 받고 있었는데, 내 기억으로는 3월 어느 날 그 무렵 항상 집착하던 주제를 꺼냈다. 바로 폭식을 중단하겠다는 것이었다. 새로 짠 다이어트 계획을 꼭 지키겠다고 아무리 다짐해도 나는 날마다 실패를 반복했다. 의지박약을 탓하며 나 자신을 무자비하게 비난했다. 어떻게 하면 온갖 다이어트 비법을 섞어서 더욱 엄격하고 더욱 극적인 체중 감량 프로그램을 짤 수 있을까에 대해 강박적으로 생각했고, 그렇지 않을 때는 식탐에 빠져 있었다.

심리치료사는 한동안 말없이 듣기만 하더니 질문을 하나 했다. 그때 이후로 그 질문은 항상 내 마음속에 남아 있다. "음식에 대해 강박적으로 생각할 때 몸에서 어떤 느낌이 들지요?" 그 질문에 나는 가슴이 아프게 뒤틀리는 느낌을 즉시 알아차렸다. 내 마음이 "난 뭔가 잘못됐어."라고 말하고 있을 때, 내 몸은 두려움에 사로잡혀 심장과 목구멍을 잡아 비틀고 있었다.

그 순간 나는 깨달았다. 강박적으로 음식 생각을 할 때 ─ 음식을 갈망할 때나 음식을 피하려고 할 때 ─ 나는 그 뒤틀리는 느낌과 두려움에서 도망치려고 애쓰고 있었다. 강박적 사고는 내가 몸과 마음을 통제하는 방법이었다. 하지만 그때 다른 것도 깨달았다. 나는 심리치료사에게 말했다. "단지 음식만이 아니에요. 저는 모든 것에 대해 강박적으로 생각해요." 이렇게 소리 내어 말하자 내 안의 잠겨 있던 뭔가가 풀어졌다. 남자친구의 결점에 대해, 시험에 대해, 방학에 해야 할 일, 조깅하기에 딱 좋은 시간에 대해 내가 얼마나 강박적으로 생각하는지를 심리치료사에게 털어놓았다. 다음 번 심리치료 세션에서 해야 할 말에 대해서도 나는 강박적으로 생각했다. 지칠 줄 모르는 내면의 비판가는 나의 실패 사례에 대해 강박적으로 생각했다. "나는 절대로 변하지 않을 거야." "나는 결코 나 자신을 좋아하지 못할 거야." "사람들은 나와 친해지고 싶지 않을 거야." 이런 생각들이 끝없이 되풀이되었다.

이 말을 모두 쏟아내고 나자 내 마음은 다시 여기저기 파헤치기 시작했다. 이번에는 나의 강박적인 자아를 변화시킬 새로운 방법을 찾으려 들었다. 내가 막 궤도에 올라 출발하려는 찰나, 심리치료사가 방긋 웃으며 상냥하게 말했다. "강박적으로 생각하는 순간을 알아차리고 몸에서 일어나는 느낌을 감지할 수 있다면 결국에는 마음의 평화를 찾을 거예요."

다음 몇 주 동안 나의 강박적 사고를 계속 추적했다. 계획하고 판단하고 조정하는 나를 발견할 때마다 내가 강박적으로 사고하고 있음을 알아차리고 멈추려고 노력한 후 내 몸이 무엇을 느끼는지 자문했다. 강박적 사고의 대상이 무엇이든, 나는 안절부절못하고 불안한 느낌을 감지하곤 했다. 심리치료실에서 경험한, 아프게 뒤틀리는 바로 그 느낌이었다. 강박적 사고도 싫었지만 그 느낌은 정말이지 질색이었다. 그 괴로운 느낌을 감지하자마자 나도 모르게 멀리 멀리 밀어내기 시작했다. 그러면 내면의 잔인한 비판가가 다시 지배권을 잡곤 했다. 이러기를 한 달쯤 후 나는 정말 잊지 못할 순간을 경험했다.

어느 토요일 밤 좋아하는 밴드의 음악에 맞춰 친구들과 춤을 추다가 나는 바람을 쐬러 밖으로 나왔다. 보름달과 봄꽃 향기에 취해서 벤치에 잠시 혼자 앉아 있었다. 문득 느낀 이 세상은 감미롭게 고요했다. 땀에 젖고 피곤한 나의 몸은 한참 춤을 춘 후라 가볍게 떨리고 있었다. 하지만 나의 마음은 잔잔했다. 밤하늘처럼 드넓게 열려 있었다. 그리고 평화로움으로 충만했다. 아무것도 원하지 않았고, 아무것도 두렵지 않았다. 모든 것이 괜찮았다.

일요일 아침이 되자 그 기분은 사라졌다. 주중에 제출해야 할 보고서에 대해 걱정하며 나는 다이어트 콜라와 치즈와 크래커를 골고루 갖춰놓고 정오에 책상 앞에 앉았다. 과식할 거라는 것을 나는 그냥 알았다. 내 마음은 "먹고 싶어."와 "살찌는 건 싫어." 사이를 정신없이 왔다갔다하기 시작했다. 갈수록 불안해졌다. 나는 전날 밤의 경험을 잠시 떠올렸다. 고요하고 행복한 그 공간이 아득한 꿈만 같았다. 절망과 슬픔의 파도가 크게 일어 내 마음을 휩쓸었다. 나는 조용히 기원하기 시작했다. "제발…… 내가 강박적인 생각을 멈추기를…… 제발." 두려움에 물든 생각의 감옥에서 벗어나고 싶었다.

토요일 밤에 경험한 고요하고 평화로운 마음이 고향처럼 느껴졌다. 그 경험에 자극을 받아 나는 얼마 후 영적 수행을 시작했다. 그 후 긴 세월에 걸쳐 나는 강박적 사고의 손아귀에서 조금씩 벗어났다. 하지만 이 정신적 미망에서 깨어나는 것은 처음의 기대와 달리 매우 느릿느릿 진행되었다. 강박적 사고는 끈질긴 중독증이다. 그러나 미망의 모든 면이 그렇듯이, 강박적 사고는 자각에 반응하여 변화한다. 호의적이고 상냥하고 너그러운 현존에 반응하여 변화한다. 우리는 강박적 사고의 밑에 깔린 강렬한 감정과 느낌을 자각하고 관심을 원하는 것에 주의를 기울이고 현재에 더욱 더 오래 존재할 수 있다. 이 현존이 우리의 삶을 성장시킨다.

감정의 손아귀

최근에 나는 뇌 과학자 질 볼트 테일러Jill Bolt Taylor의 『긍정의 뇌My Stroke Insight』를 읽다가 감정의 원래 수명—한 감정이 신경계와 육체를 통과하는 데 걸리는 평균 시간—이 겨우 1분 30초라는 것을 알았다. 이 시간이 지난 후에도 그 감정이 계속 살아 있게 하려면 생각이 필요하다.

그러니 우리가 불안, 우울, 분노 같은 괴로운 감정에 갇히는 이유가 궁금하다면 멀리 갈 필요 없이 자신의 끝없는 정신적 수다를 탐구해야 한다.

현대 신경학은 근본적인 사실을 발견했다. 즉 "동시에 발화하는 뉴런들은 하나로 연결된다."는 것이다. 서로 짝을 이뤄 돌고 도는 생각과 감정을 재생할 때마다 우리는 정서적 대응 양식을 강화하고 있다. 특정 경험에 관해 자주 생각할수록 그 기억이 더욱 또렷해지고 그와 관련된 감정이 더 쉽게 활성화된다는 말이다. 한 예로, 어린 딸이 아빠한테 도와달라고 했는데 아빠가 그 말을 무시하거나 짜증을 낸다면 이 거부로 인한 정서적 고통이 하나 이상의 생각이나 믿음과 연결될 수 있다. "아무도 날 사랑하지 않아." "나는 도움을 받을 가치가 없어." "내가 못나서 도움이 필요한 거야." "도와달라고 하는 건 위험해." "아빠는 나빠, 아빠가 미워." 등이 그 예다. 그 아이가 부모의 거부 반응을 자주 접할수록, 하다못해 그 반응을 자주 상상할수록 도움을 청하려는 욕구는 거부당할 거라는 믿음과, 그에 따른 감정두려움이나 상심, 분노, 수치심과 짝을 이룬다. 긴 세월이 흐른 뒤 그 아이는 도움을 청하기를 꺼려할 것이다. 또는 도움을 청했는데 상대방이 한참 머뭇거리거나 딴청을 피우는 것처럼 보일 경우, 오래 전에 느낀 감정들이 즉시 되살아난다. 그 아이는 자신의 욕구를 경시하고 사과하거나 아니면 격분한다. 자신의 강박적 사고를 인식하고 중단하는 법을 배우지 못하면 이러한 뿌리 깊은 정서 및 행동 양식이 시간이 흐름에 따라 더욱 강화된다.

다행히도 이 습관적인 양식에서 벗어나는 것이 가능하다. 신경과학자 벤저민 리벳Benjamin Libet은 운동을 담당한 뇌 영역이 활성화된 지 0.25초 후에 우리는 움직이려는 의지를 자각한다는 것을 발견했다. 그리고 다시

0.25초가 지난 후에야 움직임이 시작된다. 이 사실은 무엇을 의미할까? 첫째, 이것은 우리가 '자유 의지'라고 부르는 것에 관한 흥미로운 정보를 제공한다. 우리가 움직이겠다고 의식적으로 결정하기 전에 우리의 뇌는 이미 움직일 준비를 마쳤다는 것이다! 그러나 둘째, 이것은 또 다른 기회이다. 당신이 흡연에 관해 강박적으로 생각하고 있다고 하자. 의지 "담배를 한 대 피워야지."와 행위 담뱃갑에 손 뻗기 사이의 시간 동안에 선택의 기회가 있다. 작가 타라 베넷-골먼 Tara Bennett-Goleman 은 이 시간 간격을 '마법의 0.25초'라고 불렀으며, 마음챙김 명상은 우리가 그 시간을 활용할 수 있게 한다.

마법의 0.25초 동안 자신의 생각을 포착함으로써 우리는 더욱 현명하게 행동하고 불안 등 고통스러운 감정을 강화하는 강박적 사고를 중단할 수 있다. 아이가 같이 놀아달라고 조르고 당신이 자동으로 "아빠 지금 바빠"라고 말하더라도 아주 잠깐 멈춰서 아이와 조금 놀아주기로 결정할 수 있다. 지금 분노에 사로잡혀 메일을 쓰고 있더라도 아주 잠깐 멈춰서 보내기 버튼을 누르지 않기로 결정할 수 있다.

강박적 사고를 다루는 마음챙김 기법은 '돌아오기'와 '여기에 존재하기'다. 제3장에서 설명한 자각의 바퀴가 기억나는가? 그렇다면 우리의 마음이 바퀴 테두리 주변에서 빙글빙글 돌고 도는 온갖 생각에 얼마나 쉽게 달라붙는지 짐작할 수 있을 것이다. 하지만 자신의 주의가 고향을 떠났음을 자각하고 초점의 대상 호흡 등으로 돌아갈 때 우리는 바퀴축으로 다시 돌아와 현재에 존재한다. 이것은 가장 중요한 근육—생각에 빠져 헤맬 때 깨어나 돌아오는 능력—을 튼튼하게 키워준다.

그리고 나서 '여기에 존재하기'—변화하는 신체 감각, 주변의 소리,

오고 가는 감정을 알아차리기-를 훈련하라. 그러면 생각이 창조한 가상현실과 지금 이 순간의 실상의 차이를 더욱 명료하게 자각할 수 있다. 따라서 스트레스가 적은 시간에 이러한 방법으로 생각에서 깨어나는 훈련을 하라. 그러면 강력한 강박적 사고에 빠져들 때 더욱 바짝 깨어 경계하고 매순간 더욱 명료하게 자각하게 될 것이다. 우리가 "이건 그냥 생각이야."라는 자각에 익숙해지면 익숙해질수록 생각의 힘이 줄어든다.

　　다른 것보다 유난히 강력한 생각이 있다. 그런 생각에서는 벗어나기가 무척 어렵다. 이 순간에 깨어서 옅은 생각 구름을 자각하면 그것은 대개 흩어져 사라지고 우리는 쉽게 바퀴축으로 돌아온다. 이에 반해, 짙은 먹구름-강력한 두려움이나 갈망이 몰아붙이는 강박적인 생각들-이 몰려올 때는 미망이 더욱 심해진다. 우리는 정서적 토네이도-'하나로 연결된' 생각과 감정의 덩어리-에 휩쓸린다. 생각의 먹구름을 자각하는 순간, 우리는 거기에서 빠져나온다. 하지만 그 구름에 축적된 강렬한 감정을 자각하지 못한다면 그 충전 에너지가 강박적인 생각 속으로 우리를 다시 집어던진다. 우리는 곧바로 그 생각을 자신과 다시 동일시하며, 그 생각은 다시 감정과 행동을 부채질한다. 바로 이 돌고 도는 동력을 알아차리라고 나의 심리치료사는 조언했던 것이다. "음식에 대해 강박적으로 생각하고 있을 때 몸에서는 어떤 느낌이 들지요?"

　　우리가 강렬한 감정으로 충전된 생각에서 깨어나 호흡 등 초점의 대상을 기억한다면 처음에는 바퀴축으로 돌아오는 데 도움이 된다. 하지만 지금 여기에 온전히 존재하기 위해서는 생각 그 밑에 살고 있는 신체 감각을 매순간 깨어서 자각해야 한다.

생각이나 정신적 인식은 무엇이든 그것에 상응하는 신체 감각으로 표현된다. 역으로 신체 감각은 생각을 일으킨다. 이 말은 이 자기 강화적인 self-reinforcing 순환의 두 요소, 즉 몸의 느낌과 생각을 의식적으로 자각하지 못하면 우리는 위험에 처한 자아 또는 욕망하는 자아라는 정체성에 계속 갇혀 있게 된다는 말이다. 생각의 생성 과정을 자각하지 못하면 우리는 생각의 내용을 철썩 같이 믿는다. 그러면 이제 그 생각이 불안이나 갈망의 느낌을 계속 만들어낸다. 이와 마찬가지로, 몸이 느끼는 불안이나 갈망을 자각하지 못하면 우리는 그 신체 감각을 자신과 동일시하고, 그 감각이 새로운 강박적 사고를 일으킨다. 그러면 1분 30초 동안 살다 죽어야 할 감정이 매순간 변화를 거듭하며 아주 오래오래 살아남을 수 있다.

해탈에 이르려면 매 순간 깨어서 자각해야 한다고 붓다는 가르쳤다. 생각이나 감정에 동일시되거나 사로잡히지 않기 위해, 자유로워지기 위해 우리는 매 순간 깨어서 자신의 경험에 다정하게 주의를 기울이고 그것을 세세하게 조사해야 한다. RAIN의 I 단계에서 행하는 이 다정하고 세밀한 조사는 강박적 사고를 다루는 데 꼭 필요하다. 대학에서 심리치료를 받기 시작할 무렵, 나의 주의는 결코 너그럽지 않았다. 나는 내 강박적 사고를 혹독하게 비난하는 동시에 그 밑에 깔린 불쾌한 감정에 저항했다. 그 후 지금까지 나는 그와 똑같은 반응을 명상 수련생과 내담자들에게서 수없이 목격했다. 그 반응은 우리의 뿌리 깊은 습관의 일부이며, 얼마든지 '다룰 수' 있다. 비결은 지금 일어나고 있는 것에 대해 자신에게 정직하고 가능한 한 많이 현재에 존재하는 것이다.

강박적 사고와 RAIN

짐은 나의 수요일 명상 수업을 들은 지 1년 6개월 정도 된 로스쿨 학생이었다. 어느 날 상담을 요청하면서 자신에게 지독한 강박적 사고가 하나 있는데 그걸 해결하고 싶다고 했다. 약속한 시간에 그는 상담실 문을 열자마자 성큼성큼 걸어오더니 의자에 앉기가 무섭게 불쑥 말했다. "이런 것도 다루시는지 모르겠지만 저는 성적인 문제가 있고 정말 도움이 필요해요." 그러고는 갑자기 말을 뚝 끊고 초조하게 눈을 깜박였다.

그렇게 부리나케 노골적으로 털어놓는 그의 모습에서 안간힘과 용기가 느껴졌다. 그를 안심시켜주고 싶었다. 격려의 뜻으로 고개를 살짝 끄덕이며 나는 말했다. "더 자세히 말해보세요. 내가 최선의 도움을 주지 못한다면 더 좋은 방법을 함께 찾아볼 수 있을 겁니다."

짐은 나를 보며 우울하게 웃었다. "좋아요, 그럼 말씀드리죠. 저는 새 여자 친구를 사귀었어요. 이번에는 진짜 가능성이 좀 있어요. 그녀는…… 베스는 제 이상형에 가까워요. 똑똑하고 재밌고 상냥해요. 그리고 아주 매력적이에요." 짐은 잠시 말을 멈추었다. 베스의 매력을 하나씩 떠올려보는 듯했다. 그리고 다시 입을 열었는데, 단조로운 목소리에 패배감이 짙게 배어 있었다. "문제는, 베스와 그걸 하는 게 두렵다는 거예요." 짐이 두려워하는 것은 기대에 못 미치는 성적 능력이었다. 이 문제 때문에 여자 친구와 헤어진 경우가 몇 번 있었다고 했다. 그는 성행위를 갈망하며 그에 대해 강박적으로 생각했고, 조루를 두려워하며 그에 대해 강박적으로 생각했다. 그리고 성행위를 시작하면 너무 빨리 사정하거나, 아니면 흥분을 차

7장. 마음의 감옥: 강박적 사고

단해서 발기하지 못하곤 했다. 극심한 수치심에 그는 여자 친구를 차츰 멀리했고, 결국 그녀는 상처를 받거나 화를 내곤 했다. 그러면 그가 먼저 헤어지자고 말했다.

"베스에겐 그런 상처를 주고 싶지 않아요, 저에게도." 짐은 비통하게 말했다. "제가 섹스에 대해 그렇게 강박적으로 생각하는 게 정말 싫습니다. 그걸 원하고 어떤 일이 일어날지 두려워하는 게 정말 싫어요. 바로 제 마음이 문제예요. 그게 저의 성생활을 망치고 있어요…… 제 학업 능력까지 망치고 있어요." 소파에 기대앉으며 그는 지긋지긋하다는 표정으로 고개를 설레설레 저었다. "우리는 두 번 같이 잤어요. 그런데 예전과 똑같은 일이 벌어졌어요…… 어떻게 하죠?" 이렇게 묻기는 했지만 해결책을 정말로 기대하는 표정은 아니었다.

조금 더 자세한 이야기를 나누면서 RAIN을 통해 지금 일어나고 있는 것을 탐구할 수도 있다고 말했다. 짐은 명상 수업에서 RAIN에 대해 들어보기는 했지만 정식으로 시도한 적은 아직 없었다. "그럼 해보죠. 제 머릿속에서는 그걸 벌써 골백번도 더 해봤어요."

나의 안내에 따라 RAIN을 하면서 짐은 자신의 강박적 사고 밑에 깔린 두려움과 수치심을 알아차렸다. 하지만 그 감정을 접하자마자 재빨리 주의를 옮겨서 지금 일어나고 있는 것을 분석하기 시작했다. "저는 과거에 집착해요. 지금은 지금이라는 걸 받아들이지 못합니다." 짐이 매섭게 단정했다. 나는 그가 불쾌한 감정과 강박적 사고를 향한 자신의 가혹한 태도에 주의를 기울이도록 안내했다. 그리고 이 조사 단계를 혼자 행할 때는 고통스럽거나 원치 않는 모든 감정에 다정하게 주의를 기울이거나 그것을 받아들인다는 뜻의 말을 속삭여보라고 권했다.

짐에게는 이 일이 그야말로 난제였다. 몇 주 후 두 번째 상담 시간에 짐은 혼자 RAIN을 행할 때마다 불쾌한 감정을 인식할 수는 있었지만 허락하거나 받아들이는 것은 절대 불가능했다고 털어놓았다. 수치심과 두려움을 인식하는 순간, 그는 과거에 겪은 당혹스런 경험에 대한 자기 대화와 미래에 겪을 굴욕적인 경험에 대한 예상 시나리오에 도로 빠져들곤 했다. 그러면 어김없이 자신을 비난했다. "어떤 감정이 일어나든, 제가 뭔가 틀리게 하고 있었던 거예요." 그가 말했다.

이러한 과정이 일주일 넘게 계속되자 결국 짐은 RAIN이 도움이 될 수 있을 거라는 기대를 버렸다고 했다. 어느 날 늦은 저녁 드디어 위기가 닥쳤다. 편안한 마음을 갈망하며 짐은 주의를 분산시켜서 강박적 사고를 가라앉힐 수 있는 것은 무엇이든 찾아내려고 기를 쓰고 있었다. 호흡에 집중했다가 다른 생각을 하려고 노력했다가 제일 좋아하는 음악을 듣다가 마지막으로 소설책을 집어 들었다. 글자가 눈에 안 들어온다는 것을 깨닫고 그는 절망하여 책을 접었다. "제가 달아나고 있다는 걸 알았어요. 그리고 그게 상황을 악화시키고 있다는 걸 알았죠." 그가 말했다.

그러고 나서 짐은 내면에서 일어나고 있는 것에 드디어 항복했다. "그때 저의 정신적 화면에는 저질 포르노와 막장 연속극 장면이 마구 뒤섞여서 나오고 있었어요…… 리모컨은 어디에도 없고요. '나'는 아무것도 할 수가 없다는 게 확실했죠. 그러니까 제 안의 어떤 것이 싸움을 멈추고 조용해지더군요." 강렬한 감정으로 충전된 생각들이 마음을 계속 지배하고 있을 때 짐은 현재에 존재하며 그것이 '강박적인 생각'이라는 것을 자각했다. 그

7장. 마음의 감옥: 강박적 사고

리고 그 밑에서 흐르는 두려움과 수치심을 곧바로 인식했다. 하지만 이번에는 그 감정에게 부드럽게 속삭였다. "괜찮아, 괜찮아." 그러자 놀랍게도 두려움과 수치심이 사라지고 깊은 외로움이 나타났다. 짐은 다시 "괜찮아."라고 속삭였고, 두 눈에 눈물이 차오르는 것을 느꼈다. 마음이 갑자기 성적 환상에 빠졌다가, 이어 비난에 빠져들 때 그는 그것을 알아차렸고 "괜찮아."라고 속삭였다. 짐은 성적 환상과 그에 대한 혐오를 받아들이고 있었다. 지금 일어나고 있는 것이 머물 공간을 계속 넓혀감에 따라 짐은 자신이 몹시 슬퍼한다는 것을 깨달았다. 하지만 슬픔도 괜찮았다. '벌거벗은 채 이 순간에 정직하고 온전하게 존재'하는 느낌이었다고 그는 말했다.

짐은 현재에 존재하며 받아들이는 방법을 발견했다. 생각에 갇혀 일일이 대응하고 있음을 깨달을 때마다 잠깐 멈춰서 가만히 현재로 돌아와 존재한 다음에 내면에서 일어나고 있는 것을 모두 조사하라고 나는 짐을 격려했다. "인내심을 가지세요. 강박적 사고의 악순환을 끊는 데는 상당한 시간이 걸릴 수 있어요. 하지만 결국에는 그렇게 됩니다. 정말이에요."

다음 몇 주 동안 짐은 자신이 싸움을 멈추고 이 순간의 경험을 조건 없이 있는 그대로 경험할 때마다 강박적인 생각과 불쾌한 감정의 악순환이 사라지기 시작한다는 것을 발견했다. 매순간 깨어서 미래의 실패에 관한 시나리오를 인식하고 받아들일 때마다 그것이 실상이 아니라 단지 생각일 뿐이라는 것을 더욱 확실히 깨달았다. 그 시나리오의 내용을 믿을 이유가 없었다. 그리고 몸이 느끼는 두려움을 저항하지 않고 받아들임으로써 짐은 다시 현재로 돌아와 존재하면서 두려움까지 끌어안되 그것에 갇히지는 않았다. 이제 짐은 자기 자신에게 더욱 편안해지고 있었다. 하지만 내가 베스와의 관계에 대해 묻자 소파에서 불편한 듯 자세를 바꾸더니 시선을 떨구었다. "저희는 이런저런 문제가 좀 있어요. 하지만 저는 노력하고 있습니다."

　　다음 번 상담은 한 달 후였다. 짐은 일주일 전에 베스와 헤어질 뻔했다고 말했다. 지난 두어 주 동안 베스와의 섹스가 몇 번은, 그의 말로 "그런대로 괜찮았"다면서 "그게 효과가 있더라고요." 하고 말했다. 하지만 종종 그는 성관계를 피했다. 뒤에 숨어 있는 오래된 불안을 감지할 때 그러했다. 껴안고 키스한 후 베스 역시 거리를 둔 적이 두세 번 있었다. 어느 날 저녁 식사를 마치고 베스는 무거운 침묵을 힘들게 깨고는 짐에게 둘 사이에서 일어나고 있는 일에 관해 이야기 좀 하자고 청했다. 짐은 자신의 마음이 완전히 닫혀 있음을 느꼈다. 그래서 피곤한 표정을 지으며 모든 것을 로스쿨의 스트레스 탓으로 돌렸다. 그가 공부해야 한다며 일찌감치 일어섰을 때 베스는 문까지 배웅해주지도 않았다.

　　집에 돌아온 짐은 정직한 자기 탐구에 나섰다. 무엇이 자신의 관심을 정말로 원하고 있는지 자문했다. 몸이 즉시 대답했다. 아픈 슬픔이 가슴을 채우고 목구멍을 조였다. 짐이 말했다. "그건 살면서 항상 느낀 외로움이었어요…… 견딜 수 없을 것 같았어요. 외로움과 슬픔이 있는 부위에 대고 물었죠, 내가 어떻게 해주길 바라느냐고. 그랬더니 '받아들여달라'고 대답하더군요. 하지만 그게 전부가 아니었어요." 짐은 잠시 말을 멈추고 내면에 귀를 기울이며 그날의 경험을 되살렸다. "그건 제가 저 자신에게 정직한 것처럼 베스에게도 정직해지길 원했어요." 짐은 어색하게 웃으며 고개를 설레설레 저었다. "저는 완전히 겁에 질렸죠." 그의 마음은 당장 미래로 달려가서 자신의 성적 무능에 대한 수치심을 고백하는 장면을 상상하고 있었다. 예의바르

　　　7장. 마음의 감옥: 강박적 사고

고 상냥하지만 연민과 혐오를 애써 감추고 있는 베스의 모습이 눈앞에 그려졌다. "그건 불가능해, 집어치워. 차라리 지금 헤어지는 게 낫겠다." 짐은 자신에게 말했다. 하지만 베스와 헤어질 생각을 하자 뭔가가 쩍 쪼개지는 느낌이었다. "타라." 나를 바라보는 그의 눈에 눈물이 어렸다. "저는 위험을 감수해야 했어요."

짐은 그 자리에서 베스에게 전화를 걸어 지금 다시 가도 되냐고 물었다. "베스가 그러라고 하더군요…… 제가 전화할 줄 알고 있었던 것 같았어요." 처음에 베스는 말없이 소파의 한쪽 끝에 얼어붙은 듯 앉아 있었다. 하지만 짐이 입을 열자마자 그가 헤어지자는 말을 하러 돌아온 게 아님을 깨달았다. "베스가 울기 시작했어요. 저는 정말 깜짝 놀랐어요." 그 순간부터 그들이 나눈 대화는 짐이 예상했던 시나리오와는 완전히 딴판이었다. 자신이 느끼는 당혹감과 두려움에 대해 많이 이야기하면 할수록 그는 가장 안전하고 다정한 손길이 그 감정을 보듬어주고 있음을 확실히 깨달았다. "베스는 제가 그녀를 믿지 못해서 솔직하게 말하지 않은 것에 서운했대요. 제가 그녀에게 관심을 잃었다고 오해했고요…… 우리 두 사람 모두 거부당할까봐 두려웠던 거죠." 이제 어떤 말을 하면 좋을지 가늠하는 듯, 짐은 잠시 침묵했다. "그날 밤 저는 누군가와 사랑을 나눈다는 느낌을 처음 실감했습니다."

"우리가 저항하는 것은 끈질기게 살아남는다."라는 속담은 만고의 진리다. 강박적 사고와 그 밑에 깔린 강렬한 감정에 대한 저항이 그 사고와 감정을 오히려 강화한다. 저항이 격한 분노나 마약과 같은 물질에 대한 중독으로 나타나는 사람들도 있다. 짐의 경우에는 성적 무능으로 나타났다. 이렇게 표출되지 않더라도, 강박적 사고나 감정에 대한 저항은 작고 부족하고 분리된 자아에 우리를 가둬서 고통스럽게 한다.

짐이 깨달았듯이, 강박적 사고의 최고의 치료제는 현재의 순간으로 돌아와 의지하는 것이다. 지금 이 순간의 실상에, 진리에 귀의하는 것이다. 우리는 지금 일어나고 있는 것을 인식하고, 그것이 지금 일어나고 있다는 사실을 받아들이는 법을 배우는 것이다. 한 생각은 그냥 한 생각일 뿐임을 매 순간 깨어서 자각할 때 우리의 정체성은 그 생각의 내용과 신체 감각과 무의식적으로 통합되지 않는다. 생각과 감정은 그냥 오고 갈 뿐, 우리의 타고난 관용과 지혜와 자비로부터 우리를 단절시키지 않는다. 이 귀향은 짐을 자유롭게 하여 베스와 친밀해지게 해주었다. 이제 짐은 자신에 관한 제한된 정신적 수다를 믿지 않고 자신의 내적 경험을 인식하고 받아들일 수 있었다. 그리고 베스에 관한 예상 시나리오, 그가 그녀에게서 계속 멀어지게 만든 그 막연한 시나리오 너머의 진실을 볼 수 있었다. 그러자 베스가 연약한 진짜 인간으로 다가왔고, 이로써 진정한 사랑이 꽃필 수 있었다.

사실이지만 진실은 아니다

티베트 불교 승려인 페마 쵸드론Pema Cödrön은 이렇게 말한다.

거짓된 자기 모습에 사로잡히는 것은 귀가 멀고 눈이 먼 것과 마찬가지다. 들꽃이 활짝 핀 넓은 들판 한복판에 검은 두건을 뒤집어쓰고

서 있는 것과 마찬가지다. 새들이 앉아 노래하는 나무를 귀마개를 단단히 끼고 바라보는 것과 마찬가지다.

다음번에 끝없이 이어지는 생각에서 깨어나는 순간, 잠시 멈춰서 현재로 돌아오라. 그 순간의 감각과 감정과 소리를 있는 그대로 경험하라. 그런 다음, 지금 여기와 조금 전에 떠돌았던 곳을 비교해보라. 생각에서 깨어나는 것은 꿈에서 깨는 것과 다르지 않다. 꿈을 꾸고 있을 때 그 꿈은 사실이다. 우리는 꿈의 내용에 반응하며 진짜 감정과 기쁨과 고통을 느낀다. 하지만 꿈은 진실이 아니다. 꿈의 장면과 소리는 살아 있는 세계에서 떨어져 나온 조각일 뿐이다. 이와 마찬가지로, 생각은 사실이다. 생각이 일어나고 신체 감각을 만들어낸다. 하지만 생각은 진실이 아니다. 생각이라는 가상현실에 갇혀 있을 때 우리는 생생하고 광활하고 살아 있는 '지금 여기'에서 떨어져 나온 조각 속에서 살고 있는 것이다.

티베트 승려 촉니 린포체Tsoknyi Rinpoche에게서 "사실이지만 진실은 아니다."라는 말을 처음 들었을 때 나는 이 말이 미망을 소멸시키는 훌륭한 도구라는 것을 깨달았다. 내가 얼마나 실패자인지, 앞으로 뭐가 잘못될지, 남들이 나를 어떻게 여길지, 다른 사람에게 어떤 결점이 있는지에 대해 강박적으로 생각할 때 우리의 내면의 지혜가 조용히 상기시킨다. "사실이지만 진실은 아니야." 그러면 우리는 그 순간 깨어나 손의 떨림, 호흡, 가슴의 통증이나 조임을 다시 알아차릴 수 있고, 이 자각이 더욱 넓어지며 우리의 생각과 감정을 모두 감싸 안는다. 편협하고 부정적인 믿음이 우리의 인간관계와 행복을 줄곧 손상시킬 때는 우리가 지어낸 이야기와 살아 있는 진실을 구별하는 것이 대단히 중요하다. 두려움에 물든 생각들이 사실이지만 진실은 아님을 깨닫는다면 우리를 사로잡고 우리의 세계를 축소시킨 그 생각들은 힘을 잃게 된다. 우리는 생각의 손아귀에서 벗어나 완전하고 활기찬 자아 속에서 살게 되고, 들꽃의 빛깔과 새들의 노래를 음미하게 될 것이다.

얽히고설킨 두려운 생각들 밖으로 나가라.
침묵 속에서 살라.
아래로 아래로 흘러가며
존재의 파문을 항상 넓혀라.
– 루미

강박적 사고 리스트

당신의 마음을 자주 장악하는 주제에 기민하고 우호적으로 반응할 때 그 손아귀에서 벗어나기 시작한다. 이 성찰 연습과 뒤이은 RAIN 명상 연습은 제3장 '돌아오기' 명상의 생각 인식하기 기술을 기반으로 한다.

🍃

며칠 동안 일지를 적어본다. 일지에 당신이 강박적으로 사고하는 주요 영역을 확인하고 기록한다. 예를 들어 다음과 같은 내용을 기록하면 된다.

누군가가^{또는 사람들} 당신을 대하는 방식

당신이 자주 저지르는 실수, 당신의 기대에 못 미치는 면

끝마쳐야 하는 것

다른 사람이 잘못하고 있는 것

누군가에 대한 걱정

당신의 외모에 대한 생각

아픈 증상, 그 증상이 의미하는 것

대인관계 문제에서 당신이 할 수 있는 것

변하길 원하는 어떤 사람^{또는 사람들}의 특정 면면

잘못되고 있는 것

이미 잘못된 것

변해야 할 당신의 면면

갈망하는 것

일어나길 정말로 원하는 것

지금과는 다르기를 정말로 소원하는 것

리스트를 작성했다면 정기적으로 당신의 마음을 지배하고 불안이나 수치심, 분노, 불만에 가두는 강박적 사고를 한두 가지 고른다. 각각의 강박적 사고에 알맞은 이름을 붙인다. 간단하고 기억하기 쉽고 비판적이지 않은 서너 개의 단어로 지어라. '딸 걱정.' '술 생각.' '업무 미숙에 대한 자기비난' 같은 정도면 적절하다. 한 예로, 나는 모든 일을 제때 끝마칠 완벽한 방법에 대해 강박적으로 사고한다. 이것을 '갖가지 체크 리스트'라고 부른다. 내가 관절 통증과 체력 약화의 악순환에 들어설 때는 다른 일이 벌어진다. 내 마음은 그 악순환이 무엇을 초래하고 있는지, 무엇이 도움이 될지, 시간이 가면서 얼마나 악화되는지, 얼마나 명상을 해야 그것을 잊을 수 있는지에 관한 수많은 생각으로 돌고 돈다. 이 강박적 사고의 이름은 '질병 생각'이다. 또 하나의 강박적 사고는 조만간 겪을 힘든 사건을 예상하는 것이다. 이 이름은 '앞질러가기'다.

다음 한두 주 동안, 하루를 보내면서 미리 확인한 그 강박적 사고에

자신이 언제 빠지는지, 그 순간을 알아차리려고 노력한다. 자신이 그 돌고 도는 생각에 빠져 헤매고 있음을 자각하는 순간, 속으로 조용히 그 이름을 부르고 멈춘다.

강박적인 생각을 자각하는 순간에 해야 할 가장 중요한 일은 판단하지 말고 그것에 다정하게 주의를 기울이는 것이다. 다정하면 다정할수록 좋다! 그 생각이 '사실이지만 진실은 아니'라는 것을 가만히 상기한다. 그 자각의 순간을 깨어남의 순간, 가상현실에서 빠져나와 지금 여기의 실상으로 들어서는 순간으로 예우한다. 그렇게 여기며 내면에서 일어나고 있는 것에 진정으로 관심을 기울인다. 들숨과 날숨을 감지하면서 몸의 곳곳을 살펴보고 지금 무엇을 느끼고 있는지 물어봐도 좋다. 가슴이 경직되어 있는가? 위장이 옥죄는 느낌인가? 무감각한가? 짓누르는 느낌이 있는가? 두려움? 불안? 분노? 갈망? 느껴지는 모든 감각과 감정과 함께 호흡하면서 강박적인 생각들 밑에서 흐르는 강렬한 에너지를 느낀다.

당신이 감지한 느낌을 어떤 식으로든 바꾸려고 하지 않는다. 그냥 존중하고 거기에 그대로 있게 허락한다. 몸의 느낌과 감정을 알아차리는 이 단계는 당신의 상황에 따라 30초에서 1분까지 걸릴 수 있다. 이 과정이 끝나면 두세 번 심호흡을 하며 숨을 내쉴 때마다 긴장을 풀고 일상 활동을 다시 시작한다. 강박적 사고라는 가상현실에 빠져 있는 것과 깨어서 지금 여기에 존재하는 것의 차이를 알아차린다.

처음에 고른 두세 개의 강박적 사고를 꾸준히 연습한다. 그 효과가 실감될 때까지 오래, 며칠이나 몇 주, 몇 달 동안 실행한다. 그런 다음에 원한다면, 다른 강박적 사고로 바꾸거나 하나 더 추가한다. 도움이 될 경우, 일지를 사용해도 좋다. 이 성찰 연습에 동행하며 지지해줄 '강박 친구'를 한 명 찾아서 함께하는 것이 도움이 되기도 한다. 각자가 다루고 있는 강박적 사고의 이름을 알려주고 매주 한 번씩 만나서 무엇을 새로 발견했는지 확인하고 공유한다.

이 성찰 연습을 할 때 다음과 같은 내용을 숙고한다. 당신이 강박적 사고에 빠지는 순간을 인식하게 도와주는 것이 무엇인가? 처음 멈출 때 무엇을 알아차리는가? 강박적 사고를 어떤 태도로 대하는가? 다정한가? 호기심을 갖고 대하는가? 그것으로 피해를 입고 있다고 느끼는가? 그것 때문에 절망하는가? 그 강박적 사고의 강도와 지속 시간에 어떤 변화가 있는지 알아차렸는가? 그 강박적 사고가 지금까지 당신의 삶에 어떤 영향을 미쳤으며, 그 영향이 지금 어떻게 변하고 있는가?

강박적 사고에 RAIN 적용하기

이 성찰 연습은 강박적인 생각이 명상 중에 일어날 때, 또는 일상 활동 중에 일어나서 잠깐 멈춰 그것을 더 자세히 조사할 때를 위한 것이다.

*

바짝 깨어 있되 이완할 수 있는 자세로 앉아 지금 마음에서 일어나는 강박적인 생각에 주의를 기울인다. 아직 이름이 없다면 마음속으로 두세 단어를 떠올려 이름을 짓는다. '~에 대한 불안'이나 '~하려는 갈망,' '~에 대한 판단' 정도로 지으면 좋다.

그 강박적 사고에 이름을 붙인 후, 잠시 멈춰서 그 전체 경험─이미지와 단어, 당신이 강박적 사고에 빠져 있는 현실, 강박적 사고를 둘러싼 기분─을 있는 그대로 내버려둔다. 강박적 사고와 맞서 싸우지 말고, 그것을 인식하고 허락한다.

내면에서 일어나고 있는 것을 호기심을 갖고 다정하게 조사한다. 그 강박적 사고의 주제_{걱정하는 대상이나 갈망하는 대상}에 관심을 기울이면서 그 걱정이나 갈망이 느껴지는 신체 부위에도 주의를 돌린다. 목과 가슴과 배 등 몸의 중심선에 주의를 기울인다. 느낌이 가장 뚜렷한 부위가 어디인가? 어떤 느낌을 자각하는가? ^{뜨거움? 차가움? 짓누름? 조임?} 어떤 감정을 자각하는가? ^{두려움? 수}
^{치심? 불안감?}

조사를 계속하면서 가장 강렬한 느낌이 감지되는 부분에 직접 질문한다. 당신의 그 일부에게 묻는다. "내가 어떻게 해주길 원하니? 너에게 가장 필요한 게 뭐니?" 지금 당신이 불안을 느끼는데, 그 불안은 자기가 거기 있는 걸 용서해주기를 원하거나 당신이 관심을 보여주기를 바랄지도 모른다. 당신의 그 일부는 음식을 갈망하거나 위로나 사랑을 원할지도 모른다. 당신의 몸에 살아 있는 그 정서적 에너지가 강박적 사고 밑에서 무엇을 요구하고 있는지 다정하게 주의를 기울여 경청한다.

갈망과 걱정에 관심을 기울일 때 그 반응으로 단어나 이미지나 느낌이 떠오르는지 지켜본다. 그 갈망이나 걱정을 배려하거나 받아들이자 마음이 온화해지는 느낌이 들지도 모른다. 당신의 그 취약한 일부가 빛이나 온기로 가득 찬 이미지가 떠오르기도 할 것이다. 또는 그 부위가 애정 어린 관심으로 흠뻑 젖은 느낌이 들지도 모른다. 어떤 것도 일부러 만들어 내거나 강요하지 말라. 자연스럽게 나타나는 반응을 그저 느낀다.

온건한 반응 대신 거친 대응의 파도가 일어나는 것을 느끼게 될지도 모른다. 판단하는 생각 ^{"나는 사랑 받을 자격이 없어."}이나 두려움 ^{"나는 뭔가 진짜 잘못됐어,} ^{이건 도움이 안 될 거야."}을 발견할 수도 있다. 어떤 대응이 일어나든지, 그것을 인식하고 "괜찮아."라고 말하면서 주의를 기울인다. 조사를 계속하며 그 대응이 몸에서 어떻게 표현되고 무엇을 원하는지 자각해보자. 그것이 원할지도 모를 친절이나 수용이나 사랑을 얼마든지 줄 수 있음을 다시 한 번 자각한다.

강박적 사고를 이루는 겹겹의 층을 계속 조사하고 매순간 다정하게 함께 존재함으로써 자각이 확장되어 당신은 치유와 자유에 이른다. 당신이 지금 여기에 편안하게 머물 때 당신의 참자아를 덮어 가리는 강박적 사고의 힘이 줄어들 것이다.

현실은 그것에 대해 우리가 지어낸 이야기보다
항상 더 우호적이다.

— 바이런 케이티Byron Katie

당신의 믿음이 생각이 된다.

당신의 생각이 말이 된다.

당신의 말이 행동이 된다.

당신의 행동이 습관이 된다.

당신의 습관이 성격이 된다.

당신의 성격이 운명이 된다.

— 마하트마 간디Mohandas Gandhi

8장.
핵심 믿음

당신의 부모나 형제, 친구를 살해한 집단에 속한 사람을 이해하거나, 심지어 사랑할 수 있을까? 당신을 집에서 내쫓고 가족을 모욕하고 고국에서 몰아내 난민으로 만든 집단의 일원과 가까워질 수 있을까? 이스라엘과 팔레스타인 출신의 십대 소녀 22명이 뉴저지 시골의 한 난민 캠프로 들어왔다. 그들은 그곳에서 함께 생활하며 그 질문에 직면하곤 했다. 〈평화의 다리 놓기Build Bridge for Peace〉라는 프로그램의 일부로, 이 소녀들은 각자의 정체성의 핵심을 이루는 믿음들, 즉 단절과 적의, 분노, 증오, 전쟁을 부채질해온 그 믿음을 검토해야 했다.

그 프로그램에 자발적으로 참여하긴 했지만 소녀들은 처음에는 서로를 불신했고 때로는 적대적인 감정을 공공연하게 드러냈다. 팔레스타인 소녀 한 명이 시작부터 분명하게 선을 그었다. "우리가 여기에 있을 때는 친구일지도 모르지. 돌아가면 우린 다시 적이야. 내 마음은 온통 유대인에 대한 증오뿐이야." 이 말에 맞서 한 이스라엘 소녀가 말했다. "너희는 인간으로 대우받길 바라지만 인간처럼 행동하지 않아. 너희는 인권을 누릴 자격이 없어!"

시작은 이렇게 험악했으나 캠프를 떠날 무렵 몇몇 소녀들은 깊고 강한 유대를 형성했다. 그리고 대부분의 소녀들도 상대방을 적으로 여기는 것이 점차 불가능해졌다. 이러한 마음의 변화를 가능케 한 것이 무엇일까? 그 소녀들은 상대방의 진정한 고통과 진정한 선함을 경험했다. 실상은, 우리가 그것을 받아들이면, 우리의 강철 같은 믿음을 무너뜨린다. 어느 이스라엘 소녀가 말했다. "너를 모르면 증오하기가 쉬워. 너의 눈을 들여다보면 널 증오할 수가 없어."

괴로움: 믿음을 조사하라는 외침

붓다는 무지無知–실상을 모르거나 오해하는 것–가 모든 괴로움의 근원이라고 가르쳤다. 이 말은 무슨 뜻일까? 삶의 불가피한 고통과 상실을 거부하라는 뜻은 결코 아니었다. 지금 일어나고 있는 것에 대한 믿음–자신과 타인과 세계에 대한 확고한 생각들–은 실상에 대한 협소하고 분열된 시각이라는 것을 사람들이 깨닫기를 바랐다. 붓다가 몽환夢幻이라고 부른 이 왜곡된 시각은 갈망과 두려움을 부추겨서 사람들의 삶을 제한한다.

모든 생각이 그렇듯이, 우리의 믿음도 사실이지만 진실은 아니다. 붓다는 이것을 옛날이야기를 들어 설명했다. 우리가 지금도 아이들에게 자주 들려주는 그 이야기는 바로 '장님과 코끼리'다. 왕이 장님 네 명에게 코끼리를 설명하라고 명했다. 장님 한 명은 코끼리의 어금니를, 다른 장님은 다리를, 한 명은 코를, 마지막 한 명은 꼬리를 만졌다. 코끼리의 참모습에 대해 그들은 상세한, 그러나 상이한 의견을 내놓았다. 그러고는 누가 옳은지를 놓고 다투기 시작했다. 장님마다 그 순간의 실제 경험을 정직하게 묘사하고 있었지만 그들 모두 큰 그림은, 온전한 진실은 알지 못했다.

　　우리가 고수하는 믿음은 모두 제한된 스냅 사진, 하나의 심적 표상mental representation일 뿐, 온전하고 진실한 실상이 아니다. 하지만 어떤 믿음은 다른 믿음보다 더욱 해로운데, 바로 두려움 때문에 생긴 믿음이 그러하다. 〈평화의 다리 놓기〉 프로그램에 참여한 십대 소녀들처럼, 우리는 특정 집단의 구성원이 악독하다고 믿을지도 모른다. 아무도 신뢰할 수 없다는 믿음을 지닐 수도 있다. 자신은 근본적으로 결함이 있으므로 자신을 신뢰할 수 없다고 믿기도 한다. 이러한 믿음은 모두 두려움에 기초한 믿음에서 주로 생겨난다. 붓다가 확인한 그 믿음은 바로 우리는 세상과 단절되어 있으며 연약하고 혼자라는 믿음이다. 우리가 고수하는 믿음들은 자기혐오를 일으키거나 배우자와의 갈등을 유발하거나 우리를 자기파멸적인 중독증에 빠뜨리거나 전쟁터로 내몬다. 어느 경우든지 우리는 괴로워한다. 그 이유는 실상을 모르거나 오해하기 때문이다. 믿음은 우리의 주의를 축소시키고 지금 이 순간의 생생한 진실로부터 우리를 떼어놓는다. 우리의 근원인 온전한 참자아, 사랑, 자각으로부터 우리를 단절시킨다.

　　영적 스승 스리 니사르가다타Sri Nisargadatta의 가르침에 따르면, "몽환이 존재하는 이유는 그것을 철저히 조사하지 않기 때문이다." 우리가 거짓 믿음에 집착하는 것은 자신의 생각을 탐구한 적이 없기 때문이다. 생각이 떠오를 때 RAIN을 통해 그 생각을 조사하지 않았기 때문이다. 그 생각이 이 순간의 살아 있는 경험을 실제로 반영하는지 여부를 묻지 않았기 때문이다. 괴로움은 주의를 촉구하는 외침이다. 우리가 고수하는 믿음의 진실을 조사하라는 아우성이다. 〈평화의 다리 놓기〉에 참가한 십대 소녀들에게 괴로움은 그들의 삶과 사회를 갈가리 찢어놓는 증오였다. 부모에게는 자녀의 행복에 대한 숨 막히는 걱정이 괴로움, 즉 주의를 촉구하는 외침일 것이다. 사회 활동가에게는 끝이 없어 보이는 전쟁과 불의 앞에서 느낀 탈진과 좌절이 괴로움일 것이다. 음악가에게 괴로움은 연주에 따르는 극도의 공포일지도 모른다. 우리가 가장 위험하고 가장 단절되어 있고 가장 부족하다고 느끼는 영역, 바로 그곳을 우리는 반드시 조사해야 한다.

중독증

제이슨이 필히 조사해야 할 괴로움은 중독증이었다. 그로 인해 결혼 생활과 직장 생활이 파괴되기 직전이었다. 로비스트인 제이슨은 주변을 계속 훑어보며 자신을 방해할 것 같은 사람을 찾아내고, 유능하고 인맥이 풍부한 로비스트라는 자신의 명성을 약화시킬지도 모를 상황에 대해 강박적으로 생각했다. 상담실에 들어선 그 남성은 다부진 체격에 잘 생겼고 당당해 보였다. 하지만 곧 드러났듯이, 그는 업무와 관련된 수많은 회의와 사교 모임을 치러내기 위해 알코올과 코카인으로 자신을 미리 무장시켰다.

제이슨은 십대 초반에 아르헨티나에서 미국으로 건너왔다. 학업 면에서도 탁월하고 화려한 학벌을 자랑했으며 직업 면에서도 다년간 승승장구했다. 그와 아내 마르셀라는 아메리칸 드림을 실현한 것처럼 보였다. 하지만 그들의 삶은 하루하루 위태위태했다.

제이슨은 1년 전에 익명의 마약중독자 모임에 가입해서 가끔 한 번씩 참석했다. 그러다가 최근에 만난 후원자를 정말로 좋아했는데, 그 사람이 나의 명상 수업을 소개하며 등록을 권했다. 몇 번 수업을 들은 후, 그는 내게 메일을 보내 상담을 예약했다.

첫 번째 상담 시간에 제이슨은 곧바로 본론으로 들어갔다. "지금은 금주 프로그램을 따르고 있는 중입니다. 하지만 나의 일부는 아직도 내 방식대로 해도 좋다고 생각합니다." 그는 코카인과 알코올이 진짜 문제를 일으키고 있다는 것을 인정했지만 가끔 사용하면 아무 일도 없을 거라고 믿었다. 특히 코카인은 그에게 유능감과 통제감을 느끼게 해주었고, 그의 말에 따르면 '끊겠다고 맹세하기 어려운' 것을 경험했다.

하지만 제이슨은 자신이 곤경에 처한 것을 알았다. 로비스트 협회장은 그에게 12단계 프로그램에 반드시 참석하라고 강권했으며, 아내는 그가 마약을 완전히 끊지 않으면 둘의 관계를 장담할 수 없다고 단언했다. 최선을 다해 직장도 유지하고 가정도 지킬 거라고 말하고 나서 제이슨은 미간을 찡그리며 고개를 저었다. "타라, 이게 아주 쉽고 당연한 결정이어야 한다는 걸 압니다. 하지만 너무 힘들어요."

나는 비슷한 문제에 갇혀서 옴짝달싹 못하는 내담자와 수련생들을 상담한 적이 많았다. 그들은 건강하고 지혜로워 보이는 삶의 변화를 시도한다. 담배를 끊고 체중을 줄이고 외도를 삼가고 소중한 사람들에게 분노를 터뜨리는 것을 자제한다. 하지만 크고 작은 내적 저항이나 충동성 때문에 그들은 마지못해 변화를 시도하거나, 아니면 시도와 실패를 반복하는 지경에 이른다. 이것은 강하게 고착된 믿음이 지배하고 있다는 신호이며, 따라서 조사를 촉구하는 외침이다.

자신의 상황에 대해 어떤 느낌이 드느냐고 묻자 제이슨은 망설이지 않고 대답했다. "지금은 화가 납니다. 난 내 문제를 해결할 수 있어요. 그래서 아내 마르셀라와 로비스트 협회장이 내 일에 참견할 때마다 열 받아요."

"그 분노를 거기에 그대로 놔둘 수 있겠어요? 그 분노를 그냥 허락하고 느껴보겠어요?" 내 제안에 제이슨은 잠시 후 고개를 끄덕이고는 한 마디 덧붙였다. "나는 화를 자주 냅니다. 사람들이 나를 방해하고 상황을 통제하려고 할 때 주로 그래요."

"제이슨, 최근에 누군가가 그렇게 행동했던 순간을 잠시 기억해보세요…… 당신을 방해하고 상황을 통제하려고 한 때." 그는 고개를 끄덕이고는 냉혹하게 빙긋 웃더니 말했다. "그런 일이 몇 시간 전에 있었어요."

"좋아요. 이제 그 상황으로 돌아가서 그 분노 반응을 가장 확실하게 자각할 때 멈추세요." 멈추기까지는 고작 몇 초밖에 안 걸렸다. "지금이요."

"그러면 이제 당신의 몸을 살펴보고 가장 강렬한 느낌이 드는 부위에 주의를 기울여보세요…… 목일 수도 있고 배나 가슴일 수도 있어요…… 그 부위에서 지금 일어나고 있는 것, 당신이 느끼고 있는 것을 그냥 인식하고 그냥 느껴보세요."

제이슨은 두 주먹을 꽉 움켜쥐었다. 지금 어떤 느낌이 드느냐고 묻자 그는 처음에는 머뭇거렸다. "그건…… 그게, 위장이 뒤틀려요. 그건…… 두려움이에요."

핵심 믿음은 왜 그렇게 강력할까

핵심 믿음은 주로 우리가 제일 처음 느낀 가장 강렬한 두려움에 기초한다. 우리는 그 두려움 위에 삶에 대한 가장 강력한 믿음과 결론을 쌓아올린다. 이런 조건화는 생존에 도움이 된다. 우리의 뇌는 과거를 토대로 미래를 예상하도록 설계되어 있다. 어떤 나쁜 일이 한 번 일어나면 그 일이 또 일어날 수 있다고 믿는다. 또한 우리의 뇌는 강렬한 위기감을 느꼈던 기억을 가장 확고하게 기록하도록 편향되어 있다. 그러므로 고작 두세 번의 실패도 무력감과 무가치감을 주입할 수 있으며, 훗날 많은 성공 경험으로도 그 부정적인 감정을 없애는 것이 불가능할 수 있다. 흔한 말로 "우리의 기억은 고통스런 경험에는 끈끈이처럼 달라붙고 유쾌한 경험은 매끄러운 유리처럼 미끄러뜨린다." 우리는 속상하거나 두려운 경험을 토대로 핵심 믿음을 구축하며 그 믿음과 그 밑에 놓인 두려움을 필사적으로 고수하는 경향이 매우 강하다.

당신이 엄마의 관심을 갈망하는 어린아이라고 하자. 당신은 엄마가 당신이 그린 그림을 봐주고 물을 먹여주고 함께 놀아주기를 원한다. 엄마는 당신의 욕구를 채워줄 때도 있지만 대체로 귀찮게 군다며 화를 낸다. 엄마를 좀 내버려두고 혼자 가서 놀라고 고함을 지르고 엉덩이를 때려주겠다고 겁을 준다. 몇 년이 지난 후, 당신은 이 사건들을 잊었을지 모르지만 당신의 뇌는 엄마의 분노와 거부, 당신의 상심과 두려움을 새겨두었다. 세월이 흐르면서 부호화된 이 기억들이 한데 합쳐져서 당신 자신과 타인에게 당신이 기대할 수 있는 것에 대한 부정적인 믿음을 형성한다. "나는 요구가 너무 많아…… 사람들은 나를 좋아하지 않을 거야." "다른 사람을 귀찮게 하면 야단 맞을 거야." "나와 정말로 함께 있으려는 사람은 아무도 없어."와 같은 믿음이 그 예다.

생의 초기에 경험한 스트레스나 트라우마가 심할수록 조건화가 더욱 강하며 두려움에 기초한 믿음이 강하게 고착될 가능성이 더욱 크다. 전쟁 지역에서 성장한 사람은 생존 본능에 따라 '우리'와 '저들'을 자동으로 구별하게 되었을 것이며, 당연히 '저들'을 나쁘고 위험한 자로 분류할 것이다. 어렸을 때 성적으로 학대받은 사람에게는 모든 친밀한 관계가 위험하고 학대의 전초 단계처럼 보일 수 있다. 아니면 공격적이고 지배적인 사람에게 끌릴지도 모른다. 그러한 관계가 너무 익숙하고 심지어 '안전'해 보이기 때문이다. 당신이 아프리카계 미국 남성이라면 남들이 당신을 열등하다고 여길 것이고 당신이 아무리 열심히 노력해도 뒤로 밀려날 것이며 부당하게 범죄자 취급을 당할 거라는 믿음을 지닐 수도 있다. 가난하고 굶주린 어린 시절을 보낸 사람은 훗날 아무리 부자가 되어도 그 정도로는 결코 충분하지도, 안전하지도 않다고 믿을지도 모른다.

핵심 믿음은 과거에 뿌리를 두고 있지만 우리는 그 믿음이 현재 상황이며 진실이라고 여긴다. 핵심 믿음과 연관된 생각과 감정은 지금 일어나고 있는 것에 대한 우리의 경험을 걸러내고 우리가 특정한 방식으로 반응하도록 준비시킨다. 당신이 질문을 하고 있는데 배우자가 딴 생각에 골몰한 것 같다고 하자. 그러면 이것은 아주 오래된 무가치감을 불러일으킬 수 있으며, 이 감정은 곧바로 사과하거나 질문을 거두거나 몹시 화를 내는 반사 반응을 촉발할 수 있다. 사장이 프로젝트의 일부를 수정하라고 지시한다면 이것은 오래된 실패감을 자극해서 포기하거나 격분하는 반사 반응을 촉발할 수 있다. 핵심 믿음은 당신의 현재의 경험을 축소하여 단 한 가지 해석으로 귀결시킨다. 즉, "나는 위기에 처했고 혼자다."

이 장면은 당연히 더욱 복잡해진다. 현재의 경험이 오래된 믿음을 강화할 수 있기 때문이다. 〈평화의 다리 놓기〉 프로그램에 참가한 십대 소녀들처럼, 적이 당신을 죽이려고 한다고 믿는다면 자살 폭탄 테러가 일어나고 적군이 집을 파괴할 때마다 당신의 믿음이 강화된다. 그 소녀들에게는 위험이 매일의 현실이었다. 하지만 이 현실에 대한 해석—적의 증오는 나 개인을 향한 것이다, 오직 복수만이 나를 안전하게 지켜줄 것이다—이 반드시 진실은 아니다. 앞으로 알게 되겠지만, 현재의 경험의 온전한 진실에 주의를 기울일 수 있다면 문이 열리고, 그때부터 우리는 다른 가능성을 살짝 엿볼 수 있다.

두려움에 기초한 믿음

제이슨의 첫 걸음은 분노 밑에서 발견한 두려움을 조사하는 것이었다. 나는 실험을 하나 권했다. "위장에서 두려움을 느낄 때 얼굴로 그 두려움을 그냥 표현해보세요." 제이슨이 눈을 부릅떴다. 눈빛은 경직되고 시선은 줄곧 바닥을 향했으며 턱은 딱딱하게 굳고 입은 완강하게 닫혀 있었다. "이제 그 두려움의 시각에서 그 상황을 바라보면서 어떤 일이 일어나는지 알아보세요. 두려움이 당신에게 무슨 말을 하려고 하지요? 그 두려움은 앞으로 어떤 일이 일어날 거라고 믿고 있나요? 두려움은 당신에 대해, 당신의 삶에 대해 어떤 믿음을 갖고 있나요?"

"대답을 억지로 생각해내지 마세요." 내가 계속 말했다. "당신이 그 두려움 속에 들어가 있는 것을 실제로 느껴보세요. 그 두려움이 세상을 어떻게 바라보고 있는지 감지하세요." 이러한 말로 조사하기를 상기시키는 것이 중요하다. 조사하기가 이 순간의 경험과는 상당히 동떨어진 정신적 활동으로 쉽게 바뀔 수 있기 때문이다. 제이슨은 자신의 감정을 한참 동안 직접 대면해야 한다는 말을 이해한 것 같았다. 그는 고개를 살짝 기울였다. 마치 두려움이 살고 있는 내면의 장소에 귀를 기울이고 있다는 듯이.

제이슨이 입을 열었다. 낮고 부드러운 목소리였다. "두려움이 이렇게 말하고 있어요. 내가 통제하지 않으면 다른 사람이 나를 통제하고 무시하고 상처줄 거라고." 그리고 말을 멈추었다. 내면을 다시 들여다보는 것 같았다. 마침내 그가 입을 열었다. "두려움은 내가 실패자라고 믿어요. 고작 허풍쟁이일 뿐이라고…… 그리고 내가 얼마나 연약한지 모든 사람이 알게 될 거라고 믿어요. 그러면 다들 나를 무시할 거라고…… 날 좋아하지 않을 거라고."

두려움에게 발언권을 줌으로써 제이슨은 그의 삶을 조종하고 있는 핵심 믿음을 밝혀냈다. 다음 두 번의 상담 시간에 그는 부에노스아이레스의 변두리에서 보낸 어린 시절에 대해 이야기했다. 알코올 중독자인 아버지와 큰 형은 그를 괴롭히고 망신을 주었다. "내가 어렸을 때 아버지와 형은 진짜 남자였어요. 남자는 그래야 하는 거였죠. 사납고 거칠고, 나보다 약한 사람은 항상 무시하고 경멸하고……." 그는 잠시 말이 없었다. "형은 덩치도 크고 목소리도 컸어요. 전 형과는 달랐어요. 책을 좋아했어요, 아주 어렸을 때부터. 그리고 싸우는 걸 좋아하지 않았어요. 그래서 아버지는 온 마을사람들 앞에서 나를 우나 니냐una niña라고 불렀어요. 여자애란 뜻이죠. 아버지가 술을 마시고 있을 때가 최악이었어요…… 실직한 직후부터 아버지는 나를 심하게 때렸어요."

제이슨은 체육관에서 운동하기로 결심한 날을 기억했다. 그 전해에 그의 가족은 브롱크스로 이사해서 친척과 함께 살고 있었고, 제이슨은 고등학교에 입학했다. "형은 친구들과 어울려 주유소 근처에서 노닥거렸어요. 그리고 학교를 마치고 집으로 돌아올 때마다 그곳을 지나쳐야 했지요. 그날은 비가 오고 있었어요. 난 교과서를 한 무더기 들고 서둘러 걷고 있었어요. 형 친구들이 나에게 야유를 보내고 놀리기 시작했어요." 그러다 한 아이가 제이슨을 거칠게 떠밀었고, 그는 갓돌에 걸려 나뒹굴었다. 그 바람에 교과서가 사방으로 흩어졌는데 마침 지나가던 자동차가 책을 깔아뭉겠다. 아이들은 그걸 보고 희희낙락했다. "바로 그때였어요, 타라. 이제부터는 어느 누구도 나를 무시하게 놔두지 않을 거라고 작정했지요." 그리고 1년 후, 비쩍 마른 사내아이는 완전히 변했다. "난 거칠어졌어요. 더 나이 든 애들과 어울려서 거리를 휘젓고 다녔어요. 한동안은 비열한 걸로는 그들 중에서 최악이었죠."

제이슨은 자신이 열심히 공부하고 성적이 뛰어난 것을 숨겨야 했다. "낮에는 나쁜 짓을 하고, 밤에는 늦게까지 안 자고 숙제를 끝냈어요." 그의 재능을 알아본 교사들의 추천으로 그는 일류 주립대학의 장학금을 받게 되었다. "나는 모든 사람을 속이고 있었어요." 제이슨이 고백했다. "선생님들은 제가 '순수하다'고 생각했어요. 하지만 몰래 마약을 했고 광란의 파티를 열었어요…… 친구들은 제가 자기들과 같은 부류라고 생각했고요. 하지만 나는 그 무리를 당연히 떠날 생각이었지요." 잠시 생각에 잠겨 있던 제이슨이 차분한 시선으로 나를 보았다. "난 지금도 모든 사람을 속이고 있는 겁니다, 그렇죠?"

믿음을 자각하지 못하면
그것이 우리의 운명이 된다

제이슨은 통제감과 일시적인 안정감을 얻기 위한 전략을 찾아냈다. 근육 키우기, 좋은 성적 거두기, 마약 흡입하기, 우두머리다운 척 가장하기 등이 그가 찾은 전략이었다. 하지만 모든 그릇된 귀의처가 그렇듯이, 이제 그 전략은 역효과를 내고 있었다. 타인을 계속 기만하는 행위는 자신은 부족한 인간이어서 정상의 자리를 지키려면 죽을힘을 다해야 한다는 느낌을 강화했다. 알코올과 마약 사용은 이제 중독이 되어서 일과 가정을 위협했다. 통제력을 유지하려는 노력은 그가 뿌리 깊은 불안을 직면하고 치유하지 못하게 방해했다. 제이슨은 악순환에 빠져 있었다. 핵심 믿음을 고수하는 한, 그 악순환은 결코 멈추지 않을 터였다.

자신과 세상에 대한 우리의 믿음은 특정 행동과 사건을 일으키고, 그 행동과 사건은 그 믿음을 확인해준다. 주의를 기울이면 이 연결 관계가 훤히 보인다. 아무도 당신을 좋아하지 않을 거라고 믿는다면 당신은 다른 사람을 대할 때 불안하고 불편하게 행동한다. 그래서 사람들이 멀어지면 당신은 거부당한 느낌이 들고, 이 감정은 당신의 믿음을 확인해준다. 남들이 당신을 공격하거나 비난할 거라고 믿으면 당신은 방어적으로 또는 공격적으로 행동할 테고, 그래서 그들이 맞받아치면 당신의 두려움이 정당화된다.

마음이 두려움과 편협한 믿음에 사로잡혀 있다면 '괴로움이 그를 따르리라, 수레를 따르는 수레바퀴처럼'이라고 붓다는 가르쳤다. 전통적인 불경 해석은 마음이 본디 '미혹迷惑하다'고 말한다. 하지만 미혹하다는 '왜곡되다' 또는 '오염되다,' '채색되다'로도 해석될 수 있다. 오늘날 많은 12단계 프로그램들이 '쓸데없는 생각,' 즉 기만적인 자기정당화에 주의를 기울인다. 이 자기정당화는 중독증 재발의 전조다. 이와 유사하게, 인지 심리치료사는 내담자가 특정 사건에 대한 그의 해석 밑에 깔린 믿음을 인식하게 도와주고 그 믿음이 그의 반응을 구체화한다는 것을 보여준다. 당신이 사람들은 배려심도 이해심도 없다고 믿는다면 이 믿음이 당신의 인간관계에 어떤 영향을 미치겠는가? 돋보이는 것은 위험하다고 믿는다면 이 믿음은 당신의 창의성과 자기표현에 어떤 영향을 미치겠는가? 붓다가 말하듯이, '우리의 생각이 세상을 지어낸다.'

편협한 믿음의 손아귀에서 벗어나는 길은 한 가지밖에 없다. 지금 이 순간에 온전히 존재하면서 그 믿음을 부채질하는 감정을 있는 그대로 경험하는 것이다. 그러나 이 감정들-두려움, 수치심, 슬픔-과의 접촉은 대단히, 때로는 견딜 수 없을 만큼 고통스럽다. 그렇기 때문에 우리는 수년 내지 수십 년 동안 그 핵심 믿음에 따라 세상에 대응하여 살아가면서도 그 믿음의 정서적 뿌리를 조사하려고 하지 않는다. 믿음의 토대인 강렬한 감정과 대면할 때 믿을 만한 스승이나 심리치료사의 도움을 받는 것이 현명하며, 이런 도움이 반드시 필요한 사람들도 있다. 그러나 핵심 믿음을 혼자서 탐구하든 전문가와 함께 탐구하든 간에, 상호의존적으로 엮인 믿음과 감정 전체에 기꺼이 주의를 기울일 때 치유가 시작된다.

블랙홀 속으로

나를 다시 찾아왔을 때 제이슨은 위기를 맞고 있었다. 세 차례에 걸친 상담으로 그는 자신의 삶을 지배하는 핵심 믿음을 찾아냈다. 하지만 이 자각에 금방 무심해지기 시작했다. 제이슨은 새 고객과 중요한 프로젝트에 들어갔다. 그러던 어느 금요일 밤 그는 몹시 불안해서 금주 맹세를 어기고 퇴근 후 바에 가서 마티니를 몇 잔 마셨다. 집에 들어서자 단단히 화가 난 마르셀라가 그를 노려보았다. "나는 후원자에게 전화도 안 했어요. 모임에도 계속 안 나갔고 명상도 안 했지요. 마르셀라는 마지막 한 가닥 희망마저도 내가 무너뜨렸다고 하더군요." 마르셀라는 제이슨더러 서재에서 잠을 자라고 하며 월요일에 이혼 전문 변호사와 상담할 거라고 말했다.

"마르셀라와 나는 그날 이후로 서로 한 마디도 하지 않았어요. 마르셀라에게 하고 싶은 말이 있지만 도저히 할 수 없어요."

나는 잠자코 기다렸다. 제이슨이 고개를 끄덕이더니 용기를 내어 털어놓았다. "마르셀라에게 무조건 빌고 싶어요……." 갈라진 목소리로 그렇게 말하고는 두어 번 심호흡을 했다. "한 번만 더 기회를 달라고 빌고 싶어요…… 하지만 그건 너무 약한 짓입니다. 너무 한심한 짓이에요." 이제 그의 두 눈은 분노로 이글거렸고 어깨가 뻣뻣하게 굳었다. "그런 모습을 보여준다면 마르셀라가 어떻게 나를 좋아할 수 있겠어요?"

나는 물었다. "그러니까 한 번 더 기회를 달라고 비는 게 약한 건가요?"

"그러니까…… 그게…… 마르셀라에게 알려주는 거니까요. 마르셀라가 없으면, 우리가 함께 살지 않으면 나의 세계가 무너질 거라는 걸…… 내겐 그녀가 필요하다는 걸 마르셀라가 알게 될 테니까요." 제이슨은 울음을 터뜨렸지만 이내 씩씩하게 눈물을 닦아냈다. 그리고 다시 주먹을 꽉 움켜쥐고는 나를 보며 민망하다는 듯 어깨를 으쓱했다.

"제이슨, 아주 오랫동안 당신의 일부가 당신은 무가치하고 약하다고 믿었어요…… 당신에게 묻고 싶군요. 그 믿음이 진실인가요? 당신은 존중받을 가치가 없는 사람인가요? 마르셀라의 사랑을 받을 가치가 없는 사람이에요?"

"그게…… 모르겠어요." 그는 혼란스러운 표정으로 고개를 저었다. "내가 가치 있는 사람이라는 걸 머리로는 압니다. 하지만 나는 너무 한심한 인간이어서 마르셀라도, 어느 누구도 나를 존중하거나 사랑하지 않는다는

8장. 핵심 믿음

느낌이 들어요."

제이슨은 떨리는 목소리로 그렇게 말하며 소파 등받이에 털썩 기댔다. 안색이 창백해보였다. 나는 그에게 몸에 주의를 기울이고 마음을 느껴보라고 말했다. 그리고 자신은 마르셀라의 사랑을 받을 가치가 없다는 말을 믿을 때 어떤 느낌이 드는지 말해보라고 했다. 제이슨이 가라앉은 목소리로 말했다. "수치스럽다는 느낌이 듭니다. 그리고 철저히 혼자라는 느낌." 그가 다시 울먹이기 시작했다. "이 느낌은, 이 수치심과 외로움은 아주 오래된 것 같아요……."

"수치심과 외로움이 어디에서 느껴지나요?" 나의 물음에 제이슨은 말없이 한 손을 배로 가져가서 작은 동그라미를 수없이 그리기 시작했다. 나는 그것이 무엇을 의미하는지 말해달라고 했다. "깊은 공허. 아픔. 나는 이 구멍을 감추려고 그렇게 오랫동안 복근을 키워온 것 같아요."

이 말을 할 때 그가 손으로 그리고 있는 동그라미가 점점 커지는 것을 나는 알아차렸다. 이것을 언급하자 그는 고개를 끄덕였다. "거대해요. 내 마음과 다른 모든 것을 집어삼키는 블랙홀 같아요."

나는 제이슨에게 그냥 호흡하면서 그 구멍, 그 아픔, 그 공허가 원하는 만큼 얼마든지 커지게 내버려두라고 격려했다. 그는 내 말을 따랐다. 그의 몸은 미동도 하지 않았고, 그의 머리는 좌우로 살짝 흔들렸다.

"당신이 약하거나 무가치하다고 믿을 때 그 믿음이 몸에 어떤 느낌을 일으키는지 알아차리는 것이 중요합니다. 모든 걸 집어삼키는 블랙홀의 느낌이 바로 그거지요. 당신은 그 블랙홀과 그 밑에 있는 수치심과 외로움과 오랫동안 함께 살아온 거예요." 제이슨은 고개를 숙이고는 슬프게 끄덕였다.

우리는 한동안 아무 말도 하지 않았다. 그러다가 내가 말했다. "제이슨, 당신 자신이 무가치하다는 믿음이 당신의 인간관계에, 마르셀라, 직장 동료, 친구들과의 관계에 어떤 영향을 미치고 있는지 잠시 알아보세요." 제이슨은 다시 고개를 끄덕이고는 한참 후에야 입을 열었다. 목소리가 너무 작아서 나는 알아듣기 위해 몸을 숙여야 했다. "나를 모든 사람에게서 멀어지게 해요." 그러고는 손으로 가슴을 가리켰다. "내 마음이 블랙홀에 빨려 들어가 사라졌어요, 내 삶이……." 제이슨은 말을 멈추고 눈을 감았다. 그 상실감이 너무 커서 말로는 설명할 수 없는 것 같았다.

나는 그에게 서두르지 말고 그 느낌이 펼쳐지게 그냥 내버려두라고 말했다. 그는 잠시 가만히 멈춰 있다가 말을 이었다. "깊은 통증이 느껴져요. 뒤틀리고 쑤시는 느낌이요. 내가 어렸을 때부터 느껴온 거예요. 그리고 지금은 그 통증이 다른 부위로 퍼지고 있어요." 그에게 그 통증을 있는 그대로 경험하라고, 그리고 도움이 된다면 그 통증과 함께 호흡하라고 했다. 잠시 후 그는 눈을 떴다. 눈빛이 환해지고 생기가 있었다. "통증이 다 퍼지고 나서 이젠 약해지기 시작했어요…… 그리고 지금은 완전히 사라졌어요."

나는 미소로써 그가 통증을 펼쳐놓은 과정을 칭찬하고, 그 순간에 그와 함께 고요히 존재했다. 그러고 나서 질문을 하나 건넴으로써 그의 주의를 다른 곳으로 이끌었다. "제이슨, 당신이 약하고 무가치하다는 믿음을 갖지 않고 사는 것이 어떤 느낌일까요?"

제이슨이 이 질문을 숙고하고 있을 때 내가 덧붙였다. "더 이상은 자신이 약하고 무가치하다고 믿지 않는다면 당신은 어떤 사람이 될까요?"

나를 똑바로 쳐다보며 제이슨이 대답했다. "내가 어떤 사람이 될지 잘 모르겠어요." 그는 잠시 생각에 잠겼다가 말을 이었다. "하지만 그걸 몰라도 괜찮다는 느낌이 들어요…… 갑자기 공간이 생기고 제가 조금 더 살아 있는 것 같아요." 제이슨은 두세 번 심호흡을 했다. 마치 자기 자신을 열려서 그 공간을 만끽하게 해주려는 듯이. "분명한 건," 제이슨이 말했다. "제가 확실히 아는 건, 내가 무가치하다는 믿음이 사라지면 긴장이 풀릴 거라는 겁니다. 바로 여기에……." 그러면서 자신의 심장을 가리켰다. "마르셀라가 나를 정말로 염려한다는 걸 믿을 수 있어요. 진실을 털어놓을 수 있을 정도로 마르셀라를 믿어요…… 그녀를 사랑하니까요."

제이슨이 흐느끼기 시작했다. 이번에는 눈물을 닦으려 하지 않았다. 꽉 움켜쥐었던 두 손이 풀려 있었다. 마치 이 모든 강렬하고 크나큰 감정이 온몸을 흐르게 허락하는 것 같았다. 고통스러운 핵심 믿음을 의식적으로 인식하고 그 통증이 표출되게 허락하면서 제이슨의 마음이 열리고 있었다. 그는 "사실이지만 진실은 아니다."라는 자유를 실감하고 있었다.

강렬한 느낌이 지나가자 제이슨은 길게 한 번 심호흡을 하고 말없이 앉아 있었다. 할 말이 별로 없다는 것을 우리는 알았다. 그가 진심을 담아 조용히 말했다. "감사합니다." 그리고 덧붙였다. "내게 가장 필요한 도움을 주었습니다." 그는 온화하지만 단호한 눈빛으로 상담실을 나섰다. 보이지 않는 믿음의 속박에서 어느 정도 풀려난 제이슨은 이제 자신의 마음과, 그리고 아내와 다시 이어질 수 있었다.

질문의 힘

두려움에 기초한 믿음은 어둠의 산물이다. 그 믿음은 자각의 빛 밖에서 살아가며 우리가 이 순간에 자각하여 조사할 때 소멸한다. 작가 바이런 케이티Byron Katie가 가르치듯이, "당신은 생각에 집착하거나 아니면 생각에 질문한다. 다른 선택권은 없다." 무엇이 진실인가를 묻는 질문은 바이런 케이티의 상담 작업의 중심이자 RAIN과 같은 명상 수행의 중심이다. 진실을 알아내기RAIN의 조사하기 위해 나는 제이슨에게 건넨 유형의 질문, 즉 더 깊이 주의를 기울여야 하는 질문을 한다. 질문의 궁극적인 목적은 우리를 잠깐 멈춰 세우는 것이다. 질문함으로써 우리는 현실에 대한 믿음의 궤도를 따라 습관적으로 달리지 않고 잠깐 멈춰 설 수 있다. 멈춤의 공간에서는 진실이 빛을 발한다.

"나는 무엇을 믿고 있나?"

정서적 고통은 당신이 두려움에 기초한, 조사되지 않은 믿음에 사로잡혀 있다는 신호다. 분노나 우울, 상심이나 두려움에 갇혀 있다면 자문하라. "나는 무엇을 믿고 있나?" 이 간단한 질문만으로도 당신의 기분을 조종하는 것이 무엇인지 밝혀낼 수 있다. 내가 제이슨에게 권했듯이, 감정 그 자체에게 직접 이 질문을 해야 한다. 이렇게 물어라. "슬픔아, 너는 무엇을 믿고 있니?" "두려움아, 너는 무엇을 믿고 있니?"

"이것이 정말 진실일까?"

어떤 믿음이 진실이라고 확신할 때는 다른 가능성이, 새로운 정보가, 더 넓은 시각이 끼어들 여지가 없다. 잠깐 멈춰서 자신의 믿음에 질문함으로써 우리는 마음의 창을 열어 실상이라는 상쾌한 공기를 마시기 시작한다.

한 내담자가 십대 아들과 소원해져 괴로워하던 시기에 이 질문을 하기 시작했다. 그는 자신이 화내고 비판하지 않으면 아들이 무능하고 무책임한 어른으로 성장할 거라고 믿었다. "이것이 정말 진실일까?"라고 질문함으로써 그는 믿음의 궤도에서 멈춰 설 수 있었다. 그는 자신이 화내며 아들을 다그치는 것이 실제로 도움이 되는지 안 되는지 알지 못한다는 것을 깨달았다. 질문을 계속하며 멈춰 서서 들려오는 소리에 귀를 기울이자 다른 가능성이 분명하게 보이기 시작했다. 그는 이렇게 말했다. "아빠가 자신을 믿어준다는 걸 아들이 아는 것…… 그 아이가 근본적으로 착하다는 것이 더 중요한 것 같았어요. 자신이 뭘 잘못했는지 아빠에게서 항상 지적받는 것보다요."

"이 믿음은 나의 삶에 어떤 영향을 미치는가?"

믿음에는 언제나 신체적 감각이 뒤따른다. 편협한 믿음에 지배당하고 있을 때 주의를 기울이면 몸이 어떻게 느끼는지 알아낼 수 있다. 특정 부위가 조이는가? 묵직한 느낌이 있는가? 서늘하게 텅 빈 느낌? 경련? 떨림? 이 신체 감각이 특정 감정과 관계가 있는가? 당혹감을 느끼는가? 두려움? 분노? 자기증오? 더욱 광범위하게 조사하기 위해 이렇게 질문하라. "이 믿음은 나와 나 자신과의, 타인과의, 삶과의 관계에 어떤 영향을 미치는가?"
이 질문의 대답에는 짧고 얕은 호흡, 순간적으로 치미는 울화, 배우자와의
끝없는 갈등 등, 삶의 모든 영역이 거론될 수 있다. 신체 감각과 감정, 생각,
행동, 이 모두가 우리의 믿음을 표현한다.

　　"난 뭔가 잘못됐어."라는 믿음이 내 삶에 미치는 영향을 조사할 때 나
는 그 믿음이 내가 사랑하고 사랑받는 느낌을 차단한다는 것을 감지한다. 그
믿음 때문에 긴장하게 되고, 긴장한 나는 초조하고 산만하며, 지금 하고 있
는 활동을 즐기지 못한다. 그 믿음 탓에 나는 다른 사람들에게 섬세하고 적
절하게 반응하지 못한다. 때로는 내가 얼마나 오랫동안 나를 가혹하게 비난
했는지, 이 미망에 빠진 순간이 얼마나 많았는지를 자각한다. 이 자각은 내
가 '영혼의 슬픔'이라고 부르는 것, 연민으로 충만한 다정함을 불러일으킨
다. 그러한 순간마다 나는 현재에 살고 있으며, 이 현재는 나의 믿음의 제약
을 받지 않는다.

"무엇 때문에 이 믿음을 내려놓지 못하는가?"

　　특정 믿음이 일으키는 고통을 확인하고도 우리는 그 믿음에 다시 빠
져서 철저히 신봉한다. 새로 찾은 자유는 누군가가 당신에게 무례하게 굴거
나 당신이 실수를 저지르는 순간, 감쪽같이 사라진다. 때로는 오래 묵은 그
믿음이 복수심에서 스스로를 거듭 입증하기도 한다. "내가 바보였어. 나를
정말 이해하거나 배려하는 사람은 단 한 명도 없어." "이게 그 증거야. 내가
경계하지 않으니까 사람들이 나를 이용하잖아." "내가 착각하고 있었어. 나
는 근본적으로 실패자야. 아무리 좋은 일이 생겨도 나는 모두 망쳐버릴 거

야." 등이 그 예다.

사람들이 언제나 우리를 이해하는 것은 아니며, 언제나 상처를 주는 것도 아니다. 우리는 계속 실수를 저지를 것이다. 이것이 진실이다. 하지만 "아무도 나를 사랑하지 않을 거야." "너는 나쁜 사람이야." "나는 나쁜 사람이야."는 진실이 아니다. 그러나 두려움에 기초한 믿음은 쉽게 떨어져 나가지 않는다. 마음은 편협한 믿음을 입증하는 증거를 모으고, 그 증거에 집착하는 경향이 강하다. "나는 무엇 때문에 이 믿음을 내려놓지 못하는가?"라고 자문함으로써 당신은 이 근본적인 자기보호 전략에 대한 진실을 알아낼 수 있다. 이 전략은 또 다른 핵심 믿음에 기초한다. "내가 뭐가 잘못됐는지 알아내면 적어도 상황을 통제할 수 있어. 그걸 계속 조심하면 앞으로 더 큰 고통을 피할 수 있을 거야." 등이 그러한 기초 믿음이다. 우리는 이 믿음들이 자신에게 어느 정도는 도움이 된다고 믿는다.

이 기초 믿음에 도전하는 방법은 "이 믿음이 정말 진실일까?" 하고 다시 질문하는 것이다. "나를 정말 배려하는 사람은 한 명도 없어."라는 믿음을 고수한다면 당신은 앞으로 더 큰 고통을 피할 수 있을까? "나는 근본적으로 실패자야."라는 믿음에 집착한다면 앞으로 어떤 식으로든 발전할 수 있을까? "내가 경계하지 않으면 사람들이 나를 이용할 거야."라는 믿음을 고수한다면 당신은 더욱 안전하다고 느끼고 더욱 평온해질까?

"이 믿음이 사라진다면 내 삶이 어떻게 될까?"

바로 지금 잠시 시간을 갖고 당신이 이미 확인한, 두려움에 기초한 믿음을 숙고해보라. 당신은 어느 누구와도 정말로 친밀한 관계를 맺지 못할 거라고 믿을지도 모른다. 당신이 다른 사람들을 실망시키고 있다거나 사랑받을 자격이 없다고 믿을 수도 있다. 또는 인정받으려면 쉬지 않고 일해야만 한다고 믿거나, 당신이 너무 늙어서 아무에게서도 관심을 얻지 못할 거라고 믿기도 한다. 어떤 믿음을 갖고 있든지, 그 믿음이 당신의 삶에 어떤 영향을 미치는지 감지해보라. 이 믿음을 품고 사는 것의 괴로움이 느껴지는가? 이제 자문하라. "이 믿음이 사라진다면 나의 삶이 어떠할까? 내 자신과의 관계가 어떻게 달라질까? 다른 사람들과의 관계는 어떻게 달라질까?"

　　이것을 자문할 때 제이슨은 자신이 무가치하다는 믿음이 없어지면 공간이 생겨서 살아있음을 더 많이 느낄 것임을 즉시 감지했다. 또한 그 믿음이 사라지면 아내의 사랑을 진심으로 믿을 수 있으리라는 것도 깨달았다. 이 질문을 숙고할 때 자신이 지금껏 알아채지 못한 몸 속 깊은 곳의 고질적인 조임이 저절로 사라져서 몸이 풀려나는 느낌을 받는 사람들도 있다. 어떤 이들은 언제 어디서나 창의성과 경이로움과 열려있음을 실감하며 가볍게 걸어 다니는 모습을 떠올리기도 한다. 어떤 사람들은 무엇에도 구애받지 않고 마음껏 사랑할 가능성을 엿본다. 자유를 이렇게 조금 맛보는 것만으로도 우리의 타고난 자각과 지혜가 실제로 깨어나서 믿음에 대한 집착을 더 많이 없애준다.

"이 믿음이 사라진다면 나는 어떤 사람이 될까?"

　　"나는 사랑받을 자격이 없어."라는 믿음을 중심으로 자아감이 형성되어 있는데 그 믿음이 진실이 아님을 깨닫게 되면 당신은 방향감각을 잃고 혼란에 빠질 수도 있다. 제이슨처럼, 이렇게 말할지도 모른다. "내가 어떤 사람이 될지 잘 모르겠어요." 자신이 누구인지 더 이상은 모르는 것이다! 제이슨의 경우, 그렇게 '잘 모르는 것'이 공간을 만들어내서 그가 숨을 쉬고 긴장을 풀 수 있게 해주었다. 자신을 떠받치는 기반이 사라진 느낌이어서 홀가분해하거나 흥미로워하거나, 개중에는 두려워하는 사람도 있다.

"이 믿음을 더는 고수하지 않으면 나는 어떤 사람이 될까?" 이 질문은 영적인 힘을 갖고 있다. 이 질문은 질문하는 자, 즉 분리된 자아를 소멸시킨다. 자아의 소멸은 RAIN의 N, 비동일시에 이르는 길을 열어준다. 자아가 소멸할 때 작은 자아의 우주복이 찢어져 열리고, 당신은 두꺼운 겉옷이 없어도, 헬멧과 공기 탱크가 없어도 자신이 얼마든지 움직이고 숨 쉴 수 있음을 발견한다. 작은 자아의 소멸은 당신이 완전하고 신비로운 참자아를 깨달을 수 있게 해준다.

핵심 믿음을 뛰어넘어 살기

다시 만났을 때 제이슨은 이전 상담 후 마르셀라와 나눈 대화에 대해 들려주었다. 처음에는 그가 말을 했고 마르셀라는 듣기만 했다. "지금까지 절대로 말하지 않았던 것들을 털어놓았어요. 주로 내 안의 두려워하고 수치스러워하는 어린아이에 대해서요······ 자신을 보호하기 위해 항상 상황을 통제하려고 애쓰는 사람······ 그리고 그녀를 사랑하는 남자에 대해서도 이야기했지요." 그는 잠시 말을 멈추었다. 그 기억을 떠올릴 때 그의 두 눈이 촉촉하게 젖어들었다. "설령 나와 헤어지더라도 적어도 이제는 진실을 알 거라는 말까지 했어요."

마르셀라 역시 정직하게 말을 했고, 제이슨은 방어적으로 대응하지 않고 경청할 수 있었다. 그녀는 결혼생활에서 친밀한 애정을 느낄 수 없었던 것에 자신이 얼마나 분노하고 절망하고 외로웠는지에 대해 털어놓았다. 마르셀라가 고통과 불만을 표현한 것이 이번이 처음은 아니었다. 하지만 제이슨이 실제로 가만히 앉아서 온 마음을 다해 귀를 기울이며 그녀의 말을 끝까지 들은 것은 처음 있는 일이었다. "현재에 존재하는 걸 제가 갈수록 잘하는 것 같아요." 제이슨이 조금 뿌듯해하며 말했다. "마르셀라의 진심을 정말로 알고 싶었어요…… 그녀의 실제 경험을 이해하고 싶었어요. 그게 듣기 언짢더라도요."

제이슨은 말을 이었다. "마르셀라가 끝으로 이렇게 말하더군요. 내가 지금까지는 내 머릿속에서만 살고 있어서 자기가 도저히 닿을 수 없었는데 이제는 머리에서 가슴으로 옮겨가고 있는 것 같다고요." 대화가 끝났을 때 그들은 서로의 손을 꼭 잡았다. 침묵 속에서 제이슨은 사랑을 주는 것의 다정함, 사랑을 받는 것의 깊은 기쁨을 느낄 수 있었다. 그게 전부가 아니었다. "그때 내 마음은 앞으로 무슨 문제가 생길지, 내가 어떻게 해야 상황을 통제할지에 대해 떠들어대지 않았어요. 나 자신이 그렇게 그냥 사라졌어요. 거기에는 사랑만, 다정한 자각만 남아 있었어요."

이제 어떤 일이 일어나든지 감사히 여기고 받아들이겠다면서 제이슨은 상담실을 떠났고, 우리는 한 달 가까이 만나지 않았다. 그리고 다음 상담 시간, 그는 만면에 웃음을 띠며 인사한 후 즐겁게 이야기했다. "놀라지 마세요. 자신이 통제해야 한다고 믿는 불안한 남자가 다시 나타났습니다." 그리고 잠시 멈추었다가 말을 이었다. "하지만 나는 이제 그 남자를 다루는 방법을 알아냈어요." 술을 마시려는 충동이 솟아날 때 제이슨은 새로 찾은 자신감을 발휘할 수 있었다. "12단계 프로그램 모임에서 어떤 남자가 사용한다는 구절을 배웠어요…… '나의 의지가 아니라 내 마음의 의지다.' 이 말이 제게 꼭 들어맞더라고요. 술이나 마약에 대한 생각이 떠오를 때나 내가 상황을 통제하려 한다는 걸 깨달을 때 나는 내가 무가치하다는 믿음으로 다시 돌아가요. 불안하거나 분노할 때도 그 믿음으로 돌아가죠. 하지만 이제는 그 믿음을 알아차리자마자 나 자신에게 이렇게 말해요. 마음의 의지가 하는 말에 귀 기울여 보라고요…… 타라, 아시겠지만, 그게 효과가 있어요. 나는 이제 어떤 것도 숨기지 않습니다. 어느 누구도 속이지 않아요. 내 삶은 더욱 순수해지고, 집안일은 술술 잘 풀리고 있어요."

두려움에 기초한 믿음은 우리를 불안한 자아의 미망에 빠뜨린다. 그 작은 자아는 고도로 경계하며 삶을 지배하고 조종한다. 우리는 합리화하고 방어하고 비난하고 자신을 정당화한다. 두려움에 떠는 자아는 우리의 의지, 자각 능력, 의미 있는 행위를 빼앗아간다. 제이슨의 경우, 그 자아는 그를 중독증에 빠뜨렸고 결혼생활을 파괴할 뻔했다. 하지만 더 깊은 사고가 이 권위적인 자아를 이끌기도 한다. '마음의 의지'에 귀를 기울일 때 제이슨은 두려움에 기초한 믿음을 인식했다. 그리고 그 내용에 수긍하는 대신, 자신의 내면 깊은 곳의 지혜가 삶을 이끌어가게 허락했다.

진리에 귀의하다

〈평화의 다리 놓기〉 프로그램은 우리의 핵심 믿음이
무너질 수 있다는 것을 상기시킨다. 가장 힘겨운 상황에서도 그것이 가능하
다. 그 프로그램 초반에 한 팔레스타인 소녀가 다른 참여자들 앞에서 이스라
엘 군인들이 자기네 집에 쳐들어와서 가족을 폭행하고는 집을 잘못 찾아왔
다는 것을 알고도 사과 한 마디 없이 가버렸다고 말했다. 프로그램의 진행자
는 '자비로운 경청'이라는 기법을 사용해서 한 이스라엘 소녀에게 그 이야기
를 그대로 다시 말해보라고 했다. 그 팔레스타인 소녀가 그때 느꼈을 감정-
격노와 공포-까지 포함해서 똑같이 들려줘야 했다. 자신의 경험담을 이스
라엘 소녀가 되풀이하는 것을 주의 깊게 들은 후, 팔레스타인 소녀가 울기
시작했다. "나의 적이 내 말을 들어줬어!" 두 소녀는 함께 울었고 함께 시간
을 보냈으며 가까운 친구가 되었다.

그런데 이 십대 소녀들이 전쟁으로 망가진 고국으로 돌아간 후에는
그들 사이의 유대가 어떻게 되었을까? 1993년에 처음 도입된 이후 〈평화
의 다리 놓기〉 프로그램에 참여한 청소년들이 수백 명에 달한다. 그리고 후
속 연구는 더 중요한 실상-적의 실체와 진심-을 잠깐 접하기만 해도 진정
한 변화가 일어나서 평화의 다리 놓기를 지속시킨다는 것을 보여주었다. 다
리 놓기가 어떤 아이들에게는 내적인 작업이었고, 어떤 아이들에게는 더욱
공공연한 활동이었다. 세월이 흐르고 두 명의 아이는 평화 운동가로 성장했
다. 한 팔레스타인 여성은 선도적인 환경 운동가가 되어서 연약한 사막 생태
계를 구하려고 양측과 협력한다. 또 한 여성은 교사로서 더 중요하고 자비로

운 실상을 학생들에게 알려주었다. 수많은 아이들이 여전히 우정을 유지했다. 폭탄으로 학교가 파괴된 후, 한 팔레스타인 소녀는 이스라엘 소녀에게서 전화를 받았다. 같은 팔레스타인 친구들에게서도 듣지 못한 진심어린 위로에 그 아이는 크게 감동했다. 그리고 훗날 아가씨로 성장한 그녀는 이스라엘 버스가 폭발했다는 소식에 사촌들이 주변에서 환호하고 있는데도 울음을 터뜨렸다.

'우리'와 '저들'을 구별하고 적대시하는 분리의 미망은 그 힘이 강력하다. 하지만 붓다가 가르쳤듯이, "더 커다란 진실은 삼라만상이 하나로 연결되어 있다는 것이다." 우리가 이 순간의 실상으로 돌아가 의지할 때마다 믿음은 힘을 잃는다. 타인에게 진정으로 관심을 기울이고 그의 경험을 실제로 함께 경험할 때 우리는 모든 선입견을 초월하여 그의 참모습을 발견한다.

헨리 워즈워드 롱펠로우Henry Wadsworth Longfellow는 이렇게 썼다. "적의 감춰진 역사를 읽을 수 있다면 우리는 그 개개인의 삶에서 우리의 적의를 모두 녹이기에 충분한 슬픔과 괴로움에서 발견할 것이다." 이 말은 순진한 주장이 아니다. 적이 우리를 해치지 않으리라는 뜻이 아니다. 자신을 보호하게 도와주는 현명한 분별력을 배제해야 한다는 뜻이 아니다. 그 말이 의미하는 바는 우리의 마음이 그릇된 핵심 믿음에 지배당해서는 안 된다는 것이다. 타인의 슬픔과 괴로움이 적힌 '감춰진 역사'를 덮어 가리거나 상호이해와 배려의 가능성을 차단하는 그 그릇된 믿음에 갇혀서는 안 된다는 뜻이다.

이와 마찬가지로 매순간 온전히 존재하며 자신의 경험을 자각할 때 우리는 자신의 무가치함, 악함, 약함에 대한 자기 대화 그 너머를 본다. 그 제한된 이야기에 갇히는 대신, 우리는 거기에서 벗어나 자신의 타고난 지혜와 자각과 사랑을 확신하고 그 안에서 살아간다. 그러면 시인 루미처럼, 우리는 깨달을 것이다.

나의 감춰진 자아를 꼬집고 비틀던 무지의 손아귀에서 나는 벗어났다. 우주와 별빛이 내게 다가온다.

성찰 연습

핵심 믿음 리스트

매순간 깨어서 핵심 믿음을 더 많이 자각하면 할수록 그 믿음이 당신의 마음을 장악하는 힘이 더욱 더 줄어든다. 이러한 마음챙김을 강화하는 한 가지 방법은 당신이 완강하게 고수하고 있는 편협한 믿음을 적어보는 것이다. 충분한 시간을 갖고, 두려움에 기초한 당신의 믿음을 진지하게 찾아보고 하나씩 적어라. 다음의 예들 중에 익숙한 믿음이 있을 것이다.

"인정받거나 사랑받으려면 열심히 일해야 한다."

"나는 사랑받을 가치가 없다. 나는 행복할 자격이 없다."

"나와 가까워진 사람은 누구든 내게 상처를 줄 것이다."

"나는 사랑하는 사람들에게 상처를 줄 것이다."

"내가 나를 보호해야 한다, 그렇지 않으면 상처받을 것이다."

"사랑받거나 사랑하거나 평화로워지기 위해서는 내가 달라져야^{더 매}력적이어야, 더 똑똑해야, 더 자신만만해야, 더 성공해야 **한다.**"

"다른 사람들은 나를 이해하지 못하거나 나의 진가를 모른다."

"사람들은 나에게 아무 관심이 없다."

"나는 다른 사람들보다 더 특별하고 더 똑똑하고 더 착하다."

234   2부. 진리의 문

"약해 보이거나 궁핍해 보이는 것은 위험하다."

"사람들은 나를 이용하려고 한다."

"내가 똑같이 되갚아주지 않으면 사람들은 내게 계속 상처를 줄 것이다."

"나는 근본적으로 결함이 있다."

"나는 실패자다, 어떤 것을 하든지 나는 실패할 것이다."

"신_{다른 사람들, 삶}은 나를 배신했다."

믿음을 즉시 포착하기

매순간 깨어서 믿음을 포착하는 능력을 키울 수 있는 방법이 있다. 강렬하고 충동적인 감정 대신, 보통 수준의 정서적 반응을 일으키는 상황을 가지고 실험하는 것이다.

🌿

1. 마음이 고요한 시간에 앉아서 불안이나 짜증, 실망을 자주 일으키는 상황을 서너 개 확인하고 적어본다. 예를 들어, 상사와 대화할 때, 아들의 등교를 준비시킬 때, 교통 체증에 갇혀 있을 때, 프로젝트의 마감 시한이 임박할 때, 직장에서 피로감을 느낄 때, 배우자가 비난할 때 등이 있다.

2. 당신의 핵심 믿음 리스트를 옆에 놓고 위의 각 상황을 깊이 생각하고 나서 스스로에게 질문한다. "나는 무엇을 믿고 있지?" 가장 근본적인 핵심 믿음을 찾기 위해서는 여러 번 물어야 할 수도 있다. "내가 정말로 믿고 있는 것이 무엇이지?" 또는 "나를 가장 방해하는 믿음은 무엇이지?" 그 믿음을 적은 후 기억하기 쉬운 단어로 묘사해본다. '내가 부족하다는 믿음.' '실패하면 거부당할 거라는 믿음.' '더 열심히 노력해야 그나마 괜찮을 거라는 믿음.'

3. 그 상황이 벌어질 때 깨어서 자각하겠다고 다짐한다. 그 상황의 와중에서 잠깐 멈춰서 당신의 믿음을 자각하는 것이 가능한지 알아본다. 이 자각이 당신의 감정을 변화시키거나 새로운 대응 방식을 제공하는지 알아본다.

🍃

당신의 진척 속도에 맞춰서 '믿음 포착'용 상황을 새로 추가해도 좋다. 믿음과 감정을 자각하는 능력에 점차 자신감이 붙으면 그에 맞게 더욱 강렬한 감정으로 충전된 상황을 가지고 연습할 수 있다.

3부

사랑의
문

장미는

어떻게

그 심장을 열어

그 모든

아름다움을

이 세상에 내주었을까?

장미는

그 존재를 비추는

빛의 격려를 느꼈다.

그렇지 않았다면,

우리는 모두

여전히

두려움에 떨고 있으리.

– 하피즈 Hafiz

9장.

트라우마를 치유하는 마음

람 다스Ram Dass가 중증 뇌출혈을 겪은 1997년은 그가 영성의 길에 들어선 지 40년이 넘은 시점이었다. 동양의 영적 전통을 서양에 들여온 미국인 선구자 중 한 명인 람 다스는 힌두교와 불교, 아드바이타Advaita, 인도 철학의 베단타학파에 속하는 불이일원론(不二一元論) 등 다양한 영적 전통의 명상을 깊이 수행했고 많은 사람을 명상과 봉사의 길로 이끌었다. 그럼에도 불구하고 뇌출혈을 겪은 지 몇 시간 후 병원 침대에 누워 천장의 파이프를 응시하면서 그는 극도의 무기력과 외로움을 느꼈다. 기분을 돋워주는 생각은 하나도 떠오르지 않았고, 일어난 일을 있는 그대로 자각하고 받아들이거나 자기연민을 느끼기가 불가능했다. 그 중대한 순간을 그는 직설적으로 이렇게 말한다. "나는 시험에 낙제했다."

람 다스의 이 이야기를 나는 "시험에 낙제했다."고 걱정하는 수련생들에게 이따금 들려준다. 그들은 RAIN을 적용해서 곤경을 다루는 수행을 하지만 정작 곤경에 직면하면 두려움과 불안과 고통이 너무 커서 현재에 존재하며 자각하기가 불가능하다. 그러면 결국 깊은 절망과 자기회의에 빠져서는 귀의처의 문이 자신에게는 닫혀 있다고 느끼는 경우가 흔하다.

나는 우선 그들이 자기비난을 줄이도록 도와준다. 정서적 또는 육체적 위기에 처할 때 우리는 종종 미망에 빠져서 두려움과 혼란에 사로잡힌다. 그러한 때에 참된 귀의처로 들어서는 첫 걸음—우리가 이용할 수 있는 유일한 방법—은 자신의 내적, 외적 삶과의 다정한 연결감을 조금 느껴보는 것이다. 우리는 사랑의 문을 통해 귀의처로 들어가야 한다.

람 다스는 마하라지Maharajji에게 사랑을 청함으로써 이 문을 통과했다. 그에게 힌두어 이름을 지어준 마하라지는 1981년에 세상을 떠난 인도의 영적 스승이다. 육체적 고통과 무력감과 절망의 한가운데서 람 다스는 마하라지에게 기도했다. 그에게 마하라지는 언제나 순수한 사랑이었다. 나중에 그는 이렇게 썼다. "나는 스승의 사진을 보며 말씀드리고 그분은 내게 말씀하셨다. 그분은 내 주변의 모든 곳에 계셨다." 마하라지가 즉시 '그곳'에 거하며 늘 변함없이 온전히 접할 수 있으리라는 것이 람 다스에게는 순수한 은총이었다. 집으로 돌아온 람 다스는 순간순간 닥치는 고통스러운 역경을 다시 다정하게 자각하며 그것과 함께 평화롭게 존재할 수 있었다.

사랑의 문은 보살핌과 연결의 느낌이다. 그 문을 지날 때 우리는 사랑하는 사람과, 대지와, 영적 인물과, 궁극적으로 자각 자체와 연결되어 있음을 체감한다. 장미에게 빛의 격려가 필요하듯이, 우리에게는 사랑이 필요하다. 그렇지 않으면, 하피즈의 시구처럼, "우리는 모두 여전히 두려움에 떨고 있으리."

트라우마의 유산

나의 명상 수업에 참석한 지 여러 달이 지난 어느 날, 데이나가 수업 후 찾아와서는 두려움을 다루게 도와달라고 했다. "나 자신을 믿는 게 쉽지 않아요. 하지만 선생님 말씀을 듣다보면 마음이 고요해져요…… 선생님은 나를 이해할 것 같아요. 선생님과 상담을 하면 안전감을 느낄 수 있을 것 같아요."

겉보기에 데이나는 불안해하거나 쉽게 겁을 먹을 사람이 아니었다. 키가 크고 체격이 건장한 아프리카계 미국인 여성으로 주립 교도소의 보호관찰관이라는 강인한 직업을 갖고 있었다. 게다가 생기발랄한 눈빛에 항상 편안하게 웃는 얼굴이었는데 그녀의 입에서 흘러나온 이야기는 완전히 딴판이었다. "나는 대체로 잘 지낼 수 있어요, 타라. 하지만 그러다 한번 무너지면…… 철저히 무력해져요." 특히 강한 남성이 마구 화를 낼 때 데이나는 '혀가 굳는' 느낌이라고 했다. "나 자신이 겁에 질린 어린아이처럼, 사지가 잘린 무능력자처럼 느껴져요."

두려움으로 그렇게 혀가 굳은 최근의 경험을 몇 가지 들려달라고 했다. 그러자 데이나는 소파에 기대앉아 다리를 꼬고는 한 발로 바닥을 초조하게 톡톡 치기 시작했다. 그러다가 일단 입을 열자 말이 속사포처럼 쏟아져 나왔다. "한번은 남자친구와 있을 때 그랬어요. 그는 술을 너무 많이 마셔요. 그리고 고함을 치면서 사실도 아닌 일을 갖고 나를 비난하기 시작해요. 내가 다른 남자와 시시덕거렸다는 둥, 뒤에서 자기 험담을 했다는 둥 그래요." 데이나는 잠깐 멈추었다가 말을 이었다. "그가 나를 괴롭히며 위협할 때는 나의 내부가 꽁꽁 뭉쳐서 단단한 작은 공이 돼요. 진짜 나는 사라지고 없는 느낌이에요." 그럴 때는 생각할 수도 없고 말할 수도 없다고 했다. 심장이 쿵쾅거리고 목구멍이 꽉 막히는 느낌만 자각할 수 있었다.

데이나를 괴롭히고 위협한 사람은 지금의 남자친구가 처음이 아니었다. 진짜 '나'는 사라지고 작고 단단한 공으로 뭉쳐지는 느낌은 데이나가 열한 살 때 외삼촌에게 성폭행을 당한 직후부터 자주 나타났다. 그가 미국을 떠날 때까지 4년 동안, 데이나는 엄마가 출근해서 집에 없으면 외삼촌이 찾아올 거라는 두려움 속에서 살았다. 성폭행이 끝날 때마다 그는 그 일을 비밀로 하겠다는 다짐을 받고 발설하면 가만두지 않겠다고 위협했다. 그는 데이나가 '그걸 요구'했다고 자주 비난했으며, 그녀가 옷을 다르게 입었거나 다르게 행동했더라면 그런 일은 결코 없었을 거라고 말했다. 그때 데이나의 일부는 외삼촌의 말이 사실이 아님을 알았지만, 또 다른 일부는 그 말에 수긍했다. "지금도 그래요. 나의 내부에 불량한 내가 살면서 언제든 밖으로 나올 기회를 엿보고 있는 것 같아요."

데이나는 자신의 두려움의 근원을 명확하게 알고 있었다. 하지만 그 명확한 인식이 불안과 죄책감, 무력감을 막아주지는 못했다. 다음번 상담 시간에 데이나는 첫 번째 상담 후 외삼촌의 협박에 대한 오래된 공포가 되살아났다고 말했다. 내가 다른 남자와 진짜 시시덕거렸나? '발설'했다고 가만안 두면 어떻게 하지? 이제는 상담실에 그냥 앉아 있는 것만으로도 오래된 그 익숙한 공포에 별안간 휩싸였고, 공포감은 급속도로 강렬해졌다. 데이나는 말을 뚝 끊고는 차갑게 굳은 얼굴로 바닥만 노려보았다. 그녀가 떨고 있으며 호흡이 가빠지고 있음을 나는 느낄 수 있었다. "지금 당신이 사라지고 있나요?" 나의 물음에 그녀는 고개를 숙인 채 끄덕였다.

지금 데이나는 외상 후 스트레스 반응을 보여주고 있었다. 과거로 굴러 떨어져서 외삼촌이 앞에 떡 버티고 서 있을 때처럼 무력하고 두려워하는 것 같았다. 이 순간에는 데이나가 현재에 존재하며 깨어서 자각하기가 불가능하다는 것을 나는 알았다. 그 두려움의 힘이 너무 강했다.

강렬한 두려움을 느낄 때 사람들이 필요로 하는 것은 보통 '옆에 있기'다. 누군가가 옆에 있으면서 보살피고 받아들이는 것이 필요하다. 어린아이가 속상해하거나 두려워할 때는 그의 감정을 이해하고 보듬어주는 것이 미봉책을 찾거나 다 괜찮을 거라며 이유를 설명해주는 것보다 더 중요하다. 고통 속에 홀로 있다는 느낌이 취약감의 핵심을 이룬다. 타인과의 접촉은 두려움을 덜어주고 안전감을 높여준다. 하지만 트라우마를 지닌 사람의 경우, 당사자가 접촉의 정도를 결정하는 것이 중요하다. 그렇지 않으면 타인과의 접촉 자체가 그 트라우마 사건을 연상시킬 수도 있다.

"데이나," 내가 조용히 물었다. "내가 옆에 앉는 게 좋겠어요?" 그녀가 고개를 끄덕이며 바로 옆에 놓인 쿠션을 손바닥으로 톡톡 두드렸다. 나는 데이나의 옆자리로 옮겨가서 그렇게 가까이 앉아도 괜찮은지 물었다. 그녀가 속삭이듯 대답했다. "그럼요…… 고마워요." 나는 데이나에게 몸과 마음을 최대한 편안하게 하라고 권했다. 그러자 그녀는 소파가 몸을 떠받치고 있는 느낌과 두 발이 바닥에 닿아 있는 느낌에 초점을 맞출 수 있었다. 다시 고개를 끄덕이는 데이나에게 나는 우리가 함께 앉아 있는 것을 몸이 어떻게 느끼는지 그 감각을 알아차려보라고 격려했다.

그 다음 2~3분 동안, 나는 내가 거기 함께 있음을 알려주고 괜찮은

지 물어보면서 그녀의 상태를 여러 번 확인했다. 데이나는 계속 말없이 고개만 끄덕였다. 그러나 몸의 떨림이 차츰 가라앉고 호흡이 더욱 깊어지고 규칙적으로 변했다. 지금은 어떤지 내가 다시 묻자 데이나는 고개를 옆으로 돌려 내 눈을 바라보며 희미하게 웃어 보였다. "조금씩 진정되고 있어요, 타라. 지금은 더 나아요." 그 눈빛과 미소를 보고 나는 데이나가 이제는 두려움에 그렇게 철저히 사로잡혀 있지 않다는 것을 알았다.

그 잠깐 동안 무슨 일이 일어났는지에 관해 대화하기 위해 나는 내 자리로 돌아와서 데이나와 마주보았다. "내 문제가 뭔지 모르겠어요." 그녀가 입을 열었다. "나는 그걸 혼자서 해결할 수 있어야 해요. 하지만 그렇게 완전히 사로잡힐 때는 너무 당혹스러워요. 내가 산산이 부서진 느낌만 들어요." 데이나는 자신에게 트라우마가 있음을 깨달았다. 하지만 극심한 공포와 무기력에 사로잡히는 경험을 '에피소드'라고 부르면서 취약함과 비겁함의 표시로 여겼다. 더 심각한 것은 그러한 에피소드를 자신에게 영성이 전혀 없다는 증거로 삼았다는 것이다. 데이나는 이렇게 말했다. "나의 내면에는 영적인 공간이 없어요. 거기엔 어둠밖에 없어요…… 나는 영혼이 없어요."

트라우마가 남기는 가장 고통스럽고 지속적인 유산 중 하나는 자기비난이다. 수련생과 내담자들은 자신이 부서지고 결함이 있는 '망가진 물건'처럼 느껴진다고 자주 말한다. 그들은 트라우마의 영향을 이성으로는 이해할 수 있다. 하지만 감정이나 행동을 통제하지 못할 때는 여전히 극심한 자기혐오와 수치심에 시달린다. 그 감정 밑에는 과거의 경험이 아무리 끔찍해도 자신은 그 경험에 따른 공포를 가라앉히고 재앙과 같은 생각을 중단하고 중독 행동이나 친밀한 관계 거부 같은 그릇된 귀의처를 피할 수 있어야 한다는 믿음이 깔려 있는 듯하다. 다시 말해서, 그들은 아무리 고통스러워도 자아가 항상 통제해야 한다고 믿는 것 같다.

작은 자아는 당연히 '시험에서 낙제'한다. 트라우마를 지닌 분리된 자아의 미망에 빠져 있을 때 우리는 괴로움의 악순환에 갇힌다. 우리의 뇌와 몸은 두려움에 대한 생리적 반응을 계속 양산하여 위기감과 무력감을 강화한다. 트라우마와 그 트라우마를 둘러싼 수치심을 치유하려면 분리의 미망에서 깨어나야 한다. 데이나는 트라우마와 관련된 강렬한 감정이 일어나고 있는 동안에도 귀의처를 찾아낼 수 있다는 것을 깨달아야 했다. 상담실에서 겪은 그 혼란한 순간에 경험한 우리 둘의 가깝고 친밀한 접촉은 치유의 중요한 첫 걸음이었다.

트라우마 이해하기

트라우마는 극도의 육체적 또는 심리적 스트레스 경험으로 우리의 정상적인 처리 능력과 대처 능력을 제압한다. 트라우마에 갇혀 있을 때 우리는 원초적인 생존 전략의 지배를 받으며 내면의 지혜와 주변 세상의 잠재적 도움으로부터 단절된다. 고립되고 무력하고 겁에 질린 자아가 우리의 현실 전체를 제한한다. 이렇게 철저한 단절은 트라우마의 특징이자, 그리고 어느 정도는, 모든 부정적인 감정의 주요 특징이다.

나의 내담자들 중에는 깊이 각인된 트라우마로 인해 고통스럽게 살아왔으면서도 그 악전고투의 원인이 트라우마라는 것을 인식하지 못한 이들이 많았다. 그들은 자신의 과거사에 매우 익숙하기 때문에 지금까지 힘들게 견뎌온 트라우마의 그 강력한 영향력을 경시한다. 데이나처럼, 트라우마를 인식하기는 해도 수치스러워하고 위로받을 자격이 없다고 느끼는 이들도 있다. 트라우마가 얼마나 만연한지 아는 것이 도움이 될 수도 있겠다. 아동기에 성적 또는 육체적 학대를 경험하는 미국인이 7천 5백만 명 내지는 1억 명에 달한다. 보수적인 미국 의사 협회American Medical Association의 추정에 의하면, 모든 기혼 여성의 30퍼센트 이상은 물론이고 임신한 여성의 30퍼센트가 배우자에게 상습적으로 폭행을 당한다. 출생 과정 또는 수술 도중에 겪은 사고나 사랑하는 사람의 갑작스런 죽음 같은 사건도 트라우마의 원인이 될 수 있다. 전쟁이나 자연재해를 겪는 시기에는 수백만 명 이상이 트라우마에 시달린다. 자신에게도 트라우마가 있음을 인식하고 인정할 수 있을 때 수련생이나 내담자들은 더욱 진지하고 연민 어린 시선으로 자신의 삶을 바라보기 시작한다.

　　모든 트라우마가 외상 후 스트레스 장애PTSD라는 만성 질환으로 전개되는 것은 아니다. 임상의이자 작가인 피터 레빈Peter Levine의 설명에 의하면, 트라우마가 일으킨 강렬한 생체 에너지가 성공적으로 처리되거나 해소되지 않을 때 고통스러운 PTSD가 생겨난다. 위험이 닥치는 순간, 두려움은 우리를 위험에서 지켜줄 행동-싸우거나 달아나는 반응-을 일으킨다. 트라우마 상황에 처할 때, 어떤 사람들은 위험에서 도망치거나 반격하거나 타인의 안전을 도와주거나 앞으로 자신을 지켜줄 강력한 협력자를 찾아낼 수 있다. 그러면 위기감은 완화되고 생체 에너지는 방전된다. 하지만 외삼촌에게 상습 성폭행을 당할 때의 데이나처럼, 유용한 반응을 일으킬 방법이 없으면 그 대체 반응은 얼어붙는 것이다. 이 상태에서는 두려움이 일으킨 투쟁-회피 에너지가 해소되지 않고 여전히 몸에 갇혀 있으며, 마음은 그 강렬한 에너지를 표현하는 신체 감각을 차단하거나 그것에서 해리된다. 이러한 해리解離. dissociation는 PTSD의 주된 특징으로서 '비현실감'이나 무감각함으로 경험될 수 있다.

얼어붙은 이 트라우마 기억들은 언제든지 풀려날 수 있다. 비슷한 상황이 벌어지면 과거의 트라우마 상황에서 제대로 처리되지 않고 일시적으로 차단되었던 공포나 무기력, 분노 에너지가 다시 솟구친다. 그러면 그 상황을 마치 지금 겪고 있는 듯이, 우리는 싸우거나 달아나려는 그 고통스러운 에너지를 또 한 번 고스란히 경험한다. 데이나의 경우, 상담 중에 남자친구에 대해 '고자질'한 것이 비밀을 '발설'하면 가만 두지 않겠다는 외삼촌의 협박에 대한 공포를 되살려냈다.

나의 내담자와 수련생들은 자신의 생각과 감정과 행동의 대다수가 과거의 강렬한 트라우마를 어떻게든 처리하기 위해 조직된 것임을 깨닫고 아연해한다. 나와 함께 그들은 자신이 위기감을 얼마나 자주 느끼는지, 투쟁-회피 에너지가 얼마나 자주 일어나는지, 이 강렬한 에너지가 다양한 증상으로 표현되는지 또는 방전되는지를 탐구한다. 해리와 플래시백flashback. 충격적인 경험의 이미지나 감정을 생생하게 다시 체험하는 현상 외에 트라우마 증상에는 공황발작, 불면증, 악몽, 우울증, 강박적 사고, 격분, 중독 행동, 성적 불능 등이 포함된다. 데이나는 심신을 갉아먹는 극심한 두려움자신이 작고 단단한 공으로 뭉쳐지며 사라지는 느낌을 겪었다. 하지만 때로는 분노를 터뜨리고 폭식을 하고 줄담배를 피우곤 했다. 다른 그릇된 귀의처처럼, 트라우마의 이 같은 증상 행동들 역시 고통스러운 두려움을 일시적으로 희석시킬 수는 있지만 우리가 진정한 치유를 약속하는 안전과 사랑을 지향하지 못하게 방해한다. 그 증상 행동은 우리가 취약하고 결함이 있고 무력하다는 느낌도 재확인시킨다.

PTSD가 있는 사람들은 한 가지 감정에 완전히 사로잡힌 상태와 신체 감각과 단절된 상태를 자주 왔다 갔다 한다. 시야를 좁히는 미망에 빠져서 그들은 기반을 잃고 자신의 중요한 측면들과 단절된다. 주요 인지 능력을 상실하고 자신이 성공적으로 대처했던 순간을 기억하지 못하고 더 커다란 세상에 놓여 있는 잠재적 도움을 보지 못한다. 타인과의 애정 어린 관계도 끊어진다. 그리고 결국에는, 현재에 존재한다는 느낌을 상실한다. 따라서 영혼의 원천으로부터 멀어진다. 상담 중에 자신에게는 영적인 공간이 없다고, 영혼이 없다고 했을 때 데이나가 말하고자 한 것이 바로 그것이었다.

끔찍한 트라우마를 경험한 다른 사람들처럼, 데이나에게도 다음과 같은 질문이 가장 중요하다. "어떻게 하면 충분히 안전해져서 고향으로, 나의 몸으로, 삶으로 돌아가 현재에 존재할 수 있을까?"

사랑에 귀의하기

다음 상담 시간에 데이나는 성폭행의 가장 고통스러운 부분은 누군가에게 도와달라고 하고 싶지만 너무 무서워서 말하지 못하는 것이었다고 했다. "엄마한테 털어놓는 걸 연습하곤 했어요. 그러면 삼촌이 그걸 알고 나를 납치해서 목 졸라 죽이는 악몽을 꾸었어요."

지난 번 상담은 오래된 공포를 되살려냈지만 데이나는 자신이 평소보다 더 빨리 회복되었다는 것을 깨달았다. "선생님께서 옆에 앉아 있을 때 두려움이 사라지지 시작했어요. 선생님께서 나를 보살펴주는 것과 그냥 거기 있는 것에 특별한 뭔가가 있었어요…… 그 순간에는 내가 안전하고 괜찮다는 걸 알았어요." 데이나는 잠시 아무 말이 없다가 중요한 질문을 했다. "하지만 나 혼자 있을 때는 어떻게 해야 하지요?"

치유 과정에서는 다음 단계로 자연스럽게 이동하거나 발전하는 순간이 자주 있다. 처음에 우리는 타인의 물리적 존재에서 위안을 얻는다. 그 다음에는 자신의 내면에서 안전과 사랑으로 가는 길을 찾아낸다. 이 과정은 중요하고도 섬세하다. 트라우마를 겪고 있는 자아는 연약하고 외부의 도움을 필요로 한다. 하지만 애초의 트라우마를 일으킨 상처가 주로 인간관계에서 비롯되기 때문에 인간관계는 위험을 연상시킬 수도 있다. 그러므로 안전하게 보살펴주는 인간관계가 치유 작업에 반드시 필요하다.

많은 샤머니즘 문화에서는 사람이 트라우마를 일으키는 큰 사건을 당하면 그 견딜 수 없는 고통에서 스스로를 지키기 위해 영혼이 육체를 떠난다고 믿는다. '영혼 회수soul retrieval'라는 의식을 치르면서 샤먼이 영혼에게 다시 돌아오기를 청하는 동안, 트라우마를 지닌 사람은 공동체의 사랑과 안전 속에 머문다. 우리는 이 의식을 변형하여 치유를 겨냥한 수많은 인간관계에 적용한다. 이 관계에서는 심리치료사나 친구, 지지집단, 교사의 보살핌이 안전을 제공하여 트라우마 당사자가 어느 정도 다시 현재에 살며 행복을 느끼게 해준다.

하지만 데이나의 질문이 암시하듯이, 가장 깊은 치유는 어떤 상황에서든, 심지어 혼자 있을 때도 사랑과 안전을 느낄 수 있게 하는 것이다. 외부 귀의처–보살펴주는 타인의 존재–는 명상을 통해 믿을 만한 내면의 귀의처, 즉 우리 내면의 사랑과 보살핌의 원천으로 다가가는 다리 역할을 할 수 있다.

2,500여 년 전, 붓다는 제자들에게 자애 명상이 두려움을 막아준다고 가르쳤다. 해마다 우기가 되기 전에 수백 명의 승려가 붓다 주위에 모여서 가르침과 계율을 듣곤 했다. 그러다가 우기가 되면 붓다를 떠나 적절한 장소를 찾은 후 그곳에서 수행에 정진하는 석 달 간의 '우기 안거'에 들어갔다. 전하는 이야기에 따르면, 어느 해 승려들은 웅장한 나무가 우거지고 맑은 샘물이 솟아나는 고요한 숲을 발견했다. 밤낮으로 명상을 하기에 완벽한 장소였다. 하지만 그 웅장한 나무에 깃들어 있는 목신木神들은 승려들이 떼 지어 들어오자 숲을 빼앗겼다고 생각하고 불같이 화가 났다. 승려들은 이 사실을 미처 알지 못했다. 목신들은 괴물과 귀신, 악마의 무시무시한 환영을 만들어내고 끔찍한 비명과 흐느낌으로 숲을 채우고 역겨운 악취를 뿜어냈다. 승려들은 곧바로 하얗게 질려서 벌벌 떨기 시작했다. 마음을 한 곳에 모으거나 내적 고요를 유지하기가 불가능했다. 이에 신이 난 목신들은 훨씬 더 사납게 공격을 했고, 결국 승려들은 숲에서 달아나 붓다의 거처로 돌아왔다.

그러나 붓다는 귀신이 들끓는 그 숲으로 다시 돌아가라고 권하여 그들을 경악케 했다. 하지만 승려들이 떠나기 전에 자애 구절을 일러주며 이 구절을 외우고 되새기면 두려움을 초월하여 해탈을 이르게 된다고 약속했다. 숲에 가까워지자 승려들은 자애 명상에 열중하며 조건 없는 자애를 먼저 자기 자신에게, 다음에는 바깥 세상에, 마지막으로 모든 존재에게 흘려보냈다. 그 자애로운 기운이 점차 목신들에게 스며들어 그들의 마음을 물들였다. 그들은 인간의 형상으로 나타나 승려들에게 물과 음식을 대접하고 오래 머물러달라 청했다. 승려들이 숲에서 수행하는 동안, 목신들은 그들이 흘려보내는 대자대비의 기운을 마음껏 누렸고, 그 보답으로 그 숲을 고요하고 청정한 곳으로 만들었다. 그리고 모든 승려가 일체의 속박에서 벗어난 최고의 경지, 열반에 이르렀다고 한다.

그 승려들처럼, 우리도 수치심이나 상심, 분노, 공포의 에너지에 휩싸일 때마다 괴로워한다. 우리 내면의 일부가 보이지 않거나 느껴지지 않거나 배제되거나 거부당할 때 우리는 혼자라고 느끼고 두려워한다. 그리고 이 에너지는 목신들처럼 끝없이 출몰하여 우리를 괴롭히고 두려움에 가둔다. 다정한 현존을 경험할 때에야 우리는 그 속박에서 벗어난다. 붓다가 가르쳤듯이, 사랑은 두 가지로 표현되는데, 그 자애와 연민이 우리를 치유하고 자유롭게 한다. 자애를 가리키는 빨리어 메타metta는 조건 없는 호의, 애정, 온정, 보살핌을 의미한다. 연민은 빨리어로 카루나karuna이며, '함께 느낀다', 즉 능동적인 동정으로 괴로움을 견딘다는 뜻이다. 자애와 연민을 의도적으로 불러일으킬 때 우리는 단절을 초래하는 상심과 두려움을 자각하고 거기서 벗어나 완전한 존재에 이른다는 것을 붓다는 깨달았다.

오늘날 연구자들은 자애와 연민에 초점을 맞춰 명상을 하고 있을 때 뇌에서 일어나는 변화를 목격하고 있다. 정교한 뇌 영상은 트라우마를 겪는 동안에 활동이 정지된 뇌 영역인 좌측 전두엽이 자애 명상 중에 활발해지는 것을 보여준다. 이 영역의 활성화는 주관적인 행복감과 평화로움, 열려있는 느낌과 밀접한 관계가 있다.

평온한 마음을 위한 명상을 가르칠 때 나는 종종 수련생들에게 수행의 일부로서 사랑하는 사람의 손을 잡고 있다고 상상하거나 자신을 부드럽게 쓰다듬으라고 권한다. 연구에 의하면, 20초의 포옹이 옥시토신 생산을 자극한다. 옥시토신은 사랑의 느낌, 연결감, 안전감과 관계가 있는 호르몬이다. 하지만 이 효과를 얻고자 신체적 포옹을 구할 필요는 없다. 포옹을 하는 상상이나 자신의 뺨과 가슴을 쓰다듬는 것도 옥시토신을 분비한다. 시각화, 단어, 접촉, 자애 명상 등, 어떤 방법이든지 뇌의 활성화 방식을 바꾸어서 긍정적인 감정을 일으키고 트라우마 반응을 약화시킬 수 있다.

이러한 까닭에 데이나와의 상담 치료에서 나의 다음 목표는 그녀가 혼자서도 사랑과 안전을 느끼게 도와주는 것이었다. 명상 수업을 통해 데이나는 전통적인 자애 명상을 이미 익힌 후였다. 하지만 이제 우리는 그 기법을 데이나에게 알맞게 수정하고 그녀가 사랑 속에 머문다고 느끼게 해줄 수 있는 특정 이미지와 단어를 확인할 예정이었다.

나는 물었다. "당신이 안전하다고 느끼게 도와줄 수 있는 사람이 누가 있지요?" 데이나의 눈이 반짝거렸다. "마린이 있어요, 친구예요. 그리고 여동생 세레나. 나는 그 두 사람을 믿어요. 언제나 무조건 내 편이거든요. 그리고 또 안전감을 주는 사람은…… 선생님이요." 이 말을 하며 데이나는 조금 수줍어했다. 나는 웃으면서 나를 의지할 만한 사람으로 생각해줘서 고맙다고 말했다.

나는 마린과 세레나를 '동맹군'이라고 부르며 데이나에게 지금 이 상담실에서 그들을 떠올리고 우리 세 사람에게 둘러싸여 있는 걸 상상하라고 했다. 데이나는 눈을 감고 잠시 집중한 후 조용히 말했다. "됐어요, 세 사람이 보여요. 선생님과 마린이 내 옆에 있어요…… 양쪽에서 내 팔을 하나씩 꼭 잡고 있어요…… 그리도 여동생은 바로 뒤에 있어요."

"어떤 느낌이 들지요, 데이나?" 별로 머뭇거리지 않고 대답이 이어졌다. "따뜻한 물속에 있는 느낌이에요."

"좋아요, 이제 그 따뜻한 물속으로 그냥 푹 잠기세요. 그 온기가 당신의 내면 아주 깊은 곳까지 스며드는 걸 느껴보세요…… 온기를 가장 필요로 하는 곳곳이 완전히 이완되는 걸 느껴보세요." 나는 잠시 기다렸다가 말을 이었다. "옆에 있는 동맹군의 따뜻한 사랑 속으로 들어갈 때 어떤 말을 기억하면 가장 큰 위안이 될까요?"

데이나는 가만히 있다가 고개를 끄덕였다. "나는 안전해, 나는 사랑받고 있어…… 이걸 염원해요. 내가 안전하다고 느끼기를, 내가 사랑받는다고 느끼기를."

다시 잠시 기다렸다가 나는 이렇게 말했다. "데이나, 내면에 갇혀서 두려움으로 움츠러들 때는 여기 우리 세 사람을 떠올리세요. 우리 셋이 당신을 둘러싸고 있는 모습을 상상하세요. 당신을 에워싼 온기를 느끼세요. 그리고 위안을 주는 그 말과 염원을 떠올려서 충분히 위안을 받으세요. 그 말의 의미, 안전하고 사랑받는 느낌이 당신에게 스며들게 하세요. 사랑받는 느낌을 당신의 몸이 경험하게 하세요. 원한다면 지금 그걸 연습해도 좋아요."

데이나는 소파에 편안하게 기대앉았다. 호흡이 점점 더 수월해지고 깊어졌다. 그녀는 고개를 두세 번 빙글빙글 돌려서 목의 긴장을 푼 다음, 정지한 듯 가만히 있었다. 다시 눈을 뜨고 나를 바라보았을 때 그녀의 입가에 미소가 번졌고 눈빛이 초롱초롱했다. "이 연습 덕분에 긴장을 푸는 게 가능하다는 걸 알게 됐어요. 저 밑에 그물이 쳐져서 내가 바닥까지 추락하지 않게 막아주는 것 같아요. 이렇게 기분이 좋은 건 정말 오랜만이에요."

상담을 마치기 전에, 나는 데이나에게 하루 중 스트레스가 적은 시간에 동맹군을 불러들이는 연습을 해보라고 권했다. "어떻게 하면 우리 세 동맹군이 옆에 있다는 걸 더욱 쉽게 느낄 수 있는지 실험해보세요. 우리의 이름을 작게 부르거나 얼굴을 떠올리거나 당신을 꼭 잡아주는 손길을 느끼는 게 도움이 될 수도 있어요…… 당신을 편안하게 해주는 것은 무엇이든 시도해보세요. 그 다음에 안전과 사랑을 염원하는 기도를 기억하세요…… 그리고 그 염원으로 당신을 가득 채우세요."

새로운 도움의 필요성

긍정적인 감정들, 특히 보살핌과 상대적인 안전감을 느끼는 방법을 찾아내는 것은 트라우마 치유의 기본 요소다. 최근 연구는 그 요소가 효과적인 모든 트라우마 치료법의 공통분모라는 것을 보여주었다. 공포나 수치심 같은 강렬한 감정에서 벗어나려면 더욱 풍부하고 광범위한 맥락에서 그 고통을 몸으로 다시 체험할 필요가 있다. 이 말은 정서적 고통의 습관적인 패턴을 바꾸기 위해서는 그 고통을 체험할 때 사랑이나 힘, 안전 같은 추가 도움이 필요하다는 뜻이기도 하다.

이 방법은 현대 학습 이론의 기본적인 통찰과도 맞닿아 있다. 새로운 학습이 가능하려면 기존의 정보에 새로운 정보를 결합시켜야 한다. 데이나의 경우, 이것은 처벌에 대한 오래된 공포를 고스란히 다시 체험하는 동안, 누군가—여기서는 나, 타라 브랙—가 그 순간에 그녀가 안전감을 느끼게 도와주는 것을 뜻했다.

이런 추가적인 도움이 없는 심리치료나 명상 기법은 오히려 트라우마를 쉽게 재발시킬 수 있다. 새로운 도움을 더하지 않고 트라우마 사건에 대한 두려움과 무기력을 다시 체험하는 것은 당사자가 고수하는, 위험에 빠진 무력한 자아라는 정체성을 재확인하기 때문이다. 이에 반해, 사랑과 안전을 제공하는 내면의 귀의처를 갖고 있는 사람은 강렬한 두려움이 일어날 때 그 감정을 약화시킬 수 있다. 위안을 주는 구절을 속삭이거나 자신을 쓰다듬거나 이미지를 상상함으로써 내면의 귀의처에 들어서는 순간, 우리 몸의 생화학 반응이 변한다. 투쟁-회피-동결 반응이 잠재적 적응 반응을 더 이상은 제압하지 못하므로 우리의 마음은 더욱 넓어지고 수용적이 된다. 새로운 연상, 새로운 내적 도움, 새로운 대응 방식과 이해 방식이 저절로 나타나기 시작한다. 가장 근본적인 수확은 자기신뢰감의 증가다. 지금 자신의 삶에 꼭 필요한 모든 것이 자신의 안에 있음을 우리는 안다.

내면의 귀의처 키우기

과거의 경험에서 당신이 연결감과 안전감을 느꼈던 것은 무엇이든 활용하여 믿을 만한 내면의 귀의처를 키울 수 있다. 당신이 두려움에 갇히지 않을 때 그에 대해 깊이 생각하면 최선의 결과를 얻을 수 있다. 예전에 당신이 귀의처에 들어서게 해준 방법을 알아내면 의도적으로 주의를 기울여서 그 마음 상태에 더욱 쉽게 이를 수 있다.

수련생과 내담자들이 안전과 사랑이라는 내면의 귀의처를 키우게 도와줄 때 나는 우선 이렇게 묻는다.

○ 당신은 누구와 함께 있을 때 연결감을 느끼나요? 당신이 보살핌이나 사랑을 받고 편안하고 안전하다고 느끼게 해주는 사람이 누구지요?

데이나처럼, 어떤 이들은 함께 있으면 참으로 편안하게 느껴지는 사람-가족 구성원이나 친구, 치료사, 교사 등-을 금방 찾아낸다. 영적 공동체나 12단계 프로그램 집단, 친밀한 동아리 속에서 편안함을 느끼는 사람들도 있다. 때로는 이미 세상을 떠난 사람과 가장 강한 연결감을 느끼기도 한다. 마하라지에게서 위안을 얻은 람 다스가 그러한 경우였다. 또는 달라이 라마나 간디, 마더 테레사처럼, 만난 적은 없지만 매우 존경하는 사람과 연결되어 있음을 느끼기도 한다. 붓다나 예수, 관세음보살^{자비로 중생을 구제하는 보살}, 동정녀 마리아 또는 신화 속의 신성한 어머니 등 위로와 평안을 의미하는 전형적인 인물에게 애착을 느끼는 사람도 많다. 또한 내가 알기로는, 애완견이나 애완고양이를 떠올릴 때 안락과 연결감을 느끼는 사람도 상당수다. 다른 인물에 비해 특별히 영적이거나 더 고상하거나 더 순수한 인물은 없다는 점을 나는 수련생들에게 주지시킨다. 가장 중요한 것은 안전하고 사랑받는 느낌을 제공하는 인물을 선택하는 것이다.

○ 언제, 어디에 있을 때 가장 편안한가요? 어느 시간, 어느 장소에서 가장 안전하거나 안정적이거나 긴장이 풀린다거나 강하다고 느끼나요?

어떤 사람들은 자연 속에서 귀의처를 발견하지만, 어떤 이들은 대도시의 소음과 활기에 둘러싸여 있을 때 안정감을 느끼고 안심한다. 당신에게는 교회나 사찰, 사무실, 혼잡한 스포츠 경기장이 안전한 공간일지도 모른다. 침대에 웅크리고 누워 책을 읽을 때가 가장 편안한 사람도 있고, 소란한 카페에서 노트북으로 일할 때가 가장 편안한 사람도 있다. 특정 활동이 안락과 몰입의 느낌을 제공하기도 한다. 그러한 활동으로는 탁구 게임에서부터 옷장 정리, 음악 감상에 이르기까지 다양하다. 지금까지 정말로 느긋하고 안전하다고 느낀 적이 거의 없는 사람도 있다. 그렇더라도 그나마 가장 편안하게 느껴지는 배경이나 상황을 토대로 안전감을 쌓을 수 있다.

한 내담자는 숲을 혼자 산책하는 것을 무척 좋아했다. 그래서 나는 그에게 특히 감동적인 장소를 한 곳 떠올린 다음에 무엇이 보이고 들리고 느껴지는지 말해달라고 했다. 그는 햇빛에 아롱거리는 개울물이 바위를 휘돌아 흐르는 곳을 시각화했다. 상상 속에서 우리는 함께 그 개울을 여러 번 찾아갔다. 주의가 깊어짐에 따라 그는 그 장소를 기억할 때 자신의 가슴에서 고요히 몰입하는 느낌을 감지했다. 우울이나 불안에 짓눌릴 때마다 그는 이 신성한 공간을 되살려내고 가슴에 손을 올려놓고서 편안하게 몰입하는 살아 있는 느낌 속에서 호흡하곤 했다.

○ 당신의 힘과 용기와 잠재력을 가장 잘 드러내준 사건이나 경험이

개인적으로 만족감이나 성취감을 제공한 특히 의미 있는 경험이 기억날 때가 있다. 예술적 업적이나 전문가다운 대처, 봉사 행위, 경기 중에 세운 수훈 같은 경험이 그 예다. 그 경험이 무엇이든, 그것이 자기신뢰를 얼마나 강화하는지 탐구하는 것이 중요하다.

한 남성은 피켓을 든 사람들과 함께 회사의 차별적인 고용 정책에 반대한 경험을 회상했다. 그 시점에 기억에 각인된 자신의 성실성과 용기를 다시 일깨우자 그는 빛나고 규칙적인 맥동이 심장으로부터 발산되어 가슴을 채우고 주변 세계로 퍼져나가는 것을 느꼈다. "그때 참으로 진실한 나의 일부가 나서서 앞장섰어요." 그가 말했다.

○ 당신의 어떤 면을 감지할 때 자신의 선함을 확신하나요?

트라우마나 매우 강렬한 감정에 갇혀 있을 때는 자신이나 타인의 선함을 기억하기가 거의 불가능하다. 하지만 몸과 마음이 그렇게 불안하지 않을 때는 선함에 대한 숙고가 내면의 귀의처에 이르는 확실한 방법일 수 있다. 나는 내담자와 수련생들에게 자신의 좋아하는 면을 찾아보라고 자주 권한다. 유머, 친절, 참을성, 창의성, 호기심, 성실, 정직 등의 자질이 그 예다. 또한 자신의 가장 깊은 염원―많이 사랑하기, 진리 깨닫기, 행복해지기, 타인에게 봉사하기 등―을 기억한 후 그 진정한 갈망의 선함을 느껴보라고 권한다. 그리고 자신의 선한 본성을 감지하고, 살아있고 깨어있는 마음을 느꺼보라고 격려한다.

○ 두려움에 휩싸일 때 당신이 가장 느끼고 싶은 것은 무엇인가요?

이 질문에 사람들은 주로 두려움이 사라지기만을 원한다고 말한다. 하지만 잠시 숙고한 후에는 더욱 긍정적인 마음 상태를 언급한다. 데이나처럼, 그들은 안전하고 사랑받는 느낌을 원한다. 자신이 소중하다고 느끼기를 원한다. 평화로움이나 편안함이나 신뢰감을 갈망한다. 손이나 팔을 잡아주는 느낌, 안아주는 느낌을 원하기도 한다. 자신의 갈망을 표현하는 단어, 그리고 그와 함께 떠오르는 이미지는 내면의 귀의처로 통하는 귀중한 입구가 될 수 있다. 출발점은 스스로에게 소원을 말하거나 '내가 안전하고 편안하다고 느끼기를' 같은 염원을 읊어주는 것이다. 전통적인 자애 명상에서 자애 구절을 외거나 가슴에 손을 올려놓듯이, 자신을 보살피는 마음을 표현함으로써 우리는 연결감과 편안함을 느낄 수 있다.

그러나 자신이 철저히 고립되고 사랑이나 안전과 완전히 단절되었다고 느껴서 내면의 귀의처로 통하는 입구를 하나도 찾아내지 못할 때도 있다. 보니는 유방에 종양이 새로 생겨서 조직 검사를 받은 후 주말 명상에 참여했다. 보니의 유방암은 오래 전부터 진정 상태를 유지해오고 있었다. 처음에는 암이 재발했다는 두려움에 완전히 사로잡혀서 보니는 숨도 제대로 쉴 수 없었다. 그런데 한 작은 모임에서 참석자 두 명이 생명이 위중한 질병을 겪고 있다는 말을 했다. 말할 차례가 되었을 때 보니는 몹시 떨고 있었지만 현재에 존재했다. "여러분의 이야기를 들으면서 나는 며칠 만에 처음으로 온전히 숨을 쉬었어요. 내가 혼자가 아니라는 걸 깨달았습니다." 나는 보니에게 명상을 간단히 줄여서 하라고 권했고 그녀도 동의했다. 자신에게 "이건 고통스러운 두려움이야."라고 말함으로써 두려움을 인정한 다음에 "나는 혼자가 아니야, 다른 사람들도 이걸 겪고 있어."라는 말을 기억하는 것이 명상의 전부였다. 주말 명상을 끝내고 귀가하기 전에 보니는 내게 말했다. "나 자신에게 그렇게 말하고 내게 동행이 있다는 걸 느끼는 것만으로도 나의 내부에 작은 공간이 하나 생겨요…… 나는 두려움을 한 번에 1분 정도 거기 그냥 놔둘 수 있어요. 두려움을 좋아하진 않지만 함께 머물 수는 있어요." 집에 도착한 보니는 그 종양이 양성이라는 소식을 듣고 메일을 보내왔다. "암은 언제든지 재발할 수 있어요. 확실한 건 아무것도 없지요. 하지만 내가 무엇을 기억해야 하는지 이제는 압니다. 나는 혼자가 아니라는 거예요."

앞에서 언급한 "동시에 활성화되는 뉴런들은 하나로 연결된다."는 말이 뜻하는 바는 이렇다. 우리의 마음이 사랑힘 또는 안전의 느낌을 일으키는 생각과 기억을 반복해서 떠올리면 우리의 뇌 구조가 바뀐다. 물리적 수준에서 우리는 신경 연결을 새로 만들어내고, 에너지의 수준에서 그 새로운 신경 연결은 치유에 꼭 필요한 통로 역할을 한다. 주의를 기울이는 곳에 에너지가 흐른다.

뇌졸중이 발병했을 때는 람 다스가 스승 마하라지와 함께 공부하고 그를 숭배하고 그에게 기도한 지 30년에 가까운 시점이었다. 광활하고 다정한 현존에 이르는 문은 이미 열려 있었고, 도움이 절실한 순간에 람 다스는 그 문을 통과해 치유에 이르렀다. 하지만 그 마음의 문이 데이나처럼 마음 수행 경험이 거의 없는 사람들에게도 여전히 열려 있는 것을 나는 여러 번 보았다. 필요한 것은 치유에 대한 갈망과 성실하고 자발적인 수행이 전부다. 시인 하피즈가 썼듯이, "친구에게 사랑을 청하라, 거듭 청하라…… 모든 마음은 진심으로 기도하는 것을 얻으리라는 것을 나는 깨달았으니."

"내 영혼을 믿어요."

석 달 동안 데이나는 성실하게 수행했다. 날마다 비교적 고요한 순간에 동맹군을 불러들이고, 안전과 사랑을 염원하는 기도와 동맹군의 온기에 감싸이는 느낌을 경험했다. 그 기간 동안 우리는 규칙적으로 만나서 데이나가 불안하거나 격분하거나 당황할 때 그녀의 자기위안 능력이 RAIN 수행을 도와줄 수 있는 방법을 함께 탐구했다. 하지만 데이나가 트라우마의 미망에서 깨어나는 능력을 발견한 것은 혼자서 극심하고 자극적인 두려움과 대면하고 있을 때였다.

"나 자신을 믿는다는 것이 어떤 뜻인지 조금씩 실감하고 있어요." 데이나가 말했다. 그러면서 지난 주 토요일 밤에 일어난 일을 들려주었다. 맥주 여섯 캔을 들이켠 후 데이나의 남자친구는 그녀를 향해 경멸조로 퍼부어대고는 그녀가 대들게 부추겼다. "넌 내가 이렇게 말하는 게 싫지? 그렇지, 이년아…… 어디 한번 내 입을 막아봐…… 어떤 일이 벌어지는지." 데이나는 두려움으로 내장이 딱딱하게 굳는 것을 느꼈고, 거기 그대로 있으면 더욱 겁에 질리고 얼어붙으리라는 것을 알았다. 데이나는 남자친구에게 이번 일로 우리 사이는 끝났다고 말하고 밖으로 나갔다.

9장. 트라우마를 치유하는 마음

그러자 두려움이 몰려와 그녀를 후려쳤다. 집에 혼자 있기가 겁나서 데이나는 친구 마린의 아파트로 찾아가 재워달라고 부탁했다. 마린은 그녀를 따뜻하게 안아주었고, 그들은 조금 전의 일에 대해 한 시간 넘게 이야기했다. 하지만 마린이 잠든 지 한참 후에도 데이나는 그대로 깬 채 소파에 누워 있었다. "그 일로 그가 나에게 어떤 식으로 보복할지에 대한 생각을 멈출수가 없었어요…… 스토킹을 한다거나……." 공포가 다시 몰려오는 것을느끼면서 데이나는 몸을 공처럼 동그랗게 말고 바들바들 떨고 있었다. "바로 그때였어요. 내가 상담실에서 겁에 질렸을 때 선생님과 함께 앉아 있었던순간이 기억났어요…… 동맹군을 불러야 한다는 걸 깨달았지요."

데이나는 일어나 앉아서 담요로 몸을 감쌌다. 소파가 자신을 떠받치고 있는 느낌에 초점을 맞추었고, 두려움이 일어날 때 하라고 내가 권한 대로, 두 발을 바닥에 단단히 디디고 그 견고함을 감지했다. "그리고 도움을 청했어요." 데이나가 온화한 목소리로 말했다. "마린과 여동생과 선생님의 이름을 조용히 불렀어요. 동맹군을 불러 모아 내 주위에 세워두었지요. 하지만 그때도 내 심장은 두려움으로 터져버릴 것만 같았어요."

데이나는 그 두려움을 '깨진 뜨거운 유리컵'으로 가슴이 찢어발기는느낌이라고 표현했다. 하지만 동맹군의 이름을 계속 부르고 바닥을 디딘 발에 주의를 기울였다. 그녀가 말했다. "두려움이 몰아치는 내내 나는 세 사람이 옆에 있는 걸 느끼면서 그 끔찍한 지옥에서 버틸 수 있었어요." 소파에 앉아 자신을 감싸 안고 세 동맹군이 옆에서 안아주고 있다고 상상하는 동안에도 몸은 걷잡을 수 없이 떨리고 두려움은 가슴을 갈가리 찢어냈다. 하지만, 그녀의 말처럼, "동맹군이 나를 계속 보살펴주는 걸 느꼈어요. 나의 내면이 산산이 부서지고 있는 동안에도 나를 염려하고 돌봐주는 어떤 존재가 나를 에워싸고 있는 느낌이었어요. 두려움에 갇혀 꼼짝 못할 때도 내가 혼자라는 느낌은 들지 않았어요. '내가 안전하다고 느끼기를, 내가 사랑받는다고 느끼기를.' 이 기도가 마음속에 울려 퍼지는 걸 들을 수 있었어요."

데이나는 어떤 변화가 일어나고 있음을 조금씩 감지했다. "여전히 두렵긴 했지만 그 감정이 더 이상은 나를 독차지하지 못했어요…… 공간이 조금 트이더군요. 겁에 질린 자아보다 더 커다란 사랑의 공간이었어요. 조금씩 진정되고 시간이 흐르면서 그 공간이 차츰차츰 빛으로 채워졌어요. 따뜻하고 찬란한 빛. 내가 그 빛의 일부인 것 같았어요…… 그러고 나서 깨달았어요…… 내 영혼이 돌아왔다는 것을요. 그 환한 공간은 내 안에 있었어요. 눈물이 흐르기 시작했어요. 그 긴 세월 동안 그 빛이 없는 어둠 속에서 길을 잃은 채 살아왔다는 걸, 부서진 자아 속에서 살아왔다는 걸 느끼면서 울었지요."

이 말을 하고 데이나는 침묵에 빠졌다. 기도하듯 두 손을 마주 잡고 고개를 숙이고 흘러내리는 눈물을 그대로 두었다. 잠시 후 고개를 들고 다시 입을 열었다. 온화하면서도 충만한 목소리였다. "타라, 나는 슬퍼요. 그래도 괜찮아요. 내 안에서 어떤 것이 새로 자라나고 있어요. 나 자신을 믿는다는 게 어떤 뜻인지 실감하고 있다고 말씀드렸지요…… 그건…… 사랑을 받아들이는 다정한 공간을 믿는다는 뜻이에요. 그 다정한 공간은 바로 내 영혼이에요. 그곳은 따뜻하고 안전해요. 앞으로도 내가 갈가리 찢기는 느낌을 또 경험하겠지요. 또 길을 잃었다고 느낄 거예요. 하지만 그렇더라도 나는 돌아오는 길을 찾아낼 겁니다. 이 빛은, 이 사랑은 나의 일부에요. 나는 내 영

9장. 트라우마를 치유하는 마음

혼을 믿어요."

　　데이나와 나는 아무 말도 하지 않았다. 그때 나는 사회 운동가이자 영적 수행자인 라샤니 레아^{Rashani Réa}의 시, 〈부서지지 않은 마음〉의 몇 구절을 떠올렸다.

　　　　부서져 열린 마음에서 부서지지 않은 마음이 생겨난다…….

　　　　깊디깊은 취약함에서 힘이 생겨난다.

　　　　형언할 수 없이 거대한 빈 공간을

　　　　우리는 잃어버린 모든 것과 함께 지나간다.

　　　　어둠에서 나와 우리는 존재로 들어간다.

　　　　그 어떤 소리보다 더 깊은 울음

　　　　톱니 같은 그 울음 끝이 심장을 베어내면

　　　　부서져 열린 그 안으로 우리는 들어간다.

　　　　부서질 수 없는 온전한 그곳으로…….

광포한 은총: 나 자신으로 존재하기

　　뇌졸중을 겪은 후, 람 다스는 그 치유 과정을 '광포한 은총'이라고 표현했다. 뇌졸중은 그가 단단히 붙들어온 정체성의 면면을 앗아갔다. 그는 더 이상은 자급자족할 수 없었고 운전도 못했고 골프도 칠 수 없었으며 예전처럼 유창하게 말하지도 못했다. 하지만 자신의 취약함과 상실을 받아들이자 자신의 내부와 주변에 존재하는 신성을 더 많이 자각하게 되었다.

깊은 상처나 상실은, 우리가 그 고통을 매순간 다정하게 자각할 때 광포한 은총으로 바뀔 수 있다. 극심한 공포에 휩싸이거나 오래된 트라우마가 되살아날 때도 우리는 은총을 발견할 수 있다. 고통스런 트라우마는 우리의 영혼이 더럽혀지고 부서졌다는 믿음을 강요하지만 그것은 진실이 아니다. 아무리 많은 폭력도 무한하고 순수한 자각을, 우리 존재의 기반을 파괴하지는 못한다. 두려움이나 수치심의 파도가 우리를 잠시 덮칠 수는 있지만 우리가 그 감정을 다정하게 자각할 때, 사랑과 안전을 느낄 때 삶은 우리의 참자아를 더 많이 드러내준다. 우리는 참자아로 돌아간다. 이것이 은총의 본질이다.

데이나는 자신이 갈가리 찢기는 느낌을 다시 겪을 테고, 그렇더라도 돌아오는 길을 찾아낼 수 있으리라는 것을 예상했다. 다행히 그녀의 남자친구는 관계가 끝났음을 받아들였는지 그녀를 괴롭히지 않았다. 그런데 마린의 아파트에서 밤을 보낸 지 몇 달 후, 데이나는 의무적인 재범 방지 모임에 빠진 가석방 죄수에게 전화를 걸었다. 그 남자는 전화를 받자마자 고함을 지르고 욕설을 퍼부었다. "엿 먹어…… 너도 똑같은 족속이야. 내가 어떻게 살든지 니가 무슨 상관이야." 이 말을 끝으로 그 남자는 전화를 끊어버렸다. 데이나의 심장은 마구 뛰었고 온몸이 부들부들 떨렸다. 자신이 무슨 큰 잘못을 저질렀다는 생각이 마음을 온통 휘저었다.

데이나는 RAIN을 해야 한다는 것을 알았지만 그 전에 먼저 사무실 의자에 앉아 두 발을 바닥에 단단히 디디고 동맹군을 불렀다. 오래지 않아 그녀는 위안의 구절을 떠올리고 자신을 보살펴주는 다정한 공간에 들어섰음을 느꼈다. 차차 마음이 진정되어 지금 내면에서 일어나고 있는 것을 깨어서 자각할 수 있게 되자 데이나는 주의를 심화했다. 이 순간에 존재하며 데이나는 가슴을 옭죄는 두려움을 다정하게 조사하고 자신이 위험하며 보복당할 거라는 익숙한 믿음을 인식할 수 있었다. 이제 그녀는 친숙한 염원을 마음으로 가만히 흘려보냈다. '내가 안전하다고 느끼기를. 내가 사랑받는다고 느끼기를.' 더 많이 이완하면서 감각과 생각이 오고가게 허락하면 할수록 그녀는 참자아와 다시 연결되는 것을 강하게 느꼈다. "내면의 그 따뜻하고 찬란한 공간이 다시 생겨났어요. 제 영혼이 돌아온 거죠. 아주 커다란 내가 나를 다정하게 안아주고 있었어요."

이어서 일어난 일에 데이나는 정말로 깜짝 놀랐다. 내면의 경험을 조사하면서 데이나는 지나치게 공격적이고 위협적으로 반응한 그 남자에 대해 자문했다. "그는 어떤 감정을 느끼고 있었을까?" 그 순간 데이나는 그의 분노 밑에 깔린 굴욕과 공포를 느낄 수 있었다. 그녀의 시각이 완전히 바뀌었다. "그가 가장 필요로 하는 것이 무엇인지 자문했어요. 대답은 아주 명확하더군요." 데이나가 내게 말했다. "자신이 안전하다고, 자신이 중요하다고 느끼게 도와줄 사람."

그 다음 주 그 가석방 죄수와 만나기로 약속한 시간이 되자 데이나는 불안했지만 자신감과 열려있음도 느꼈다. 처음에 그 남자는 시무룩하고 줄곧 그녀의 눈을 피했다. 하지만 그녀의 진심 어린 염려와 질문에 응하면서 곧바로 활발해져서는 자신의 옛 친구들이 얼마나 난폭한지, 깨끗하게 살려고 애쓰기가 얼마나 힘든지 털어놓았다. 헤어지기 전에 그 남자가 말했다.

"저번에…… 내가 잘못한 거 같아요…… 미안해요. 내 편이 돼줘서 고마워요."

상황을 다루는 능력에 자신감을 얻자 데이나는 갈수록 친절해지는 자신을 발견했다. 이것은 극적인 변화였다. 예전에는 자신이 생각하기에도 죄수들의 사정을 별로 봐주지 않았기 때문이다. "이제는 그들이 얼마나 상처받고 있는지가 훤히 보여요." 자신이 상대하는 죄수들을 언급하며 데이나가 말했다. "그 남자처럼, 그들이 다시 술과 마약으로 돌아가고, 그 여자들이 다시 환락가로 돌아가는 건…… 그건…… 내가 다시 줄담배를 피우거나 엉뚱한 남자와 사귀는 것과 다르지 않아요. 그래서 그런 경우를 볼 때마다 나도 모르게 자문해요. '어떻게 하면 이 남자 옆에 앉아 친구가 되어줄 수 있을까? 어떻게 도와주면 이 여자가 영혼을 되찾게 될까?'"

신화학자 조셉 캠벨 Joseph Campbell이 썼듯이, "삶의 특권은 당신 자신으로 존재하는 것이다." 우리가 두려움과 덜 동일시될 때 참자아가 빛을 발한다. 데이나처럼, 우리는 타고난 공감 능력을 발견한다. 영혼을, 타인의 내면에 존재하는 빛과 선함을 감지하는 능력을 발견한다. 우리의 참자아는 창의성이나 유머, 호기심, 포용, 헌신, 사랑의 모습으로 스스로를 드러낸다. 이렇게 참자아가 드러나면 치유의 길이 우리를 이끈다. 두려움이 조작하는 편협하고 자기중심적인 삶에서 우리를 데리고 나와 자각과 마음에 뿌리를 둔 삶으로 데려간다.

9장. 트라우마를 치유하는 마음

자애 명상: 사랑을 받아들이기

마음 수행은 참된 귀의처를 깨닫는 데 무엇보다 중요하기 때문에 이 책의 곳곳에 소개되어 있다. 자신에게 자애^{메타}를 보내는 명상은 66쪽 제2장 명상 연습에서 설명했다. 타인의 자애를 받아들이는 명상은 아래의 첫 번째 연습이고, 두 번째 연습은 두려움에 사로잡힐 때 연민^{카루나}을 일깨우는 명상이다. 연민은 용서의 형태로도 연습할 수 있다. 자신을 용서하는 명상은 306쪽 제10장 성찰 연습에서, 타인을 용서하는 명상은 341쪽 제11장 명상 연습에서 설명한다. 자애와 연민을 키우는 명상을 확장하여 타인을 포함시킨 명상 연습은 각각 376쪽과 372쪽 제12장 명상 연습에서 소개한다.

두려움은 분리감에서 생겨나며, 우리가 타인과, 그리고 삶과 연결되어 있음을 인식할 때 그 힘을 잃는다. 이 자애 명상은 당신이 타인의 사랑을 받아들이고 그와의 연결을 믿는 능력을 키울 수 있도록 도와준다.

편안하게 조용히 앉아서 두세 번 심호흡을 한다. 가만히 주의를 기울여 몸과 마음을 훑어보며 당신이 느끼고 있을지 모를 두려움이나 취약함을 모두 감지한다. 안전과 보호와 사랑을 느끼려는 갈망을 알아차린다. 그런 다음 당신이 매우 편안해하는 장소-현실 세계 또는 상상 속의 장소-를 한 곳 떠올린다. 자연 속의 한 지점이나 침실, 커피숍, 성당이 그러한 곳일 수 있다. 모든 감각을 동원하여 그 장소를 잠시 그려보고 그 치유 공간의 형태와 색깔, 냄새, 소리를 상상한다. 당신이 그곳에서 평화롭거나 안락하거나 아름다운 에너지에 둘러싸여 있는 것이 느껴지는가?

이제 당신이 사랑받고 안전하다고 느끼게 도와주는 존재의 얼굴을 떠올린다. 할머니나 좋아하는 선생님, 애완견, 절친한 친구가 그들일 수 있다. 붓다, 관세음보살, 예수 같은 영적 인물이어도 좋다. 누가 떠오르든지, 그가 당신의 취약함과 안전한 귀의처에 대한 갈망을 알고 있다는 것을 감지한다. 그의 눈을 들여다보며 그가 당신에게 자애로운 말을 건네고 있음을 느껴본다. "내가 여기 너와 함께 있어…… 너를 보살피고 있어." 그의 몸이 옆에 있음을 느끼고 그의 에너지가 당신을 에워싸고 안전하게 안아주고 있음을 느낀다. 그가 베푸는 사랑과 위로를 받아들인다. 당신을 감싸고 안아주는 그의 보살핌이 어떻게 느껴지는가?

이제, 손을 심장에 또는 뺨에 살며시 얹은 후, 그 감촉을 그의 보살핌과 보호라고 여기고 받아들인다.

유난히 고통스러운 상황에 처해 있다면 그 밑에 놓인 두려움을 자각하고 당신의 몸이 그 감정을 어떻게 표현하고 있는지 감지한다. 목구멍과 가슴과 배를 살짝 만진다. 그렇게 하면서 당신이 떠올린 존재의 사랑이 당신의 손을 지나 가장 취약하고 두려워하는 부위로 흘러들고 있다고 상상한다. 그 존재가 다정하게 위안과 사랑의 말을 건네는 목소리가 들릴지도 모른다. 당신이 원하는 만큼 오래, 그의 사랑을 받아들이고 이 순간에 일어나는 신체

9장. 트라우마를 치유하는 마음

감각과 감정을 있는 그대로 느껴본다. 사랑을 받아들이는 것이 당신에게 어떤 영향을 미치는가? 당신의 호흡, 어깨와 배, 마음과 정신의 변화를 낱낱이 알아차린다. 다정한 위안과 사랑의 말이 당신의 몸과 마음 깊은 곳까지 스며들고 있다는 신호가 있는가? 인내심을 갖고 당신 자신에게 관대해지자. 그러면 내면의 귀의처에 들어서는 법을 터득하여 당신에게 위안과 사랑이 가장 필요할 때 그곳에 들어가 머물 수 있을 것이다.

🍃

　　　　인간관계에서 상처를 받은 사람은 사랑을 믿고 받아들이기가 무척 어려울 수 있다. 그렇다면 서두르지 말고 이 명상을 하며 자기연민을 가능한 한 많이 일으킨다.

　　○ 깊은 사랑이나 안전감을 느끼게 해주는 사람이 하나도 없는 경우도 있다. 그렇다면 근본적으로 다정하고 너그럽고 현명하다고 당신이 확신하는 사람또는 애완동물이나 영적 인물을 선택한다. 무형의 존재를 상상하여 단순히 온기와 빛으로만 경험해도 괜찮다. 명상을 하다 보면 깊은 사랑의 느낌이 깨어날 것이다.

　　○ 사랑받지 못할 거라는 느낌에 고통스럽다면 유형 또는 무형의 그 존재가 당신의 의심이나 고통, 두려움을 자애로 감싸주고 있다고 상상한다. 당신이 긴장을 풀고 사랑의 실재를 믿게 도와줄 그 존재를 떠올리거나 그의 말에 귀를 기울인다.

　　○ 당신의 마음을 깨우고 자유롭게 하겠다는 다짐을 느껴본다. 이 다

짐은 당신에게 용기를 주어서 안전하고 다정한 귀의처에 들어서는 당신만의 방법을 실험해보고 찾을 수 있게 한다.

명상 연습

통렌: 현존으로 두려움 치유하기

아래의 명상은 통렌tonglen으로 알려진 티베트 불교의 전통적인 연민 명상을 조금 수정한 기법이다. 두려움의 파도를 자각하는 순간에 통렌을 하면 큰 도움이 된다. 하지만 트라우마를 겪고 있거나 강렬한 감정에 압도될 때는 자애 명상부터 시작하거나 심리치료사 등 전문가의 도움을 받아 이 명상을 하는 것이 더 안전하다.

🌿

편안한 장소, 몸이 최대한 안전하고 보호받는다고 느껴지는 장소를 찾아서 앉는다. 눈을 감고 온몸을 부드럽게 훑으면서 이마와 턱을 이완시키고 어깨를 늘어뜨리고 양손의 힘을 뺀다.

자연스럽게 들고나는 호흡에 주의를 기울이며 들숨과 날숨을 느낀다. 숨을 들이쉬면서 당신의 모든 세포가 이 생명 에너지를 받아들이게 허락한다. 숨을 들이쉴 때마다 편안하게 가슴을 펴고 그 에너지를 받아들인다, 공기로 천천히 부풀어 오르는 풍선처럼. 저항하지 않는 느낌, 긴장이 모두 풀어지고 들숨과 직접 접촉하는 느낌을 자각한다.

숨을 내쉴 때마다 실제로 내려놓는 느낌, 당신을 둘러싼 공간 속으로 내보내는 느낌을 자각한다. 온몸과 마음이 날숨과 함께 밖으로 흘러나가 드넓은 그 공간과 하나로 섞인다고 상상한다.

자연스럽게 반복되는 받아들임-들숨과 접촉하는 느낌-과 내려놓음-날숨과 함께 내보내는 느낌-에 계속 주의를 기울인다.

준비가 되었다고 느껴지면, 두려움을 일으키는 상황을 하나 떠올린다. 그리고 스스로에게 질문한다. "이 상황에서 최악의 부분은 무엇인가? 내가 정말로 두려워하는 것은 무엇인가?" 이 질문이 처음에는 자기 대화를 촉발할 것이다. 하지만 당신이 바짝 깨어서 매 순간 몸의 느낌을 자각한다면 그 자기 대화의 도움으로 몸의 감각을 더욱 분명하게 느낄 수 있다. 목, 가슴, 위장 주변에 특히 주의를 기울이고, 당신의 몸이 두려움을 어떻게 표현하는지 알아낸다. 두려움에게 다정하게 말해도 좋다. "너의 원래 모습 그대로 존재해라."

두려움이 실제로 어떻게 느껴지는가? 몸의 어느 부위에서 두려움이 가장 강하게 느껴지는가? 그 느낌이 변하는가, 아니면 여기저기로 옮겨 다니는가? 그 두려움에 모양이 있는가? 색깔이 있는가? 당신의 마음은 두려움을 어떻게 느끼는가? 단단하게 뭉쳐진 느낌인가? 두려움이 사방으로 내달리거나 혼란스러워하는가?

이제 숨을 들이쉬면서 가장 취약하고 고통스러운 부위로 그 들숨을 불어넣는다. 들이 쉬는 숨이 그 부위에 직접 닿게 한다. 두려움을 표현하는 신체 감각에 온전히 주의를 기울인다. 이제 숨을 내쉬면서 그 신체 감각이 머물고 있는 열려있는 공간을 감지한다. 또한 그 신체 감각의 내부에 존재하는 공간도 감지하고, 두려움을 이 내부 공간과 외부 공간으로 내보낸다. 두려움이 이 열린 공간 속에서 떠다니며 저절로 풀리고 있다고 상상한다.

한 손을 가슴에 살짝 올려놓음으로써 두려움과의 현존을 심화할 수 있다. 친구가 되자고 두려움에게 손짓하듯, 가슴을 더욱 다정하게 어루만진다. 숨을 들이쉴 때마다 두려움의 파도가 아무리 불쾌하고 불안해도 그것에 기꺼이 휩쓸리겠다고 다짐한다. 숨을 내쉴 때마다 두려움을 자각하고 있는 그대로 받아들이면서 자신을 위해 자애를 염원한다. "내가 이 괴로움에서 벗어나기를." "내가 안전하고 편안하기를." "내가 자애로 충만하기를." "미안해, 너를 사랑해." 등 당신을 위로하고 편안하게 해주는 구절은 무엇이든 좋다. 당신의 다정한 손길을 통해 그 자애 기도가 흘러들고 있음을 감지한다.

잠시 후, 두려움을 겪고 있을 다른 존재들을 떠올려본다. 당신이 알거나 알지 못하는 수많은 사람을 마음속에 그린다. 각자 사연은 다르지만 인간은 누구나 두려움을 느낀다는 것을 기억하자. 이 괴로움을 함께 겪는 그 모든 사람을 대신하여 숨을 들이쉬면서 그들의 강렬하고 크나큰 괴로움을 당신의 마음으로 받아들인다. 숨을 내쉬면서 그 엄청난 괴로움을 드넓은 공간 속으로 내보내고, 괴로워하는 모든 이들에게 평화와 안전, 또는 당신의 가장 깊은 염원을 흘려보낸다. 모든 사람이 공유한 그 괴로움을 당신의 마음에 들여놓을 때 당신 자신이 넓게 열린 치유 공간이 된다. 그들을 염려하고 평안을 염원할 때 당신의 자각이 연민으로 충만해진다. 들숨과 함께 괴로움을 받아들이고 날숨과 함께 자애를 내보내기를 계속하면서 당신의 드넓고 다정한 마음이 이 세상의 두려움을 전부 품어 안을 수 있음을 감지한다.

<u>마음 상태에 맞게 명상을 조정하기</u>: 단절감이나 무감각한 느낌이 들면 들숨을 강화하여 두려움을 표현하는 몸의 느낌을 접촉하는 것에 중점을

둔다. 반면에, 두려움이 '너무 강하다'고 느껴지면 날숨을 강화하여 열려있는 안전한 공간으로 두려움을 내보내고 자애 구절이나 가슴에 올려놓은 손의 느낌에 초점을 맞춘다. 눈을 뜨거나 주변 소리에 귀를 기울이는 것도 도움이 될 수 있다. 시간이 흐름에 따라 두려움을 접하는 것과 자애와 열린 공간을 기억하는 것 사이에서 균형을 찾게 된다.

　　호흡의 역할: 이 명상 연습에서 호흡은 튼튼한 버팀목이 될 수 있다. 하지만 가장 중요한 것은 두려움을 접하거나 받아들인 다음에 더욱 드넓은 자애와 자각의 들판으로 내보내는 것이다. 호흡을 따라가는 것이 주의를 분산시키거나 명상을 방해한다면 매 순간 깨어서 다정하게 자각하는 것에만 초점을 맞춘다.

　　손길의 역할: 자신을 만지는 손길은 당신이 자신의 경험과 접촉하고 보살핌을 일깨우게 도와준다. 실험 삼아 손으로 신체 곳곳을 만져보고 그 손길의 강도와 접촉 시간을 다양하게 조정하여 어떤 것이 당신의 명상에 가장 도움이 되는지 알아본다.

　　하루 종일: 두려움은 대개 명상할 틈이 없는 상황에서 우리를 사로잡는다. 하지만 아래의 짧은 명상은 언제든 할 수 있다. 이 기법은 감정이 일어날 때 그것을 경험하고 치유하게 도와준다. 그러면 그 정서적 에너지는 깊이 파묻혀 악화되지 않는다.

　　호흡에 초점을 맞출 경우, 숨을 들이쉬면서 두려운 느낌을 있는 그대로 경험한다. 숨을 내쉬면서 당신을 둘러싼 열려있는 공간으로 두려움을 내보내며 자애를 염원한다. 도움이 된다면, 손을 가슴에 올려놓는다. 주의를 확장하여 두려움과 싸우는 수많은 사람을 떠올리고 그들을 대신하여 호흡할 때 어떤 일이 일어나는지 알아차린다.

두려움이 너무 강할 때: 두려운 생각과 느낌을 자각하자마자 잠깐 멈춰서 두세 번 심호흡을 한다. 숨을 내쉴 때마다 몸을 이완시킬 수 있는지 알아본다. 긴장이 뚜렷하게 감지되는 부위를 이완하고 얼굴 표정을 완화하고 어깨를 늘어뜨리고 팔과 손의 긴장을 푼다.

이제 다음 구절을 속으로 자신에게 말한다.

이것은 고통스러운 두려움이야.

두려움은 삶의 일부야.

누구나 두려움을 느껴…… 나는 혼자가 아니야.

내가 나에게 다정하기를…… 내가 나에게 연민을 느끼기를.

두려움에 직면할 때 외우는 이 구절은 모든 종류의 괴로움에 직면할 때 크리스틴 네프Kristin Neff 박사가 추천하는 구절과 비슷하다. 위의 구절을 서너 번 반복한 후, 자신을 보살피겠다고 다짐하며 당신이 하던 활동을 다시 시작한다. 이 간단한 명상은 당신이 현재로 돌아와 매 순간 명확하게 자각하고 하루를 더욱 자신 있게 보내게 도와준다.

자신을 사랑하는 것이 얼마나 중요한지 깨닫는 순간,

당신은 다른 사람을 괴롭히는 것을 멈추리라.

-『아함경』

안타를 치지 못해도 나는 결코 나를 비난하지 않습니다.

야구방망이를 탓할 뿐이죠.

계속 안타를 치지 못하면 나는 그냥 야구방망이를 바꿉니다……

어쨌든 내가 안타를 못 치는 게 내 잘못이 아니라는 걸 알고 있는데

어떻게 나에게 화를 낼 수 있겠어요?

- 요기 베라 Yogi Berra, 미국의 전설적인 야구선수

10장.

자기연민:
두 번째 화살을 피하라

붓다가 제자에게 물었다. "어떤 사람이 화살에 맞으면 고통스럽겠는가?" 제자가 답했다. "그렇습니다." 붓다가 다시 물었다. "그 사람이 두 번째 화살에 맞으면 훨씬 더 고통스럽겠는가?" 제자가 다시 대답했다. "그렇습니다." 이에 붓다가 설하였다. "우리는 삶에서 첫 번째 화살을 언제나 피할 수는 없다. 그러나 두 번째 화살은 첫 번째 화살에 대한 우리의 반응이다. 그러니 이 두 번째 화살은 피할 수 있다."

첫 번째 화살은 안락과 쾌락에 집착하고 불쾌한 경험에 분노나 두려움으로 대응하는 우리 인간의 습관적인 성향이다. 그 원초적 에너지에 인간의 의지가 자주 패한다는 것은 실망스럽다. 우리는 '부정적인' 감정을 통제할 수 있어야 한다고 믿지만 그것은 폭풍처럼 몰려와 마음과 정신을 장악한다. 우리는 강박적 사고나 행동을 멈출 수 있어야 한다고 믿지만 면접에 대한 걱정이나 음식에 대한 갈망이 하루 종일 머리에서 떠나지 않는다.

더욱 고통스러운 두 번째 화살은 이런 '실패'에 대한 우리의 반응이다. 자기혐오는 때때로 매우 미묘해서 그 때문에 우리 자신이 상처 입는다는 사실을 알아채지 못한다. 하지만 자기혐오는 대체로 노골적이다. 우리는 불안해하고 조급해한다는 이유로 자신을 혐오한다. 쉽게 지치고 비생산적이라는 이유로, 알코올이나 마약에 중독되었다는 이유로 자신을 혐오한다. 첫 번째 화살 밑에 놓인 고통스러운^{때로는 트라우마에 기초한} 감정을 보살피는 대신, 우리는 자신을 향해 자기혐오라는 두 번째 화살을 쏜다.

자기연민 깨우기는 영성의 길에서 사람들이 직면하는 가장 큰 난제다. 수련생들은 복잡한 문제를 안고 나를 찾아온다. 중독증, 사이가 멀어진 가족, 무력감을 일으키는 불안증, 곤경에 빠진 자녀 등, 문제는 다양하다. 그러나 함께 조사해보면 가장 큰 문제는 그들이 자신에 대해 느끼는 감정이라는 것이 드러난다. 그들은 자신의 갈망, 분노, 인간관계나 직장에서의 무능에 대해 자신을 모질게 비난한다.

두 번째 화살의 주장-"나는 근본적으로 결함이 있어."-을 믿을 때, 우리는 자신에게 가혹해지고 자신을 용서하지 않는다. 자신의 결함을 완전히 없애고 더 나은 사람이 되려고 시도하지만 그 결과 자신이 원래부터 결함이 있다는 믿음을 재확인할 뿐이다. 이러한 뿌리 깊은 결여감은 공격성이나 방어적 대응, 무기력이라는 2차 반응을 조장하는데, 이 반응이 괴로움을 지속시킨다. 자신을 공격하는 것은 고통스러운 그릇된 귀의처다.

다행히 이 두 번째 화살에 대해서는 선택의 여지가 있다. 자신의 감정과 생각, 행위에 대해 우리는 자기 공격을 중단할 수 있다. 자신과 맞서 싸우는 순간을 알아차리고 잠깐 멈춰서 주의를 심화하기로 결심하는 법을 익힐 수 있다. 사랑의 문으로 들어갈 수 있다.

중독적인 자기비난

샘은 잦은 분노 때문에 자신을 혐오했다. 책임 부서에서 그는 참을성이 없고 요구가 많은 완벽주의자 상사라고 소문이 났다. 핑계를 결코 용납하지 않았고, 자신의 지시가 즉시 능률적으로 이행되기를 원했다. 이것이 충족되지 않으면 무능하고 미련하다며 부하 직원을 맹렬하게 비난하곤 했다. 집에서도 별반 다르지 않았다. 딸이 콘서트에 갔다가 늦게 귀가하자 그는 분노가 폭발해서 딸이 자기 방으로 달아나 문을 잠글 때까지 고함을 지르고 악담을 퍼부었다. 아내 제니가 연말 파티 음식을 주문하면서 실수를 하자 배달 직원들 앞에서 아내에게 불같이 화를 냈다.

그 시간이 지나면 자제력을 잃은 자신을 수치스러워하고 혐오하곤 했다. 아내와 딸에게 특히 미안해했다. 그는 사과하고 화해할 방법을 찾으려고 애썼다. 하지만 수치심과 자기혐오는 다음 번 분노 발작의 도화선처럼 보일 뿐이었다. 사소한 자극에도 샘은 반사적으로 '저건 잘못이야.'라고 느꼈고, 곧바로 격렬하고 독선적으로 분노를 터뜨렸다. 누군가가 해야 할 일을 안 하고 있다거나 상황을 망치고 있다거나 자신을 일부러 무시하고 폄하한다고 느낄 때마다 그는 울화통을 터뜨렸다.

분노를 잠재울 방법이 필요하다는 것을 샘은 알았다. 마음챙김에 기초한 스트레스 완화mindfulness-based stress reduction, MBSR 프로그램 덕에 불안과 불면증이 줄어들었다는 동료의 말에 샘은 회사에 유사 프로그램을 마련했다. 마음챙김 명상으로 샘은 자신의 새로운 모습을 발견했다. 조용히 앉아 호흡과 소리와 감각을 자각하는 순간과 정신없이 서두르고 바쁘게 일하고 발작적으로 분노하는 순간 그의 삶의 거의 모든 순간을 비교해보고 샘은 깜짝 놀랐다. 나중에 그는 이렇게 말했다. "내가 완전히 극과 극인 두 사람 같았어요!"

샘은 나의 명상 수업에 정기적으로 참석하기 시작하면서 상담과 명상의 도움으로 더 많이 이완할 수 있기를 바랐다. 잠깐 멈춰서 자각하는 방법을 익힌 후, 그는 주중 내내 특정 시점에 멈추려고 노력했다. 아침에 처음 책상 앞에 앉을 때, 전화를 끊을 때, 회의에 들어가기 직전에 잠깐 멈춰서 호흡과 신체 감각을 다시 느껴보았다. 멈춤을 기억하여 행하는 순간은 "마법 같아요…… 마음의 중심을 잡는 기회죠."라고 샘은 말했다. 하지만 버럭 화가 날 때는 "나는 미친 겁니다. 명상은 완전히 딴 세상의 일이에요."라고 했다.

그러나 샘은 끈기가 있었다. 수업을 들은 지 여섯 달 후, 그는 주말 명상에 참여했다. 주중에 개인 상담을 위해 만났을 때 샘은 상담실로 성큼성큼 걸어 들어와 소파에 앉더니 곧장 요점으로 들어갔다. "마음챙김 명상을 할 때 자기혐오를 자각할 수 있어요. 타라. 자기혐오요. 나라는 남자는 아주 많은 걸 가졌어요. 좋은 직업에 경제적 여유, 이상적인 가족. 그런데 정신 나간 머저리처럼 어디서나 분란을 일으켜요." 그는 양팔로 팔짱을 끼면서 소파에 쿵 하고 기대앉았다. "나는 화를 내서 사람들에게 상처를 주고 있어요…… 내가 사랑하는 사람들에게요." 그러고는 잠시 말이 없다가 다시 입을 열었다. "중요한 것은 단 하나예요. 내 안의 이 난폭한 괴물을 없애야 합니다…… 이렇게 돼버린 나 자신이 혐오스러워요."

샘은 우리 인간이 처한 딜레마를 더없이 명확하고 솔직하게 진술하고 있었다. 자기비난의 수많은 이유 뒤에는 동일한 핵심 감정이 존재한다. 결함 있는 자아를 향한 혐오감이 그것이다.

자신을 통제하고 개선하는 방법으로 자기비난적인 생각에 매달리는 사람들이 많다. 받아들임과 자기용서에 대해 가르칠 때마다 똑같은 질문이 거론된다. "내가 만약 폭식을 해서 내 삶을 파괴하고 있다면…… 그건 잘못된 거 아니에요?" "내가 정말로 다른 사람에게 상처를 주고 있다면…… 그건 나쁜 거 아닌가요?" "어째서 나 자신을 봐줘야 하죠?" 달리 말해보자. 자기용서는 그저 자신의 그림자를 묵인하는 한 방법일 뿐일까? 반드시 뿌리를 뽑아 철저히 없애야 할 자신의 일부를 외면하는 방법일까? 그것은 체념일까? 자신을 용서한다면 우리는 변화할 수 있는 유일한 기회를 놓치는 것일까?

샘에게 나는 다른 질문을 던졌다. "그 괴물을 혐오하면 화가 덜 나세요?" 대답 대신 그는 고개를 저으며 미소를 지었다. 대화를 계속하면서 나는 샘에게 내가 말하는 자기용서는 타인에게 상처 주는 행동을 변명하거나 자신의 방종을 허용하라는 뜻이 아님을 분명히 했다. 자기용서의 목표는 우리의 마음을 닫아걸고 정신을 위축시키는 자기혐오에서 벗어나는 것이다.

그 목표에 이르는 첫 걸음은 자기비난에 갇히는 순간에 잠깐 멈춰서 주의를 심화하는 것이다. 다음 이틀 동안 샘이 해야 할 일은 자신을 비난하고 공격하는 순간을 조사하는 것이었다.

10장. 자기연민: 두 번째 화살을 피하라

"그건 당신 잘못이 아닙니다…… 정말이에요."

이틀 후, 샘은 그 동안 있었던 일을 털어놓았다. "두 번째 화살은 모두 사소해 보였어요. 하지만 제니에 대해 생각하면 사정이 달라요." 그는 두어 번 심호흡을 하면서 이야기를 풀어낼 준비를 했다. "두주 전에 제니가 유방 엑스선 촬영을 했는데 암이 의심된다고 했어요. 화요일에 조직 검사를 하고 결과는 금요일에 나오기로 되어 있었죠. 그런데 금요일 저녁에 내가 집에 들어섰을 때 제일 먼저 눈에 띈 건 소포였어요. 제니더러 우편으로 보내라고 했는데 그게 거실에 그대로 놓여 있더군요. 화가 치밀어서 고함을 지르기 시작했어요…… 검사 결과에 대해선 까맣게 잊었죠." 눈물이 솟구쳐서 그는 말을 멈추었다. "제니의 표정을…… 절대 잊을 수 없을 거예요. 금방이라도 울음을 터뜨릴 것 같았어요." 샘이 흐느끼기 시작했다. "타라," 울먹이는 목소리로 그가 말했다. "의사들이 초기에 잡아냈어요. 제니의 건강은 괜찮을 겁니다. 하지만 마음은요? 내가 어떻게 그럴 수 있었는지 모르겠어요."

한번은 명상을 하다가 제니에 대해 생각하는 순간, 그 즉시 일어나야 했다고 샘은 말했다. "내 방으로 가서 마음껏 폭발시켰어요. 계속 울면서 몇 번이고 이렇게 말했죠. '나도 어쩔 수가 없어.' 제니더러 나를 이해하고 용서해야 한다고 강요하듯이. 그런데 갑자기 아버지의 목소리가 들리더군요. 분노를 터뜨린 후에 엄마한테 용서해달라고 사정하고 계셨어요. 아버지가 홧김에 와인 잔 다섯 개를 깨뜨렸거든요. 하나씩 찬장에 집어 던져서. 그때 나는 부엌 문가에 서 있었죠. 열한 살 때쯤이었어요. 아버진 내가 거기서 보고 있다는 것도 몰랐어요. 그렇게 불같이 화를 낸 적이 한두 번이 아니었어요…… 나에게, 남동생에게, 엄마에게. 그리고 통화 중에 상대방이 누구든 전화에 대고 고래고래 소리를 질렀어요. 어떤 일이 닥칠지 아무도 절대 몰랐지요." 샘은 숨을 크게 들이쉰 후 고개를 설레설레 저었다. "그래요, 타라. 난 자라는 내내 아버지를 혐오했어요. 대학에 들어간 첫 해에 아버지에게 편지를 쓴 기억이 나요. 화를 참지 못한다고 아버지를 비난하는 편지였어요. 하지만 아버지는 결코 자제하지 못했어요. 아버지가 마약에 취해서 자신의 분노에 완전히 휘둘리는 것 같았어요. 아버지 역시 당신 자신을 경멸했어요." 샘은 잠자코 바닥을 응시하다가 조용히 말을 이었다. "그게 떠올랐을 때 깨달았어요. 나도 정말 어쩔 수가 없다는 것을요…… 내가 달라져야 한다고 생각은 하지만 그냥 막 화가 나요. 저도 어쩔 수가 없어요."

나는 잠시 침묵으로 그의 깨달음을 존중했다. "샘…… 당신이 아버지에 대해, 그리고 당신 자신에 대해 깨달은 것은 진실이에요. 통제할 수 없는 분노는 당신 잘못이 아니에요." 그리고 잠시 시간을 두었다가 그 말을 되풀이했다. "그건 당신 잘못이 아닙니다…… 정말이에요." 샘의 눈에서 눈물이 솟았고, 나는 말을 이었다. "이 점을 알아두세요…… 당신은 책임을 지는 법을, 다르게 반응하는 법을 배울 수 있습니다. 하지만 그건 자신을 비난해서는 안 된다는 걸 깨달을 때에만 가능해요."

이 말을 나는 나 자신을 포함한 수많은 사람에게 들려주었다. 그 말은 도움이 된다. 그 이유는 우리 내면 깊은 곳의 지혜가 그것이 진실임을 알고 있기 때문이다. 더 나아질 수 있었다면 우리는 더 나아졌을 것이다. 우리는 고통스러운 감정에 사로잡히는 것을 원치 않는다. 타인에게 상처 주는 것을 원치 않는다.

첫 번째 화살-수치심과 자기혐오를 일으키는 자신의 면면-을 우리는 통제하기가 어렵다. 우리의 결함을 구체화하고 지속시키는 요인이 수없이 많다. 상당수의 사람들이 유전적으로 불안증이나 공격성, 우울증 성향을 타고 난다. 우리는 중독과 폭력, 기만과 탐욕이 만연한 문화에서 성장한다. 주변 환경은 다양한 방식으로 우리의 신경계를 손상시키는 오염물질로 가득하다. 가까운 가족은 경제적 곤란과 갈등과 오해로 자주 괴로워하고 이전 세대부터 전해져온 트라우마로 인해 고통을 겪기도 한다. 결정적으로 우리가 자신과 타인을 대하는 방식은 우리의 양육자가 우리를 돌보는 방식에 의해 형성된다. 이 요인들이 상호작용하여 고통스러운 감정과 강박적 행동이라는 첫 번째 화살을 만들어낸다.

복잡하게 얽인 요인들이 우리의 경험을 일으킨다는 것을 자각할 때 우리는 한 가지 중요한 진실을 통찰한다. 즉, 자아감을 형성하는 강렬한 감정들은 개인과는 실제로 아무 상관이 없다는 것이다. 폭우나 가뭄이 특정 농가를 겨냥하지 않듯이, 우리의 다양한 감정은 '나'라는 특정한 몸과 마음에 소유되지도 않고 통제되지도 않는다. 그 감정들은 개개인 그 너머에 있는 요인들에서 생겨난다.

비개인성impersonality에 대한 이 견해를 설명하면서 나는 때때로 명상실에 놓인 불상을 가리킨다. 오래 전에 동료 교사와 나는 우리 명상 공동체를 위한 완벽한 불상을 찾기로 결심했다. 수많은 불상을 살펴본 후, 우리는 우아하고 소박한 자태에 반해 그 불상을 선택했다. 불상은 명상실 앞의 불단에 놓였고, 수업 후 수련생들이 그 불상을 자세히 들여다보는 모습에 내가 몹시 기뻐했던 기억이 난다. 그런데 수련생들이 일제히 왼쪽으로 손짓을 하더니 그들의 머리도 왼쪽으로 살짝 기울어졌다. 내가 다가가자 한 명이 새로 산 그 불상이 기울어져 있다고 지적했다. 맞는 말이었다. 그것은 잘못 주조되어 균형을 잃은 불상이었다. 다행히 우리는 기울어진 불상을 있는 그대로 받아들였고, 그 불상은 우리는 누구나 자신이 통제할 수 없는 요인에 의해 형성된다는 진실을 매순간 상기시켜주었다. 우리는 완벽하지 않다. 하지만 우리도 어쩔 수 없다.

이 진실을 한번 맛보기만 해도, "그건 내 잘못이 아니야."라고 한번 속삭이기만 해도 자기비난이 완화된다. 그리고 우리는 자신의 실제 경험에 더 많은 연민을 느끼게 된다. 자신의 불완전함에 대한 비난을 멈춘다면 우리는 자신에게 내재된 불성佛性의 따뜻한 치유력을 다시 경험할 수 있다. 그러면 변화의 문이 열린다.

두 번째 화살 피하기

샘은 자기비난과 자기혐오를 멈춰야 한다는 것을 이해했다. 하지만 어디서부터 시작해야 할지, 아니 그 일이 가능할지 알지 못했다. "내가 나쁜 인간이라는 느낌이 때로는 너무 강해요…… 아내에게 그런 짓을 한 나 자신을 용서할 수 있을지 잘 모르겠어요. 딸에게도요……."

"우리가 자신을 즉시 용서하는 건 대체로 불가능해요." 내가 대답했다. "자기용서는 하나의 과정이고, 나름대로 시간이 필요해요. 지금 중요한 것은 당신 자신을 연민과 친절로 대하겠다고 다짐하는 겁니다."

상담을 마치기 전에 샘은 나의 안내에 따라 간단한 명상을 했다. "아내와 함께 있는 그 상황으로 돌아가세요. 당신이 집에 들어서는 바로 그 순간으로 돌아가세요. 그리고 무엇이 분노를 자극했는지를 기억해보세요." 샘이 고개를 끄덕였다. "이제 그 분노를 그냥 거기 내버려두세요…… 주의를 기울여 그 분노를 인식하고 허락하세요. 분노가 당신의 몸의 어느 부위에 있는지 느껴보세요. 그리고 원래 모습 그대로 존재하라고 권하세요." 나는 잠시 기다렸다. 샘의 호흡이 가빠지고 얼굴이 벌겋게 달아오르는 것을 보고 내가 물었다. "그 분노의 입장에서 바라보세요. 무엇에 그렇게 화가 나지요?"

샘이 발끈하며 쏘아붙였다. "내가 하라고 시킨 걸 제니가 안 해서 화가 나요."

"그 상황에서 가장 고통스러운 것이 무엇이죠?" 내 물음에 이제 그는 천천히 대답했다. "그게…… 그 분노의 이면에는 제니가 나를 중요시하지 않는다는 느낌이 있어요…… 존중하지 않는다는." 샘이 잠시 멈추었다 입을 열었다. "나에게 관심이 없다는 느낌이요. 그러니까…… 제니는 날 무시했어요. 나를 존중하고 내게 관심이 있다면 제니는 내가 해달라는 걸 해줄 거예요." 그는 다시 말을 멈추었다가 이렇게 말했다. "당혹감이나 수치심도 느껴져요. 내가 해달라는 걸 제니가 안 해준다면 틀림없이 내게 뭔가 문제가 있을 거라는 느낌이요."

샘이 한 말을 나는 똑같이 되풀이했다. "그러니까…… 그 분노의 이면에는 존중받지 못하고 관심 받지 못한다는 느낌이 있군요…… 그게 수치스럽기도 하고요…… 그건 당신에게 틀림없이 뭔가 문제가 있다는 뜻이고요." 샘이 천천히 고개를 끄덕이며 자신의 불안의 실체를 이해했다.

"좋아요. 이제 당신 자신을 잠시 바라보세요. 이 모든 상황을 마치 친구의 눈을 통해 보듯이. 당신을 진심으로 염려하고 당신의 수치심과 무시당한 느낌을 십분 이해하는 사람의 눈을 통해 보듯이 자신을 바라보세요." 나는 말을 멈추고 샘이 이것을 상상할 시간을 주었다.

잠시 후 내가 말했다. "이제, 그 다정한 시각에서 당신에게 용서와 연민의 말을 전하세요. 가령, '너를 용서해.' 또는 '용서받았어, 용서받았어.' 또는 '이 괴로움을 내가 달래 줄게.' 이렇게 이해와 보살핌을 전하는 말은 무엇이든 건네보세요." 샘은 침묵 속에서 잠시 그것을 행하다가 눈을 떴다. 눈빛이 환하고 차분했다. "꽉 조였던 뭔가가 풀리고 공간이 넓게 트였어요." 샘이 말했다. "마치 분노로 가득한 내면의 장소를 내 마음이 감싸 안는 것 같았어요, 불안하게 떠는 그곳을…… 게다가 아버지까지 날 안아주는 느낌이었어요."

우리는 말없이 앉아 그 다정한 공간을 함께 느껴보았다. 상담실을 나서기 전에 샘이 말했다. "내가 결점투성이기는 하지만 나쁜 인간이라는 느낌은 안 드네요. 이렇게 느낀 건 처음이에요. 분노는 복합적인 나의 일부예요. 하지만 이제 나는……." 그는 진지한 표정으로 나를 보며 자신의 가슴을 톡톡 두드렸다. "여기에 꽤 괜찮은 인간이 살고 있을 가능성을 인정하고 있는 것 같아요." 샘과 나는 앞으로 여러 달 동안 명상 치유를 이어갈 예정이었다. 하지만 선한 본성을 인정한 그 순간부터 샘은 용서하는 마음이 주는 자유를 실감하기 시작했다.

잘못 그 너머를 보기

자신의 괴로움의 실상을 접하는 순간, 우리의 마음이 열리며 자기연민과 용서를 받아들인다. 샘은 분노를 부추기는 감정들을 찾아냈을 때 이것을 인식했다. 중경비 교도소의 죄수인 바네사는 한 편의 시를 통해 그것을 처음 깨달았다.

바네사는 내 친구가 가르치는 불교 명상 과정에 참여했다. 키가 180센티미터가 넘고 근육질의 강인한 체격에 머리카락을 새빨갛게 물들이고 온몸에 문신을 휘감은 여성이었다. 수감동에서 깡패로 불리는 바네사는 소수의 여성 죄수를 제외하고 나머지는 무자비하게 모욕하고 위협했다. 명상 수업 중에 다른 참여자들이 체험담을 나눌 때도 바네사는 한 마디도 없이 그냥 앉아서 사납게 노려보고만 있었다. 하지만 8주 과정의 명상 수업에 빠진 적은 한 번도 없었다. 마지막 수업 시간에 내 친구는 명상을 배운 소감을 부탁했다. 다른 사람들이 모두 이야기하자 그녀는 바네사를 돌아보았다. "글쎄요." 바네사가 애매하게 입을 열었다. "불교 용어 중에는 도통 알아들을 수 없는 것들이 있어서요." 그러고는 주위를 둘러보며 수줍은 듯한 표정으로 말했다. "그게 뭐더라…… 부디사……?" 내 친구가 말을 받았다. "아, '보디사트바bodhisattva, 보살'를 말하는 건가요? 깨어있는 존재, 자비의 화신?" "맞아요." 바네사가 말했다. "그거요. 난 그게 좋더라구요…… 해적이 나오는 시하고요."

바네사가 말한 해적은 내 친구가 이전 수업에서 읽어준 틱낫한 스님의 시에 등장했다.

나는 열두 살 소녀,

조각배에 올라 고국을 탈출하다가

해적에게 겁탈당하고

바다에 몸을 던졌다네.

나는 바로 그 해적,

나의 마음은 아직

바라볼 줄도, 사랑할 줄도 모른다네.

"그러니까, 그걸 듣고 생각하게 됐어요…… 그게 나한테 뭔가를 알려줬어요." 바네사가 말했다. 속삭이듯 목소리가 너무 작아서 모든 사람들이 바짝 귀를 세워야 했다. "난 항상 내가 나쁘다고 생각했어요. 다른 사람을 괴롭히는 나쁜 인간, 문제덩어리라고요. 이젠 나도 괴로워하고 있다는 걸 알게 됐어요." 바네사의 눈에 눈물이 차올랐다. 하지만 모두들 바닥을 응시하며 그녀의 말을 되새기고만 있었다.

그 집단이 '졸업' 한 후에도 내 친구는 그 교도소에서 계속 명상을 가르쳤다. 그리고 바네사가 근본적으로 변했다는 말을 전해 들었다. 그녀는 더 이상 깡패가 아니었다. 더욱 애잔하고 훨씬 더 조용한 사람이 되어서 자신의 괴로움의 실상을 서서히 받아들이고 있었다.

바네사의 이야기를 들었을 때 나는 언제 들어도 감동적인 흑인 영가의 한 소절이 기억났다. "하느님은 우리의 잘못 그 너머를 보시며 우리의 소망을 살피시네."

만일 우리가 자신의 잘못을 인식하고 그 너머에 있는 것을 볼 수 있다면? 우리의 행동을 일으킨 충족되지 않은 고통스러운 소망을 더욱 다정하게 바라볼 수 있다면? 많은 사람들에게 이 과정은 일생에 걸친 작업이다. 그리고 이 작업에는 사랑하는 사람들이나 심리치료사, 영적 스승, 치유자들의 적극적인 도움이 필요하다. 그러나 이 작업은 우리가 자신을 기꺼이 연민의 눈으로 바라보는 순간에 시작된다.

엄마의 진심

우리 명상 공동체의 일원인 마지는 십대 아들과의 끝없는 대립으로 괴로워했다. 열다섯 살인 미키는 자주 결석해서 성적이 계속 떨어졌고 마약에 손을 댔다. 학교 운동장에서 마리화나를 피워서 정학을 당한 적도 있었다. 마지는 자신을 비난했다. 어쨌든 자신은 싱글맘이었다. 하지만 아들에게도 극도로 화가 났다. 그녀가 허락하지 않은 피어싱, 거짓말, 퀴퀴한 담배 냄새, 그를 자기만의 세계에 가둬두는 이어폰. 아들과 나눈 대화는 항상 무력감과 분노와 두려움을 주었다. 마지가 비난을 퍼붓고 '외출 금지' 등 다양한 방법으로 규제해서 주도권을 잡으려 하면 할수록 미키는 더욱 반항하고 폐쇄적으로 변해갔다.

상담실에 들어선 마지가 이렇게 말했다. "아들과 대화한 게 언제인지 모르겠어요. 근본적으로 미키는 내게 말을 안 해요." 하지만 마지는 그 상황이 모두 자기 탓이라며 내게 그 이유를 납득시키려고 애썼다. 대형 로펌의 변호사인 마지는 자신이 일을 우선시해서 미키를 제대로 돌보지 못했다고 느꼈다. 미키가 유치원에 들어갈 무렵, 마지는 미키 아빠와 이혼했고, 새로 사귄 얀이 몇 년 후 그녀의 집으로 들어왔다. 그리고 학부모 회의나 축구 경기에 가는 사람은 마지가 아니라 주로 얀이었다. 미키가 학교에서 돌아올 때도 얀이 맞아주었다. 최근에 새로 맡은 사건 때문에 로펌에서 보내는 시간과 업무가 늘어나자 마지는 스트레스가 극에 달했다.

"미키와 더 많은 시간을 보냈더라면 얼마나 좋았을까요." 마지가 말했다. "저는 미키를 사랑해요. 그리고 노력했어요. 하지만 지금은 미키에게 다가가기가 불가능해요. 타라, 미키가 자신의 삶을 망칠까봐 너무 겁나요." 그 목소리에서 절망이 느껴졌다. 말을 멈추고 가만히 있는 마지에게 나는 잠시 그렇게 조용히 앉아 있으라고 했다. "떠오르는 감정을 모두 자각하고 주시할 수 있을 거예요…… 그리고 준비가 되면, 그 감정의 이름을 말해보세요." 마지가 다시 입을 열었다. 단조로운 어조였다. "분노, 미키에 대한 분노, 그리고 당연히 나에 대한 분노. 두려움, 미키는 삶을 망치고 있어. 죄책감, 수치심, 엄마 노릇을 제대로 못했다는 것에 대한 너무 큰 수치심." 수치심이라고 말할 때 마지의 목소리는 알아들을 수 없을 정도로 잦아들었다.

나는 조용히 말했다. "마지, 그 수치심을 잠시 함께 조사해봐요…… 괜찮겠어요?" 마지가 고개를 끄덕였다. "우선, 그 감정을 거기 그대로 놔두려고 하세요. 그리고 몸의 어느 부위에서 수치심이 가장 확실히 느껴지는지 살펴보세요." 마지가 다시 고개를 끄덕이고는 잠시 후, 한 손을 가슴에, 다른 손을 배에 올려놓았다. "좋아요, 그 수치심을 있는 그대로 느껴보세요. 수치심이 무슨 말을 하고 싶어 하는지 느껴보세요. 그 수치심은 당신에 대해, 당신의 삶에 대해 어떤 믿음을 갖고 있나요?"

한참 후, 마지가 말했다. "수치심은 내가 모든 사람을 실망시킨다고 말해요…… 나는 너무 나밖에 몰라, 나에게 중요한 것에만 몰두해. 미키에게만 무심한 게 아니라…… 얀과…… 릭^{전남편}…… 나의 엄마에게도…… 그리고…… 나는 이기적이고 야망이 너무 커…… 내게 소중한 모든 사람을 실망시키고 있어……." 마지는 말을 멈추고 소파 등받이에 털썩 기댔다.

　"그렇게 느낀 게…… 당신이 모든 사람을 실망시킨다고 느낀 게 언제부터였죠?" 내 물음에 마지는 고개를 흔들며 대답했다. "기억이 닿을 수 있는 먼 옛날부터, 아주 어렸을 때부터요. 나는 항상 내가 사람들을 실망시킨다고, 사랑할 자격이 없다고 느꼈어요. 그래서 쉬지 않고 일하며 많은 걸 성취하고 가치 있는 사람이 되려고 노력하는데…… 결국에는 내가 가장 사랑하는 사람들을 실망시키고 말아요."

　"마지, 잠깐 멈추세요. 그리고 사람들을 실망시키고 사랑할 자격이 없다는 느낌을 원래 모습 그대로 내버려두세요." 나는 말을 멈추었다. 잠시 후 마지가 말했다. "가슴을 아프게 마구 잡아당기는 느낌이에요."

　"아주 어렸을 때부터, 기억이 닿을 수 있는 먼 옛날부터 당신은 사랑할 자격이 없다는 그 고통과 함께 살았어요. 가슴을 아프게 잡아당기는 느낌을 안고 살았어요. 이제 그것을 깨달은 것이 어떤 느낌인지 느껴보세요. 그것이 당신의 삶에 어떤 영향을 미쳤는지 느껴보세요." 마지는 미동도 없이 앉아서 소리 없이 흐느끼기 시작했다.

　마지는 내가 '영혼의 슬픔'이라고 부르는 것을 경험하고 있었다. 영혼의 슬픔이란 우리가 삶의 유한함과 소중함을 실감하고 그 삶을 상실한 데서 비롯된 고통을 직접 대면할 때 솟아나는 슬픔이다. 자기혐오 때문에 타인과 친밀해지지 못하고 사랑을 표현하거나 받아들이지 못하고 지금껏 살아왔다는 것을 우리는 알아차린다. 자신의 창의성과 자발성을, 생생하게 살아있는 느낌을 스스로 차단해왔다는 것을 때로는 놀라우리만치 명확하게 깨닫는다. 온전히 경험할 수 있었으나 놓쳐버린 순간들을 우리는 기억한다. 그리고 살지 않은 삶을 슬퍼하기 시작한다.

이 슬픔이 너무 고통스러워서 우리는 무의식적으로 그 슬픔을 밀어낸다. 영혼의 슬픔이 솟아나기 시작해도 우리는 다시 수치심에 몰두함으로써 슬픔을 깊이 파묻어버린다. 자신의 고통을 비난함으로써, 다른 사람들은 '진짜 고통'을 겪고 있으니 자신을 동정해서는 안 된다고 윽박지름으로써 그 슬픔을 억누른다. 우리가 자신의 고통을 깨어서 자각하고 직접 느낄 때에야 영혼의 슬픔이 완전히 드러난다.

지금 여기에 존재하면서 이 '나'가 괴로워하고 있음을 매순간 온전히 인식할 때에야 슬픔이 드러난다. 그러한 순간에 우리는 자연스럽게 샘솟는 연민을 느낀다. 용서하는 다정한 마음을 느낀다.

마지의 흐느낌이 조금씩 잦아들었다. 그 슬픔에게 무엇을 가장 원하는지 물어보라고 내가 말했다. 마지는 즉시 알아냈다. "내가 사랑할 자격이 있다고 믿는 거요."

나는 마지에게 한 손을 가슴에, 다른 손을 배에 다시 올려놓고 그 따뜻한 손길로 그곳을 보살피라고 권했다. "당신이 어떤 말에 가장 감동하는지 기억해보세요. 그리고 그 말을 당신의 내면에 대고 속삭이세요. 그 말을 듣고 싶어 하는 내면의 모든 곳에 그 다정한 기운이 흘러들어 위로하게 하세요."

마지는 깊이 몰입한 표정으로 가만히 앉아 있었다. 그리고 잠시 후, 두세 번 심호흡을 하고 두 손을 무릎에 내려놓았다. 평온하고 무방비한 표정이었다. 마지가 조용히 말했다. "이렇게 하는 게 바람직한 것 같아요, 타라. 상처받은 내 마음을 다정하게 안아주는 거요." 마지는 자신의 잘못 그 너머에 있는 자신의 소망을 보았다. 연민으로 자신을 치유하고 있었다.

상담을 마치기 전에 나는 마지에게 죄책감이나 수치심을 자각할 때마다 잠깐 멈춰서 자기연민을 다시 깨우라고 권했다. 사적인 공간에 있을 때는 가슴과 배를 부드럽게 쓰다듬어서 그 접촉을 통해 그 감정들과 더 깊이 소통할 수도 있었다. 또한 매일 명상에 마지 자신과 아들을 위한 자애 명상을 끼워 넣으라고 격려했다. "자기연민 덕분에 당신의 마음이 열려서 더 많이 사랑하게 된다는 걸 발견할 거예요." 마지의 눈이 눈물로 반짝거렸다. 자신의 마음을 깨우려는 마지의 염원이 느껴졌다.

여섯 주 후 우리는 다시 만났다. "특별한 일이 일어났어요." 마지가 말문을 열었다. "가능할 거라고 생각하지 않았던 일이요." 매일 명상의 후반부에 마지는 자신을 위해 잠깐 자애 명상을 했다. 자신의 정직함과 성실함, 사랑하려는 갈망을 상기했다. 그러고 나서 자신의 염원을 읊었다. "나 자신을 있는 그대로 받아들이기를…… 내가 자애로 충만하기를, 자애 속에 머물기를." 이 구절을 가장 자주 되새겼다. 그 다음에 미키를 떠올렸다. "생기발랄할 때 미키의 눈동자가 얼마나 반짝이는지…… 활짝 웃을 때 미키가 얼마나 행복해 보이는지를 떠올리곤 했어요. 그리고 이렇게 말했지요. '네가 행복하기를…… 편안하고 평화롭기를…… 네가 지금 엄마의 사랑을 느끼기를…….' 이렇게 염원할 때마다 미키가 행복하고…… 편안하고…… 나의 사랑을 느끼는 모습을 상상했어요."

두 사람의 상호작용이 달라지기 시작했다. 마지는 토요일 아침마다 일찍 집에서 나와 미키가 깨기 전에 그가 제일 좋아하는 베이글을 사다 놓았다. 미키는 시키지 않아도 쓰레기를 버렸다. 그들은 〈더 와이어The Wire〉라는 TV 드라마를 함께 보았다. 늙은 애완견 골든 레트리버가 이웃집 개와 강아지처럼 뛰노는 것을 보고 함께 웃었다. "그리고," 마지가 말했다. "며칠 전 밤에 미키가 서재로 들어왔어요. 소파에 편안하게 걸터앉더니 지나가는 말처럼 이러더라고요. '엄마, 무슨 일 있어요? 그냥 궁금해서요.'"

"길고 다정한 수다는 물론 아니었죠." 마지가 웃으며 말했다. "그리고는 벌떡 일어나며…… 쇼핑몰에서 친구들을 만나기로 했다고 말했어요. 하지만 우리는 예전보다 훨씬 편안했어요…… 문이 다시 열린 거예요." 마지는 잠시 생각에 잠겼다가 말을 이었다. "무슨 일이 일어난 건지 나는 알아요. 비난을 내려놓으니까…… 거의 전부 나를 향한 비난이었죠, 그게 사라지니까 내 마음 속에 우리 둘을 위한 공간이 생겨난 거예요." 마지가 안타까운 표정으로 나를 보았다. "이걸 더 일찍 알았더라면 얼마나 좋았을까요…… 하지만 지금도 너무 늦은 건 아니에요."

해악을 가했을 때

〈새터데이 나이트 라이브Saturday Night Live〉의 코미디언 잭 핸디Jack Handey는 이렇게 썼다. "제일 먼저 나는 나를 용서하는 것을 배웠다. 그러고 나서 나에게 말했다. '가서 네가 원하는 건 뭐든 해봐, 내가 옆에 있으니까 괜찮아.'" 이 말은 자기용서에 대한 우리의 두려움을 보여준다. 우리는 판도라의 상자가 열리고 자신의 가장 밑바닥에 있는 가장 파괴적인 본능이 풀려날까봐 두려워한다. 잘못된 유형의 자기용서가 있는 것은 분명하다. 타인을 희생시켜가며 자기 욕심을 채우고 자신이 가한 해악을 외면하거나 자신의 탐욕과 공격성을 정당화하는 자기용서가 그렇다. 하지만 자신의 괴로움과의 정직한 소통에서 비롯되는 자기연민과 자기용서는 건강하다.

　　마지가 깨닫고 있었듯이, 자기연민은 타인을 보살피고 책임지는 행위와 전적으로 상호의존적이다. 자기용서는 자애로운 자각을 심화하여 타인의 선함을 인식하고 그들의 아픔과 욕구에 반응할 수 있게 한다. 그러면 이렇게 타인을 대하는 방식이 자기 자신을 대하는 방식에 영향을 미치고 자기용서를 지속하게 격려한다. 이 과정이 샘에게 일어나는 것을 나는 보았다.

　　주말 명상을 마치고 한 달 후, 샘이 찾아와 최근에 일어난 어떤 사건을 들려주었다. 샘은 케네디 센터에서 열리는 연주회 티켓을 구했다. 함께 출발하기로 약속한 시간이 되었는데도 제니는 집에 돌아오지 않았다. 문자메시지도 없고 아무 연락이 없었다. 휴대전화도 받지 않았다. 10분 후 제니가 허둥지둥 집에 들어섰을 때 샘은, 그의 표현에 의하면, '미친놈 모드'에 있었다. "제니가 미안하다고 하더군요. 휴대전화는 방전되고 차는 밀리고…… 뭐 다 그렇죠…… 하지만 나는 여전히 한바탕 퍼붓고 싶었어요. 정시에 출발하는 것이 내게 중요하다는 걸 제니는 알고 있었으니까요. 제니가 나를 존중한다면 부지런히 볼일을 보고 제 시간에 집에 도착했을 거라는 말이죠."

하지만 샘은 기를 쓰고 화를 눌러 참았다. 그의 일부는 제니에게 상처주길 원했지만 더 깊은 내면은 그것이 본심이 아님을 알았다. 함께 케네디 센터로 가는 동안, 샘은 자신의 분노를 주시했다. 그리고 자신의 욕구가 존중받지 못하고 무시되었다는 생각의 밑에 깔린 감정을 지켜보았다. "나 자신에게 '용서받았어, 용서받았어.'라고 말했어요. 그러자 그 감정이 무력감으로 바뀌더군요. '나는 제니를 통제하지 못했어, 나를 통제하지 못했어.' 그 다음엔 수치심으로 바뀌었어요. 내 안에서 일어나고 있는 걸 다정하게 대하고 용서하려고 계속 노력했어요. 그건 날씨 같더군요…… 그냥 변하는 날씨요."

연주회 중에 샘은 아내를 슬쩍 돌아보았다. 넋이 나간 듯 몰입한 제니는 순수하고 아름다웠다. 폭풍우는 이미 지나갔다. 집으로 돌아와 늦은 밤 침대에서 제니가 그에게 바짝 다가왔다. "당신이 얼마나 힘들게 애쓰고 있는지 알아요." 제니가 속삭였다. "예전에는 당신이 폭발할까봐 너무 무섭기만 했는데, 이젠 당신이 자각한다는 걸 아는 것만으로도 훨씬 더 안심이 돼요." 샘에게는 제니의 말이, 제니의 이해심이 치유제였다. "나는 여전히 폭발할 겁니다. 하지만 제니가 나를 더욱 믿어요. 그리고 나는 나 자신을 믿기 시작했어요. 지금 나는 나와 분노 사이의 공간을 찾는 법, 내 분노를 대하는 법을 익히고 있어요…… 바로 거기에 선택의 여지가 있습니다."

보상 욕구

타인에게 고통을 가한 경험은 우리에게 깊이 각인된다. 이 흔적은 때때로 수치심이나 죄책감, 후회로 표출되며, 우리의 섬세한 마음은 그것에 주의를 기울이라고 촉구한다. 붓다의 가르침에 따르면, 그러한 섬세함은 지혜롭고 건강할 수 있다. 그 특성은 우리의 마음을 깨우고 자유롭게 하는 데 중요한 역할을 한다. 습관적인 자기비난과는 반대로, 건강한 수치심은 우리가 삶에서 가장 중요한 가치를 외면했음을 알려주는 신호다. 이 수치심은 우리가 편협한 작은 자아를 자각하여 마음을 새로 가다듬을 수 있게 격려한다. 이와 비슷하게, 죄책감은 우리가 미숙한 행동에 주의를 기울여서 자신의 실수를 인정하고 능력이 닿는 한 보상할 수 있게 이끈다.

우리가 상처를 준 사람에게 어떤 식으로든 보상하기 전까지는 자기용서는 대개 불가능하며, 결코 완료되지 않는다. 보상을 하는 이유는 도덕성의 외적 기준을 충족시키기 위해서가 아니다. 보상은 우리가 세상과, 그리고 자신의 마음과 연결되어 있음을 표현하는 행위다. 보상하려는 욕구는 타인에게 가한 고통의 실상과 대면하려는 용기를 지닐 때 생겨난다. 우리의 마음이 그의 고통을 풀어주기를 염원하거나, 샘처럼 더 이상은 상처 주지 않으려고 최선을 다할 때 보상 욕구가 일어난다. 이미 세상을 떠난 사람이거나 우리의 삶에 중요한 인물이 아니더라도 그의 아픔을 인식하고 그에게 우리의 염원과 기도, 회한을 전하는 것은 가능하다. 우리가 자신의 행위에 적극적으로 책임을 질 때 자기혐오의 손아귀가 느슨해지고 우리는 고향으로 돌아와 연결감, 평화로움, 편안함을 느낀다. 이러한 치유는 기독교와 유대교의 속죄 과정과 매우 비슷하다. 잘못을 속죄함으로써 화해가 가능해진다. 우리는 신과, 상처받은 상대방과, 자신의 마음과, 자신의 존재와 화해할 수 있다.

이 치유 과정을 아름답게 묘사한 글을 나는 『벽에 놓인 편지Offerings at the Wall』에서 우연히 보았다. 이 책은 워싱턴 D.C.에 있는 베트남 전쟁 전사자 위령비 앞에 참전 군인과 그들의 사랑하는 사람들이 남겨놓은 9만 통의 편지 중 일부를 추려 실은 것이다. 1989년, 그 대리석 벽 앞에 한 베트남 청년과 어린 여자아이의 낡은 사진이 아래의 편지와 함께 놓였다.

선생님께,

22년 동안 저는 선생님의 사진을 지갑에 넣어 가지고 다녔습니다. 베트남 출라이의 오솔길에서 우리가 마주친 그날, 저는 겨우 열여덟 살이었습니다. 당신이 어째서 제 목숨을 빼앗지 않았는지 그 이유를 결코 알지 못할 것입니다…… 당신의 생명을 앗아간 저를 용서해주십시오. 그때 저는 훈련받은 대로 대응하고 있었습니다…… 지난 세월 동안 저는 당신과 어린 딸의 사진을 수없이 들여다보았습니다. 그때마다 제 마음과 심장은 고통스러운 죄책감으로 까맣게 타들어갔습니다. 지금 제게는 두 딸이 있습니다. 제가 아는 당신은 조국을 지킨 용감한 군인이었습니다. 무엇보다 이제 저는 당신을 대신하여 얻은 삶의 소중함을 존중할 수 있습니다. 그렇기 때문에 오늘 제가 여기에 올 수 있었습니다. 이제는 제가 삶을 계속 살아나가고 고통과 죄책감을 내려놓을 때가 되었습니다. 저를 용서해주십시오.

이 편지를 쓴 리처드 러트렐Richard Luttrell은 목숨을 빼앗는 것이 얼마나 엄청난 괴로움을 의미하는지, 모든 이에게 삶이 얼마나 소중한지, 그 실상과 대면했다. 고통스러운 죄책감을 기꺼이 느낌으로써, 두려워하고 공격적인 자아-인간을 죽이는 훈련을 받은 인간-를 수없이 바라봄으로써 리처드는 인간으로서 자신의 취약함과 대면했다. 실상을 인식하고 용서를 구하면서 그는 보상을 하고 고통에서 벗어나고자 애쓰고 있었다.

나는 이 이야기를 수련생들에게 여러 번 들려주었다. 그러던 2009년, 리처드의 용서 과정이 이 가슴 아픈 편지로 끝난 것이 아님을 알게 되었다. 동료 참전 군인을 통해 그 사진이 리처드에게 되돌아왔다. 그것을 받아드는 순간 그는 결심했다. 사진 속의 그 어린 딸을 찾아서 사진을 돌려주기로 마음먹은 것이다. 리처드는 베트남으로 가서 그 여자아이와 오빠를 찾아냈고, 통역을 통해 자신을 소개했다. "이것은 내가 저 분의 아버지를 총으로 쏴서 죽이고 그 분의 지갑에서 꺼내간 사진입니다. 이제 돌려주겠다고 전해주세요." 그는 울먹이는 목소리로 용서를 구했다. 그 젊은 여성이 울음을 터뜨리며 리처드의 두 팔에 얼굴을 묻고 흐느꼈다. 나중에 그녀의 오빠가 이렇게 말했다. 자기와 여동생은 아버지의 영혼이 지금까지 리처드의 안에서 살고 있다가 바로 그날 자신들에게 돌아왔다고 믿는다고.

누구에게든 치유의 출발점은 자신의 마음과의 화해다. 크나큰 죄악을 저질러서 자신을 용서하기가 불가능하든지, 고질적인 자기비난에 갇혀 있든지 간에, 우리는 항상 자신과 전쟁 중이다. 자신의 다정한 마음과, 영혼과 단절되어 있다. 잘못 그 너머에 있는 인간의 취약함을 볼 수 있을 때 우리는 화해의 길에 들어선다. 자기연민은 타인에 대한 염려와 보살핌으로 자연

스럽게 이어진다. 그리고 어쩌면 리처드처럼, 우리가 가능하리라고는 상상
도 못했던 사랑과 연결을 경험할지도 모른다.

10장. 자기연민: 두 번째 화살을 피하라

자기용서

　　자신과 공공연히 싸우지는 않더라도 우리는 자신이 부족하다는 느낌 때문에 하루 종일 자신을 비난한다. 이 연습은 자기비난을 자각함으로써 그 비난을 인정하고 내려놓을 수 있게 한다. 특히 마음을 깨끗이 씻어내며 하루를 마치는 방법이다. 잠들기 전 잠자리에 누워서 해보라.

🍃

　　잠시 시간을 들여 몸을 고요히 가라앉히며 긴장이 뚜렷하게 느껴지는 부위를 모두 이완한다. 길고 느리게 두세 번 호흡하여 몸속까지 충분히 감지한다.

　　이제 자문한다. "나를 불편해하고 비난하는 이유가 하나라도 있는가?" 자기비난의 존재를 확인하게 도와주는 단어나 구절을 다양한 실험을 통해 찾아낸다. 그렇게 자문한 후, 잠시 멈춰서 몸과 마음에 무엇이 떠오르는지 알아차린다. 자신의 그릇된 행위에 관해 끝없이 곱씹고 있는가? 누군가를 실망시킨 일, 회사에서 저지른 실수, 부모로서 배우자·친구·인간으로서 자신의 기준에 못 미친 일에 골몰하고 있는가?

　　어떤 것이 떠오르면 그것을 그냥 인정하고 용서한다. 손을 가슴에 살짝 올려놓고 "용서받았어, 용서받았어." 또는 "괜찮아."라고 속삭여도 좋다. 자신의 참된 본성과 멀어지지 않겠다는 다짐을 기억한다. 그리고 다시 자문한다. "나를 비난하는 다른 이유가 또 있는가?" 당신이 지닌 자기비난 거리를 모두 확인할 때까지 계속 그렇게 자문한다. 자신을 위해 기도하거나 축복을 전하거나 마음의 평화를 염원하는 것으로 이 연습을 마친다.

자신과의 싸움 끝내기

자신이 저지른 특정 행위 또는 자신의 특정한 면이 근본적으로 잘못이며 용납할 수 없다고 느낄 때 우리는 가장 깊이 괴로워한다. 인간으로서 나의 불완전함과 화해하는 방법을 찾는 것이 모든 치유의 근간이다.

🍃

편안한 자세로 앉아서 긴장이 느껴지는 신체 부위를 모두 잠시 이완한다. 마음을 열어 자기 자신을 받아들이겠다는 다짐을 기억한다. 이제, 용서할 수 없을 것 같은 당신의 특정한 면을 떠올린다. 자신의 비판적이고 지배적인 면을 용서할 수 없을지도 모른다. 다른 사람을 속상하게 한다는 이유로 자신을 용서하지 못할 수도 있다. 중독 행동으로 삶을 허비하고 있는 자신을 용서할 수 없을 것이다. 자신의 강박적 사고를 극도로 혐오할지도 모른다. 용서할 수 없는 당신의 행동이나 감정, 사고방식의 어떤 점이 그렇게 잘못이고 나쁘게 느껴지는가? 자신을 향한 혐오를 있는 그대로 느껴본다.

이제 그 용서할 수 없는 면을 부채질하는 것이 무엇인지 더 깊이 탐구한다. 음식이나 담배나 알코올에 집착할 경우, 당신은 어떤 욕구를 채우려고 애쓰고 있는가? 무엇에 대한 두려움을 없애려고 애쓰고 있는가? 타인을 비난하고 있을 때 당신은 겁에 질린 당신 자신을 느끼고 있는가? 누군가에게 상처를 주었다면, 당신은 상심과 불안 때문에 그렇게 행동했는가? 자신이 강하거나 안전하다는 느낌이 필요해서 그렇게 행동했는가? 당신 자신과 자신의 연약함을 가장 너그럽고 자애로운 친구나 가족, 절대자의 눈을 통해 보듯이 바라본다.

밑에 놓인 그 욕구와 두려움을 자각하면서 몸과 마음과 정신으로 직접 고스란히 느껴본다. 자신의 특정 행동이 몹시 싫더라도 그 밑에 놓인 연약함을 연민으로 감싸 안으려고 노력한다. 가슴에 손을 얹고 충족되지 않은 욕구와 두려움이 자리한 부위에 대고 자기연민의 말을 건넨다. 용서할 수 없는 행동을 일으킨 그 고통에 자기연민을 보낸다. 속으로 이렇게 말해도 좋다. "내가 나를 얼마나 괴롭혀왔는지 알아, 이제는 나를 용서해." 간단히 "용서받았어, 용서받았어."라고 말할 수도 있다.

일어나는 모든 것-두려움이나 비난, 수치심, 슬픔-에 용서의 말을 건넨다. 용서하지 않으려는 저항에게도 "용서받았어, 용서받았어."라고 말할 수 있다. 당신이 가장 너그럽고 자애롭다고 여기는 사람을 떠올려도 좋다. 그의 연민이 당신에게로 흘러들어 당신을 위로하고 격려하는 것을 느낀다. 자신의 상처받고 연약한 면면을 조건 없는 용서로 감싸줄 때 어떤 일이 일어나는지 알아본다.

자기용서가 불가능할 때: 자신은 용서받을 자격이 없다고 믿거나, 자신을 용서하면 똑같은 잘못을 또 저지를까봐 두려울 수도 있다. 자신을 실제로 용서하는 순간, 견딜 수 없는 어떤 진실과 직면하게 될까봐 겁이 날지도 모른다. 이렇게 의심과 두려움이 일어나면 연민을 갖고 그것을 인정하며 받아들인다. 그리고 스스로에게 말한다. "나를 용서할 수 있을 때 용서할 거야." 용서하겠다는 다짐은 용서의 씨앗이다. 이 기꺼운 다짐이 당신의 마음을 조금씩 열어줄 것이다.

성내는 마음에서 벗어난 자는 반드시 평화를 얻으리라.

– 붓다

부서져라

허물어져라 그리하면 당신이 있는 곳에 수많은 들꽃이 피어나리니.

너무 오랜 세월 동안 당신은 바윗돌처럼 차디찼다.

다르게 해보아라.

항복하라.

– 루미

11장.

용서하는 용기

몸무게가 38킬로그램에 달하는 우리 집의 '대장' 스탠다드푸들 하쿠나는 이웃집 개 아키타를 보면 질색했다. 근처 오솔길로 함께 산책을 나갔는데 저만치서 이웃이 아키타를 데리고 걸어오는 것을 보면 나는 하쿠나의 목줄을 나무에 묶어야 했다. 맹렬하게 짖어대며 갑자기 앞으로 달려 나가는 통에 끌려가지 않기 위해서였다. 하지만 그들이 지나가면 하쿠나는 다시 발랄한 걸음으로 숲 사이를 총총 걸어가곤 했다. "저 빌어먹을 아키타, 자기가 우리 이웃인 줄 알지…… 저 멍청하게 말린 꼬리 좀 보라지, 웃긴 털가죽은 또 어떻고…… 다음번에는 본때를 보여줘야지!" 하쿠나는 이런 생각에 골몰하지 않았다. 코를 킁킁 거리며 그날 하루를 맘껏 즐기고 있었다.

하쿠나 같은 동물들은 화가 나면 털을 빳빳이 세우거나 이빨을 드러내거나 별안간 달려들거나 물어뜯는다. 그 상황이 끝나면 그들은 항상성을 되찾는다. 비교적 이완된 상태로 돌아가는 것이다. 하지만 우리 인간은 다르다. 우리는 과거의 분노를 재생하고 미래에 누가 우리를 어떻게 방해하고 공격하고 무시할지를 예상한다. 이로 인해 분노와 두려움의 호르몬이 몸속을 계속 순환하고, 비난과 보복에 관한 생각이 마음속을 휘젓는다. 그 결과 우리는 싸움꾼 모드에 갇힌다. 우리의 마음은 무장을 하고, 정신은 협소해진다. 하쿠나와 달리, 우리는 그날 하루를 맘껏 즐기지 못한다.

분노는 어떤 사람 또는 어떤 것이 우리의 욕구나 열망을 방해할 때 일어난다. 고속도로에서 다른 차가 갑자기 끼어들면 아드레날린이 방출된다. 심장 박동이 급증하고, 혈압이 치솟는다. 비물리적인 위협에도 우리는 똑같이 반응한다. 배우자의 거짓말을 알아채거나 사장이 해고를 통보하면 당신의 몸은 즉각 투쟁-회피-동결 반응에 돌입한다. 즉, 인지된 위협에 대하여 즉시 생리적 반응을 일으킨다. 당신은 지배권을 되찾길 원하고, '투쟁' 신경 경로는 당신을 곤경에 빠뜨렸다고 지목된 누군가에게 똑같이 되갚아주거나 상처를 주라고 당신을 충동질한다.

모든 감정이 그렇듯이, 분노는 우리에게 꼭 필요하고 영리한 생존 장비 중 하나다. 자신의 경계선이 침범당했음을 인식하고 적절하게 반응하려면 분노가 필요하다. 분노는 어떤 것이 부당하거나 불합리하거나 자신 또는 타인의 행복을 위협하는 순간을 알려준다. 우리는 자신의 분노에 필히 귀를 기울여야 한다. 하지만 자신을 보호하고자 비난과 분노에 관한 끝없는 자기 대화에 골몰할 필요는 없다. 우리는 매순간 깨어서 자각해야 한다. 그렇지 않으면 분노는 그냥 일어났다 사라지는 것으로 끝나지 않는다. 이때 분노는 강력한 습관으로 확립되어 항상 배경에서 어슬렁거리며 공격적인 생각과 행동을 촉발하려고 벼른다. 심리적 습관으로 고착될 경우, 분노는 우리가 가장 아끼는 사람들과도 언제나 대립하게 만든다. 하나의 생명체로서 분노는 우리를 늘 싸움터로 내몬다.

당신은 어떤 늑대를 먹여 살리는가?

2001년 9월 11일 이후, 잔인한 폭력과 증오와 보복의 악순환에 많은 사람들이 두려워할 때 체로키 인디언의 아름다운 전설이 인터넷 상에서 급속히 퍼졌다.

> 이 세상의 폭력과 잔혹성에 대해 할아버지가 어린 손자에게 이야기를 들려주었다. "사람들의 마음속에는 늑대 두 마리가 있어서 항상 서로 싸운단다. 한 마리는 두려움에 떨며 화를 내고, 다른 한 마리는 너그럽고 착하지." 손자가 할아버지의 눈을 바라보며 물었다. "어떤 늑대가 이겨요?" 할아버지는 미소를 지으며 조용히 대답했다. "그야 네가 먹이를 주는 늑대가 이기지."

우리는 두려움에 떨며 분노하는 늑대에게 먹이를 주기 쉽다. 특히 큰 상처를 입은 사람의 경우에는 분노 경로가 신경계에 깊이 새겨질 수 있다. 오래된 상처나 두려움이 촉발되면 참을 수 없이 강렬한 분노가 즉시 솟구쳐 우리를 덮친다. 우리는 상대방의 침해 행위에 대한 생각과 감정에만 골몰하고 복수만 원한다. 미처 다른 선택권을 고려할 겨를도 없이 우리는 즉시 험악한 말로 응수하고 문을 쾅 닫고 경솔하게 메일을 보내고 뒤에서 험담을 한다.

그러나 우리에게는 선택권이 있다. 마음을 수행하는 명상은 습관적인 행동을 부추기는 분노 경로를 비활성화시킨다. 변연계가 거의 즉시 행동에 나서지만 우리는 전두엽을 통해 충동적인 대응을 중단하고 잠재우는 반응을 일으킬 수 있다. 전두엽은 연민과 관련된 사회성 중추가 존재하는 부위로, 바로 이곳이 마음챙김 능력을 키운다. 마음챙김이란 일종의 '기억하기'로서 우리가 잠깐 멈춰서 지금 이 순간에 일어나고 있는 것을 자각하게 도와준다. 일단 잠깐 멈추면 우리는 뇌의 고등 기능 중추들에게 다른 반응을 선택하라고 요청할 수 있다. 자신을 진정시킬 수 있고, 타인의 괴로움과 취약함을 상기할 수 있고, 자신의 힘과 선함을 기억할 수 있다. 세상의 잔인하고 무심한 폭력이 아무리 커다란 고통을 가하더라도 우리는 자신이 타고난 바른 사유와 자비심으로 돌아가는 방법에 초점을 맞출 수 있다. 이 깨어남이 우리를 진화시키는 힘이다. 자신의 내적 자유와 타인의 행복을 위하여 우리는 착하고 너그러운 늑대에게 의도적으로 먹이를 줄 수 있다.

용서의 의미

명상 수업을 마친 어느 수요일 저녁, 우리 공동체의 일원인 에이미가 다가왔다. 오래전부터 잘 알고 지낸 에이미는 잠깐 얘기 좀 할 수 있느냐고 물었다. 그러더니 자신이 끔찍한 엄마, '교활하고 자기도취적인 인간' 밑에서 자랐다는 사실을 내게 되새겨주었다. 그 엄마와 관련하여 예전에도 몇 번 고통스러운 사연을 들은 적이 있었는데, 그 엄마가 유방암 말기 진단을 받았다는 소식을 근래에 들은 터였다. 근처에 사는 유일한 자식이었기 때문에 에이미가 주로 엄마를 돌보게 되었다. 그래서 에이미는 수십 년 동안 외면해온 사람과 거의 하루 종일 함께 지낼 수밖에 없었다. "나는 엄마에게 항상 극도로 분개했어요." 에이미가 말했다. 그리고 잠시 후, 가라앉은 목소리로 덧붙였다. "지금은 그렇게 차디찬 마음을 지닌 나 자신을 견딜 수가 없어요."

마음을 열기 위해 에이미가 이미 열심히 수행했다는 것을 나는 알고 있었다. 에이미는 남편과의 소원한 관계로 괴로워하고 맏딸과 걸핏하면 싸우고 동업자와 줄곧 갈등을 겪으며 긴 세월을 보냈었다. 그러다가 1년 전에 참여한 주말 명상에서 RAIN을 통해 자신의 삶에 산재한 갈등을 다정하고 명료하게 자각할 수 있음을 발견했다. 자신을 더 자주 자각하고 더욱 온화해지면서 에이미는 그 소중한 사람들을 있는 그대로 더 많이 받아들이고 있었다.

하지만 명상 수행이 엄마를 향한 적의에는 도움이 되지 못하는 것 같았다. "어렸을 때, 엄마는 내가 엄마를 방해하거나, 아니면 엄마에게 보탬이 되려고 태어난 인간으로 취급했어요…… 엄마 인생에서 나는 또 하나의 애완동물이었죠." 에이미가 말했다. "함께 지내는 시간이 많으면 엄마가 이젠 성인이 된 나의 자아까지 짓밟을 것 같아 겁나요. 엄마가 지금 저렇게 아픈데도 내가 분노를 억누르고 엄마를 용서하는 건 불가능해 보여요."

증오와 비난으로 무장함으로써 우리는 상처를 보호한다. 그 무장을 내려놓을 수 있게 하는 것이 바로 용서다. 우리가 연민을 갖고 자신의 취약함을 매순간 온전히 자각할 수 있을 때, 용서가 가능해진다. 이러한 자각은 분노에 찬 생각과 감정을 줄이고, 우리의 드넓고 따뜻한 마음 공간을 드러낸다. 하지만 이 과정이 갑자기 또는 역으로 일어나는 일은 드물다. 타인에게 분개하고 서로 반목할 경우, 우리가 자신의 아픔이나 두려움을 수없이 의도적으로 자각한 후에야 비로소 자기연민이 깨어나 우리는 더 많이 받아들이고 이해할 수 있다. 그리고 불만이 극도의 증오로 표출될 경우, 또는 상처가 너무 깊다고 느낄 경우, 에이미처럼, 용서는 아득히 멀거나 심지어 불가능해 보일 수도 있다.

용서가 좋지 않은 방법처럼 보일 때도 있다. 에이미처럼, 우리는 비난을 내려놓는 것은 자신의 감정을 배반하는 것이며 더 많은 상처를 입을 위험을 자초하는 것이라고 겁을 낸다. 또한 용서하기는 타인의 해로운 행동을 용납하는 것이며 우리의 존중받을 권리를 무시하는 거라고 느끼기도 한다. 상대방을 용서한다면 애초에 잘못을 저지른 사람은 오히려 자기 자신이라는 느낌에 사로잡힐 거라고 믿기도 한다. 이 다양한 두려움은 충분히 정상적인 것이며 우리는 이러한 두려움들을 반드시 알아차려야 한다. 하지만 그 두려움들은 오해에서 비롯된다.

용서는 증오에 찬 비난을 내려놓는 것을 의미한다. 분노하고 두려워하는 늑대에게 더 이상은 먹이를 주지 않는다는 뜻이다. 용서는 자신에게 상처 줄 수 있는 사람에 관한 정보를 묵살하거나 해악에서 자신과 타인을 보호하는 행동을 중단하는 것을 의미하지 않는다. 에이미는 지혜로운 분별을 익혀야 했다. 엄마의 부당한 요구나 상처 주는 말을 있는 그대로 인식해야 했다. 우리는 신뢰를 저버리는 사람, 돈을 갈취하는 사람, 우리의 진심을 오해하는 사람, 육체적 또는 정신적으로 학대하는 사람을 가려낼 수 있어야 한다. 그리고 누군가가 우리와 타인의 행복을 위협할 때는 우리의 우려를 효과적으로 전달할 방법을 강구하고 경계선을 긋고 그의 해로운 행동에 대한 처벌 수준을 결정해야 한다. 우리는 배우자와 이혼을 하고 자녀의 외출을 금지하고 친구와 대화의 규칙을 정하고 투표로 누군가를 해고하고 사회적 변화를 위해 시위를 벌인다. 우리는 해악을 방지하는 일에 헌신하는 동시에 증오에 찬 비난에서 벗어나 자유로워질 수 있다.

용서한다는 것은 어떤 사람도, 자신의 어떤 면도 마음에서 몰아내지 않는다는 뜻이다. 내가 말하는 용서는 설사 누군가를 두 번 다시 안 보기로 결정하더라도 그 사람을 좋은 기억으로 간직할 방법을 찾는다는 뜻이다. 이 조건 없는 사랑에 귀의하는 데는 용기와 도전이 필요하다. 착하고 너그러운 늑대에게 먹이를 주는 것은 싸움—비난과 보복 행동—을 중단하고 자신의 취약함을 직접 느끼고 받아들이는 것을 의미한다. 이것이 바로 에이미가 가야 할 길이었다. 엄마나 자신을 공격하는 대신, 에이미는 자신의 분노를 부추기는 깊은 상처와 친해져야 했다. 그러기 위해서는 깊은 자기연민이 필요할 터였다.

분노와 RAIN

에이미와 나는 그녀가 엄마와의 관계에서 더 많은 자유를 얻을 방법을 찾아보기로 했다. 첫 번째 상담 시간에 에이미는 어린 시절에 대해 이야기했다. 전업주부로 집에 있던 엄마의 주변을 맴돌았기 때문에 매우 어린 시절의 기억은 모두 엄마와 관련된 것이었다. 세 살 무렵의 한 가지 경험이 가장 또렷하게 기억에 남아 있었다. 엄마가 이층에 있던 에이미에게 목욕물을 받아놨으니 욕조에 들어가라고 소리를 질렀다. 하지만 욕실에 들어갔을 때 에이미가 본 것은 5센티미터 정도 고인 미지근한 물이었다. 이 상징적인 순간을 돌이켜보며 에이미는 그때 그 세 살배기의 마음을 번개처럼 스쳐간 깨달음을 생생하게 기억했다. "내 몫은 이게 전부야. 나한테는 아무도 관심이 없어." 이것은 다분히 진실이었다.

엄마는 자기가 지어낸 드라마에 항상 골몰했고 친구들이 무시한다며 사사건건 다투었고 살을 빼려고 기를 썼고 가장으로서 무능하다며 남편에게 화를 냈다. 에이미를 포함한 자식들의 육체적, 정서적 욕구에는 관심이 없었다.

이 이야기를 한 후 에이미는 소파에 털썩 기댔다. "모성이라고는 눈곱만큼도 없었던 그 여자를 내가 어떻게 배려하겠어요? 어떻게 용서하고 다정할 수 있겠어요? 나는 엄마의 찡그린 표정이 정말 싫어요. 다른 사람에 대해 이야기할 때의 그 잘난 척하는 말투가 싫어요. 엄마의 모든 게 싫어요." 나는 에이미에게 지금 당장 엄마를 배려하려고 노력할 필요는 없다고 말했다.

크나큰 배신과 상처에 대한 경험을 털어놓고 나서 사람들은 종종 이렇게 묻는다. "그 여자가 그런 짓을 저질렀는데 어떻게 용서할 수 있겠어요?" "어린 나를 폭행하며 학대한 그 남자를 어떻게 용서할 수 있죠?" 누군가를 서둘러서 용서하려고 할 때 우리는 대개 분노와 그 밑에 놓인 아픔을 잠시 은폐할 수만 있을 뿐이다. 따라서 나는 초점의 대상을 바꾸게 격려한다. "지금은 용서할 때가 아니에요. 이 시점에서 용서는 가능하지도 않고 진실한 것도 아니지요." 이렇게 말하기도 한다. "지금 당장은 당신 내면의 한 곳, 아파하고 두려워하는 그곳에 주의를 기울여야 해요. 지금은 연민을 갖고 매순간 당신의 마음을 자각해야 합니다." 에이미의 경우, 이 자각으로 들어서는 문은 RAIN의 마음챙김이었다.

나는 에이미에게 현재 상황에서 무엇이 가장 화가 나느냐고 물었다. 그녀는 금방 조목조목 대답했다. "엄마는 자기 말고는 아무에게도 관심이 없어요. 엄마는 자기중심적인 여자예요. 정말 울화통이 터져요…… 저는 엄마가 없는 셈치고 살았어요. 그런데 지금은 그 여자에게 음식을 갖다 주고 있어요." 얼굴이 경직되며 에이미는 숨도 제대로 쉬지 못했다. 나는 그녀에게 지금 이 순간에 무엇이 가장 확실하게 느껴지는지 물었다. 긴 침묵이 흐른 후 에이미가 말했다. "감당할 수 없을 만큼 엄청나게 많은 분노가 느껴져요."

RAIN은 지금 느끼고 있는 감정을 모두 인식하고 수용하는 것으로 시작된다. 하지만 그 일이 언제나 그렇게 쉽거나 간단하지는 않다. "그 엄청난 분노를 거기 그대로 둘 수 있겠어요?" 내 물음에 에이미는 경계하는 표정을 지었다. 긴 세월 동안 그녀는 그 강렬한 분노를 꼭꼭 억눌러서 깊이 묻어두려고만 했다. '내려놓음'과는 정반대로 해온 것이다. 그리고 묻혀 있던 분노는 이따금 갑자기 격렬하게 폭발하곤 했다. 에이미는 나를 보며 고개를 저었다. "그 분노가 머물 공간이 실제로 생겨날까봐 겁나요. 그렇게 되면 나의 인간관계는 모조리 파괴될 거예요. 나는 사랑하는 사람들에게 이미 상처를 주었어요."

보통 우리는 강렬한 분노에 둘 중 한 가지 방식으로 반응한다. 점차 분노에 사로잡히고 자신이나 타인을 비난함으로써 그 정서적 에너지를 표출하거나, 분노가 나쁜 감정이라고 판단하여 분노를 표현하는 신체 감각을 묵살하고 다른 곳에 주의를 돌림으로써 분노를 멀리 밀어낸다. 앞선 사례에서 샘은 분노하는 자신을 가혹하게 비난했지만 그 강렬한 에너지는 표면 밑에 항상 숨어 있어서 쉽게 터져 나왔다. 이에 반해, 많은 사람들이 분노를 더욱 철저히 억누른다. 그 이유는 그 분노가 자신을 장악하거나 타인을 밀어낼까봐 두렵기 때문일 것이다. 하지만 에이미가 자주 경험했듯이, 강렬한 분노는 차곡차곡 쌓였다가 복수심과 함께 갑자기 터져나올 수 있다.

분노를 깊이 묻어둘 경우, 그 에너지가 전환되어 다른 방식으로 표현된다. 중증 우울증을 겪던 내 친구는 처음 참여한 연기 워크숍에서 분노에 찬 적대적인 여자를 연기했다. 그 역할을 통해 그 친구는 수십 년 동안 억눌러온, 남자들에 대한 자신의 분노를 접하게 되었다. 무력감과 절망감 뒤에 감춰진 격렬한 분노를 자각한 것이다. 과민성대장증후군으로 고생하던 한 내담자는 다른 사람과 의견 충돌을 겪을 때 복통과 소화불량이 더 자주 생긴다는 것을 알아차렸다. 자각되지 못한 분노를 자각하고 그 에너지를 그냥 내버려둘 수 있다면 그의 위장과 대장은 편안해진다. 분노는 생존 에너지이며 우리의 관심을 원한다.

RAIN의 2단계 '허락하라'는 자신이 분노에 사로잡히게 방치하라는 말이 아니다. 허락하기는 '행동으로 표출하기'가 아니다. 비난에 관한 자기 대화를 인식하되 믿지는 않고, 분노의 느낌이 일어나게 내버려두되 분노를 표출하거나 분노에 저항하지 않는다는 뜻이다.

하지만 에이미는 분노를 그냥 허락하는 게 겁난다고 했다. 그래서 우리는 그 분노에 주의를 기울이는 것부터 시작했다. 나는 에이미가 분노 속으로 들어갈 수 있게 안내했다. "당신의 두려움이 그 분노가 거기 그냥 있게 기꺼이 내버려둘까요? 그 두려움이 옆으로 조금 비켜서서 당신이 이 분노를 있는 그대로 경험할 수 있게 해줄까요?" 에이미는 잠시 말이 없다가 고개를 끄덕였다. 에이미의 두려움에 떠는 일부는 그녀가 분노를 '고스란히 경험'하는 것에 동의했다.

이제 에이미는 비난 밑에 놓인 그 정서적 에너지를 조사할 수 있었다. 하지만 조사를 시작하려면 먼저 분노에 찬 자기 대화의 지배에서 벗어나야 했다. 지금까지 그녀는 그 자기 대화에 많은 시간을 소비하며 비판적인 생각에 빠져 끝없이 돌고 돌았다. 에이미와 나는 그 자기 대화에 관해 이야기하고 그 대화를 그녀의 고통을 들여다보는 창문으로 삼았다. 하지만 격렬한 분노는 에이미의 몸속 더 깊은 곳, 생각 그 너머의 장소에도 살고 있었다. 다음 단계는 에이미가 주의를 확장하고 심화하여 몸으로 표현된 그 에너지를 온전히 경험하는 것이었다.

나는 에이미에게 몸에서 무엇이 느껴지는지 알아차리라고 했다. 그녀는 눈을 감고 잠시 말이 없었다. "펄펄 끓는 가마솥이 가슴을 짓누르는 느낌이에요." 그 말에 내가 물었다. "만약에 그 느낌에 '그래.'라고 말한다면, 그 열기와 압력이 원하는 만큼 얼마든지 강해지게 허락한다면 어떤 일이 일어날까요?" "타라," 에이미가 고개를 저었다. "그건 폭발하길 원해요……." 나는 다시 그녀에게 그 느낌을 그냥 내버려두고 있는 그대로 경험하라고 격려했다.

에이미는 정지한 듯 한동안 꼼짝도 하지 않았다. 그러더니 머뭇머뭇 말했다. "그 분노는 활활 타오르는 불길이에요…… 사방으로 퍼지는 불의 폭풍. 불길이 거세게 폭발하며 상담실의 모든 창으로 빠져나가고 있어요." 에이미가 말을 멈추고 나를 바라보았다. "괜찮아요. 그걸 있는 그대로 내버려두세요." 그녀는 나지막하게 계속 말했다. "그 불길이 바다로 돌진하고 있어요. 살아 있는 모든 걸 파괴하고 있어요…… 땅과 바다와 지구를 휩쓸고 있어요." 격렬하게 타오르는 분노에 대해, 그 불길이 모든 공간을 어떻게 휩쓰는지에 대해 에이미는 계속 이야기했다. 그러고 나서 차차 고요해지다가 차분한 목소리로 드디어 이렇게 말했다. "불길이 꺼지고 있어요." 그러고는 소파에 기대앉아 기진맥진하게 한숨을 내쉬었다. "이제는 텅 비었어요. 이 세상에는 아무것도 남아 있지 않아요. 나는 철저히 혼자예요, 쓸쓸하게." 그리고 들릴 듯 말 듯한 목소리로 말했다. "아무도 날 사랑하지 않아요. 나 역시 아무도 사랑하지 않아요."

고개를 숙이고 두 손으로 얼굴을 감싸며 에이미는 흐느끼기 시작했다. 격렬한 분노 속에서 그녀는 텅 빈 공간, 사랑이 없는 공간을 발견했다. 이제는 크나큰 슬픔이 드러나고 있었다. 자신의 삶에는 사랑이 없다는 것에 대한 슬픔이었다.

연민 넓히기

시인 루미는 노래했다. "허물어져라, 그리하면 당신이 있는 곳에 수많은 들꽃이 피어나리니." 에이미가 무장한 분노의 갑옷이 허물어지며 그녀의 단절감, 평화로운 삶의 원천인 사랑을 상실한 느낌이 드러났다.

나는 물었다. "슬퍼하는 당신의 일부가 당신에게 가장 원하는 것이 무엇인가요?" 에이미는 즉시 알아냈다. "내가 그 고통에 관심이 있다는 것, 그 슬퍼하는 나를 내가 받아들이고 사랑한다는 걸 알고 싶어 해요." 나는 에이미에게 한 손을 가슴에 올려놓고 그 상처 받은 자아가 가장 듣고 싶어 하는 말을 속삭여주라고 했다. 에이미는 1년 전 주말 명상에서 자신의 심금을 울렸던 말을 반복하기 시작했다. "미안해, 너를 사랑해." 여기서 "미안해."는 사과의 말이 아니었다. 그보다는 자신의 고통에 대한 슬픔을 간단하게 표현한 말이었다.

에이미는 그 말을 여러 번 속삭인 후, 몸을 좌우로 흔들기 시작했다. "욕실에 서 있는 여자아이가 보여요. 그 아이가 느끼는 결핍과 외로움이 그대로 느껴져요. 지금 나는 그 아이를 꼭 껴안고 말해주고 있어요. '미안해, 너를 사랑해.'"

잠시 후, 에이미는 똑바로 앉아 손을 무릎에 편안히 내려놓고 두세 번 심호흡을 했다. 그리고 맑고 밝은 눈빛으로 나를 보았다. "타라, 이제야 알았어요. 나는 그 어린 여자아이, 나의 일부를 내가 너무 오랫동안 돌보지 않은 것에 화가 났던 거예요. 세 살 난 딸을 방치한 엄마와 한 치도 다르지 않았다는 게 화가 났어요." 그리고 잠시 멈추었다가 말을 이었다. "나의 일부가 사랑을 원한다는 걸 꼭 기억해야 해요. 그 아이를 사랑해주고 싶어요."

자신에 대한 연민은 용서하는 마음의 본질이다. 하지만 분노는 물론이고 그 밑에 놓인 두려움이나 상처가 너무 크고 강해서 자신을 다정하게 안아주기가 불가능할 때가 있다. 에이미처럼, 깊은 상처나 트라우마를 지닌 사람은 심리치료사나 영적 스승이나 치유자의 안내를 구하는 것이 현명하다. 용서 과정은 깊은 취약함을 드러내주기 때문에 무한한 인내심이 필요하다. 혼자서 행하든 전문가의 도움을 받든 마찬가지다. 특히, 자신에게 상처 준 사람과 관계를 지속하고 있을 때는 똑같은 상처를 여러 번 받을 수 있으며, 비난에 골몰하는 분노한 늑대에게 먹이를 주지 않기가 어렵다.

에이미는 이것을 예상했다. 그날 저녁에 엄마에게 가봐야 한다는 말을 하고 있을 때 가슴이 불안하게 조여드는 느낌을 알아차렸다. "엄마에게 갇힐까봐 겁나요." 하지만 곧바로 "잠깐만요!"라고 말하더니 소파에 기대앉아 눈을 감았다. 그리고 다시 한 손을 가슴에 얹고 자신의 두려움에게 다정하게 속삭였다. "미안해, 너를 사랑해. 미안해, 너를 사랑해." 잠시 후, 에이미는 몇 번 심호흡을 하고 미소를 지었다. 그리고 신중하게 단어를 고르는 듯 느릿느릿 말했다. "지금 일어나고 있는 것…… 지금 이 두려움 같은 걸 조사하고 이해하고…… 그것에 사랑을 보낼 때…… 그때는 나는 더 이상 갇혀 있지 않아요." 그리고 덧붙였다. "두려움이 사라진 건 아니에요. 그건 나의 일부예요. 하지만 두려움을 자각하고 사랑해줄 때는 그 두려움보다 내가 훨씬 더 크다는 걸 알게 돼요."

자신의 취약함을 인식하고 연민을 보냄으로써 에이미는 자신의 고통까지 품어 안을 수 있는 커다란 존재를 알아차렸다. 이 자연스러운 자각, 즉 RAIN의 N[비동일시]은 다정한 조사가 낳은 결실이다. 이 자각 속에 머물 때 우리는 깨어있는 마음이라는 귀의처에서 쉬고 있는 것이다.

"에이미, 당신의 참자아로 돌아가는 아름다운 길을 찾아냈군요." 내 말에 에이미는 웃으며 대답했다. "맞아요. 정말 그런 느낌이에요."

나의 명상 수업과 워크숍에 참석한 많은 사람들이 분노한 늑대에게 더는 먹이를 주지 않고 자신의 취약함을 받아들일 때 고향으로 돌아간 느낌이 든다는 것을 발견한다. 어떤 사람은 이렇게 말했다. "나에게 상처 준 사람에게 초점을 맞추지 않고 나 자신을 자유롭게 해주는 길을 따라가기 시작했어요." 우리는 누군가에게 앙갚음해서 상처를 악화시킬 수도 있고, 자기치유에 전념할 수도 있다. 분노한 늑대에게 먹이를 주는 것이 더 쉬울지도 모른다. 하지만 이 순간의 내적 경험을 자각하고 허락하는 법을 익히면 자신의 선한 본성을 접할 수 있다.

몇 주 후, 다시 상담실을 찾은 에이미는 자신의 아침 일기 제목부터 보여주었다. "내 마음은 더 크고 더 넓다." 그 전날 밤에 엄마가 수프가 너무 싱겁다고 세 번째로 불평하자 에이미는 분노와 짜증이 치미는 익숙한 느낌을 감지했다. 에이미는 자신에게 "미안해, 너를 사랑해."라고 속삭이며 그 짜증과 신랄한 비난이 마음속에 그대로 머물게 허락했다. 그러자 긴장이 풀리고 진정되는 느낌이 들었다. 고개를 드니 불만으로 잔뜩 찡그린 엄마의 얼굴이 보였다. 자신에 대해 자문하는 법을 배울 때처럼, 똑같은 질문이 떠올랐다. '엄마는 지금 무엇을 느끼고 있을까?' 질문과 거의 동시에, 에이미는 엄마가 느끼는 불안과 외로움을 감지할 수 있었다. 자신의 마음속에 엄마가 들어와 있다고 상상하면서 에이미는 다정하게 말했다. "미안해요." 그리고 속으로 속삭였다. "사랑해요."

에이미는 자신이 엄마에게 실제로 다정하게 굴고 있으며 자신의 감정이 엄마에게 분명히 전해지고 있음을 알아차렸다. 그날 밤은 놀랍게도 두 사람 모두에게 유쾌한 시간이었다. 두 모녀는 포테이토칩만 먹는 엄마의 '원 푸드 다이어트'에 대해 농담을 했다. 그건 엄마가 수십 년 동안 시도해온 정신 나간 온갖 다이어트 비법과 그리 다르지 않았다. 그들은 함께 인터넷으로 목욕 가운을 주문하고 〈데일리 쇼The Daily Show〉를 재밌게 보았다.

마지막 상담 시간에 에이미는 며칠 전의 일을 들려주었다. 아침에 깬 엄마가 열이 펄펄 끓고 땀을 비 오듯 쏟았다. 에이미는 찬 수건으로 엄마의 이마와 뺨, 팔과 발을 닦아주었다. 엄마가 슬프게 웃으며 말했다. "지금까지 아무도 내 몸을 닦아준 적이 없었어." 그 순간, 미지근한 물이 낮게 고인 욕조 속의 여자아이가 떠오르며 눈가가 뜨거워졌다. 에이미의 엄마 역시 지금껏 아무 관심도 보살핌도 받지 못하며 살아온 것이다. 그리고 지금, 두 사람은 각자의 방식대로 다정한 보살핌을 음미하고 있었다. 엄마와 에이미는 서로를 바라보았고, 처음으로 조건 없는 순수한 사랑을 느꼈다. 이 최초의 순간을 에이미는 엄마가 돌아가신 후에도 오래도록 소중한 기억으로 간직하게 될 터였다.

지혜로운 존재 초대하기

깊은 자기연민의 과정을 충실히 거친 후 에이미의 분노와 비난은 상당히 누그러졌다. 하지만 때로는 더욱 폭넓은 새로운 관점을 지니는 것만으로도 용서가 가능해진다.

당신이 숲길을 걷다가 작은 개가 나무 밑에 앉아 있는 것을 보았다고 하자. 당신이 다가가자 그 개가 갑자기 으르렁거리며 달려든다. 당신은 겁을 먹고 화를 낸다. 하지만 개의 다리가 덫에 걸린 것이 보인다. 당신의 분노는 즉시 연민으로 바뀐다. 그 개의 공격 행동이 취약함과 고통에서 비롯되고 있음을 보았기 때문이다. 우리도 마찬가지다. 해로운 행동을 하는 이유는 그 순간에 우리가 고통스러운 덫에 걸려 있기 때문이다. 자신과 타인을 지혜의 눈으로 바라보면 바라볼수록 연민의 마음이 커진다.

조슈아는 틱낫한 스님에게서 감명을 받았다. 용서에 대한 그의 가르침에 특히 감동했다. 그는 직장 문제에 대처하게 도와달라며 나를 찾아왔다. 조슈아는 소프트웨어 회사의 마케팅 팀장으로 팀 중심적인 기업 문화를 중시했다. 하지만 마케팅 이사를 향한 반감이 날로 심해지고 있었다. "그 사람은 다른 직원들과 어울리질 못해요." 조슈아는 지쳤다는 표정으로 말했다. "그 사람이 주변에 있으면 아주 힘들어요." 나는 구체적으로 말해달라고 했다. "그는 허풍을 떨고 이야기를 조작하고 우리 팀의 업적은 전부 자기 덕이라는 식으로 말해요…… 그리고 농담하듯이 항상 다른 사람을 헐뜯어요." 그러면서 이렇게 요약했다. "필은 똑똑하고 유능해요. 하지만 자신은 올리고 다른 사람은 낮추는 데 집착해요." 그리고 잠시 후 덧붙였다. "나는 그의 농간에 번번이 말려들어요. 필을 끌어내리고 싶어요…… 최소한 몇 단계만이라도."

특히 분노한 최근의 사건을 들려달라고 하자 그는 까다로운 프로젝트에 관해 보고하는 회의 장면을 떠올렸다. "필이 초과 비용을 언급하더니 비열하게 웃으며 마케팅 부서 전체가 바이러스에 걸렸다고 말했어요. '조슈아의 지나치게 낙관적인 전망에 다들 전염된 모양이야.' 그러더군요. 그 프로젝트가 승산 있는 도박이라는 것에 사실 모두 동의했었어요." 조슈아는 필이 그 프로젝트에 투자하라고 격려하며 써준 메모를 내보이며 자신을 방어했다. "그래봤자 소용없는 짓이었죠. 필은 그냥 싱글거리며 고개만 끄덕이고 있었어요."

짧은 시각화를 하나 해보자고 제의하자 조슈아는 흔쾌히 동의했다. "우선 당신의 낙관적인 전망에 대해 말하는 필의 비열한 미소와 어투를 떠올리세요. 그리고 당신의 몸과 마음이 무엇을 경험하고 있는지 잠시 느껴보세요." 내 말에 조슈아는 내면으로 주의를 돌렸다. "느껴져요. 얼굴이 뜨겁게 달아올라요."

"이제 당신이 정지 버튼을 눌러서 그의 행위를 동결시킬 수 있다고 상상하세요. 그리고 타이^{Thay, 틱낫한 스님의 애칭}를 당신의 내면으로 초대해서 그의 의식으로 그 공간을 채운다고 상상하세요. 타이의 다정하고 반짝이는 눈과 온화한 목소리를 떠올리세요. 그리고 이제 당신 대신 타이에게 그 상황을 맡기세요. 당신은 옆으로 비켜서서 쉬면서 어떤 일이 일어나는지 그냥 지켜보기만 하면 됩니다." 나는 조슈아가 이것을 시각화하게 잠시 기다렸다. 그리고 조금 시간을 두면서 하나씩 질문을 던졌다.

"타이의 의식으로 채워진 지금, 당신의 몸에서 무엇이 느껴지나요? 타이의 눈을 통해 필과 그 상황을 지켜보는 것이 어떤 느낌인가요? 타이의 마음으로 지켜보는 느낌은 어떤가요? 타이는 그 상황을 어떻게 다룰까요?" 나는 말을 멈추고 다시 기다렸다. 그리고 마지막으로 이렇게 말했다. "당신이 다시 몸과 마음속으로 돌아가 머물고 있다고 느끼세요. 바로 옆에 서 있는 타이를 느껴보세요. 그가 당신에게 중요한 조언을 해주려고 하는 걸 느껴보세요. 이런 종류의 상황에서 당신을 이끌어줄 수 있는 특별한 조언이에요. 자, 그 조언이 무엇이죠? 그냥 귀 기울이세요…… 단어로 표현될 수도 있고…… 시각적인 이미지로 나타날 수도 있어요…… 몸의 느낌으로 제시될 수도 있어요. 당신이 알아차린 모든 것이 도움이 될 겁니다."

조슈아는 잠시 말이 없다가 눈을 떴다. "세상에…… 정말 흥미로웠어요!"

"무엇을 알아차렸죠?"

"몸에서 변화가 느껴졌어요. 필이 주변에 있을 때 내 위장이 조여드는 걸 지금 처음 알았어요. 타이가 내 안으로 들어오자 모든 것이 느슨해졌어요…… 타이의 의식이 공간을 그냥 만들어낸 것 같았어요."

두세 번 심호흡을 하고 나서 조슈아는 말을 이었다. "타이의 시각에서 보았을 때 특히 눈에 띈 것은 필이 불안해한다는 거였어요. 불안하지 않다면 끝없이 자신을 과시하거나 다른 사람을 깎아내릴 필요가 없겠지요. 그리고 필은 직원들이 자신을 안 좋아하고 기피하는 걸 느껴요. 이걸 알아낸 것만으로도…… 그가 항상 불안해하는 걸 내 마음이 실제로 받아들인 것만으로도 변화가 생기는군요."

나는 고개를 끄덕이고 나서 타이가 필을 어떻게 대했는지 물었다. "타이는 나에 관한 비난이 오고가게 그냥 내버려둬요…… 굳이 방어할 필요가 없어요. 그리고 다함께 회의실을 나설 때 타이는 필에게 웃어주고 다정하게 등을 두드려줘요. 필은 깜짝 놀라고…… 혼란스러운 표정이에요…… 그리고 감동해요. 필은 내가 자기를 좋아해주길 원해요." 조슈아는 말을 멈추었다가 타이의 조언을 들려주었다. "상대방이 중요시되고 사랑받는다고 느끼길 원한다는 것을 기억하라는 조언이었어요."

조슈아는 필이 고통스러운 덫에 걸려 있음을 보았지만 아직도 걱정이 남아 있었다. "필의 불안을 염려하고 다정하게 대하면 그가 다른 직원들이나 나를 그렇게 함부로 대해도 괜찮은 줄 알까봐 걱정이에요." 이 의문이 중요하다는 것에 수긍한 후 나는 다시 물었다. "타이라면 어떻게 대답할 것 같아요?"

잠시 숙고하다가 조슈아가 말했다. "연민은 모든 사람에게 필요합니다. 한 사람이 다른 사람을 제멋대로 짓밟아서는 안 됩니다. 누군가가 실제로 상처를 주고 있다면 우리는 더욱 다정하게 지적하고 선을 그을 것입니다."

문제 상황에 대해 새로운 자신감으로 충천한 조슈아는 씩씩하게 상담실을 나서며 이렇게 말했다. "정말로 흥분되는 것은 어떤 순간에도 내가 타이를 초대해서 더욱 현명한 조언을 들을 수 있다는 겁니다. 급진적인 방법이에요!"

곧장 근원으로 뚫고 들어가 마음 깊은 곳의 현명한 조언을 끄집어내는 것은 급진적인 방법이다. 다음번에 습관적인 대응에 갇힐 때 당신도 이 간단한 방법을 시도할 수 있다. 당신이 존경하는 다정하고 지혜로운 존재를 기억해보라. 지인, 영적 인물, 절대자가 그러한 존재일 수 있다. 그 존재의 의식이 당신의 내면을 채우고 당신이 그의 눈과 마음을 통해 바라보고 있다고 상상하라. 이 존재가 당신의 대응을 도와주게 하라. 그의 조언에 귀를 기울여라. 당신 자신의 가장 현명하고 깨어있고 자비로운 자아에게 실제로 다가가고 있음을 발견할 것이다.

용서는 수동적인 행위가 아니다

나의 전작 『받아들임』은 2003년 미국이 이라크를 침공한 직후에 출간되었다. 여러 도시를 돌며 저자 강연회를 할 때 조국의 전쟁 행위를 받아들여야 하느냐고 묻는 사람이 많았다. "받아들임과 행동주의가 어떻게 공존할 수 있지요?" 그들은 의아해했다. 좋은 질문이다. 착하고 너그러운 늑대에게만 먹이를 준다면 우리는 세상의 범죄 행위를 외면하게 되지 않을까요? 분노하지 않는다면 어떻게 불의에 저항하고 진실을 외치고 종전을 촉구하기로 결심하겠어요?

그러한 질문에 나는 내 경험을 들려주었다. 미국이 이라크를 공격하기 얼마 전에 나는 신문을 읽으며 불안감이 커지는 것을 느꼈다. 미국 정부 수뇌부에 대한 생각을 멈출 수가 없었다. 폭력을 전 세계로 확대시킬 것이 틀림없는 행위의 책임이 그들에게 있었다. 신문에서 그들의 사진을 보기만 해도 분노와 적의가 폭풍우처럼 몰려오곤 했다.

그러다가 나는 내 마음이 적을 만들어내는 것이 또 다른 형태의 폭력이라는 것을 깨달았다. 그래서 신문 명상을 시작하기로 결심했다. 헤드라인을 보고 기사를 조금 읽은 후, 멈추었다. 이렇게 멈춘 동안, 나의 생각을 주시하고 점차 커지는 분노를 인식하고 인정했다. 이어서 그 감정을 조사한 후, 그것이 남김없이 표현되게 내버려두었다. 거의 매일, 내가 분노를 받아들이고 그 강렬한 힘을 고스란히 느끼자 그 감정은 두려움-이 세상을 위한 걱정-으로 바뀌었다. 그리고 두려움을 직접 경험하자 그 감정은 크나큰 슬픔-모든 괴로움과 상실에 대한 비통-으로 옮겨갔다. 그리고 그 슬픔은 미국의 전쟁 행위로 인해 고통을 겪을 모든 존재에 대한 연민으로 바뀌곤 했다. 내 조국은 공격적인 늑대에게 먹이를 주고 있었고, 이 진실은 가슴을 찢는 고통이었다.

신문 명상 중에 일어나는 감정과 함께 존재함으로써 나는 순수하고 다정해졌다. 이 현존은 나의 분노와 두려움 밑에 모든 생명에 대한 연민이 놓여 있음을 상기시켰다. 그리고 이것은 내가 행동을 취하게 동기를 부여했다. 나를 행동하게 한 것은 적을 향한 분노가 아니라 뭇 생명에 대한 연민이었다.

나는 혼자가 아니었다. 종교를 초월한 평화 운동이 확대되며 현명한 늑대에게 먹이를 주는 일에 나섰다. 2003년 3월 26일, 이라크 전쟁 발발 일주일 후, 평화 운동을 지지하는 대규모 인파가 백악관 앞에 모였다. 우리는 포스터를 들었다. 부상당한 아이를 보며 눈물을 흘리는 이라크 어머니, 곧 사지로 내몰릴 미군 청년, 이라크 고아, 고통을 겪게 될 미국과 이라크의 남녀노소의 포스터였다. 연사들이 말을 마친 후, 마이크가 계속 옆으로 전해져서 누구든지 자신의 염원을 말할 수 있었다. 아빠 어깨에 목말을 탄 여자아이가 군중에게 외쳤다. "이라크 아이들은 우리와 똑같아요. 제발 그 아이들을 아프게 하지 마세요." 우리의 집회는 시를 읊고 노래를 부르며 모든 인간을 우리의 마음으로 품어 안으려는 비폭력 시위였다. 그 다정한 기운은 주변으로 전염되었다. 우리를 체포하러 온 경찰들은 우호적이고 공손하고 친절했다. 호송차에 밀어 넣을 때는 내 배낭을 대신 옮겨주었다. 다른 호송차에는 신부님과 목사님이 성직자 복장으로 나란히 앉아 있었다. 경찰이 고개를 들이밀고는 쾌활하게 말했다. "화이트칼라 범죄군요."

평화를 염원하고 잠깐 멈춰 설 줄 안다면 우리는 현명한 늑대에게 먹이를 줄 수 있다. 근위축증으로 사망한 열세 살짜리 시인 매티 스테파넥 Mattie Stepanek은 9월 11일 다음날, 그 가능성을 시로 표현했다.

우리는 멈춰야 해요
그냥 멈추세요
잠깐 멈추세요……
다른 사람을 해칠 수도 있는
말이나 행동을 하기 전에.
우리는 침묵해야 해요.
그냥 침묵하세요.
잠깐 침묵하세요,
미래가 먼지와 재로
사라지기 전에.
멈추세요. 침묵하세요, 그리고 알아차리세요,
너무도 많은 면에서 우리가 똑같다는 것을.

산산이 부서진 마음

개인적으로 극심한 고통을 겪을 때 어떻게 하면 자신에게 잠재된 연민을 깨울 수 있느냐는 질문을 자주 받는다. 누군가가 나를 또는 내가 사랑하는 사람을 끝없이 위협하거나 경멸하거나 공격한다면요? 그러면 어떻게 용서하지요?

　　예수회 수사인 그레고리 보일Gregory Boyle은 저서『마음에 새긴 문신 Tattoos on the Heart』에서 갱단의 폭력으로 산산조각 난 한 가정이 겪은 인간의 비극과 잠재력에 대해 썼다. 네 자녀를 둔 솔대드는 둘째 아들 로니가 그 마을에서는 드물게 고등학교를 졸업하고 해군에 입대하자 몹시 자랑스러웠다. 아프가니스탄에서 복무한 후 휴가를 얻어 집에 온 로니는 어느 날 밤, 패스트푸드를 사러 나갔다. 아들이 돌아오기를 기다리던 솔대드는 밖에서 여러 사람이 로니를 위협하는 소리를 들었다. 이어 총소리가 났다. 로니가 갱단에 속한 적이 없었고 먹을거리를 사서 그냥 집에 오는 길이었다는 사실은 중요하지 않았다. 로니는 부엌 문 밖에서 솔대드의 품에 안겨 세상을 떠났다.

　　그리고 얼마 후 갱단에 속한 적이 있는 맏아들 에인절 역시 고등학교를 졸업했다. 로니가 죽은 지 여섯 달이 지난 어느 날 에인절은 슬픔으로 식물인간처럼 살고 있는 엄마를 격려하기 시작했다. 엄마에게 화사한 옷을 입고 머리 손질을 하라고 사정하며 아직 아이가 셋이나 남아 있다는 것을 되새겨주었다. 에인절은 엄마를 설득하고 감동시켰다. 솔대드가 모양 나게 옷을 차려 입자 에인절은 아주 예뻐 보인다고 추어주었다. 그러던 어느 날 늦은 오후 에인절은 현관 테라스에 앉아 샌드위치를 먹다가 라이벌 갱단의 총에 맞아 세상을 떠났다.

　　그날 밤 솔대드는 "커다란 목욕 수건에 얼굴을 파묻고 울고 있었다. 그 자리에 모인 우리들은 그렇게 큰 고통을 감싸 안기에는 우리의 팔이 너무 짧다는 것을 깨달았다."고 보일은 썼다. 솔대드는 극심한 상실감에서 헤어나지 못했다. 그 후 2년 동안 보일은 솔대드의 곁에서 많은 시간을 보냈다. 어느 날 그는 솔대드에게 어떻게 지내느냐고 물었다. "신부님도 아시겠지만, 나는 그 두 아들을 사랑해요. 그 아이들이 없는 게 너무 마음이 아파요." 그러더니 처절한 슬픔을 못 이겨 엉엉 울며 말했다. "그 고통에 내가 졌어요…… 내가 졌어요."

몇 달 후 솔대드는 가슴 통증으로 응급실에 갔다. 그곳에 누워 있는데 총을 여러 발 맞은 어떤 아이가 들것에 실려 들어와서 그녀의 옆자리에 뉘어졌다. 커튼이 걷혀 있어서 솔대드는 그가 생사를 넘나드는 것을 지켜보았다. 그리고 그 아이가 바로 자신의 두 아들을 죽인 갱단의 일원이라는 것을 알아보았다. 친구들의 목소리가 들리는 듯했다. "저 애가 죽으라고 기도해." 하지만 솔대드는 그렇게 하지 않았다.

"저 애는 가망이 없어!" 의사들의 그 말을 들었을 때 그녀 안의 뭔가가 깨져 열렸다. "나는 여태껏 울어본 적이 없는 것처럼 펑펑 울었어요." 솔대드가 보일에게 말했다. "그리고 그 어느 때보다 열심히 기도하기 시작했어요. 제발 저 아이를 살려달라고. 내가 겪은 일을 그 아이의 엄마가 똑같이 겪는 걸 원치 않았어요." 그 아이는 살아났다. 솔대드의 사랑하는 능력도 살아났다. 처절하게 슬퍼함으로써 그녀는 용서의 길로 들어섰고, 삶과 다시 이어졌다.

솔대드에 대해 읽었을 때 나는 수련생들에게 자주 들려주는 용서에 대한 가르침이 기억났다. 영화 〈인터프리터 The Interpreter〉의 주인공이 들려준 이야기다.

사랑하는 누군가를 잃은 사람은 모두 누군가에게 복수하길 원해요. 그 누군가를 찾을 수 없다면 신에게 복수하려고 하죠. 하지만 아프리카 마토보의 쿠 족은 슬픔에서 벗어나는 방법은 생명을 구하는 것밖에 없다고 믿어요. 누군가가 살해되면 그들은 일 년 동안 애도한 다음에 '물에 빠진 자에 대한 재판'이라는 마지막 의식을 치러요. 강가에서 밤새 잔치를 벌이지요. 새벽녘에 살인자를 배에 태워요. 그리고 그를 강으로 끌고 가서 물에 빠뜨려요. 그는 묶여 있어서 헤엄칠 수 없어요. 이때 유가족은 선택을 해야 해요. 그가 빠져 죽게 놔두든지, 아니면 강으로 헤엄쳐 들어가 그를 구해주든지. 만일 살인자가 익사하게 둔다면 정의는 실현되겠지만 유가족은 여생을 슬픔으로 보낼 거라고 쿠 족은 믿어요. 하지만 그들이 살인자의 생명을 구해준다면, 삶이 언제나 정의로운 것은 아니라는 걸 인정한다면 바로 그 행위가 그들의 슬픔을 거둬가요.

주인공은 이렇게 결론을 내린다. "복수는 일종의 게으른 슬픔이에요." 복수는 게으른 슬픔이다. 복수는 게으른 두려움, 게으른 수치심이다. 복수는 그릇된 귀의처다. 자신의 아픔과 상실, 무력함을 고스란히 느끼기 보다는 서로를 비난하고 마음에서 몰아내기가 더 쉽기 때문이다. 솔대드는 이것을 알았다. 그녀는 두 아들을 복수에 잃었다. 처절하게 슬퍼하는 행위는 복수보다 훨씬 더 고통스럽다. 하지만 그것은 치유에 이르는, 사랑을 되살리는 유일한 길이다.

용서하는 마음의 자유

현존과 용서를 선택하는 것–현명하고 자비로운 늑대에게 먹이를 주는 것–은 인류를 평화와 완전한 영적 자유로 이끄는 진화적 흐름이다. 진정한 영웅은, 솔대드처럼, 인간의 잠재력을 보여주는 사람이다.

십대 시절에 나는 넬슨 만델라 Nelson Mandela에게 깊이 감동했다. 행동하는 영성가인 만델라는 개인의 용서하는 마음의 잠재력을 국가적인 규모로 완벽하게 보여준 인물이다. 그는 인종차별 철폐 운동을 벌였다는 이유로 1962년에 투옥되어 27년을 복역했다. 그 중 18년 동안은 케이프타운 근처의 악명 높은 로벤 섬에 수감되었다. 그곳 죄수들은 독방에 갇히고 음식을 박탈당하고 수없이 치욕을 겪고 노역을 감내해야 했다. 하지만 그 시기에 만델라는 많은 교도관과 친구가 되었다. 사람은 본래 착하기 때문에 "그들의 타고난 선함을 불러일으키기만 하면 된다."고 만델라는 믿었고, 스스로 실천했다. 한 교도관이 해고될 위험을 무릅쓰고 만델라의 갓 태어난 손자를 몰래 들여보내줘서 만델라는 아기를 품에 안고 입을 맞출 수 있었다.

석방된 후 남아프리카공화국 대통령으로 선출되었을 때 만델라는 백인 교도관을 취임식에 초대하여 세상의 이목을 끌었다. 이해와 화해를 구하려는 그의 헌신적인 노력으로 남아프리카공화국은 내전의 위험에서 벗어났으며 인종차별적인 독재국가에서 다인종 민주 국가로 발전할 수 있었다. 내가 보기에 만델라는 인간의 잠재력을 구현한 대표적인 인물이다. 그는 증오와 복수로 대응하지 않고 용서하는 드넓은 마음으로 자신의 세계에 응했다.

분노의 갑옷을 벗는 것—싸움을 중단하고 취약함을 인정하는 것—은 엄청난 용기와 헌신을 요구한다. 상상력도 요구한다. 그 일을 가능케 하는 것은 완전하고 자애롭고 자유로워지려는 우리 내면의 갈망이다. 선禪 지도자 조코 벡Joko Beck은 이렇게 썼다. "기쁨을 모른다는 말은 우리가 용서하지 못한다는 뜻이다." 고질적인 비난에 시달리든, 학대로 인한 분노, 역사적 불의가 낳은 격노에 휩싸이든 간에 우리는 미망에서 벗어나 깨어있는 마음으로 돌아갈 수 있다. 혹독한 고문을 받은 만델라에게도, 두 아들을 잃은 솔대드에게도, 이기적인 엄마를 둔 에이미에게도 그것이 가능했다. 수세대에 걸쳐 폭력을 주고받은 서로 다른 인종들 사이에서도 그것은 가능하다. 고통스럽게 멀어진 가족들 사이에서도 그것은 가능하다. 당신이 어떤 상황에 처해 있고 타인과 어떤 관계를 맺고 있든지, 더 이상은 어느 누구도 당신의 마음에서 밀어내지 않겠다고 다짐하는 것이 가능하다. 당신은 억지로 용서할 수는 없지만 기꺼이 용서하겠다고 다짐할 수는 있다. 용서하겠다고 진정으로 다짐한다면 문은 이미 열려 있다.

용서하기

이 명상은 불교의 전통적인 용서 수행을 기반으로 한다. 먼저 타인에게 용서를 구한 다음에 자신을 용서하고, 끝으로 자신에게 상처 준 사람을 용서한다.

용서 구하기

편안하게 앉아서 눈을 감고 점차 현재에 존재하며 몸과 마음을 고요히 한다. 호흡에 잠시 주의를 기울이며 숨을 들이쉴 때 이완하고 내쉴 때 이완한다.

당신이 다른 사람에게 말로, 행동으로, 생각으로 상처를 준 상황을 떠올린다. 잠시 그 장면을 그려보며 그 사람이 느꼈을 고통이나 실망, 배신감을 느껴본다. 당신 자신의 슬픔이나 후회를 느껴본다.

이제 그 사람을 떠올리며 용서를 구한다. 마음속으로 그의 이름을 부르며 말한다. "당신이 느꼈을 고통을 이해합니다. 지금 당신에게 용서를 구합니다. 나를 용서해주세요. 용서해주세요." 진심을 담아 이 말을 반복한다. 그러고 나서 잠시 침묵하면서 당신이 용서받을 수 있다고 느낀다.

자신을 용서하기

타인에게 상처를 주듯이 우리는 자신에게도 상처를 준다. 당신이 자신을 어떤 식으로 비난하고 처벌하는지, 어떤 식으로 공격하고 무시하는지, 어떤 식으로 자신의 욕구를 외면하는지 숙고한다. 그러한 상황을 기억해내고, 자신의 몸과 마음과 정신에 상처를 줌으로써 지금까지 겪은 고통을 고스란히 느껴본다. 이 고통과, 자신을 괴롭힌 것에 대한 슬픔과 후회를 자각하면서 이렇게 말한다. "내가 나에게 어떻게 상처를 주었는지 이제는 알고 느낍니다. 지금 나는 나를 용서합니다." 아직 용서할 준비가 되지 않았다면 이렇게 말한다. "나를 용서할 수 있을 때 용서하겠다고 다짐합니다." 용서하겠다는 다짐은 용서의 씨앗이다. 이 기꺼운 다짐이 당신의 마음을 조금씩 열어줄 것이다.

타인을 용서하기

자신과 타인에게 상처를 주는 것과 똑같은 방식으로 우리는 인간관계에서 상처를 받는다. 당신이 몹시 실망하거나 거부당하거나 학대당하거나 배신당한 경험을 떠올린다. 당신에게 상처 준 사람을 향해 아직도 분노하고 비난하는지 알아본다. 그 사람에게 마음을 닫았는가? 그렇더라도 자신을 비난하지 않는다.

당신이 받은 상처가 가장 생생하게 기억나는 상황을 자세히 떠올려본다. 연인의 경멸하는 표정이나 친구의 냉정한 말, 믿었던 사람의 거짓말을 알아챈 순간, 배우자가 집을 뛰쳐나간 순간이 기억날 수도 있다. 그때의 슬픔이나 수치심, 분노, 두려움을 자각한다. 이 고통이 당신의 몸과 마음과 정신으로 표현될 때 그것을 고스란히 느끼면서 가만히 받아들인다. 그 아픈 상처를 연민으로 보듬는다. 한 손을 가슴에 얹고 그 상처를 다정하게 자각한다. 당신이 원하는 만큼 오래, 자기연민 속에 머문다.

준비가 되었다고 느껴지면 그 사람을 더 자세히 바라보고 그의 행동을 부추겼을 두려움이나 아픔, 죄책감, 수치심을 감지한다. 그 사람이 완벽하지 않고 취약한 진짜 인간이라는 것을 느껴본다. 이제, 당신의 고통을 계속 느끼면서 속으로 그의 이름을 부르고 용서의 말을 전한다. "내가 받은 상처를 느낍니다. 내가 용서할 수 있는 한에서 지금 나는 당신을 용서합니다." 아직은 용서할 수 없다고 느껴지면 이렇게 말한다. "내가 받은 상처를 느낍니다. 당신을 용서하겠다고 다짐합니다." 당신의 고통을 계속 느끼면서 이 용서의 말이나 다짐을 원하는 만큼 여러 번 반복한다.

이 명상을 행할 때는 자신이 올바로 하고 있는지 판단하는 일이 흔하다. 판단을 모두 내려놓고 마음을 열어 자유에 이르겠다는 진실한 다짐을 존중한다. 자신과 타인에 대한 생각을 모두 내려놓는 것으로 명상을 마친다. 다정한 자각 속에서 그냥 쉰다. 생각이나 감정이 일어나더라도 넓디넓은 용서하는 마음이 생멸이 공존하는 이 세상을 전부 품어 안을 수 있음을 감지한다.

> 옳고 그름에 대한 생각 그 너머에
> 들판이 있으니, 그곳에서 당신을 만나리라.
> 영혼이 그 풀밭에 누울 때
> 세상은 더없이 충만하여 말로 형언할 수 없으리.
> 생각, 언어, '너와 나'라는 말조차 아무 의미가 없네.
> – 루미

내가 원하는 것은 너무 소박해서 말하기도 멋쩍다.

바로 아주 작은 친절.

— 바바라 킹솔버Barbara Kingsolver, 미국의 생태주의 작가

우리는 세상을 구원하려 하지 않는다.

다른 사람들이 어떻게 지내는지 궁금해하고

우리의 행동이 다른 사람의 마음에

어떤 영향을 미치는지 성찰하려 할 뿐이다.

— 페마 쵸드론

깨달음을 원하는 자는 많은 불법佛法을 배우려 하지 말고

오직 하나만을 지녀라.

그 하나는 무엇인가? 대비심大悲心이다.

대비심을 지닌 자는 붓다의 가르침을,

마치 손바닥에 쥐고 있듯, 모두 지닌 것이다.

— 붓다의 가르침을 완벽하게 요약한 경구經句

손에 손을 잡고:
살아 있는 연민

저서 『사랑의 정치Heart Politics』에서 사회 행동가 프랜 피비Fran Peavey는 자신의 경험을 소개했다. 어느 날 스탠포드 대학 교정을 걷다가 비디오 장비를 들고 있는 사람들을 보았다. 그들은 두 마리의 침팬지 주위에 모여 있었다. 수컷 침팬지는 풀려 있었고, 암컷 침팬지는 긴 사슬에 묶여 있었다. 두 침팬지는 연구용으로 거기 놓인 것 같았는데, 연구진과 구경꾼주로 남자들은 그들의 짝짓기를 유도하고 있었다. 수컷에게는 별다른 자극이 필요 없었다. 수컷은 끙끙거리며 암컷이 묶여 있는 사슬을 잡아당겼다. 하지만 암컷은 훌쩍이며 수컷의 접근을 피하려고 했다. 강렬한 공감이 피비의 마음을 훑고 지나갔다. 그 다음에 일어난 일을 피비는 결코 잊지 못할 터였다. "갑자기 암컷 침팬지가 수컷이 쥐고 있는 사슬을 휙 잡아당겼다. 놀랍게도 암컷은 구경꾼을 헤치고 곧장 나에게 걸어와서 내 손을 잡았다. 그러고는 군중 속의 유일한 여자인 다른 두 명에게로 나를 데려 갔고, 한 여자의 손을 잡았다. 우리 여자들은 둥글게 모여 섰다. 내 손을 잡은 그 꺼끌꺼끌한 손바닥의 느낌이 아직도 생생하다. 그 작은 침팬지는 우리를 알아보고 손을 내밂으로써 그 오랜 세월의 진화를 가로질러 자신을 지지해줄 집단을 만든 것이다."

교감은 우리가 말을 배우기도 전에 이미 시작된다. 사실 자궁을 떠나는 순간부터 우리는 최초의 양육자와 맺은 친밀한 관계를 토대로 발달한다. 우리는 즉시 조화로운 상호 호응에 들어선다. 엄마는 아기의 칭얼거림이나 꼼지락거림을 통해 아기의 불편을 감지하고 이에 응하여 젖을 물리거나 담요를 둘러주거나 기저귀를 갈아준다. 아기는 엄마의 목소리에서 애정을 감지하고 익숙한 엄마 냄새를 맡고 부드러운 손길을 느끼고 기뻐하며 편안해한다. 태어날 때부터 우리는 다른 인간의 경험을 이해하고 보살핌을 주고받도록 설계되어 있다

이 조화로운 호응은 우리의 생득권이다. 연결성의 손상이나 지속, 심화 정도는 일생에 걸쳐 우리의 건강과 행복을 가장 정확하게 예측하는 변수다. 생의 초기에 맺은 유대가 죽음이나 방임, 부주의, 학대로 인해 손상된다면 사랑 및 안전에 대한 욕구 불만이 일생 동안 우리를 따라다닌다. 아기 원숭이를 엄마에게서 떼어놓을 경우, 아기는 몹시 당황하고 동요하다가 극도로 불안해하고 이어 심한 우울에 빠져 무력해지고 죽음에 이르기도 한다. 반면에 다정한 접촉은 육체와 영혼을 치유한다. 두려움을 느낄 때 누군가가, 심지어 낯선 사람이라도 손을 잡아주면 우리의 뇌에 있는 두려움 중추가 진정되기 시작한다. 그리고 삶의 끝자락에서 뒤돌아볼 때 가장 눈부시게 빛나는 것은 사랑으로 연결된 순간들이다. 그 순간들이 우리에게 의미를 부여한

다. 바로 그러한 순간에 우리는 온전하고 다정한 자아 속에서 더없이 편안해한다.

암컷 침팬지에 대한 이야기를 들었을 때 나는 그 침팬지의 예민한 의식에 감동했다. 그 암컷은 근처에 있는 인간 여성들의 공감 반응을 감지했으며 연결성을 확인할 방법을 본능적으로 찾아냈다. 이에 반해 남성들은 그 뜻밖의 상황을 일종의 이벤트로 취급했다. 그들은 열정과 참여와 동맹을 추구하고 있었으나 그들의 방식은 '우리'와 '저들'의 구별을 강화했다. 두 침팬지를 단지 오락거리로 간주함으로써 남성들은 분리의 미망에 빠져 행동하고 그 미망을 심화하고 있었다.

인간관계에서 귀의처를 찾으려면 우선 당신이 어떤 식으로 타인과 거리를 두는지부터 인식해야 한다. 지금 잠깐 멈춰서 간단하고 정직한 질문을 던져보자. 자문하라. "오늘 다른 사람과 상호작용할 때 나는 어떤 식으로 분리를 자초했는가?" 서두르지 말고 신중하게 답하라. 이것은 중요한 질문이다.

분리 자초하기: 나와 타인

사촌인 빅터는 우리 일가친척 내에서 '이방인'이었다. 태어날 때 일시적인 호흡 정지로 장애인이 된 빅터를 처음에는 빅터의 엄마가, 다음에는 우리 할아버지가 경제적으로 부양했다. 우리 부모는 명절처럼 가족이 많이 모이는 모임마다 빅터를 초대했다. 하지만 엄마의 혐오감과 당혹감이 다른 친척과 친구들이 도착하기도 전에 번번이 새어나온 것은 당연했다. "빅터를 어디에 앉혀야 하지?" 엄마는 고개를 설레설레 저으며 말하곤 했다. "빅터 옆에 앉는 사람은 그가 말할 때마다 침 벼락을 맞아야 할 텐데……." 세월이 흘러 빅터는 이가 빠졌다. 엄마는 이렇게 투덜거렸다. "빅터는 침을 질질 흘려. 셔츠가 온통 침 범벅이야. 진짜 끔찍해." 어린 우리들은 엄마만큼 그렇게 신경 쓰지는 않았지만 빅터가 '우리'에 속하지 않는다는 것을 알았다. 우리는 해마다 그에게 크리스마스 선물을 보냈고 공손했으나 그는 '타인'이었다.

진화하는 내내 우리 인간은 나의 자리와 남의 자리를 비교 평가함으로써 안전과 이득을 추구해왔다. 재빨리 평가하기 위해 우리는 인종, 성적 취향, 종교, 교육, 외모, 지능, 건강, 사회경제적 지위, 민족을 거름망으로 사용한다. 위계 서열이 있는 다른 동물들처럼, 우리는 누가 더 힘이 센지, 누가 나의 욕구를 채워줄 수 있는지, 누가 위협을 가할지를 확인한다. 새로운 사람을 만날 때마다 우리의 유전적, 문화적, 개인적 습성은 안전과 만족을 추구하는 나의 장기 계획에 그 사람이 얼마나 도움이 될지에 대해 즉시 수많은 판단을 내놓는다.

이러한 계산은 내가 '비실제 타인'의 미망이라고 부르는 것을 초래한다. '실제 인간'real human은 희망과 공포를 느낀다. 그들의 동기와 기분은 복잡하고 수시로 바뀌며 그들의 육체는 계속 변화한다. 반면에, 비실제 타인 unreal others은 이차원적이다. 우리는 자신의 고정관념-매춘부, 마약 중독자, 정치가, 영화배우, 독재자-을 상당히 쉽게 인식한다. 이에 비해 자신의 불안과 애착이 동료와 친구, 가족을 정확하게 '이해'하는 능력에 어떤 영향을 미치는지는 제대로 인식하지 못한다. 우리가 스트레스를 받거나 감정적으로 대응할 때는 거의 모든 사람이 '비실제 타인'이 된다.

지금 잠깐 멈춰서 당신이 어떤 것-인정, 돈, 도움, 안정, 승진-을 얻고 싶은 사람을 기억해보라. 제일 먼저 무엇이 떠오르는가? 그 사람에 대한 특정 이미지가 주로 떠오르는가? 최근의 특정 대화 또는 특정 기분이 주로 떠오르는가? 이제 조금 더 오래 자세히 바라보라. 그 사람의 내면에서 그의 삶을 상상해보라. 그가 매우 좋아하는 것은 무엇인가? 그는 어떤 영역에서 자신이 기대에 못 미칠까봐 두려워하는가? 그는 무엇에 크게 기뻐하는가? 무엇 때문에 불안해하는가? 그가 친절에 얼마나 감동할지, 비난에 얼마나 아파할지 상상해보라. 당신의 관점이 조금이라도 달라졌는가?

우리가 규정한 이미지 뒤의 실제 모습을 보는 것은 때로는 충격적이다. 내가 이것을 되새긴 것은 어느 해 크리스마스이브 예배 시간에 다음의 이야기를 들었을 때였다.

가면 뒤의 모습

크리스마스에 부부가 두 아이와 함께 여행을 하고 있었다. 길고 고단한 여정이었다. 그들은 마침내 차를 세우고 점심을 먹으러 한가한 작은 식당에 들어갔다.

음식이 나오길 기다리고 있을 때 유아용 의자에 앉혀놓은 한 살짜리 아들이 건너편 끝에 앉은 사람에게 손을 흔들며 말했다. "안녕!" 그 사람을

12장. 손에 손을 잡고: 살아 있는 연민

쳐다보고 엄마는 소스라치게 놀랐다. 누더기를 걸치고 헝클어진 머리에 씻지도 않은 꼴을 보아하니 영락없이 떠돌이 주정뱅이였다. 그가 손을 마주 흔들며 말했다. "안녕, 아가야, 안녕, 꼬마야…… 아이고, 녀석, 만나서 반가워."

그녀는 남편과 시선을 주고받았다. 식당 안의 다른 손님들도 미간을 찡그리며 경계하는 눈빛으로 서로를 바라보았다. 지금 벌어지고 있는 일에 즐거워하는 사람은 아무도 없었다.

그들 가족이 식사를 하는 동안에도 소란은 계속되었다. 이제 그 늙은이는 식당을 가로질러 소리를 질러댔다. "짝짜꿍 할 줄 아니? 어이구 잘하네…… 까꿍도 할 줄 알아?…… 하이고, 쟤 좀 봐, 까꿍도 아네!" 아기 엄마와 아빠는 당황하여 바짝 긴장했다. 그들의 여섯 살짜리 큰아들도 대체 저 노인이 왜 저렇게 소리를 질러대는지 이상하기만 했다.

엄마는 아기가 앉아 있는 의자를 돌려놓았지만 아기는 떼를 쓰며 몸을 돌려서 새로 사귄 친구를 바라보았다.

식사를 채 마치기도 전에 아기 아빠는 일어나서 돈을 지불하고 큰아들을 데리고 나갔다. 엄마는 아기를 안아 들고 더 이상의 소란 없이 그 노인을 지나갈 수 있기만을 빌었다.

그 바람이 이루어질 리는 만무했다. 노인과의 거리가 좁혀지자 아기가 새 친구를 향해 두 팔을 뻗은 것이다. "안아줘."라는 뜻이 분명했다. 노인의 두 눈이 간청하는 것을 그녀는 알 수 있었다. "제발 아기를 안아보게 해주세요."

뭐라 대답할 겨를도 없었다. 아기가 몸을 쭉 뻗어 그 남자의 품에 안겼다.

　아기가 노인의 어깨에 머리를 기대자 그의 눈에 눈물이 어리는 것을 그녀는 보았다. 그는 아기를 고이 안고 살살 흔들며 얼러주었다. 그러고는 그녀의 눈을 똑바로 쳐다보며 단호하게 말했다. "이 아기를 잘 돌보셔야 합니다."

　그리고 아쉬운 듯 머뭇거리며 아기를 건네주었다. 마치 자신의 심장을 억지로 떼어내는 것 같았다. 마지막으로 그는 이렇게 말했다. "하느님이 축복하시길 빕니다, 부인. 당신은 제게 크리스마스 선물을 주셨어요."

　아기 엄마는 답례로 뭐라고 웅얼거린 후 밖으로 나와 차를 향해 달려갔다. 눈물이 하염없이 흘러내렸다. 그녀의 마음에는 오직 한 가지 생각뿐이었다. "미안해요, 미안해요, 저를 용서하세요."

　목사가 이야기를 마치자 신도들은 쥐 죽은 듯 고요했다. 이 고요 속에서 나는 옆에 앉은 열다섯 살짜리 폴이 울고 있는 것을 보았다. 그의 부모는 나의 친구였고, 나는 폴이 어렸을 때부터 그를 알았다. 2년 전부터 폴은 ADHD를 겪고 있었으며 고스 복장Goth. 검은 옷을 입고 해골 장신구로 치장하여 공포 분위기를 풍기는 차림을 하고 이어폰과 비디오게임의 세계에 틀어박혔고 마약을 사용하기 시작했다. 내가 무릎에 놓인 그의 손을 잡자 그는 몸을 기울이며 속삭였다. "그 아기가 저였어요. 바로 저였어요."

　나도 울고 있었다. "나는 어때했나?"라는 말이 마음에서 떠나지 않았다. 지금까지 나는 얼마나 많은 사람들에게 거리를 두어 분리를 자초했을까? 내가 놓쳐버린 사람이 얼마나 많을까? 바로 그날 예배 시간만 해도 나는 분리를 자초하고 있었다. 여기 내 옆에 친구의 아들이 앉아 있는데 나는 멀리서 그를 안쓰러워하기만 했다. 그렇다, 나는 폴이 문제를 겪고 있음을 알았다. 하지만 내 마음은 "저 이야기 속의 사랑스럽던 금발 아기가 어쩌다가 지금은 머리카락을 새까맣게 물들이고 온몸에 피어싱을 하고 있는 걸까?"에만 골몰했다.

크리스마스 예배를 마치는 촛불 켜기 의식이 치러지는 동안 나는 염원했다. "부디…… 모든 사람이 눈부시게 빛나는 존재라는 것을 우리가 기억하기를. 우리가 서로 사랑하기를."

'타인'은 나의 일부다

우리 아빠가 돌아가신 후 빅터를 보살피는 일은 엄마가 도맡게 되었다. 빅터가 더욱 노쇠해지자 엄마는 최고의 양로원을 찾아서 빅터가 편히 지낼 수 있게 했다. 매주 빅터를 방문하고 그의 재정 문제와 건강 문제를 해결했다. 처음에 엄마는 그 일을 의무감에서 했다. 하지만 빅터의 진실한 감사와 천진난만함, 갈수록 커지는 애정에 엄마가 다정해지기 시작했다. 엄마는 피자와 사탕, 퍼즐, 잡지를 선물하는 산타클로스 같아서 엄마가 방에 들어설 때면 빅터의 눈이 환하게 빛나곤 했다.

빅터는 양로원 생활에 몹시 괴로워했다. 수십 년간 자신의 작은 아파트에서 살아온 빅터에게 양로원은 가정이 아니었다. 그는 나가길 원했지만 머물러야 했다. 혼자서 자신을 건사할 수가 없었기 때문이다. 어느 날 가슴 아프게 작별하고 엄마는 근처 공원으로 차를 몰고 가서 세운 후 그냥 조용히 앉아 있었다. 엄마는 마음의 눈으로 빅터를 보았다. 불안하게 방 안을 서성이며 다른 곳을 간절히 원하는 빅터는 극도로 무력했다. 슬픔의 파도가 엄마를 휩쓸고 지나갔다. 빅터는 갇혀 있는 어린아이였다. 이제 훨씬 더 깊은 슬픔이 엄마의 마음을 가득 채웠다. 빅터는 엄마의 자식이나 다름없었다. 그러니 그를 사랑해야 했다. 바로 그거였다. 이것을 깨닫자 자애로운 기운으로 충만했다고 엄마는 나중에 내게 말했다. "그런 순간에는 내 자신이 더욱 맘에 든단다. 내가 원하는 내 모습에 더 가깝거든."

엄마와 빅터의 관계가 근본적으로 달라졌다. 여전히 엄마는 당신이 때때로 빅터를 속이고 짜증을 내고 부족하다고 느끼곤 했다. 하지만 엄마는 빅터를 사랑했고, 빅터는 엄마의 진심을 느낄 수 있었다. 그 다음 번 방문을 마칠 무렵, 빅터가 손을 뻗어 엄마의 팔을 잡았다. "같이 있어요, 가지 마세요."라고 말하는 것 같았다. 그리고 그다음 해에 빅터는 한결 느긋해진 듯 했다. 이제는 그렇게 많이 불평하지 않았다. 둘 사이의 견고한 유대에 안심한 그는 엄마의 바다에서 평화롭게 떠다니고 있는 것처럼 보였다.

연민을 느낄 때 상대방의 취약함은 당신의 일부가 된다. 엄마는 강렬하고 고통스러운 감정의 한복판에 서서 빅터의 두려움과 혼란은 물론이고 당신 자신의 억압된 혐오감도 있는 그대로 경험했다. 이렇게 현재에 존재하며 주의를 기울일 때 엄마의 마음이 크게 열렸다. '타인'에 대한 엄마의 동정심은 두 사람 모두에 대한 연민으로 바뀌었다. 두 사람이 지금 다루고 있는 것은 빅터만의 문제가 아니었다. 엄마와 빅터는 두 사람이 공유한 곤경을, 두 사람이 공유한 괴로움을 다루고 있었다. 빅터는 엄마의 마음의 일부가 되었다.

빅터의 이야기는 슬프게 끝이 난다. 몇 년 전 여든셋의 엄마는 버지니아로 이사해서 나와 함께 살기로 결정했다. 엄마는 빅터를 자주 찾아봐줄 다정한 사람을 구했지만 빅터가 절망할까봐 걱정이 컸다. 그런데 엄마에게서 이사할 거라는 말을 들은 지 일주일 후, 빅터는 세상을 떠났다. 두 사람은 손을 꼭 잡고 있었고, 빅터는 엄마 없이 살아가는 것을 원치 않았다.

내게 전화를 건 엄마는 슬픔에 겨워 눈물을 흘리며 이렇게 말했다. "빅터는 현명하고 자상하고 마음씨가 고왔단다. 정말 그랬어. 하지만 너무 슬프구나…… 사람들이 빅터를 무시했다는 게…… 나도 그랬어…… 빅터를 제대로 알기 전까지는."

연민은 키울 수 있다

연민을 느끼는 능력은 우리의 뇌와 몸에 내재되어 있다. 우리가 차이를 알아채고 분리감을 느끼고 혐오로 반응할 준비를 갖추었듯이, 우리는 또한 동료 인간과 연결감도 느끼게 설계되었다. '거울 뉴런 mirror neuron'은 우리를 상대방의 상태-그의 행동 뒤에 숨은 감정과 의도-에 집어넣고 우리의 뇌에 그 상태를 똑같이 만들어낸다. 그 사람에 대해 우리는 찡그린 표정이나 가늘게 뜬 눈, 찌푸린 미간 등 단지 겉모습을 토대로 형성된 이미지만 경험하는 것이 아니다. 거울 뉴런과, 연민 신경 회로를 구성하는 전두엽의 다른 구조물들 덕분에 우리는 그 사람과 실제로 '함께 느낄' 수 있다.

그러나 우리가 스트레스를 겪고 자신의 감정 및 신체 감각과 단절될 때는 이 연민 회로가 쉽게 차단된다. 또한 문화적 고정관념을 신봉하고 주변 사람들에게 충동적으로 대응할 때도 연민 회로가 차단될 수 있다. 연구에 따르면, 우리가 누군가를 자신과 덜 동일시할수록 ―그 사람을 실제 인간으로 여기지 않을수록― 거울 뉴런 시스템이 덜 활성화된다.

다행히도 우리는 연민 회로를 개통시키고 활성화시킬 수 있다. 진리와 사랑의 귀의처를 향해 의도적으로 다가갈 때 그러한 일이 일어난다. 마음 챙김 명상은 타인의 감정을 읽는 데 중요한 역할을 하는 뇌의 영역^{섬엽과 전대상}^{회피질}에 직접 영향을 미친다. 상대방의 아픔이나 두려움을 깨어서 자각할 때 다정한 연민이 자연스럽게 솟아난다. 적절한 방법을 통해 우리의 염려하는 마음을 표현할 때 그 다정한 연민이 활짝 피어난다. 이렇듯 상대방의 고통을 있는 그대로 경험하고 자비로 반응하는 것이 불교의 연민 수행의 본질이다.

그러한 명상 수행법의 하나가 앞서 소개한 티베트 불교의 통렌이다. '받아들이고 내보내기'를 뜻하는 통렌에서는 호흡을 버팀목이자 길잡이로 사용한다. 즉, 숨을 들이쉬면서 타인의 고통을 깊이 받아들이고, 숨을 내쉬면서 자비심을 한껏 내보낸다. 위안과 평화와 행복을 줄 수 있는 것은 무엇이든 내어준다. 이 명상 수행은 우리가 괴로움에 직면할 때 마음을 닫는 경향을 거스른다. 우리 엄마가 깨달았듯이, 괴로움을 충분히 경험하면 할수록 우리의 마음은 더욱 온화해지고 더 활짝 깨어난다. 사랑을 더 많이 내어주면 줄수록 우리는 모든 존재와, 그리고 다정한 자각 자체와 연결되어 있음을 더욱 강하게 느낀다.

통렌에서는 우선 우리의 마음을 싸맨 갑옷을 의도적으로 느슨하게 푸는 것부터 시작한다. 우리는 누구나 상처받은 적이 있고, 이에 대응하여 더 이상은 상처받지 않으려고 방어벽을 쌓았다. 우리는 상처를 받거나 고통을 겪는 것을 원치 않는다. 하지만 다정한 마음을 지닐 수 있으려면 우리는 먼저 다정해야 한다. 시인 마크 네포Mark Nepo는 이렇게 썼다.

> 날마다 우리가 해야 할 일은 세상에 나서기 위해 옷을 차려입는 것이 아니라 장갑을 벗는 것이다. 그러면 문의 손잡이는 차갑게 느껴지고 자동차의 핸들은 축축하게 느껴진다. 그리고 작별 키스는, 상대방의 입술처럼 부드럽고 처음이자 마지막처럼 느껴진다.

들이쉬기: '마음의 귀'

대다수의 사람들은 경청을 훌륭한 덕목이라고 여긴다. 우리는 다른 사람이 관심을 보이며 우리의 말을 경청해주는 것을 좋아하고, 자신이 타인의 말을 경청하는 사람이기를 바란다. 하지만 이것은 쉬운 일이 아니다. 경청하기 위해서는 옆에서 자꾸 끼어드는 정신적 잡음을 자각해야 한다. 즉, 자신의 감정적 대응을 자각하고, 상대방을 해석하는 오해하는 방식을 모두 자각하고, 성급하게 반응하려는 경향을 자각하고, 자신이 수많은 판단으로 무장하고 있음을 자각해야 한다. 경청하는 법을 익히려면 끝없는 자기 대화에서 물러나 성 베네딕트가 '마음의 귀'라고 부른 것을 사용해야 한다. 이 깊은 경청, 일종의 '들이쉬기'는 치유와 친밀한 관계에 필요한 연민의 공간을 제공한다.

명상 수련생인 케이트는 엄마 오드리와의 관계에서 경청의 힘을 깨달았다. 오드리는 대단히 명석하고 부유하고 성공하고 자기도취적인 여성이었다. 오드리를 아는 사람들은 그녀를 가리켜 '알려진 우주의 중심'이라고 즐겨 농담을 했다. 유명 작가인 오드리는 다른 사람들을 자기 주위를 도는 위성, 자기 이야기를 들어줄 청중으로 취급했다. 그들의 역할은 오드리가 발하는 빛을 반사시켜서 그녀를 더욱 빛내주는 것이었다.

장황하게 이야기를 늘어놓을 때 오드리는 매력적이고 활기찼지만 주변 사람들은 몹시 피곤해했다. 독립할 수 있게 되자마자 오드리의 두 딸은 모두 집에서 최대한 먼 곳에 자리를 잡았다. 케이트의 언니는 엄마를 찾아오는 일이 드물었지만 케이트는 명절 때마다 들러서 잠깐 머물렀다. 두 번째 남편은 오드리를 사랑했으나 두 사람은 부지불식중에 친밀성이 결여된 틀에 박힌 생활에 빠져들었다. 친구 몇 명은 강요된 청중의 역할을 여전히 견디고 있었지만 나이가 들수록 오드리는 더욱 고립되었다.

나의 〈깨어있는 인간관계〉 워크숍에 참석한 케이트는 남편과의 관계에 초점을 맞추었고, 엄마는 염두에 두지 않았다. 하지만 워크숍을 마칠 무렵에 엄마의 상처를 강하게 자각했고, 깊은 경청이 치유로 이어질 수도 있음을 깨달았다. 케이트는 분수의 이미지를 통해 그 자각에 이르렀다.

워크숍 중에 우리는 각자의 내적 삶을 해소되지 않은 아픔과 두려움으로 꽉 막힌 분수라고 상상했다. 고통스러운 감정을 무시하거나 멀리 밀어낼 경우, 그것은 우리의 생기의 흐름을 가로막고 우리의 근원인 순수한 자각을 약화시킨다. 자신의 내적 삶에 귀를 기울이지 않으므로 우리는 실상과 단절된다. 그러면 작아진 자아, 비실제 타인만 남는다.

하지만 우리가 누군가에게 속내를 털어놓고 그가 경청하는 순간, 진정으로 귀를 기울이는 순간, 그 고통의 잔해는 자연스럽게 소멸하기 시작하고 생기의 분수는 다시 솟구친다. 그리고 상대방의 말을 경청하는 순간, 진정으로 귀를 기울이는 순간, 우리는 그들이 생기를 되찾게 도와주는 것이다.

이 과정에는 시간이 걸린다는 점을 기억하는 것이 중요하다. 경청하기 시작할 때 우리는 질투나 자의식, 분노 등 분수를 막고 있는 얽히고설킨 불쾌한 감정들과 자주 직면한다. 대화가 피상적이거나 따분하게 느껴지고 짜증스럽거나 일방적인 것처럼 보이기도 한다. 충실한 경청자는 저항하거나 판단하지 않고 대화를 꿋꿋이 이어간다. 이 조건 없는 현존이 바로 치유제다. 그것은 화자의 단단히 엮인 방어벽을 풀어서 그가 타고난 생기를 되찾을 수 있게 도와준다. 누군가가 당신의 말을 진정으로 경청할 때 당신은 그것을 알아차렸을 것이다. 더욱 고요하고 완전하고 '더욱 나답다'는 느낌이 든다. 고향에 돌아온 듯 편안하다. 시원하게 뚫린 분수처럼, 더 깊은 곳에 고여 있는 유머와 지혜, 창의성, 사랑이 솟아나 흐르기 시작한다.

워크숍을 마치면서 케이트는 실험을 해보겠다고 다짐했다. 그리고 엄마의 집 근처에서 집중 수행 프로그램에 참여할 기회가 생기자 이제 깊은 경청을 시도할 때가 되었다고 느꼈다. 케이트는 열흘 간 머물겠다고 엄마에게 미리 연락을 해놓았다. 대학 입학으로 집을 떠난 이후 엄마와 그렇게 오래 함께 지내기는 처음이었다.

이제 케이트는 엄마와 함께 있는 시간에 진정으로 경청했다. 워크숍에서 수행할 때와 똑같이, 케이트는 저항이 일어날 때 판단하지 않고 그 긴장을 자각한 후, 다시 귀를 열어 엄마의 말을 경청했다. 이와 똑같이, 대화가 하찮거나 짜증나거나 지루하거나 판단이 일어날 때도 그 내적 경험을 자각하고 다정하게 주시했다. 그런 다음에 다시 귀를 열고 또렷하게 깨어서 엄마와 함께 존재할 수 있었다.

처음에는 몹시 힘들었다. "공포감이 들더군요."라고 케이트는 나중에 내게 말했다. "달아나지 않으면, 나만의 공간을 확보하지 못하면 그대로 익사할 것 같은 느낌이었어요. 엄마가 공간을 독차지하거든요!" 하지만 그 상황에서도 유머 감각을 유지하면 그녀는 숨을 쉴 수 있었고 자신의 부정적인 대응을 용서하고 현재로 꾸준히 돌아올 수 있었다. 그러고 나서는 의도적으로 자신의 자각을 심화하곤 했다. "지금······ 일어나고 있는 건······ 엄마가 말하고 있어. 나는 조용하고······ 영원 같은 시간. 나는 듣고 있어, 한 단어 한 단어를······ 그리고 그 단어 너머에 있는 것을······ 엄마를 있는 그대로 듣고 있어."

케이트로서는 엄마의 말 그 너머에 있는 것을 경청하기가 더 쉬웠다. 엄마의 필사적인 안간힘이 들리기 시작했다. 엄마는 마치 "여기 내가 있어, 나는 중요해."라고 자꾸 외치고 있는 것 같았다. 엄마의 고통을 이해하자 케이트는 연민으로 자신의 마음이 누그러지는 것을 느꼈다. 조용하고 한결같은 현존을 통해 그녀는 속으로 이렇게 말했다. "그래요, 여기 엄마가 있어요, 엄마는 중요해요." 그러자 엄마는 여유로워지기 시작했다. 엄마의 말과 케이트의 대꾸 사이에 침묵의 시간이 더 길어진 것으로 케이트는 그 사실을 알았다. 엄마는 의자에 더 자주 기대앉아 창밖을 바라보고 속도를 늦추고 더 많이 성찰하는 것처럼 보였다.

　케이트가 떠나기 며칠 전, 엄마는 외롭고 도외시되는 느낌이라는 말
을 했다. 케이트는 진심을 담아 다정하고 정직하게 말했다. "엄마, 그건 엄마
가 사람들의 말에 귀를 기울이지 않기 때문이에요." 엄마는 표정이 굳었지
만 방어하려 하지는 않았다. 케이트는 현재에 온전히 존재하며 비난하지 않
고 연민을 보냈기에 두 사람 사이에 신뢰가 싹텄다. 케이트의 말이 공격이
아니라 진실을 알려주는 다정한 조언이라는 것을 엄마는 알았다. 그녀는 더
많이 알려고 했다. "말해봐라, 엄마도 좀 알아야겠어." 이에 케이트는 엄마의
일방적인 대화가 그들 자매에게, 그들의 친아빠에게, 그리고 계부에게 어떤
느낌을 주었는지 자세히 알려주었다. "엄마가 귀 기울이지 않으면 사람들은
엄마가 자기를 중시하지 않는다고, 자기를 전혀 모른다고 생각해요. 그건
사실이에요. 귀 기울여 듣지 않으면 엄마는 그들을 알 수가 없어요. 가까워
질 수 없어요."

　오드리는 슬픔과 이해가 담긴 눈빛으로 딸을 바라보았다. 케이트는
마음이 아팠다. 그 순간에 뭔가 변화가 일어났다. 고립의 고통이 엄마의 방
어벽을 뚫고 들어간 듯했다. 오드리는 귀를 기울이기 시작했다. 다른 사람
들도 알아차렸다. 케이트가 다시 찾아왔을 때 엄마가 말했다. "난생처음으
로 내가 그 친구에게 진짜 사람으로 여겨지는 느낌이었어…… 내가 존재하
는 느낌이었지." 그 변화는 남편과의 관계에서 가장 극적이었다. 그들 부부
는 이제 즐겁고 느긋하게 저녁 식사를 했으며 결혼 직후 포기했던 저녁 산책
을 다시 시작했다.

　이제 오드리는 세상의 이목을 끌기 위해 말을 하지는 않았다. 다른

사람들과 연결되고 그들의 삶을 공유하기 위해 말을 하고 귀 기울여 들었다. 케이트가 깊이 경청하고 진심으로 다가갔기에 엄마의 막힌 분수가 뚫리기 시작했다. 오드리의 삶은 그 원천에서 다시 솟아나 흐를 수 있었다.

감추고 싶은 진실을
고백하고 수용하기

조녀선과의 결혼 서약의 일부로서 나는 라이너 마리아 릴케의 이 시구를 읽었다.

> 나는 펼쳐 보이고 싶다. 내 안의 어떤 곳도 감추지 않으리라, 나를 감춘 곳에서 나는 거짓이므로. 그대의 눈앞에서 나는 참모습으로 머물고 싶다…….

내 생각에, 친밀한 관계에 이르는 길은 상대방에게 감추고 싶은 것을 모두 드러내는 용기를 갖는 것을 의미했다. 그것은 작은 일이 아님이 입증되었다. 나는 한없이 열려 있고 더없이 진실하다. 하지만 나의 취약함-수치심-을 느끼거나 조녀선을 비난하기 시작하면 사정이 달라진다. 그럴 때 나는 대화를 미루거나 뒤로 물러나거나 공격적이거나 거짓말을 한다. 상대의 눈앞에서 참모습으로 머물기는 그렇게 쉬운 일이 아니다.

결혼한 지 겨우 2년 후, 나의 건강이 눈에 띄게 악화되었다. 남편과 함께 즐겼던 많은 활동-등산, 자전거 타기, 스키, 서핑-이 내게는 더 이상 가능하지 않았다. 미래는 암울해 보였다. 나의 육체는 갈수록 매력과 탄력을 잃어갈 터였다. 그러나 조너선은 나이에 비해 젊고 건강했다. 나는 내 상태에 대한 수치심, 조너선에게 늙고 병든 여자를 떠맡긴 것에 대한 수치심의 늪에 빠져들었다.

몇 주 동안 나는 이것을 털어놓을 수 없다고 느꼈다. 조너선에게 나의 수치심과 불안감을 알려줄 수는 없었다. 그 감정을 혼자 간직하는 것은 해로웠다. 나는 갈수록 더욱 두렵고 더욱 멀어지고 음울해졌다.

마침내 내가 털어놓았을 때 조너선은 훌륭한 경청자의 역할을 다했다. 그는 내가 하고 싶어 하는 말을 조목조목 확인하고 내가 한 말을 모두 똑같이 되풀이해서 자신이 나의 말을 이해했음을 알려주었다. 그리고 그의 사랑은 나의 어떤 특정한 면에 묶여 있지 않다고 말해주었다.

물론, 조너선도 인정하겠지만, 그가 항상 그렇게 훌륭한 것은 아니다. 내가 "우리 얘기 좀 해요."라고 말하면 그는 즉시 '맙소사, 이제 죽어나겠군!'에 이어 '할 수 없지, 근데 내가 뭐 잘못했나?'라고 생각한다고 농담 반 진담 반으로 말한 적이 있다. 조너선이 긴장해서 방어적으로 대화를 시작하기도 하고, 그의 저항을 감지할 때는 나의 비판적 성향이 강해진다. 하지만 우리는 열린 대화를 실천하고 있다. 그리고 근본적인 진실을 매번 재발견한다. 즉, 우리는 결코 원하지 않지만 취약함을 드러내는 것은 위험을 감수할 가치가 있다는 점이다. 그것은 우리가 서로의 사랑을 믿을 수 있게 해주는 유일한 방법이다. 시인 에이드리언 리치Adrienne Rich는 이렇게 썼다.

고결한 인간관계, 즉 두 사람이 '사랑'이라는 단어를 사용할 권리를 지닌 관계는 그들이 서로에게 말할 수 있는 진실을 심화하는 과정이다. 진실의 심화는 중요하다. 깊은 진실을 말함으로써 인간의 자기기만과 고립이 무너지기 때문이다.

물론 당신의 정서적 진실을 말하는 것이 현명하지도 않고 적절하지도 않은 상황이 있다. 말할 기회를 놓쳤거나 그 상황과 관련된 사람들이 제대로 경청할 정서적 능력이나 기술을 갖추지 못했을 수도 있다. 특히 당신이 트라우마를 겪고 있을 때는 그 강렬한 감정을 당신과 함께 수용할 수 있는 올바른 심리치료사나 스승을 찾는 것이 필수적이다. 트라우마에 기초한 감정이 아니더라도 당신의 진실한 고백을 담아줄 '그릇'—매 순간 현재에 존재하며 진심으로 말하고 들어줄 타인이나 집단—이 필요하다. 당신은 안전감을 어느 정도 느낄 필요가 있다. '정도'라는 단어를 나는 일부러 사용한다. 수치심과 취약감에는 다른 사람들이 당신을 받아들이지는 않을 거라는 믿음이 깊이 새겨져 있다. 당신은 안전감을 느끼지 못할 것이다. 하지만 위험을 감수하고 진실을 고백함으로써 당신은 그 이전보다는 조금 더 안전하고 사랑받는다고 느낄 것이다.

붓다는 현명한 대화란 진실하고 도움이 되는 말을 하는 것이라고 표현했다. 이 간단한 표현은 거기에 담긴 겹겹의 미묘한 차이를 모두 전하지는 못한다. 무엇이 진실한 말인가? 지금 일어나고 있는 것에 대한 우리의 판단이나 평가는 당연히 진실이 아니다. 우리로서는 매순간 자신의 실제 경험을 깨어서 자각하며 비난이라는 두 번째 화살을 쏘지 않고 그 경험을 인정하고 허락하는 것이 최선이다. 그리고 무엇이 도움이 되는 말인가? 자신이 하는 말이 더 커다란 상호 이해와 배려에 일조하기를 진심으로 원한다면 이 염원이 우리를 안내할 것이다.

감추고 싶은 진실을 고백하는 것에는 엄청난 힘이 있다. 신중하고 믿을 만한 타인에게 당신의 취약함을 내보이는 것은 평생 이어진 수치심을 풀어주기 시작한다. 고통스러운 감정을 비난하지 않고 인정하는 것은 상호 호응과 연민을 강화하고 심화한다. 인간관계가 더욱 활기차게 바뀐다. '위험을 감수할' 용기, 진실을 고백할 용기를 갖는 것은 당신을 확장시킨다. 당신은 자신의 참모습에 더 가까워지고 타인과 더 친밀해진다.

내쉬기: 연민을 보내기

진실한 고백과 경청이 친밀한 관계로 이어지는 것은 우리가 자신의 취약함을 받아들일 수 있을 때에만 가능하다. 그 첫 걸음은 들이쉬기, 즉 지금 이 순간의 삶을 경험하는 것이다. 일단 자신을 다정하게 감싸 안은 후에야 우리는 타인과 친밀하고 진정한 관계를 맺을 수 있다.

리치와 나는 대학교 3학년 때 친구가 되었다. 얌전하고 신중한 아프리카계 미국인인 리치는 항상 카메라를 갖고 다니고 상대방의 일방적인 이야기를 경청하고 반바지 차림으로 눈 속을 조깅하는 것으로 유명했다. 졸업 후 연락이 끊겼지만 나는 그가 뉴욕에서 사진 기자로 일하고 있다는 말을 들었다. 그러다가 거의 15년 후, 리치에게서 전화가 왔다. 조만간 워싱턴

D.C.에 들르는 길에 상담을 하겠다고 말했다. 그는 명상 수업에서 만난 백인 여성 칼리와 최근에 결혼을 했다면서 아내의 가족에 대해 대화하고 싶어 했다. "컨트리클럽, 골수 공화당, 모든 걸 갖춘 집안…… 내가 거기에 발을 들여놓는다는 건 알았지…… 하지만 그게 이렇게 힘들 줄은 몰랐어."

나를 만났을 때 리치는 이렇게 말했다. "장모님^{새런}은 나와 칼리가 사귀는 걸 처음부터 결사반대하셨어." 칼리의 아빠는 딸의 선택을 존중하는 듯했지만 엄마는 결혼을 극렬하게 반대했다. "장모님은 칼리에게 우리가 너무 다르고 결국 이혼해서 비참해질 거라고 경고하셨어. 그런데 그게……." 리치가 우울하게 말했다. "우리는 서로 깊이 사랑해, 하지만 장모님은 우리를 비참하게 만드는 데 성공하셨어."

얼마 전 세 번째 방문에서 새런은 딸 부부와 함께 극장에 가는 것을 거절했다. 그러고는 컨트리클럽 친구들을 거기서 우연히 만나는 걸 견딜 수가 없다고 나중에 칼리에게 털어놓았다. "내가 돌아서자마자 그들은 너와 리치에 대해 수군거릴 거야."라고 새런은 불평했다. 저녁 식탁에서 새런은 연어 요리에 대한 리치의 품평을 무시했고 최근의 이탈리아 여행에 대한 그의 질문을 시큰둥하게 넘겼다. 칼리가 이층에서 엄마를 따로 만나 지적하자 새런은 자신의 행동을 인정했다. "그래, 내가 지독하게 군다는 거 나도 안다. 하지만 칼리, 나도 어쩔 수가 없어. 리치는 좋은 사람이야, 똑똑한 사람이지…… 정말이야……. 그는…… 하지만 너는 지금 끔찍한 실수를 저지르고 있어."

칼리는 더 이상은 엄마 집에 가지 않으려고 했다. 추수감사절과 크리스마스를 그냥 건너뛰자고 말했다. 하지만 리치는 그냥 견디자고 주장했다.

"나를 희생하려는 건 아니야." 리치가 말했다. "장모님은 인종차별주의자에 자기중심적인 노인네야. 칼리가 집에 가지 않는다면 그건 오히려 장모님을 부추기는 꼴이야. 사실 처가에 가지 않으면 나야 좋겠지……. 정말 열 받거든. 하지만 장모님과 가까워질 수 있을 것 같은 느낌이 들어."

명상 수행의 일부로서 리치는 최근에 스승 앞에서 사홍서원四弘誓願을 세웠다. 사홍서원이란 삶에서 일어나는 모든 것을 자각하여 번뇌를 끊고 모든 존재를 자비심으로 대하겠다는 크고 넓은 염원을 말한다. 리치에게 이 서원은 매우 특별한 의미가 있었다. "나는 어느 누구도 포기하고 싶지 않아. 그들이 포기하더라도 난 그러고 싶지 않아."라고 리치는 말했다. 하지만 새런에게 다가갈 수 있으려면 먼저 자신의 분노와 그 뒤에 숨어 있는 것을 접해야 한다는 것을 그는 알았다.

"우리가 그것에 초점을 맞추면 좋겠어, 타라." 소파에 기대앉으며 리치가 말했다. "불안하지 않으면 나는 그렇게 열 받지 않을 거야. 그건 근본적으로 자격의 문제야. 장모님은 내가 당신 딸의 남편이 될 자격이 부족하다는 말을 하고 있거든."

"자격이 부족하다는 느낌이 익숙해?" 내가 물었다.

"아, 물론이지. 아빠가 떠난 후부터 나는 나에게 항상 그렇게 말했어. 그때는 내가 엄마를 행복하게 해주기에는 부족하다고 느꼈지." 그는 잠시 말이 없었다. "아빠의 빈자리를 내가 채워야 한다고 생각했지만 그건 불가능했어. 엄마는 늘 우울하고 늘 불안했어."

리치는 잔뜩 풀이 죽은 모습이었다. "항상 이런 느낌이 들어…… 공부 못하는 어린애, 좋은 것을 가질 자격이 없는 어린애 같은 느낌. 그러니 우리가 나온 그 흔해빠진 대학에 가서 -그는 나를 보고 싱긋 웃었다- 별 볼 일 없는 직업을 얻을 수밖에 없었지. 이런 무가치감이 우리 문화의 일부라는 건 알아, 타라…… 하지만 그 어린애는 아직도 자기가 어리다고 생각해, 그 무가치감을 절대 떨쳐내질 못해."

"무가치하다고 느끼는 어린애에게 주의를 기울여봐. 그 아이가 네가 어떻게 해주길 가장 원하는지 느낄 수 있어?"

리치는 잠시 말이 없다가 고개를 끄덕였다. "내가 그냥 봐주길 원해. 자신을 알아봐주고 다정하게 대해주길 원해."

"너의 내면을 다정하게 안아주면 어떻게 될까?"

리치는 눈을 감은 채 수심에 잠긴 표정으로 가만히 앉아 있었다. 그러고는 눈을 뜨고 창밖을 바라보다가 시선을 돌려 나와 눈을 맞추며 미소를 지었다.

"고마워." 그가 조용히 말했다. "나의 이 일부를 조금 위로해주고 보살펴줘야 할 것 같아. 방금 전에 나는 그 아이를 카메라를 통해 바라보는 느낌이었어. 그 아이는 실패할 수밖에 없는 일에서 실패하고 있었지. 그 어린애가 엄마를 위해 상황을 호전시킬 방법은 결코 없었어."

우리는 곧 있을 그들 부부의 추수감사절 방문 중에 섀런이 그의 불안을 어떻게 자극할지에 관해 이야기했다. 리치가 한 가지 계획을 내놓았다. "카메라를 갖고 가야겠어. 내면의 그 어린애에게 초점을 맞출 거야…… 그리고 장모님에게도…… 두 사람 모두에게 다정하게 대할 거야." 이 말을 하며 그는 춤을 추듯 다리를 높이 들어 올리더니 나의 대형 안락의자 옆으로 둥글게 휙 움직였다. 전보다 더욱 느긋해진 게 분명했다.

12장. 손에 손을 잡고: 살아 있는 연민

추수감사절 주말 직후에 리치에게서 다시 소식이 왔다. 섀런은 격식을 갖춰 정중하게 그를 대했다. 다른 사람은 모두 가족이고 리치는 손님이라는 뜻이었다. "하지만 나는 카메라 뷰파인더를 통해 장모님을 보고 있다고 계속 상상했어. 그리고 장모님이 고통을 겪고 있는 걸 보았지. 그 냉정함 뒤에는 겁먹고 경직된 마음이 있었어." 리치는 깨달았다. "사실 장모님은 나를 두려워하는 게 아니야. 칼리가 불행해질까봐 두려우신 거야."

하루쯤 후, 리치가 정말 잘 찍은 사진 두 장을 메일로 보내왔다. 모두 섀런의 사진이었다. 칼리의 언니가 얼마 전에 아기를 낳았는데, 리치는 섀런이 갓 난 손녀를 품에 안고 홀린 듯 바라보고 있는 모습을 사진에 담았다. 다른 사진에는 남편이 옆에 앉으라고 잡아끄는 바람에 섀런이 그의 위로 넘어지는 유쾌한 순간이 찍혀 있었다. 리치는 처부모가 서로 바라보며 즐겁게 웃는 순간을 정확하게 포착했다.

그리고 크리스마스가 되었다. 크리스마스이브 초저녁에 칼리의 아빠 ^{산타 역할}가 리치 앞에 상자를 두 개 놓았다. 섀런은 사위에게 줄 양말을 인터넷으로 몇 켤레 주문하고^{너무 컸음} 초콜릿 한 상자를^{리치는 단 것을 먹지 않음} 포장했다. 얼마 후 섀런은 리치가 준 선물을 열었다. 그가 몇 주 전에 찍은 사진 두 장이 소박하고 우아한 액자에 넣어져 있었다. 섀런이 몸을 떨며 울기 시작했다. 남편과 칼리가 무슨 일인지 걱정되어 그녀에게 다가갔다. 손녀를 안고 남편을 바라보는 사진 속의 섀런은 눈부시게 빛나고 다정하고 행복해 보였다. 그런데 지금 섀런은 울고 있었다. 눈물을 그치고도 섀런은 여전히 아무 말도 하지 않고 다른 가족들에게 계속 선물을 주고받으라는 손짓을 했다.

리치는 섀런을, 섀런의 취약함과 참된 본성을 실제로 '보았다'. 사진을 통해 그는 새런의 선함을 고스란히 보여줌으로써 자신의 연민을 표현했다. 1년 반의 시간이 흐른 후에야 새런은 그 선물이 자신에게 어떤 의미가 있었는지 리치에게 말하고 사과했다. 하지만 리치가 새런을 포기하지 않았기 때문에 얼음이 녹기 시작한 것이다. 다음날 저녁 칼리의 언니가 스윙 댄스를 가르쳐달라고 부탁하자 리치는 아이팟에 담아둔 재즈 음악에 맞춰 스텝을 몇 번 보여줬다. 그녀는 금방 따라했고, 두 사람이 스텝을 밟으며 즐겁게 거실을 빙글빙글 도는 모습에 사람들이 박수를 쳤다. 칼리는 멀리 떨어진 문가에 서 있는 엄마를 슬쩍 건너다보았다. 새런은 엷은 미소를 띠고 촉촉하게 젖은 눈으로 지켜보고 있었다.

축복을 표현하기

누군가가 우리의 참모습을 알아보고 우리가 자신의 선한 본성과 연결성을 깨닫게 도와줄 때마다 우리는 축복을 받는다. 한 친구는 자신에게 가장 필요한 것을 이모가 알아채고 명상 센터의 참가비를 내주었을 때 축복을 받았다고 느꼈다. 어린 아들을 뇌종양으로 잃은 한 남성은 랍비에게서 아들의 영혼과 계속 교감할 수 있다는 확신을 얻었을 때 축복을 느꼈다. 나의 시아버지는 어린 시절 그의 총명함을 감지한 사촌형이 단어 퍼즐을 선물했을 때 축복을 느꼈다.

의사이자 작가인 레이첼 나오미 레멘Rachel Naomi Remen은 할아버지의 축복이 자신을 어떻게 키웠는지를 아름답게 묘사한다.

할아버지가 돌아가셨을 때 나는 일곱 살이었다. 그때까지 할아버지가 없는 세상에서는 살아본 적이 없었던 내게 그 세상은 참으로 힘들었다. 할아버지는 오직 할아버지만 가질 수 있는 눈빛으로 나를 바라보셨고 특별한 이름으로 나를 부르셨다. "네슈멜레!" '사랑스러운 어린 영혼'이라는 뜻이었다. 나를 그렇게 불러주는 사람은 이제 한 명도 없었다. 처음에 나는 몹시 겁이 났다. 할아버지가 나를 바라보고 하느님에게 나에 대해 이야기하지 않으면 내가 사라져버릴 것만 같았다. 하지만 시간이 흐르면서 나는 조금 신비로운 방식으로 천천히 알게 되었다. 내가 할아버지의 눈빛으로 나 자신을 바라보는 법을 배웠다는 것을, 한번 축복을 받으면 그 축복이 영원히 함께한다는 것을 차츰 깨달은 것이다.

긴 세월이 흘러 노인이 된 어머니가 촛불을 켜고 하느님에게 당신 자신에 관해 이야기하기 시작했을 때, 나는 어머니에게 할아버지의 축복에 대해, 그것이 내게 어떤 의미가 있었는지에 대해 이야기했다. 어머니는 나를 보며 슬프게 미소를 지으셨다. "레이첼, 네가 태어난 후 지금까지 나는 날마다 너를 축복했단다. 그걸 말로 표현하는 지혜가 내겐 없었을 뿐이야."

자신이 선하고 사랑스럽고 모두와 연결되어 있음을 우리는 기억해야한다. 우리의 말과 생각과 행동이 주변 사람들의 마음에 얼마나 강하게 영향을 미치는지를 안다면 우리는 손을 내밀어 그들의 손을 잡고 또 잡을 것이다. 인간관계는 신성한 귀의처, 치유와 깨달음의 장소가 될 수 있다. 누군가를 만날 때마다 우리는 가면 뒤를 보고 사랑을 갈망하는 사람을 보는 법을 배울 수 있다. 축복을 말로 표현해야 한다는 것을 기억할 수 있다.

통렌: 연민의 마음 깨우기

통렌은 연민카루나을 내보내고 괴로움을 받아들이는 티베트 불교의 수행법이다. 274쪽 제9장 명상 연습에 소개된 통렌은 자신의 두려움을 자각하고 자기연민을 일으키는 데 초점을 맞춘 수행이었다. 아래의 명상은 타인의 실상을 그려보고 느끼게 해주는 수행이다. 타인의 괴로움을 자신의 마음에 받아들일 때 우리는 당연히 연민을 느끼고 다정해진다.

🌿

이완하되 깨어 있을 수 있는 자세로 앉는다. 습관적인 긴장을 모두 내려놓고 몸과 마음을 안정시킨다.

전통적인 통렌 수행은 이미 여기에 있는 고요함이나 열려있음을 잠시 자각하는 것으로 시작한다. 자신의 깨어있는 마음과 정신을 잠시 되새기는 것, 마음과 다시 연결되는 것을 말한다.

이제, 자연스럽게 들고 나는 호흡에 주의를 기울이고 그 숨결을 느껴본다. 숨을 들이쉬면서 당신의 세포가 그 생명 에너지를 받아들이게 한다. 숨을 들이쉴 때마다 모든 세포를 천천히 열어서 그 에너지로 가득 채운다, 공기로 부풀어 오르는 풍선처럼. 저항하지 않는 경험, 들숨의 느낌을 있는 그대로 감지하는 경험을 자각한다.

숨을 내쉬면서 숨결이 주변 공간으로 흘러들어가는 느낌을 자각한다. 당신의 몸과 마음이 그 날숨과 함께 밖으로 흘러나가 드넓은 공간과 섞이고 있다고 상상한다. 숨을 내쉬면서 편안하게 이완하고 마음을 넓힌다.

받아들이기, 들숨과 함께 숨결을 느끼기, 날숨과 함께 열린 공간으로 나가기의 본질에 대해 숙고한다.

이제 괴로움을 겪고 있는 지인, 당신이 도와주고 싶은 사람을 떠올린다. 당신이 그 사람의 상황에 놓여 있다고 상상하고 그의 불안이나 아픔이나 상실을 느껴본다. 그의 눈으로 세상을 바라보는 것은 어떤 느낌인가? 그의 몸으로 살고 있는 것은 어떤 느낌인가? 그의 마음으로 느끼는 것은 어떤 느낌인가? 그 상황의 어떤 부분이 그에게 가장 큰 상처와 고통을 주는가? 그에게 가장 필요한 것은 무엇인가?

이제 숨을 들이쉬면서 이 모든 고통을 당신의 마음에 들여놓고 철저히 느껴본다. 숨을 들이쉬며 당신이 그 고통을 받아들일 때 그 사람의 고통이 줄어들 것이다. 숨을 내쉬면서 휴식과 여유와 사랑을 내보냄으로써 그에게 필요한 것을 준다. 그를 편안하고 행복하게 해줄 수 있는 모든 것을 내준다.

때로는 숨을 들이쉴 때 당신이 고통에 저항하고 있음을 감지하기도 한다. 그렇다면 초점의 대상을 바꿔서 당신 자신을 위해, 그리고 당신과 똑같이 절망이나 분노, 혐오, 불안을 느끼고 있는 수많은 다른 사람을 위해 호흡한다. 그러고 나서 숨을 내쉬면서 당신과 그들이 여유와 위안을 얻게 도와줄 수 있는 모든 것을 내준다.

저항이 줄어들면 괴로움을 겪는 그 지인을 위해 다시 호흡한다. 숨을 들이쉬며 그의 고통을 경험할 때 그가 당신의 마음속에 들어와 있는 것을 느껴본다. 숨을 내쉬면서 가장 진실하거나 가장 도움이 될 것 같은 위로나 염원을 보낸다.

이제 통렌을 확장하여 똑같은 상황에 처해 똑같은 괴로움을 겪는 사람을 전부 포함시킨다. 당신이 도와주고 싶은 지인이 상실로 슬퍼한다면 상실의 고통을 겪고 있는 모든 사람을 위해 호흡한다. 그가 실패자라는 느낌에 괴로워한다면 자신이 실패자라고 느끼는 모든 사람을 위해 호흡한다. 숨을 들이쉬면서 당신의 조건 없이 다정하고 너그럽고 자발적인 마음을 느껴본다. 숨을 내쉬면서 세상 모든 존재를 품어 안는 광활하고 자애로운 자각을 느껴본다.

계속 호흡하면서 이 보편적인 괴로움을 받아들이고 드넓은 공간으로 진실한 염원을 내보낸다. 그 크나큰 괴로움을 마음에 받아들일 때 당신이 바로 그 드넓은 공간이 된다. 다정함을 내어줄 때 당신의 자각은 연민으로 충만해진다.

융통성 있는 호흡법: 어느 시점에서든 이 호흡법이 고통을 실제로 받아들이고 사랑을 실제로 내보내는 느낌을 저해한다면 이 명상에 가장 도움이 되는 방법으로 바꾼다. 한 예로, 처음 몇 번은 오직 들숨에만 또는 날숨에만 초점을 맞춰야 그 느낌을 더욱 실감할지도 모른다. 또는 호흡을 전혀 의식하지 않을 때 그 느낌을 더 쉽게 경험할 수도 있다.

하루 종일: 괴로움에 직면할 때마다 약식 통렌을 행할 수 있다. 당신이 만난 사람이 괴로운 일을 겪고 있다면 잠깐 멈춘다. 말없이 서너 번 호흡하면서 들숨과 함께 그의 고통을 받아들이고 날숨과 함께 위로를 내보낸다.

당신이 그 고통에 저항하거나 외면하거나 두려워하고 있다면 당신 자신과, 당신처럼 고통을 받아들이지 못해 힘들어하는 모든 사람을 위해 통렌을 행한다.

어떤 고통에 직면하든지, 그것은 연민을 수행할 기회다. 고통을 무시하거나 자신을 비난하는 대신, 우리는 수행을 통해 자신에게 잠재된 자비심을 모두 끌어낼 수 있다.

통렌이 부적절할 때: 트라우마와 관련된 공포나 만성 우울증, 심각한 정서 불안을 지닌 사람의 경우, 통렌은 그 감정에 갇히거나 압도되는 느낌을 일으킬 수 있다. 이때는 믿을 만한 영적 스승이나 심리치료사의 안내에 따라 당신이 치유에 이르게 도와줄 최선의 방법을 찾는 것이 좋다.

자애 명상: 가면 뒤를 보기

선함을 인식할 때마다 우리의 마음이 열리며 자애로 워진다. 자신에게 가장 소중한 사람에게 사랑을 보내는 것으로 시작하는 이 자애 명상은 자신과 멀어진 사람이나 무관한 사람, 상처 준 사람의 선함을 보는 법을 배우게 도와준다.

✿

편안하게 이완할 수 있는 자세로 앉는다. 긴장을 모두 내려놓고 어깨를 풀어주고 손의 힘을 빼고 배를 이완시킨다. 눈으로 미소를 짓고 눈 주위를 부드럽게 이완시킨다. 입으로 살짝 미소 짓고 입의 안쪽 면으로 그 미소를 느낀다. 마음으로 미소 짓고, 그 미소가 점차 커지면서 심장과 가슴 전체에 너그럽고 다정한 공간이 생겨나고 있다고 상상한다.

이제 사랑하는 사람을 떠올린다. 당신이 가장 감탄하는 그의 특성을 잠시 숙고해본다. 그의 지혜, 유머, 친절, 활기를 떠올린다. 당신에게 다정할 때의 그 사람을 그려본다. 그의 선하고 생기 있고 자비로운 본성을 자각한다. 이 소중한 사람에게 온 마음으로 감사하며 염원하기 시작한다. 아래의 구절 중에서 고르거나, 원한다면 당신만의 구절을 만들어도 좋다.

당신이 사랑으로 충만하기를,

사랑 속에 머물기를…… 지금 나의 사랑을 느끼기를.

당신이 평온하고 편안하기를.

당신이 자신을 있는 그대로 받아들이기를.

당신이 행복하기를.

당신이 평화롭기를.

당신이 살아있음의 기쁨을 알기를.

당신의 마음과 정신이 깨어있기를, 당신이 자유롭기를.

각 자애 구절을 속으로 외면서 그 사람이 당신의 축복의 결실-충만한 사랑, 자기수용, 평화, 기쁨, 자유-을 음미하고 있다고 상상한다.

이제, 자애의 범위를 넓혀서 '중립적인' 사람가끔 마주치기는 하지만 친하지 않거나 특별한 감정을 느끼지 않는 사람을 떠올린다. 그 사람의 외모와 동작과 목소리를 잠시 기억해본다. 그가 사랑스런 어린아이를 바라보는 모습…… 아름답게 내리는 눈을 넋 놓고 바라보는 모습…… 편안하고 느긋하게 웃는 모습을 상상해본다. 그가 행복을 원하고 고통을 원치 않는다는 것을 기억한다. 그 사람이 생생하게 떠오를 때 위의 자애 구절이나 당신만의 구절을 외면서 자애심을 전한다.

이제 당신이 싫어하는 사람-분노나 두려움, 고통을 주는 사람-을 떠올린다. 그가 떠오르면 우선 당신 자신의 감정에, 비난하지 말고 다정하게 주의를 기울인다. 그리고 나서 싫어하는 이 사람에게 다시 주의를 돌리고 가면 뒤를 보려고 노력한다. 그의 선한 면을 찾아본다. 이 사람을 평화롭게 잠든 어린아이로 또는 죽음을 앞둔 사람으로 상상하는 것이 도움이 된다. 이 사람에게서 당신이 감탄할 만한 면을 찾을 수 있는가? 헌신, 배려, 창의성 같은 자질을 떠올릴 수 있는가? 그 사람의 선함을 인정하기 어렵더라도 인간은 누구나 행복을 원하고 고통을 원치 않는다는 것을 기억한다. 당신에게 삶이 소중하듯이 그에게도 삶이 무엇보다 소중하다는 것을 기억한다. 그 사람에게 온화하게 계속 주의를 기울이며 당신이 가장 쉽게 읊을 수 있는 자애 구절을 전한다.

　　이어서 당신이 자애를 보낸 사람들―사랑하는 사람, 중립적인 사람, 싫어하는 사람―을 모두 하나로 묶는다고 상상한다. 그 무리에 당신도 집어넣고 당신이 이 명상 중에 일으킨 선하고 진실한 마음을 되새긴다. 이 무리 전부를 당신의 마음으로 품어 안고 그들이 공유한 인간애와 취약함, 선함을 느껴본다. 이들 모두에게 자애 구절을 한꺼번에 전하면서 당신 자신이 이 무리 속에 함께 있음을 인식한다.

　　이제 마지막으로, 자각을 사방으로 확장한다. 당신의 앞과 뒤, 양옆, 위와 아래를 자각한다. 이 드넓은 공간 속에서 당신이 모든 존재와 다정하게 함께 존재하고 있음을 느껴본다. 하늘을 날고 물속을 헤엄치고 들판을 달리는 야생 동물들, 함께 사는 개와 고양이, 멸종 위기에 놓인 생명체, 나무와 풀과 꽃, 곳곳에서 뛰노는 어린아이들, 매우 가난한 사람과 매우 부유한 사람들, 전쟁 중인 사람들과 평화롭게 사는 사람들, 죽어가는 사람들과 갓 태어난 아기들을 모두 자각한다. 어머니 대지를 당신이 끌어안고 당신의 가없는 마음으로 모든 곳의 모든 생명을 보듬을 수 있다고 상상한다. 살아 있는 모든 존재가 지닌 선함을 자각하며 다시 한 번 염원한다.

모든 존재가 사랑으로 충만하기를.

모든 존재가 더없이 평화롭기를.

땅에 평화가 깃들기를, 모든 곳에 평화가 깃들기를.

모든 존재가 깨어나기를, 모든 존재가 자유롭기를.

이 구절을 여러 번 반복한다. 그런 다음에 열린 마음과 침묵 속에서 편안하게 쉬면서 떠오르는 것을 모두 자각하고 자애로 어루만진다.

하루 종일: 일상에 자애 명상을 엮어 넣는 방법이 아주 많다.

○ 일주일 동안 아침마다, 함께 살고 있는 사람의 선함을 되새기겠다고 다짐한다. 그러고 나서 그날 하루 동안 그 다짐이 기억날 때마다 침묵 속에서 그를 위해 자애 구절을 외운다.

○ 사랑하는 사람이나 누군가가 짜증이나 불안을 일으킬 때마다 잠깐 멈춰서 그 사람의 선함이 드러난 상황을 떠올리고 속으로 염원한다. "당신이 행복하기를."

○ 당신이 정기적으로 마주치는 '중립적인' 사람을 한 명 고른 후, 다음 한 주 동안 그와 마주칠 때마다 그의 선함을 기억하고 속으로 그의 행복을 기원한다. 이 사람에 대한 당신의 느낌이 달라지는지 아닌지 알아차린다.

○ '싫어하는' 사람을 한 명 고른 후, 매일 시간을 정해놓고 그의 선함

을 되새긴다. 적어도 두 주일 동안 그를 위해 자애 구절을 외운다. 당신의 감정에 변화가 있는가? 당신을 대하는 그의 행동에 변화가 있는가?

○ 당신이 알아차린 그의 선한 면을 말해주었을 때 어떤 일이 일어나는지 알아본다.

새로운 방법 시도하기: 진정한 연결감과 연민을 깨우는 것은 무엇이든 자애 명상이다. 그러니 정식 명상이 다소 기계적이라고 느껴지면 다음을 참고하여 실험을 해보라.

○ 이 순간에 가장 마음에 와 닿는 단어나 구절은 무엇이든 활용한다.
○ 자애 구절을 소리 내어 말한다.
○ 당신이 자애를 보내는 사람의 이름을 말한다.
○ 당신이 그 사람을 마음으로 안아주고 있다거나 그의 뺨을 연민의 손길로 쓰다듬고 있다고 상상한다.
○ 당신의 염원으로 그 사람이 치유와 사랑과 행복을 느낀다고 상상한다.

잠깐 동안 선함을 되새기고 자애를 염원하는 것만으로도 당신 자신의 순수하고 다정한 마음을 다시 접할 수 있다.

처음부터 우리가 사랑한 사람들은

밀려나지도 잊히지도 않으리.

죽은 후에도 그들은 여전히 슬퍼하리라,

존재하지 않음을……

그 이별이 두 번 다시는 없으리라

다짐하면서.

떠나보낸 자는

생생하게 기억하리,

함께 존재한 백만 번의 순간들은

기억 속에서 마음껏 흩뿌려지리라,

밤새 가문비나무 가지에 쌓인 흰 눈이

오전의 햇살 속에서 반짝이는 먼지로 부서지듯이.

– 골웨이 킨넬Galway Kinnell, 미국의 시인

비명을 질러라! 당신의 고통에 무심하지도 침묵하지도 마라.

애통해하라!

그리고 부드러운 사랑이 당신에게 흘러들게 하라.

– 루미

13장.
사랑하는 것과의 이별 :
분리의 고통

　　　　　　"산책하러 나가려면 진통제를 먹어야겠
지…… 하지만 우선 뭐든 먹어야 해. 빈속에 약을 먹으면 속이 쓰
릴 거야…… 그런데 뭘 먹긴 너무 일러." 이어서 떠오른 생각은 "나
는 깨어있어." 무릎 밑에 받쳐둔 베개를 치우고 천천히 옆으로 돌아눕자
엉덩이를 칼로 찌르는 듯한 통증이 시작되었다. 또 맞이한 아침, 아픈 몸
으로 살아야 하는 또 다른 하루.

　　예전에는 어떠했는지 생각하지 않으려고 애썼다. 젊은 나, 18분 이상
바퀴 자세를 취하여 요가 대회에서 우승한 여자를 나는 내려놓을 수 있다.
거의 매일 5킬로미터를 달리던 여자, 스키와 서핑, 자전거와 테니스를 좋아
하던 여자를 나는 내려놓을 수 있다. 하지만 집 근처의 숲과 언덕을 그냥 돌
아다니는 것은? 그냥 강가를 걷는 것은?

　　너무 많이 빼앗겼다. 처음 시작은 달리기 중에 느낀 무릎의 통증이

었다. 이어서 무릎관절이 약화되어 자전거 타기와 테니스를 제외했다. 나는 체념하고 운동으로 수영을 하기로 했으나 수영이 목 디스크를 악화시킨다는 것을 알아냈을 뿐이다. 이제는 걷는 것조차 고통스럽다. 마루를 쓸거나 허리를 굽히거나 물 4리터보다 무거운 것을 들어 올리면 며칠 내내 아프다. 나의 모든 부위에서 힘이 줄어들고 있다. 근육을 강화하는 방법은 거의 모두 나의 관절을 손상시키기 때문이다.

　마음껏 움직일 자유를 잃는 것은 죽음과도 같다. 내가 그토록 좋아하는 살아 있는 느낌을 경험하지 못한다. 하지만 최악은 앞일을 예상하는 것이다. 손자들과 함께 놀면서 두 팔로 안아줄 수도, 물장구를 칠 수도, 마루에서 장난치며 뛰어다닐 수도, 잔디밭에서 술래잡기를 할 수도 없는 미래를 상상한다. 아픈 몸속에 갇힌 죄수를 상상한다.

상실 공동체

　내가 앓고 있는 유전 질환은 희귀하고 전혀 알려지지 않았다. 그런 이유로, 진단 받은 후 얼마 동안 나는 혼자 떨어져 내 고통 속에 고립된 느낌이었다. 하지만 그 질환 덕분에 내 친구가 '상실 공동체'라고 부른 것에 한 걸음씩 들어섰다. 그 세계로 건너감으로써 나는 사랑하는 것과 억지로 이별할 때 다른 사람들이 어떻게 느끼는지를 깊이 이해하게 되었다. 내담자와 수련생들의 고통스런 사연을 항상 들어왔지만 이제 나의 고통이 갈수록 뚜렷해짐에 따라 그들이 말하는 취약함이 더욱 분명하고 사실적으로 다가왔다. 한 여성은 외로움이 끝이 없는 죽음처럼 느껴진다고 말했다. 어떤 사람은 두려움이 너무 커서 틀림없이 심장이 멎을 거라고 말했다.

사람은 누구나 소중한 모든 것을 결국에는 잃는다는 실상에 접했을 때 붓다는 해탈을 위한 고행을 시작했다. 젊은 왕자 고타마 싯다르타는 지상의 모든 안락과 기쁨을 주는 왕국에서 보호받으며 편안하게 살았다. 하지만 내면의 동요와 불안에 시달리던 그는 왕국의 버려진 변두리를 찾아갔고, 그곳에서 생전 처음으로 병자를, 이어 노인을, 끝으로 시신을 보았다. 충격을 받은 싯다르타는 현실 안주의 미망에서 즉시 벗어났다. 아름답고 헌신적인 아내가 있으며 언젠가 용맹한 군대를 거느리고 백성을 지키는 왕이 되리라는 것은 더 이상 중요하지 않았다. 그는 단 하나의 화급한 의문에 사로잡혔다. 괴로움과 상실을 피할 수 없다면 우리 인간은 생의 한가운데서 어떻게 평화와 자유를 얻을 수 있을까?

독실한 불교도인 한 친구는 중증 심근경색으로 투병하다가 회복하는 기간에 붓다의 생애에 관한 TV 프로그램을 보았다. 싯다르타가 생로병사를 접하는 부분에 이르러 그 친구는 퍼뜩 떠오른 생각에 깜짝 놀라 똑바로 앉았다. "늙고 병들고 죽는 거야! 나는 왜 지금까지 이걸 몰랐을까?" 물론 그는 그것을 머리로는 알았다. 하지만 이제야 실제로 알게 되었다. 우리는 '이' 몸을 상실한다. 사랑하는 '이' 사람을 상실한다. 미래로 이어지는 '이' 삶을 상실한다.

상실에 저항하기

붓다는 우리가 불난 집의 어린아이처럼 삶을 탕진하고 있다고 가르쳤다. 아이는 놀이에 흠뻑 빠져서 불길이 치솟고 벽이 무너지고 바닥이 꺼지고 연기가 자욱한 것을 알아채지 못한다. 그 놀이는 삶의 불가피한 고통을 회피하기 위한 그릇된 귀의처, 삶을 통제하고 속이려는 무의식적인 시도를 뜻한다.

하지만 이 삶이 타버리고 무너지기만 하는 것은 아니다. 선시禪詩와 선화禪畵는 흐르고 꽃피고 춤추고 발산하고 분출하는 자연 세계를 숭배한다. 슬픔과 기쁨은 하나로 엮여 있어서 결코 떼어낼 수 없다. 상실의 실상을 외면한다면 우리는 변화무쌍한 이 세계의 아름다움과 독창성, 신비로움과도 단절된다.

이쯤에서 나는 상실의 고통에서 물러서는 것이 영리하고 자비로운 대응일 수도 있다는 말을 하고 싶다. 그것은 우리가 기운을 차리고 객관적인 시각과 균형을 되찾을 시간과 공간을 제공한다. 상실 직후에 어떤 것에 몰두하는 행위, 즉 일이나 책, 영화에 파묻히거나 친구들에게 둘러싸이는 것은 그릇된 귀의처가 아닐 수도 있다. 규칙적인 활동과 사교 생활을 중단하는 것도 마찬가지다. 하지만 우리가 위안을 얻는 방법이 건전하지도 일시적이지도 않을 때가 많다. 그 방법들은 슬픔을 느낄 필요가 없도록 자신의 경험을 통제하려는 지속적인 노력으로 변질된다.

비난의 갑옷

몇 년 전에 나는 백혈병으로 십대 아들을 잃은 부부를 상담했다. 아들 론이 떠나기 전 3년 동안 그들은 국립보건원이 제공하는 모든 치료 지침을 필사적으로 찾아냈고 전력을 다해 이행했다. 엄마 루이즈는 직장을 그만두었고, 아빠 토니는 파트타임으로 전환했다. 그들의 삶은 롤러코스터였다. 론의 기력과 체력의 주기적인 변화에 따라 '백혈병을 쳐부수자'는 그들의 결연한 의지도 널뛰듯 변했기 때문이다. 론이 세상을 떠나자 그들 부부는 극한의 슬픔으로 허물어졌다. 하지만 공동의 적이 사라지자 그들은 곧바로 서로를 공격했다. 루이즈는 이렇게 말했다. "토니 근처에 있기만 해도 내가 잃어버린 것이 생각나요. 그 커다란 구멍이 생각나요. 그게 토니 잘못이 아니라는 걸 머리로는 알아요. 하지만 그래도 소용이 없어요. 내 안에서 비명이 터져 나와요. '당신은 내 자식을 살리지 못했어!'" 처음에 토니는 어안이 벙벙했으나 곧이어 분노와 상처로 되갚았다. 결국 여덟 달 만에 그들은 이혼했다.

토니가 떠나자 루이즈는 비난의 대상을 바꾸었다. 주변 사람을 일일이 거론하며 그가 어떤 식으로 자신을 실망시키는지를 말했다. 그들이 토니와의 이혼에 자신을 편들어 주지도 않고 지금 견디고 있는 그 최악의 상실을 실제로 이해하지는 못한다고 비난했다. 데이트를 시작했지만 그 관계는 오래가지 않았다. "사람들은 내 심정을 절대 몰라요."라고 루이즈는 말하곤 했다. 그녀는 옴짝도 할 수 없었다. 그녀가 보기에는 슬픔의 고통 위에 고립감과 결여감의 고통이 차곡차곡 쌓여 자신을 짓누르고 있었다.

비난은 그릇된 귀의처다. 비난은 마음을 무장시키고 몸이 느끼는 슬픔을 차단하기 때문이다. 바람이 나서 떠난 연인에게 우리는 분노나 증오를 쏟아붓는다. 면접교섭권을 박탈한 이전 배우자, 자신의 십대 아들을 마약에 끌어들인 아이들이 분노나 증오의 대상이 되기도 한다. 또는 나와 상담한 저스틴처럼, 상실에 보다 지구적인 분노로 대응하는 사람도 있다.

저스틴과 돈나는 대학생 시절, 지역 봉사 기관에서 자원봉사자로 활동할 때 만나서 졸업 직후 결혼했다. 돈나는 로스쿨에 진학하고 법률을 가르쳤고, 저스틴은 작은 대학에서 역사를 가르치며 농구 코치로 일했다. 교사라는 직업과 테니스 취미, 불우 청소년을 도우려는 열망을 공유했기에 그들의 삶은 만족스럽고 충만했다.

돈나가 회의 차 집을 떠난 사이에 저스틴이 정교수로 승진했다는 뜻밖의 소식이 날아왔다. 그를 축하하러 돈나는 예정보다 일찍 비행기를 타고 돌아왔다. 공항에서 집으로 오는 길에 대형 트럭이 전복되며 돈나의 차와 충돌하는 바람에 그녀는 그 자리에서 사망했다.

돈나가 세상을 뜬 지 1년여 후, 저스틴이 메일을 보내서 전화 상담을 요청했다. "마음챙김 명상을 다시 해야겠습니다. 분노가 나의 남은 삶을 앗아갈까봐 두렵습니다."라고 그는 썼다.

첫 번째 전화 상담에서 저스틴은 돈나의 죽음에 대한 자신의 첫 반응은 불공평한 신에 대한 분노였다고 말했다. "하느님에게 욕설을 퍼붓지 않을 때는 하늘에 대고 주먹을 휘두르며 대답하라고 윽박질렀어요. '돈나는 너무 착하고 너무 친절했어요. 지상에 꼭 필요한 여자였어요…… 왜 하필 돈나였죠? 그리고 나는요…… 내게서 어떻게 돈나를 데려갈 수 있죠? 무엇 때문에 내가 이런 일을 당해야 하죠?' 그렇게 소리 질렀어요." 노동자 계층 출신의 아프리카계 미국인인 저스틴은 농구 장학금을 받아 대학 공부를 마쳤다. 그는 학생과 농구부원들에게 헌신적인 교사였고, 따로 시간을 내서 도움이 필요한 학생들의 멘토 역할을 자처했다. "나는 내가 하는 모든 일을 좋아했어요. 하지만 나를 계속 앞으로 밀어내고 가장 크게 성장시킨 건 돈나였어요…… 그런데…… 돈나는 이제 없어요. 내가 최선을 다하려고, 착한 사람이 되려고, 훌륭한 크리스천이 되려고 항상 노력했다는 건 중요하지 않아요. 하느님은 나를 배신했어요."

돈나가 죽은 그다음 해, 신을 향한 저스틴의 분노는 불의에 대한 분노와 권력자에게 맞서려는 열망으로 바뀌었다. 그는 예전부터 사회적 대의에 항상 참여해왔다. 하지만 이제는 주동자가 되어서 대학 내 인종 다양성을 위한 투쟁을 공격적으로 이끌고 지역 사회에 이바지하지 않는 학교 당국을 공공연히 비난했다. 이전까지 충실한 협력자였던 학과장은 이제 불편한 기색을 숨기지 않았다. "문제는 자네의 행동주의가 아닐세. 자네의 적의…… 그 태도가 문제야." 평생의 막역한 친구인 누나 역시 그를 비판했다. "지금 네 삶의 근간은 의심과 적대감뿐이야. 너는 지금 누구와도 대판 싸울 태세야. 너는 세상과 대적하고 있어." 그 말에 수긍하느냐는 내 물음에 그는 이렇게 대답했다. "돈나를 잃었을 때 나는 신념을 잃었어요. 예전에는 세상 사람들이 기본적인 분별력을 어느 정도는 갖출 수 있을 거라고 믿었어요. 하지만 지금은…… 글쎄요…… 적의를 느끼지 않기가 힘들어요."

상실의 고통은 종종 행동주의를 자극한다. 어머니들은 음주 운전 금지 법안을 제정하라고 끈질기게 압력을 넣고 있다. 총기 사용 금지법을 위해 투쟁하는 사람도 많다. 동성애자 인권 운동가들은 증오 범죄를 중단시키는 일에 헌신한다. 변화를 위한 그러한 헌신은 치유를 촉진하는 필수적인 부분이다. 하지만 저스틴의 처리되지 않은 분노는 애도 과정을 중단시켰다. 분노가 그에게 의미감이나 목적의식을 조금 주었을 수는 있다. 하지만 그는 피해자로 남아서 신과 삶과 싸우느라 진정한 치유에 이를 수 없었다.

두 번째 화살: 자기비난

크나큰 상실을 겪은 후 우리가 자학하는 방법 중 하나는 자신의 잘못에 골몰하는 것이다. 우리는 타인을 실망시킨 행위에 초점을 맞춘다. "나는 그녀의 임종을 지켰어야 했어." "그가 세상을 뜨기 몇 달 동안 나는 너무 바빠서 함께 있어주지 못했어."라는 생각에 몰두한다. 또는 이혼, 실직, 건강 문제, 통제 불가능한 부정적 감정에 대한 자신의 책임을 강박적으로 곱씹는다. 자신의 고통에 대고 자기비난이라는 두 번째 화살을 쏘는 것이다.

어째서 두 번째 화살을 쏘는 걸까? 자기비난은 우리가 상황을 통제하는 한 가지 방법이다. 상실은 우리의 본질적인 무능을 노출시킨다. 그러면 우리는 통제할 능력이 없다는 느낌에 따르는 원초적 두려움을 줄이기 위해 할 수 있는 모든 것을 하려고 든다. 우리의 일상 활동의 다수는 상황을 완전히 파악하여 만반의 준비를 갖추었다고 느끼고 곤경을 피하려는 세심한 노력이다. 이것이 실패할 경우, 다음 방어선은 자신을 더 낮게 뜯어고치는 것이다. 자신을 바꿀 수 있다면 더 이상의 고통은 없을 거라고 우리는 생각한다. 안타깝게도, 자신과의 전쟁에 돌입하는 것은 고통을 가중시킬 뿐이다.

나의 유전 질환은 이 사실을 여러 번 깨우쳐주었다. 가파른 언덕을 오르거나 무거운 가방을 들다가 무릎이나 등의 통증이 도졌다는 것을 깨닫자마자 불쑥 판단이 일어난다. "이걸 미리 예상했어야지." "언제쯤이면 이렇게까지 무리하지 않는 걸 배울까?" 기운이 없거나 아플 때는 다른 쉬운 길로 돌아가도 괜찮다. 하지만 나는 건강관리에 소홀했던 나 자신을 비난한다.

케이프코드에서 가족 휴가를 보내는 동안 나는 엔도르핀을 분비시킬 대단한 방법을 찾았다고 생각했다. 해변에서 빠르게 걷기가 그것이었다. 하지만 그 생각은 보기 좋게 빗나갔다. 버지니아로 돌아올 무렵, 나는 위층으로 걸어 올라갈 수도 없었고 온몸에 염증이 생겼다. 그 상태가 몇 주간 계속되고 기분은 바닥으로 추락했다. 조녀선이 나를 돌봐야 했는데 나는 침울하고 이기적이고 사사건건 짜증을 내는 끔찍한 환자였다.

어느 날 아침 나는 명상을 했다. 내게 자주 도움이 되었던 의문을 던졌다. "내가 이 순간에 존재한다는 걸 느끼지 못하게 막는 것이 무엇인가?" 처음에 나는 몸속의 익숙한 열기와 통증과 메스꺼움을 자각했다. 다음에는 분노와 절망의 파도-어제도 오늘도 나는 갇혀 있고 너무 아파-를 느꼈다. 내 머릿속의 목소리가 말했다. "이걸 참고 견디는 게 끔찍하게 싫어…… 내 인생이 싫어." 그리고 다음 순간, 그 목소리는 가차 없이 내뱉었다. "나는 내가 정말 싫어."

이 자기증오의 목소리를 다시 들은 것은 참으로 오랜만이었다. 그것이 내 눈을 열어주었다. 나는 곧바로 조사를 시작했다. 내가 증오하는 것이 정확히 무엇일까? 나는 자기동정으로 가득 찬 자아를 증오했다. 도움이 필요한 굴욕적인 자아, 유머라고는 찾아볼 수 없는 침울한 자아를 증오했다. 하지만 최악은, 자신에 대한 생각에 골몰하는 자아, 이기적이고 자기중심적인 자아였다.

자기증오는 극심한 우울증을 촉발했다. 나는 같은 말을 되풀이했다. "나로서는 이게 최선이야, 이게 최선이야⋯⋯." 마치 '그걸 올바로 해내야' 하는 나의 일부가 이해해달라고 애원하고 있는 것 같았다. 나는 노력하고 또 노력했지만 몸이 아플 때는 더 착하고 덜 이기적인 사람이 되기가 불가능했다. 마음이 누그러지고 슬픔의 파도가 나를 휩쓸고 지나갔다. 나를 비난함으로써 나는 사랑하는 사람들과의 단절을 자초했고 내 마음과도 분리되었다. 나는 염원했다. "이 질병을 겪는 동안 내가 나를 다정하게 감싸주기를."

착한 사람이 되려는 투쟁

생의 초기부터 우리는 착함이 인정과 애정을 얻는 길이라는 것을 배운다. 따라서 상실에 직면해서도 이 교훈에 의지한다. "착해지면 나는 벌을 받지 않을 거야." "착해지면 나를 떠난 사람이 돌아올 거야." "착해지면 다시 안전해질 거야." "착해지면 누군가가 나를 돌봐줄 거야."라고 믿는다.

그래서 우리는 신과 또는 운명과 흥정하기 시작한다. 나쁜 식습관을 고치고 운동을 하고 타인에게 관대하고 날마다 기도하겠다고 약속한다. "앞으로는 아무에게도 절대 화내지 않을게요. 그러니까 다시는 심장마비가 일어나지 않게 해주세요." "그녀가 돌아오게만 해주면 영원히 술을 끊을게요." 그리고 이 기도가 아무 효과가 없어도, 심지어 죽음 직전에도 우리는 착하거나 용감하거나 통달한 사람처럼 보이려고 타인은 물론이고 자신에게도 기를 쓴다.

이것은 그릇된 귀의처다. 왜일까? 자신을 개선하려고 노력하고 타인에게 호감을 사기를 원하는 것이 그렇게 나쁜가? 자부심을 느끼고 싶어 하는 게 나쁜가? 문제는, 우리가 삶을 살기는 해도 그 삶을 충분히 살고 있지는 않다는 것이다. '착한 사람'의 기준을 채우는 데 에너지를 탕진하는 바람에 우리는 타인과 공유할 수 있었을 위안과 친밀을 놓칠 위험이 크다.

줄리아는 우리 명상 공동체의 소중한 도반이었다. 유방암이 재발했을 때 그녀는 앞으로 어떤 일이 펼쳐지든지 영적 수행의 기회로 삼기로 결심했다. 그리고 줄리아와 나는 항암치료 내내 그녀를 격려하는 한 방법으로 정기적인 상담을 하자고 약속했다. 줄리아는 사회복지사 직은 잠시 그만두었지만 명상 공동체에서 자원 봉사 활동은 계속하겠다고 고집했다. 어느 날 오후에 줄리아가 머리카락이 다 빠진 머리에 화사한 스카프를 두르고 벽에 기대 서 있던 모습이 기억난다. 그녀는 한 신입 회원을 따스하게 격려하고 있었다. 휴식 시간에 나는 줄리아에게 이런 식으로 에너지를 소모하는 것이 과연 좋은 생각인지 물었다. "도움을 주고 있을 때 내가 더 착하게 느껴져요." 그리고 웃으며 덧붙였다. "나 자신에 대한 생각을 쉴 필요가 있어요."라면서 곧바로 인정했다. "집에 가면 말도 못하게 녹초가 되긴 해요."

병원 근처에 살았던 줄리아는 동행이나 차량 도움을 거절하고 종종 혼자 걸어서 항암 치료를 받으러 갔다. 친구들은 그녀의 완고한 독립심, 남에게 기대지 않으려는 단호한 결심을 우려했다. "암이 전이되어서 줄리아는 호전되지 않을지도 몰라요. 언제쯤이면 줄리아가 우리의 도움을 받아들일까요?" 한 친구가 걱정했다.

얼마 후 다시 만났을 때 줄리아가 털어놓았다. "통증을 느낄 때는 어느 누구도 곁에 두고 싶지 않아요…… 나 혼자 해결하고 싶어요."

"심한 통증을 느끼면서 혼자 시간을 보낼 때 어떤 느낌이 들지요?" 내가 물었다.

"글쎄요." 줄리아가 천천히 대답했다. "내 주변에 누가 있는 게 싫어요…… 하지만 시간이 지나면 결국에는 지독하게 외로워요. 세상이 이렇게 느껴져요…… 내 마음에 떠오르는 모든 것이…… 까마득히 멀어지다가 가뭇없이 사라지는 느낌이요. 그리고 나는 여기 암에 걸린 몸속에 묶여 있고요."

"그럴 때 누군가가 옆에 있다면 어떨까요?"

줄리아는 잠시 말이 없었다. "사람들이 내 옆에 있고 싶어 할 이유가 있겠어요?" 그녀가 조용히 말했다. "인정하고 싶지 않지만…… 나의 세계는 아주 작아졌어요. 때로는 구역질을 안 하고 물을 마시는 것조차 힘이 들어요. 매순간 깨어서 자각하기가 불가능할 때가 많아요. 거의 언제나 나 자신이 못마땅하고, 우울하게 겨우겨우 살아가고 있어요."

줄리아는 말을 멈추고 지친 모습으로 소파에 파묻혀서 바닥만 내려다보았다.

"줄리아, 말해줘서 고마워요. 당신에게 무슨 일이 있는지 늘 궁금해요. 내가 할 수 있는 한, 당신과 이렇게 함께 있고 싶어요."

줄리아는 심호흡을 한 번 하고 나를 바라보았다. "친구들은 용감하고 긍정적인 줄리아, 영적인 줄리아를 보고 싶어 해요.…… 절망하는 줄리아…… 계속 살아야 할 이유가 있는지 의심하는 줄리아가 아니라요……." 그녀는 다시 말을 멈추고 지친 눈으로 나를 보았다. "영성의 길에서 내가 항상 간직해온 믿음이 모두 사라질 때가 많아요. 두렵고 외롭기만 해요. 그 모습을 다른 사람에게 보여주고 싶지 않아요. 그런 모습으로 살고 싶지 않아요."

통제자와의 대면

줄리아가 투병하고 있을 시기에 똑같이 항암치료를 받던 다른 친구가 편지를 보내왔다. "암이, 어쩌면 암보다는 항암치료가, 내가 소중히 여기는 나의 면면을 한 꺼풀씩 계속 벗겨낸다는 걸 요즘 발견하고 있어. 내가 나라고 생각했던 나 자신을 조각조각 찢어내고 있지. 어제는 그것이 나의 남은 머리카락을 모조리 밀어버리더군. 항암치료는 내려놓기, 겸손, 굴욕을 가속화하는 과정이야."

투병생활이나 임박한 죽음은 착한 사람, 고결한 사람, 근엄한 사람, 영적인 사람이라는 우리의 정체성을 조각낸다. 그것은 또한 우리를 우주복 자아의 핵심 정체성과 대면시킨다. 그 핵심 정체성을 나는 '통제자controller' 라고 부른다. 통제자는 에고의 최고책임자다. 우리는 이 자아가 삶의 방향을 지시하고 결정을 내리는 책임을 맡고 있다고 믿는다. 통제자는 강박적으로 걱정을 하고 계획을 세워서 안전 무사한 상황을 지속시키려고 노력한다. 그리고 우리에게 적어도 일시적으로 자기효능감과 자기신뢰감을 제공한다. 하지만 크나큰 상실은 그 통제자를 권좌에서 몰아낸다. 우리는 결혼생활을 유지할 수 있게 자신이나 배우자를 바꾸지 못했다. 투병 중인 아버지가 위엄을 잃었다고 느끼지 않게 도와드리지 못했다. 딸이 거식증에 걸리고 이혼한 아들이 양육권을 빼앗기는 것을 막아주지 못했다. 사장의 신임을 얻어서 해고되지 않게 못했다. 또는 줄리아처럼, 혹독한 투병 기간 중에 자신의 믿음을 유지하지 못했다.

자기 보호막이 찢어져 열릴 때 우리는 너무도 연약하고 취약하다. 때때로 우리는 허둥지둥 통제자를 재건하여 바쁘게 활동하고 타인을 비난하고 자신을 비난하고 문제를 해결하려고 애쓴다. 하지만 그 찢어진 틈을 기꺼이 내버려둘 때, 통제하지 않고 현재에 살 수 있을 때 치유가 가능해진다.

철저히 항복하기

나의 통제자는 한 번에 몇 달씩 축출될 위기에 몰린다. 일-강의, 명상 공동체에서 봉사, 상담-을 계속 하고 있을 때 나의 두 발은 튼튼한 대지 위에 굳건히 서 있을 수 있다. 하지만 몇 년 전 명상 동안거에 들기 직전에 나의 몸이 무너졌다. 나는 입원을 했다. 가르칠 수도, 책을 읽을 수도, 걸어 다닐 수도 없었다. 링거 지지대를 끌지 않고서는 화장실에도 가지 못했다.

입원한 첫날 밤, 침대에 누워 밤을 꼬박 샌 기억이 난다. 새벽 세 시에 나이 든 간호사가 들어와서 나의 바이탈 사인을 확인하고 차트를 보았다. 내가 지켜보는 것을 알아채고 그녀는 허리를 숙여 내 어깨를 살며시 두드려주며 다정하게 속삭였다. "저런, 많이 아프지요?"

간호사가 나가자 눈물이 뺨을 타고 흐르기 시작했다. 그 다정한 말은 내가 느끼는 극심한 취약함을 열어보였다. 이 병이 얼마나 악화될까? 강의할 수 있을 정도만이라도 나아지지 않으면 어떻게 하지? 명상 공동체 위원직을 그만둬야 하나? 컴퓨터로 글을 쓰는 것 정도는 할 수 있을까? 미래에 관해서 나는 어떤 것도 장담할 수 없었다.

그때 루미의 시구가 기억났다.

미래는 잊어라……
미래를 잊을 수 있는 자를 나는 숭배하리라……
"앞에는 아무것도 없다." 이렇게 말할 수 있다면, 앞에는 아무것도 없을 것이다.
고통의 치료제는 그 고통 속에 있다.

나는 이 구절을 숙고하며 반복하기 시작했다. "앞에는 아무것도 없다, 앞에는 아무것도 없다." 미래에 관한 생각들이 모두 멀리 물러났다. 그리고 그 자리에는 순전한 두려움이 들어찼다. 두려움은 내가 외면해왔던 나의 마음을 꽉 움켜쥐고 비틀었다. 두려움을 허락하자 -두려움에 주의를 기울이고 두려움과 함께 호흡하자- 가슴을 에는 깊은 슬픔이 몰려왔다. 나는 나 자신에게 말했다. "그냥 여기 있어. 이 슬픔을 받아들여." 그 고통은 내 마음을 잡아 뜯고 갈가리 찢었다. 나는 소리 죽여 울면서 연거푸 덮쳐오는 슬픔의 파도를 고스란히 감내했다. 집이 불타고 있었고, 나의 자아는 자신의 취약함과 유한함 그리고 상실의 불가피함과 대면했다.

울음이 잦아들면서 안도감이 찾아왔다. 평화로움은 결코 아니었다. 몸이 아프고 삶에서 밀려나는 것이 나는 여전히 두려웠기 때문이다. 하지만 내가 미래를 조종할 수 있다거나 상실에 맞서 싸울 수 있다는 생각이 사라졌다. 나를 짓누르던 통제자가 잠시 축출된 것이다. 내 삶은 내 소관이 아니었다.

엿새의 입원 기간은 겸손하게 항복하는 것을 가르쳤다. 맥박은 분당 45회를 넘지 못했고 의사들은 통증의 원인을 설명하지 못했으며 나는 음식을 먹을 수가 없었고 퇴원 날짜는 자꾸 늦춰졌다. 하지만 통제자가 권좌를 지키려고 고군분투하는 것을 목격한 것이 가장 아연했다.

입원한 지 사흘째, 심장질환 집중 치료실 둘레를 걸어 다니다가 나는 내가 얼마나 기진맥진해 있고 나의 미래가 얼마나 불확실한지를 깨닫고 충격을 받았다. 그러자 내 마음은 또다시 앞질러가서 내 삶을 어떻게 재구성할지, 무엇을 포기해야 할지, 갈수록 악화되는 이 육신을 어떻게 다루면 좋을지에 대해 계획하기 시작했다. 통제자가 행동을 재개했음을 깨달은 순간, 나는 지친 몸을 이끌고 병실로 돌아와 침대 위에 허물어졌다. 내가 침대에

눕자 끝없이 돌고 돌던 생각들 역시 허물어졌다. 그리고 나는 표면 밑으로, 고통 속으로 침잠했다.

티베트 승려 초감 트룽파는 자유에 이르는 영적 수행의 본질은 '자신의 날카로운 창끝을 접하고 누그러뜨리는 것'이라고 가르쳤다. 지금 내가 접한 날카로운 창끝은 통렬한 외로움과 미래에 대한 절망과 완강한 두려움이었다. 그것을 누그러뜨려 받아들여야 한다는 것을 나는 알았다. 나는 가장 날카로운 통증이 있는 부위에 주의를 기울이려고 했지만 통제자가 여전히 뒤에서 제지했다. 슬픔의 블랙홀로 빨려 들어가 죽을 것 같은 느낌이 들었다. 머뭇거리며 나는 그 부위에 있는 통증을 느끼고 누그러뜨리라고 스스로를 온화하게 격려했다. 슬픔의 날카로운 창끝이 고통스러울수록 나는 더욱 다정하게 속삭였다. "타라, 그냥 누그러뜨려…… 그냥 내려놔, 괜찮아." 고통스런 슬픔의 블랙홀에 더욱더 깊이 빨려 들어가면서 나는 순수하고 다정한 사랑으로 가득 찬 공간으로 들어섰다. 그 사랑이 나를 둘러싸고, 나를 감싸 안고, 나의 존재를 가득 채웠다. 날카로운 창끝을 접하고 누그러뜨리는 것은 영원하고 다정한 자각 속으로 소멸하는 것이었다.

어떤 점에서 보면 병원은 훌륭한 수행처였다. 규제가 매우 적고 혼자 있는 시간이 매우 많고 취약한 자신을 매우 자주 경험하기 때문이다. 입원기간 동안 나는 수없이 내게 속삭였다. "그냥 누그러뜨려, 타라, 그냥 내려놔." 내가 불안한 계획과 걱정에 사로잡혀 있음을 알아차릴 때마다 나는 그것을 '날카로운 창끝'으로 간주했다. 그리고 그것을 내려놓으라고 나를 다정하게 격려했다. 이 다정함은 커다란 변화를 일으켰다. 퇴원해서 집에 돌아온 후에도 미래에 관한 자기 대화와 두려움은 여전히 그 자리에 있었다. 통제자 역시 늘 오고 갔다. 하지만 내가 매 순간 열린 마음으로 살아갈 수 있다는 것을 나는 더욱 깊이 믿었다.

슬퍼하지 않은 상실

깊이 슬퍼할 때 우리는 항복에 대해 배운다. 그 깊은 슬픔은 건강하고 지혜로우며 우리를 정화시킨다. 상실의 고통을 에너지로 바꿔서 계속 살아갈 수 있게 한다. 우리에게 사랑의 문을 열어준다. 하지만 통제자는 슬픔이 충분히 깊어질 때까지 권좌를 오래 비워두는 일이 드물다. 그리하여 감춰진 슬픔을 긴 세월 동안 품고 사는 사람이 많다. 아동기에 겪은 너무 이른 상실, 성적 학대, 부모의 이혼으로 인한 엄마나 아빠와의 이별, 오랜 중독, 가까운 친구의 죽음, 이 모두가 우리의 몸과 마음 깊은 곳에 봉인된 채 그대로 남아 있을 수 있다.

슬퍼하지 않은 상실에는 대가가 따른다. 그것은 우리가 소중한 삶에 온전히 참여하지 못하게 막는다. 그 결과, 일종의 무감각을 초래한다. 우리는 세상의 아름다움이나 상대방의 사랑스러움에 감동하지 못한다. 모든 사건에 기계적으로 또는 분노나 불안으로 반응한다. 이어서 크나큰 상실을 불가피하게 또 다시 겪게 되면 우리는 충동적으로 그릇된 귀의처를 찾는다. 마음 깊은 곳에서 출렁이는 슬픔을 직감하고 우리는 그 파도에 휩쓸리지 않으려고 저항한다. 하지만 이 최근의 상실은 우리 앞에 이전의 상실을 꺼내놓기도 한다.

저스틴과 첫 번째 전화 상담을 한 지 두어 달 후, 그의 75세 된 어머니가 뇌졸중을 일으켰다. 보험회사와 통화할 때 화를 못 이겨 벽을 후려쳤다고 그는 분노에 찬 목소리로 말했다. 보험회사 담당자는 그의 어머니가 보다 종합적인 재활 치료를 받으면 더 쉽게 회복될 수 있다는 것을 이해하지 못했다고 한다. "이 빌어먹을 매정한 관료주의를 바꾸기 위해 내가 할 수 있는 게 하나도 없어요…… 하나도요…… 단 하나도!"

저스틴은 또 한 번 상실의 그림자 속에 살면서 충동적인 대응에 사로잡혔다. 이번 사건이 그의 현재의 경험에 RAIN을 적용할 기회라는 내 말에 그는 수긍했다. RAIN을 시작하자마자 그는 현재의 감정을 인식하고는, 그것을 '순수하고 정의로운 분노'라고 불렀다. 그리고 잠깐 멈춰서 그 분노가 그냥 일어나게 허락했다. 조사 단계를 몇 차례 거친 후, 저스틴은 우연히 다른 것도 찾아냈다.

"내 가슴이요. 거기에 꽉 움켜쥔 느낌이 있어요. 큰 발톱이 그곳에 박힌 채 얼어붙어 있는 것 같아요. 그리고 두려워요."

"무엇이 두려운가요?" 내가 조용히 물었다.

한참 후, 저스틴이 가라앉은 목소리로 대답했다. "어머니는 뇌졸중에서 회복되실 거예요. 하지만 나의 일부는 어머니까지 잃어버릴까봐 두려워해요."

나의 안내에 따라 저스틴은 그 두려움과 함께 호흡하고 가슴에 얼어붙은 움켜쥔 느낌을 있는 그대로 경험했다. 그러고 나서 그 주 후반에 다시 전화 상담을 할 수 있느냐고 물었다. "이 고통이 너무 깊어요. 그것을 충분히 느껴볼 필요가 있어요."

"타라, 뭔가가 깨져 열렸어요." 며칠 후 그가 말했다. "어머니에 대한 걱정과 돈나의 죽음이 완전히 뒤섞였어요. 돈나가 바로 어제 세상을 떠난 것 같아서 나는 완전히 공황 상태예요. 나의 일부가 또 한 번 죽어가고 있어요……." 저스틴은 시간이 조금 지나서야 말을 이었다. "나는 충분히 슬퍼하지 않았어요. 나의 일부가 돈나와 함께 죽었다는 걸 철저히 외면했어요." 그는 가까스로 그 말을 하고는 서럽게 흐느끼기 시작했다.

통제자가 축출될 때마다 뭔가가 열리며 기존의 상실을 받아들인다. 나의 통제자는 내가 입원했을 때 최고책임자의 자리에서 쫓겨났다. 저스틴의 통제자는 이제 권력을 잃었고, 이번에 저스틴은 자신이 결코 충분히 슬퍼하지 않았던 상실과 기꺼이 함께 존재했다. 서둘러 새로운 대의에 참여하는 대신, 그는 두 달 동안 어머니를 돌보는 일에 집중했다. 또한 혼자서 농구를 하거나 벽에 테니스공을 튀기며 시간을 보냈다. 때로는 빈 집으로 귀가해서 돈나를 잃은 느낌을 마치 처음처럼 고스란히 다시 경험했다. 그 느낌은 너무도 생생했다.

하지만 슬픔은 그 나름대로 계획이 있다. 아일랜드 시인이자 철학자 존 오도나휴 John O'Donohue 는 이렇게 노래한다.

지금 당신이 의지할 수 있는 것은 단 하나,
슬픔은 언제나 그 자신에게 충실하리라는 것.
슬픔은 자신의 길을 당신보다 더 잘 알고
알맞은 때를 찾을 것이다.
그때가 되면 슬픔의 밧줄을 당기고 또 당긴다,

그것으로 휘감은 눈물의 언덕이
마지막 한 방울로 작아질 때까지.

상실과 함께 존재하며 충분히 슬퍼함으로써 저스틴은 눈물의 언덕
을 흘려보낼 수 있었다. 여섯 달 후 마지막 상담 전화 중에 그는 행동을 재개
했다고 말했다. "인종 다양성 운동을 다시 활발하게 펼치고 있어요. 더 효과
적으로요. 더 분별 있게……. 누나가 그러는데, 내가 더 이상 세상과 싸우지
않는대요."

상실을 의식적으로 슬퍼하는 행위는 영성의 길의 중심에 있다. 상실
은 제각기 크고 작은 방법으로 우리와 우리가 사랑하는 것을 이어준다. 우리
가 동원할 수 있는 모든 방법을 동원해서 분리의 고통을 없애려고 하는 것은
당연하다. 하지만 깨어날 때 우리는 슬픔이 언제나 그 자신에게 충실하도록
허락할 수 있다. 슬픔에 기꺼이 항복할 수 있다. 떠나간 것을 존중함으로써
우리는 지금 여기의 삶을 마음껏 사랑할 수 있다.

"나를 사랑해주세요."

인도의 영적 스승 스리 니사르가다타는 이렇게 말한
다. "정신은 심연을 만들어내고, 마음은 그것을 뛰어넘는다." 때로는 두려움
과 고립감의 심연이 너무 깊고 넓은 탓에 우리는 그 감정을 억눌러서 현존이
라는 귀의처로 들어가지 못하고 고통 속에 얼어붙는다. 그러한 때에는 어느

것에서든 사랑을 절감할 필요가 있다. 그래야만 얼음이 녹기 시작한다.

항암치료를 받고 있을 때의 줄리아가 바로 이 경우였다. 줄리아는 극도의 피로와 통증을 불평하지 않았지만 친구 애나는 이렇게 말했다. "줄리아는 가까스로 살아가고 있는 것 같아요." 그리고 '그걸 혼자 해결'하려는 단호한 결심에도 줄리아는 갈수록 의존할 수밖에 없었다. 친구들은 자기들끼리 순서를 정해서 줄리아에게 음식을 가져다주었다. 어느 날 저녁, 애나가 수프를 갖고 갔을 때 줄리아는 벽을 마주하고 잔뜩 웅크린 채 침대에 누워 있었다. 그녀는 힘없는 목소리로 고맙다고 말하며 지금 속이 메스꺼우니 수프를 스토브 위에 두라고 부탁했다. 문이 닫히는 소리를 듣고 나서 줄리아는 깜박 잠이 들었다. 그리고 깨어났을 때 아주 익숙한 극한의 외로움, 죽어가는 몸에 갇힌 느낌이 밀려왔다. 줄리아는 소리 죽여 울기 시작했다. 그리고 곧바로 어깨를 쓰다듬는 따스한 손길에 깜짝 놀랐다. 애나는 문을 닫은 후 가버리지 않고 줄리아 옆에 조용히 앉아 있었던 것이다. 이제 울음은 깊은 흐느낌으로 바뀌었다. "그래, 울어, 그냥 울어…… 괜찮아." 애나가 속삭였다. 줄리아가 힘겹게 억눌러온 두려움과 슬픔에 항복할 때 애나는 여러 번 이렇게 말했다. "괜찮아, 내가 함께 있잖아."

간간이 눈물을 닦고 물을 마시며 시간이 어느 정도 흐르자 줄리아는 진정되었다. 아직도 조금 메스껍고 울어서 기운이 빠진 느낌이었지만 참으로 오랜만에 더없이 편안했다.

"내가 세상을 향해 높이 쳐들었던 방패가 조금 무너졌어요." 그다음 주에 줄리아가 내게 말했다. "애나가 돌아간 후에도 그 따스한 손길을 느낄 수 있었어요. 외로움이 사라졌어요." 하지만 그러고 며칠 후 방패는 다시 튼튼해졌다고 했다. 줄리아는 담당 의사를 만났는데 암이 퍼졌다는 말을 들었다. "두려움을 느낄 때 가장 외로운 것 같아요."

"지금도 그 방패를 높이 들고 있어요? 지금 두렵고 외로워요?"

내 물음에 줄리아는 고개를 끄덕였다. "선생님과 함께 있어서 그렇게 심하지는 않아요. 하지만 내 안에는 굉장히 두려워하는 곳이 한 군데 있어요."

"그곳에 잠시 주의를 기울여볼까요?" 내 제안에 줄리아는 소파에 기대앉아 눈을 감았다. "당신 내면의 그곳이 무엇을 가장 원하는지 느껴지세요?"

줄리아는 한참이나 말이 없었다. "사랑을 원하고 있어요. 나의 사랑만이 아니라…… 다른 사람들이 돌봐주길 원해요. 이렇게 말해요. '나를 사랑해주세요.'"

"줄리아, 그 바람, 사랑에 대한 그 갈망을 있는 그대로, 그게 아무리 강렬해도 그냥 그대로 내버려두세요. 그걸 그냥 허락하세요. 그리고 안으로부터 느껴보세요." 줄리아는 고개를 끄덕이고는 눈썹을 잔뜩 찌푸리고 가만히 앉아 있었다.

"당신이 누구의 사랑을 가장 원하는지 알아보세요…… 그리고 그걸 알게 되면 바로 지금 그 사람의 모습을 떠올리고 부탁하세요…… 말로 표현하세요. '나를 사랑해주세요.' 그 다음에 당신이 원하는 방식으로 그의 사랑을 받는 것이 어떤 느낌일지 상상해보세요."

줄리아는 다시 고개를 끄덕이고는 미동도 없이 앉아 있었다. 그리고 잠시 후, 들릴 듯 말 듯하게 속삭였다. "나를 사랑해주세요." 그리고 조금 더 크게 한 번 더 말했다. 감은 눈가에 눈물이 고였다. 나는 줄리아가 이 과정, 즉 사랑을 줄 수 있는 사람을 그려보고 "나를 사랑해주세요."라고 말하는 것을 원하는 만큼 오래 할 수 있게 조용히 격려했다. 또한 마음을 열어 그 사랑을 받아들이는 것을 상상해보라고 했다. 차차 눈물이 그치고 줄리아는 단지 속삭이고만 있었다. 그리고 잠시 후 깊은 침묵이 흘렀다. 얼굴이 온화해지고 약간 상기되었다. 줄리아는 살짝 미소를 지으며 눈을 떴다.

두 눈이 빛나고 있었다. "축복받은 느낌이에요. 내 삶이 사랑으로 가득 찼어요."

줄리아가 세상을 떠나기 석 주 전에 우리는 마지막으로 만났다. 그날 아침, 사람이 없는 이른 시각에 애나는 줄리아를 공원에 데려갔다. 그들은 담요를 깔고 명상을 했고, 줄리아는 편안해진 마음으로 나무에 기대 쉬었다. "내게 남은 시간이 얼마나 되는지 몰라요. 그래서 공원에서 애나와 조용히 앉아 있을 때 나는 마음속으로 의식을 치렀어요. 이제 곧 떠나게 될 이 소중한 삶을 하나씩 느껴보았어요. 친구들, 명상 공동체, 그리고 선생님…… 스윙 댄스, 노래, 바다…… 아, 너무나 아름다운 세상, 저 나무들……." 복받친 슬픔으로 눈물이 흘러 줄리아는 잠시 말을 멈추었다. "내 등을 튼튼하게 받쳐주고 있는 커다란 참나무를 느낄 수 있었어요. 참나무가 지금 이 순간에 존재하는 걸 느꼈어요. 나는 부탁했어요, '나를 사랑해주세요.' 곧바로 사랑이 밀려와 나를 휘감았어요. 그 참나무가 나와 연결되어 있고 나와 똑같이 살아있고 나와 똑같은 하나의 의식이라는 걸 깨달았어요. 그 다음에는 풀과 덤불, 새, 대지, 구름…… 그리고 애나…… 생각나는 모든 사람들…… 그 모든 존재가 나를 사랑하고 있었어요. 우리는 하나가 되었어요. 내가 바로 사랑이었고, 모든 것의 일부였어요." 줄리아는 잠시 침묵하다가 천천히 말을 이었다. "타라, 내가 무엇을 깨달았는지 아세요? 자신이 죽어가고 있다는 걸 받아들이고…… 사랑을 향해 나아간다면 신과 하나가 되는 걸 쉽게 느낄 수 있다는 거예요."

우리는 말없이 함께 앉아 서로의 존재를 마음으로 느꼈다. 그러고는 두서없이 대화를 이어나갔다. 줄리아는 나의 푸들을 좋아해서 우리가 상담할 때 푸들도 함께 있어야 한다고 우겼다. 그리고 줄리아의 가발, 항암치료 중인 애완견용 가발, 앞으로 있을 명상 수행에 대해서도 이야기했다. 우리의 마음은 가볍고 참으로 편안했다. 나와 몇 번 껴안은 후, 줄리아는 상담실을 나섰다. 너그럽고 따스하고 깊은 사랑을 체감함으로써 줄리아는 신과의 합일을 깨달았다. 그 깨달음을 알려주고 그 사랑을 표현한 것은 줄리아가 내게 준 마지막 선물이었다.

분리의 장막 너머 보기

라코타 인디언들은 슬퍼하고 있는 사람이 가장 신성하다고 여긴다. 누군가가 갑자기 크나큰 상실을 겪을 때 그 사람이 영혼의 세계의 문턱에 서 있다고 믿는다. 슬픔에 잠긴 사람의 기도가 특히 신통하다고 여기기 때문에 그에게 도움을 청한다.

깊이 슬퍼하는 사람과 함께 있는 것이 어떤 느낌인지 당신도 알 것이다. 그 사람은 보호막이 사라지고 방어벽이 완전히 허물어져 흔적도 없다.

그 사람의 눈빛에는 신비로운 기운이 서려 있다. 한참 시간이 흐르면 그는 상실의 실상을 받아들이고 더 이상은 과거에 집착하거나 미래에 매달리지 않는다. 끝없이 활짝 열려 있는 슬픔에는 온전한 현존과 깊은 지혜가 들어 있다.

틱낫한 스님은 이 지혜를 매우 감동적으로 들려준다. 어머니의 죽음은 그에게 크나큰 불행이었다. 그 상실을 1년 넘게 슬퍼하던 어느 날, 어머니가 그의 꿈에 나타났다. 꿈속의 어머니는 젊고 아름다웠고, 두 사람은 즐겁게 대화를 나누었다. 한밤중에 깨어난 틱낫한 스님은 어머니가 결코 돌아가시지 않았다는 것을 확신했다. 어머니는 그의 안에 살아 계셨다.

거처에서 나와 차밭을 걸을 때도 어머니가 여전히 옆에 계시는 느낌이었다. 그 경험을 그는 너무도 아름답게 표현한다. "어머니는 나를 쓰다듬는 달빛이셨습니다. 예전에 수없이 그러셨듯이 다정하고 부드럽게 쓰다듬어 주셨습니다." 계속 걷고 있을 때 그는 자신의 몸속에 조상들이 모두 살아 있으며 그들과 어머니와 함께 자신이 '축축한 땅에 발자국을 남기고' 있는 것을 감지했다.

1년이 넘는 시간 동안 그 크나큰 상실을 직접 경험하고 깊이 슬퍼함으로써 틱낫한 스님은 영원한 사랑에 귀의할 수 있었다고 나는 생각한다. 우리는 각자의 상실의 강으로 걸어 들어가서 무엇이 영원하고 무엇이 결코 사라지지 않는지를 알아내야 한다. 틱낫한 스님은 그 진실을 이렇게 묘사했다. "내가 해야 할 일은 다만 내 손바닥을 바라보고 내 얼굴을 스치는 바람과 내 발밑의 땅을 느끼면서 어머니가 언제 어디서든 나와 함께 계시다는 것을 기억하는 것뿐이었습니다."

자신이나 타인이 겪은 상실을 충분히 슬퍼할 때 우리는 분리의 장막 그 너머를 바라볼 수 있다. 진심으로 원한다면 우리는 깊은 슬픔을 통해 다정한 자각에, 자신의 깨어난 본성에 이를 수 있다.

그리고 슬퍼하는 일이 끝나면,
상실의 상처는 아물고
당신은 그 아득한 간극에서
시선을 거두는 법을 배우고
당신의 영혼 속의 안식처에
들어설 수 있으리라.
당신의 사랑하는 사람이 당신이 돌아오길
언제나 기다리고 있는 그곳으로.
– 존 오도나휴

고통 앞에서 기도하기

기도는 당신의 진심 어린 갈망을 표현한다. 이 순간에 진정으로 기도할 때 기도는 당신이 갈망하는 것의 원천, 즉 당신의 참되고 다정한 본성을 드러낸다. 아래의 지침과 숙고는 당신의 기도의 생명력, 절실함, 치유력을 일깨울 수 있도록 도와준다.

큰 도움이 필요하거나 고통스러울 때 당신은 이미 저절로 기도하고 있을 것이다. 굳이 기도라고 부르지 않더라도 "제발, 도와주세요."처럼 기도와 비슷한 말을 중얼거릴 수도 있다. 통증을 줄여달라고, 당신을 보살펴달라고, 사랑하는 사람을 지켜달라고, 크나큰 상실을 겪지 않게 해달라고 간절히 외쳤을 것이다.

그렇다면 먼저 당신의 경험을 조사하라. 당신은 어떤 감정이 일어날 때 즉시 기도하는가? 무엇을 위해 기도하는가? 누구 또는 무엇에게 기도하고 있는가? 당신이 자발적으로 기도하는 방식을 더 잘 알아차릴수록 더욱 의식적으로 기도하게 된다. 기도를 지속적인 실험으로 간주하고 다음의 지침을 활용해보라.

기도 자세: 두 손을 맞잡아 앞에 모으면 당신의 진실하고 열린 마음

이 실감되는가? 눈을 감으면 어떠한가? 고개를 숙이면 어떠한가? 이 전통적인 기도 자세가 당신에게 도움이 되는지 알아본다. 도움이 되지 않으면 어떤 자세나 손모양이 당신의 마음을 여는 데 가장 도움이 되는지 탐구한다.

기도에 들기: 매우 강렬한 감정에 휩싸일 때도 잠깐 멈춰서 기도하는 느낌을 일으키는 것은 가능하고 그럴 만한 가치가 있다. 당신에게 가장 알맞은 기도 자세를 취한 후 정지한 듯 멈춘다. 두세 번 길게 심호흡을 하여 주의를 모은다. 그런 다음, 다시 자연스럽게 호흡하면서 몸에서 뚜렷하게 느껴지는 긴장을 모두 이완시킨다. 지금 여기서 기도하겠다고 다짐하는 당신 자신을 느껴본다.

경청하기: 당신의 감정과 신체 감각을 온전히 경험할 때 기도가 순수하고 강력해진다. 당신의 마음에, 그리고 지금 당신을 가장 힘들게 하는 일에 주의 깊게 귀를 기울인다. 최근의 상실이나 임박한 상실, 혼란, 상심, 의심, 두려움을 촉발하는 사건이 그것일 수 있다. 영화를 보듯이, 정서적으로 가장 고통스러운 장면에 초점을 맞추어라. 몸-목, 가슴, 배 등 모든 부위-의 느낌을 자각하라. 가장 강렬한 느낌이 감지되는 부위는 어디인가? 서두르지 말고 당신의 취약함과 고통을 충분히 경험한다.

당신이 내부의 가장 고통스러운 공간으로 들어갈 수 있다고 상상하고, 그곳을 안으로부터 직접 느껴본다. 그곳이 스스로를 표현할 수 있다면 어떤 말을 할까? 고통 속에 묻혀 있는 당신의 그 부분은 무엇을 가장 원하고 필요로 하는가? 당신이 알아보고 이해해주길 원하는가? 사랑을 원하는가?

받아들여지기를 원하나? 안전이 필요한가? 당신은 특정한 개인이나 영적 인물을 향해 기도하는가? 엄마가 안아주길 갈망하는가? 아빠가 인정해주길 갈망하는가? 신이 통증을 없애주거나 보호해주길 원하는가? 어떤 욕구든지, 그 욕구에 귀를 기울이고 그 욕구를 느끼고 그 욕구의 강렬함을 실감한다.

기도를 표현하기: 속으로 또는 나직하게 기도하면서 당신이 갈망하는 사랑이나 이해, 보호, 수용을 요청한다. 이렇게 염원할 수도 있다. "내가 더욱 선량하고 더욱 친절하고 더욱 관대해지기를 원합니다." 또는 다른 사람이나 존재를 향해 기도할 수도 있다. "아빠, 제발 떠나지 마세요." "엄마, 저를 도와주세요." "하느님, 제 딸을 돌봐주세요, 제 딸이 무사하게 지켜주세요." 또는 누군가와 단절된 것을 느끼고 그의 이름을 부르며 간청할 수도 있다. "부디 나를 사랑해주세요, 사랑해주세요." 당신의 마음이 깨어나기를 갈망하며 연민의 보살^{관세음보살}을 불러도 좋다. "내 마음이 열려서 자비로워지기를."

기도를 말로 표현하면서 당신의 취약함과 갈망을 지속적으로 직접 절실하게 느낄 때 당신의 기도는 계속 깊어질 것이다. 온 마음을 다해 진정으로 여러 번 기도하라. 당신의 갈망을 충심으로 표현하고 느낄 때 어떤 일이 일어나는지 살펴본다.

온 존재로 표현하는 기도: 당신의 특정 욕구와 갈망이 당신이 실제로 원하는 것을 정확하게 드러내주는 경우는 드물다. 갈망의 대상, 즉 당신이 사랑이나 보호를 청하는 사람이 당신에게 정말로 필요한 것을 주지 않을 수도 있다. 그 욕구나 대상을 더 깊은 경험, 더 깊은 근원에 들어서는 문으로 삼는다.

욕구와 갈망을 느낄 때 이렇게 자문한다. "나는 무엇을 원하는가? 만약 내가 원하는 것을 얻는다면 어떤 느낌이 들까?"

상상력을 발휘하여 알아내보자. 특정한 사람에게 사랑받기를 원한다면 그가 당신을 안아주고 조건 없는 사랑을 담아 바라보는 모습을 상상한다. 그러고 나서 그 사람의 이미지를 모두 내려놓고 당신이 사랑에 휘감겨 있는 것을 느껴본다. 안전하다고 느끼기를 원한다면 강력한 존재가 당신을 완전히 에워싸고 있다고 상상한다. 그런 다음, 당신의 모든 세포를 가득 채운 평화와 평온을 느껴보라. 무엇을 갈망하든지, 당신의 몸과 마음과 정신이 그 갈망의 순수한 본질을 온전히 경험하는 것이 어떤 느낌인지 알아본다. 끝으로, 그 경험에 완전히 침잠할 때, 당신 자신이 사랑이나 평화가 될 때 어떤 일이 일어나는지 알아본다.

하루 종일: 자신의 기도를 철저히 조사하는 것은 일상에 짧은 기도를 엮어 넣을 기반을 제공한다. 일상 활동 중에 잊지 않고 기도함으로써 따뜻하고 지혜로운 마음을 지닐 수 있다.

○ 하루를 시작할 때 다짐한다. 어떤 상황, 어떤 감정, 어떤 대응을 기도하라는 신호로 삼을 것인가?

○ 기도하기 전에 잠깐 멈춰 호흡하고 이완한다. 고요해지는 데 특정

자세가 도움이 되기도 하지만 꼭 그런 자세를 취할 필요는 없다.

○ 몸과 마음에 주의를 기울이고 당신의 감정과 신체 감각을 있는 그대로 느껴본다. 당신이 가장 갈망하는 것은 무엇인가? 지금 이 순간에, 그리고 당신의 삶에서 가장 중요한 것은 무엇인가?

○ 마음속으로 기도한다. 저절로 나오는 기도문을 외우거나 당신에게 의미가 있다고 이미 확인한 기도문을 외운다.

> 친구에게 사랑을 청하라
> 거듭 청하라
> 모든 마음은 진심으로 기도하는 것을 얻으리라는 것을
> 나는 깨달았으니.
> – 하피즈

4부

자각의 문

친밀하다는 것은 침묵을 느낀다는 것이다.

모든 것이 침묵의 공간에서 일어난다.

– 아디야샨티Adyashanti, 영적 스승

지혜는 나에게 내가 아무것도 아니라고 말한다.

사랑은 나에게 내가 모든 것이라고 말한다.

그 둘 사이에서 나의 삶이 흐른다.

– 스리 니사르가다타

자각에 귀의하다

자각의 본질을 글과 말로 설명하는 것은 겸손해지는 과정이다. 중국 선종의 3조 승찬 대사가 말했듯이, "글과 말은 헛소리에 불과하다! 도道는 언어를 초월한다."

어떤 단어로 표현하느냐, 그것이 어떤 생각을 일으키느냐는 전혀 중요하지 않다. 자신의 눈을 바라볼 수 없듯이, 우리는 자각을 볼 수 없다. 자각은 우리의 마음이 붙잡을 수 있는 또 하나의 대상이나 개념이 아니다. 우리는 다만 자각할 수 있을 뿐이다.

유니테리언 목사인 친구가 종교간 모임에 참석한 경험을 들려주었다. 모임은 절대자를 가리키는 단어를 합의하는 문제로 시작되었다.

"신God이라고 부를까요?"

"절대 안 됩니다." 위칸교의 한 페미니스트가 반박했다. "여신Goddess은 어떨까요?"

"그건 좀…… 영혼Spirit은 어떤가요?" 침례교 목사가 말했다.

"안 됩니다." 무신론자가 단언했다.

의논은 한동안 계속되었다. 마침내 북미 인디언이 '위대한 신비the great mystery'를 제안하자 모두 동의했다. 개인적으로 어떻게 이해하든지 간에 그들은 신성이 본디 신비하다는 것을 알고 있었다.

자각, 본성, 참자아는 신비하다. 누군가가 세상을 떠날 때 우리는 그와 똑같은 무언의 신비를 접한다. 시어머니가 돌아가신 후 조녀선이 나를 보며 말했다. "어머니는 어디로 가셨을까?" 아버지가 돌아가실 때 나는 그 옆에 앉아 있었다. 아버지는 거기 계시다가 다음 순간 계시지 않았다. 아버지의 영혼, 그 생동하는 의식은 더 이상 아버지의 몸속에 존재하지 않았다. 이 세상에서 그 경험만큼 우리의 관점에 커다란 충격을 가하는 경험은 없다. 그것은 우리의 관념의 토대를 모두 무너뜨린다. 방금 일어난 일을 머리로는 이해할 수가 없다. 사랑도 마찬가지다. 우리는 사랑에 대해 끝없이 이야기한다. 하지만 사랑하는 사람을 떠올리며 "사랑이 무엇인가?"에 대해 실제로 탐구할 때 우리는 신비에 빠진다. '나'라는 이 존재, 그 나름의 특성과 그 나름의 독특한 외형, 그 나름의 아름다움, 그 나름의 잔인함을 지닌 이 존재 자체는 무엇인가? 우리는 이해하지 못한다. "나는 누구인가?" 또는 "누가 자각하는가?"라고 묻고 실제로 멈춰서 탐구하더라도 우리는 대답을 찾지 못한다.

티베트의 영적 스승 소걀 린포체Sogyal Rinpoche는 이렇게 썼다.

모든 것이 변한다면 무엇이 정말로 진실한가? 겉모습 뒤에 어떤 것이 있기는 한가? 그 뒤에 변화와 소멸이 쉼 없이 일어나는 무한하고 영원한 어떤 공간이 있기는 한가? 우리가 실제로 의지할 수 있는 어떤 것, 우리가 죽음이라고 부르는 것보다 더 오래 살아남는 어떤 것이 있기는 한가?

이 질문은 우리를 순수한 자각이라는 영원한 귀의처로 향하게 한다. "지금 자각하는가?"라고 자문한다면 아마도 우리는 멈춰 서서 이 순간의 자각을 감지하고 그렇다고 대답할 것이다. 하지만 날마다 우리는 이 열린 자각에서 끊임없이 달아나고 수많은 활동과 계획에 몰두한다. 이 확고한 습관은 우리가 자각의 본질인 평화와 행복을 감지하지 못하게 방해한다. 신비로운 참자아를 우리가 어떻게 덮어 가리는지 아는 것은 자유에 이르는 과정에 꼭 필요하다.

좁아진 통로를 지나

『인식의 문The Doors of Perception』에서 올더스 헉슬리 Aldous Huxley는 자각을 '자유로운 정신Mind at Large'이라고 불렀다.

우리는 모두 잠재적으로 자유로운 정신이다. 그러나 우리는 동물이므로 우리의 임무는 어떤 희생을 치르더라도 생존하는 것이다. 생물학적 생존이 가능하기 위해서는 뇌와 신경계의 밸브를 조여서 자유로운 정신이 지나가는 통로를 좁혀야 한다. 이 좁아진 통로를 통과함으로써 자유로운 정신은 가늘게 흐르는 소량의 의식으로 줄어들고, 이 의식은 우리가 이 특별한 행성에서 계속 살아가게 도와준다.

뇌의 일차적 기능은 과다한 정보를 차단하고 우리의 번영을 도와줄 정보를 선별하고 조직화하는 것이다. 우리가 스트레스를 많이 받을수록 주의의 폭이 좁아진다. 배고플 때 우리는 음식에 집착한다. 위협을 느낄 때는 자신을 방어하거나 먼저 공격하여 위협을 없애는 것에 골몰한다. 주의 축소는 작은 자아, 즉 에고가 주로 사용하는 전략이다.

예전에 이런 만화를 본 적이 있다. 한 남자가 바텐더에게 말한다. "난 아무것도 아니야. 하지만 나는 내가 생각할 수 있는 전부야." 당신이 어떤 것을 '파악'하려고 애쓰면서 하루를 보내는 날이 얼마나 많은지 숙고해보라. 그러면 좁아진 통로가 당신의 경험을 규정하고 있음을 얼핏 알게 될 것이다. 그리고 당신 자신에 대해 얼마나 많이 생각하는지를 알아차린다면 그 통로가 철저히 자기중심적인 세계를 만들어낸다는 것을 깨닫게 된다. 이 사실은 우리 모두에게 해당된다.

쉬지 않고 돌고 도는 이 생각들이 우주복 자아를 끊임없이 재건한다. 내적 대화는 우리가 상황을 개선하고 쾌락과 안정을 더 많이 얻고 실수와 곤경을 피해야 한다고 계속 종알거린다. 진짜 문제가 있건 없건, 우리는 무엇을 하고 있든지 뭔가 다르게 해야 한다고 느낀다. 도교 철학자이자 작가인 위무위爲無爲, 본명 테런스 제임스 스태너스 그레이(Terence James Stannus Gray)는 이렇게 말한다. "우리는 왜 불행한가? 그 이유는 우리가 행하는 것의 99.9퍼센트가 자신을 위한 것이기 때문이다…… 그리고 거기에는 무언가가 빠져 있다."

이것을 우리는 개념상으로는 이해할지 모르지만 그 자아감은 매우 확고하고 사실적으로 보인다. 단세포 생물도 '나는 여기에, 세상은 저 밖에'라는 근본적인 자아감을 소유한다. 헉슬리가 인식했듯이, 기능적인 자아를 발달시키는 것은 이 특별한 행성에서 진화의 기본이다. 하지만 이 말은 우주복 자아가 인간의 진화 여정의 종착지라는 뜻이 아니다. 우리는 자신이 한없이 크나큰 어떤 것에 실제로 속해 있음을 깨달을 수 있다.

자신에 관한 내적 대화 그 너머에 있는 참자아를 깨닫지 못한다면 우리의 진화 체계는 한곳에 붙박여 꼼짝도 못할 것이다. 바로 이 진화상의 정체停滯가 불만과 끝없는 스트레스, 외로움, 두려움, 슬픔으로 나타난다. 이 고통스러운 감정은 우리가 기능적인 자아를 포기해야 한다는 신호가 아니다. 더 높은 차원의 우리 존재가 깨달음을 기다리고 있다는 신호다. 경영 코치이자 작가인 스티븐 조셉Stephen Joseph은 이렇게 가르친다. "우리는 뚜렷하게 분리된 개체로서 살아가는 동시에 이 무한하고 거대한 현재와 공존하는 평행 현실parallel reality을 즐길 수 있다. 우리에게는 이 두 세계가 모두 필요하다. 경찰이 우리의 차를 세우면 우리는 면허증을 보여줘야 한다, 단순히 하늘만 가리킬 것이 아니라."

대부분의 사람들은 너무 성급해서 면허증을 꺼내지 못한다. 자아감이 에고에 묶여 있다면 우리는 불가피한 상실과 죽음에 저항하며 항상 긴장한 채 삶을 소비할 것이다. 지금 여기에 존재하는 사랑과 살아있는 느낌을 충분히 누리지 못한다. 스리 니사르가다타는 이렇게 썼다.

자신이 견고한 존재, 하나의 사물이라고 믿는다면 당신은 유한하고 취약하게 느껴진다. 그리고 당연히 두려워하며 살아남으려고 할 것이다. 하지만 자신의 존재가 시간과 공간을 초월한다는 것을 안다면 당신은 더 이상 두렵지 않을 것이다.

잠깐 숙고해보자. 당신의 전 생애를 보여주는 앨범을 넘기고 있다고 상상해보라. 유치원 시절, 고등학교 졸업식, 처음 취직했을 때, 사랑에 빠졌을 때, 첫 아이를 낳았을 때의 당신이 앨범 속에 있다. 당신의 성공을 축하하는 사진도 있지만 곤경과 상실의 시기에 관한 사진도 있을 것이다. 그러면 이제 거울을 보라. 당신은 누구인가? 당신의 육체와 세계관, 가치관, 당신의 취향과 분위기가 얼마나 변했는지 숙고해보라. 이제 자문하라. 그 모든 시간과 모든 장소, 수십 년의 세월과 그 모든 순간을 거쳐 오면서 결코 변하지 않은 당신의 일부는 무엇인가? 항상 그대로인 것은 무엇인가?

의식, 즉 지금 일어나고 있는 것을 인식하는 자각의 공간, 현존의 마음은 예나 지금이나 항상 그대로였음을 알 수 있는가? 당신 내면의 이 신비를 깨닫기 시작하면 늘 변화하는 이 세상을 대하는 당신의 태도가 달라진다. 자신의 자아감을 보다 가볍게 여길 수 있다. 당신의 뜻대로 되지 않는 것에 그렇게 강하게 대응하지 않는다.

스리 니사르가다타는 이렇게 말한다.

실제 세계는 우리의 생각과 관념 그 너머에 있다. 우리는 기쁨과 고통, 옳음과 그름, 안과 밖으로 나뉜 욕망의 그물을 통해 그 세계를 바라본다. 우주를 있는 그대로 보기 위해서는 그 그물을 넘어가야 한다. 이 일은 어렵지 않다. 그 그물은 온통 구멍투성이기 때문이다.

참자아를 믿기

스물두 살에 보스턴 아슈람에 처음 들어갔을 때 나는 8년 정도 전심전력을 다하면 그 그물을 뛰어넘어 해탈에 이를 것이라고 믿었다. 붓다 같은 영적 수행자들의 이야기가 나의 상상력을 자극했다. 그들은 번득이는 깨달음, 즉 자신의 본성이 변함없고 찬란한 자각이라는 것을 불현듯 깨달아 자유로워지는 순간을 경험했다. 이 깨달음은 원점으로 돌아가지 않으므로 그들은 더 이상은 자아에 묶이지 않는다. 그 후부터 그들의 마음은 언제나 열려 있고 그들의 정신은 명료하고 자유롭다.

나는 '영원한 자유'를 열렬히 추구했으나 그것은 나의 길이 아니었다. 깨달음은 점진적이었고, 자아의 미망은 여전히 끈질기고 고통스럽게 느껴졌다. 나의 유별난 성향에 대해 이야기하면 수련생들은 그 수십 년 동안 대체 무엇이 달라졌는지 자주 궁금해한다. 예전과 지금의 차이는 이렇다. 지금 나는 자각을, 그리고 생생하고 자애로운 현존의 체험을 가장 친숙하고 사실적이고 진실한 나라고 믿는다. 내가 가장 비참할 때도 그 믿음은, 자애로운 현존이 귀의처라는 그 느낌은 여전히 배경에 있으면서 나를 고향으로 안내한다.

몇 년 전에 나는 내가 '특별한 사람'이라고 부르는 마음가짐에 갇혀 있음을 갈수록 뚜렷하게 자각했다. 내가 중요하고 특별하다는 느낌은 내 기억이 닿는 한 오래 전부터 내 안에 있었다. 가장 멀게는 네 살 때, 나는 항상 대장이었고 가장 많은 관심을 받아야 했으며 내 몫이 가장 커야 했다. 전작 『받아들임』에서 말했듯이, 나는 '특별한 사람'의 이면─부족하고 결함이 있다는 느낌─을 잘 알고 있었다. 하지만 영적 교사이자 안내자라는 역할이 커짐에 따라 나는 일종의 자아팽창에 주기적으로 갇혔고, 그 때문에 괴로움을 겪었다. 내가 어떤 면에서 남들보다 더 낫다고 ─더 현명하고 더 영적이고 더 똑똑하다고─ 여길 때마다 나는 분리되었다. 나와 함께 있는 사람들뿐만 아니라 내 마음과도 분리되었다.

나는 '특별한 사람'을 없애고 싶었다. 내가 매우 바쁘니 다른 사람들이 당연히 내게 맞춰줄 거라고 생각한다는 것을 알아차리는 순간, 나는 속으로 '특별한 사람'이라고 말하며 깨어나 멈추었다. 수련생들의 칭찬을 듣거나 아부하는 메일을 받을 때, 그 순간 멈춰서 부풀어 오르는 자긍심을 감지하고 주의를 심화했다. "이건 '나'와는 상관이 없어. 이걸 개인적으로 받아들여서는 안 돼."라고 스스로 상기하곤 했다. 내가 해야 할 중요한 일이 너무 많으니 나 대신 우체국에 갔다 오라고 조너선에게 부탁하려다가 문득 멈추고는 그대로 가만히 있었다. 하루 종일 워크숍을 이끈 후 귀가해서는 내가 온전한 현존과 연결성과 분리된 채 지낸 시간이 얼마나 많았는지 따져 보곤 했다.

어느 일요일 저녁, 나는 명상을 시작하고 곧바로 그다음 주 일정을 검토하기 시작했다. 그러다가 고요해졌을 때 이미지가 하나 떠올랐다. 그것은 빛이었다. 찬란하고 매혹적인 빛이 나를 에워싸고 있었다. 하지만 나는 끈적끈적한 거품-특별한 사람-속에 갇혀 있었다. 나는 그 거품을 없애고 싶었다. 거품 밖으로 나와서 아주 가깝게 느껴지는 그 자각의 빛과 섞이고 싶었다. 하지만 그 빛과 하나가 되는 소중한 경험에 이를 수 없을 것 같아 고통스러웠다. 나의 우주복 자아가 너무 작고 너무 튼튼했기 때문이다. "내가 달리 무엇을 할 수 있겠어?" 마음속에서 절망하는 목소리가 들려왔다. "여기서 벗어나려고 나는 최선을 다해 노력하고 있어. 더 이상은 어떻게 해야 할지 모르겠어."

이해의 파도가 밀려와 나를 휩쓸었다. 너무도 익숙한 파도였다. '나'가 이것을 할 수 없는 것은 당연하다. 자아는 스스로를 없애지 못하고, 자아는 스스로를 자유롭게 하지 못한다. 당연하다. 그리고 그 자아는 문제가 아니다. 내가 결함이 있다고 느끼며 달라지려고 끝없이 싸웠지만 해답은 싸움을 멈추는 것임을 깨달았을 뿐인 적이 얼마나 많았던가? 자아가 팽창하는지 위축되는지는 중요하지 않았다. 고통은 계속되는 싸움 속에 있었다. 내 안에서 온화한 목소리가 들렸다. "멈춰. 그냥 멈춰."

나는 멈추고 싶었다. 내려놓는 지혜를 알고 있었다. 하지만 내 몸은 집착하고 괴로워하고 상황이 바뀌기를 갈망하고 결함이 있는 것을 두려워했다. 그 목소리가 다시 들려왔다. "타라, 제발, 멈춰." 그리고 다시 한 번, 그때까지 수없이 경험했듯이, 자애로운 자각을 통해 나는 진실을 받아들일 수 있었다. 어느새 나는 고개를 숙이고 기도하는 자세로 손을 맞잡고 있었다. 나는 단호하게 통제하려는 자아를 다정하게 자각하고 있었다. 나는 어느 것도 없애려고 애쓰지 않았다. 더 커다란 어떤 것에 속한 이 모두를 그냥 인식하고 있었다. 싸움이 멈추었다. 내 마음속의 말들, 무엇이 잘못인지에 대한 생각이 줄어들었다. 게다가 자아의 거품이 소멸했다. 나의 세계가 열리며 크고 고요한 공간이 되고 따스하고 다정한 기운이 넘쳐흘렀다. 감정과 생각이 떠오르기 시작할 때 나는 특별한 사람의 조짐을 알아차렸다. "내가 해냈어. 나는 항복했고 여기서 벗어났어." 그러나 얼마 후 당연히 "아, 안 돼, 다시 돌아왔잖아!" 다음 순간에는 내면의 미소. 다시 목소리. "멈춰…… 그냥 멈춰." 이어서 고개를 숙이고 내려놓음. 싸움이 멈추자 고요한 자각이 넓게 열렸다. 그곳이 고향이라는 것을 나는 알았다. 아울러 나는 평화를 느끼고 나의 참자아를 믿었다.

멈춤을 기억하기

우리는 너무 열심히 일을 하고 있다. 모터보트를 타고 시끄럽게 사방으로 내달리며 고요하고 평화로운 장소를 찾고 있는 것 같다. 우리는 문제를 해결하고 요구에 응하고 다음 할 일을 준비하고 자신을 개선시킨다. 그러나 가는 곳마다 단지 더 많은 파도와 소음을 일으키고 있을 뿐이다. 진정한 자유는 우리의 모든 습관적인 야망에 역행하여 우리가 모터를 끄고 자연스럽게 고요해질 때 찾아온다. 우리가 찾고 있는 것은 '저 밖에' 있지 않다. 세세한 노력이나 통제를 더 많이 요구하는 개선된 자아에 있지 않다. 항상 지금 여기에 있는 것, 우리가 경험하는 모든 것의 배경에 있는 것은 바로 고요한 자각이다.

가장 큰 자유에 이르게 하는 명상 수행은 통제를 멈추고 만사를 있는 그대로 내버려두는 것이다. 수련생들에게 이 말을 하면 대다수가 이렇게 걱정한다. "만약 활발한 주의 집중을 멈추면 제가 번뇌 망상에 빠져서 명상 시간을 모두 허비하지 않을까요?" 그들에게 나는 우리가 통제를 내려놓게 도와주는 현명한 수행법이 많다고 알려준다. 마음을 진정시키기 위해 호흡을 따라가거나 지금 일어나고 있는 것을 알아차리거나 자기연민을 일으키거나 고개를 숙여 기도하는 것이 그 예다. 수행법에 집착하는 경향이 생기면 상황을 통제하려는 자아가 강화된다. 그러므로 가볍게 주의를 기울여 자각한 다음에 주의를 모두 내려놓는 솜씨를 발휘해야 한다. 교묘하게 조작되는 마음 상태를 우리는 신뢰하지 못한다. 삶을 있는 그대로 진정으로 내버려둘 때에만 우리는 자연스러운 자각을 깨닫고 믿게 된다. 우리는 멈춰야 한다.

아난다Ananda 존자는 붓다의 가장 헌신적인 제자로서 긴 세월 동안 붓다 옆에서 시봉하고 동행했다. 그 세월 내내 존자는 깨달음에 이르기 위해 열심히 수행 정진했다. 존자는 명상을 하고 더없이 관대했으며 지혜로운 말을 하고 마음이 선량했다. 하지만 붓다가 열반에 든 후 깨달은 수행자들의 대규모 회합이 계획되었지만 아난다 존자는 참석할 자격이 없었다. 대단히 자애롭고 현명하다고 존경을 받았지만 아난다 존자는 아직 내면의 자유를 얻지 못했기 때문이다.

회합이 있기 전날, 아난다 존자는 밤새 열심히 수행하여 해탈에 이르기 전에는 멈추지 않겠다는 서원을 세웠다. 하지만 극한의 노력에도 진전이 없었다. 새벽이 다가오자 몹시 지치고 낙담한 아난다 존자는 노력을 내려놓고 쉬기로 결정했다. 그 상태에서, 주의를 기울이되 성과에 집착하지 않는 상태에서 존자는 베개를 베고 쉬었다. 그리고 해탈에 이르렀다.

물론 자유에 이르는 방편은 단순히 누워서 쉬는 것이 아니다. 아난다 존자가 수십 년 동안 헌신적으로 타인에게 봉사하고 깨어있는 명료한 자각을 키워왔음을 기억하는 것이 중요하다. 존자는 진리를 깨닫는 것에 전심을 다했다. 하지만 우리들처럼, 존자의 마음과 정신은 목표에 사로잡혀 있었다. 아난다 존자는 풀려나고 '행doing'을 완전히 멈추고 자신의 자유로운 참된 본성을 깨달아야 했다.

풀려나기: 열린 자각 훈련하기

티베트의 영적 스승 초감 트룽파가 한번은 수업을 시작하자마자 커다란 도화지에 V 자 모양의 그림을 그렸다. 그러고는 참석자들에게 보여주며 무엇을 그린 것 같으냐고 물었다. 대부분의 사람들이 '새'라고 대답했다. 초감 트룽파는 이렇게 말했다. "아닙니다. 새가 날아가고 있는 하늘입니다."

우리가 주의를 기울이는 방식이 우리의 경험을 결정한다. 행동 또는 통제 모드에 있을 때는 주의의 폭이 좁아져서 우리는 전경에 있는 대상-새, 생각, 강렬한 감정-을 지각한다. 그러한 순간에 우리는 하늘-경험의 배경, 자각의 바다-을 지각하지 못한다. 하지만 다행히도 우리는 마음이 통제를 내려놓고 열린 자각을 지향하도록 훈련시킬 수 있다.

내가 정식으로 열린 자각을 경험한 것은 티베트 불교 수행법인 족첸dzogchen을 통해서였다. 그전까지 나는 주의 집중과 마음챙김을 수행하며 언제나 하나의 대상 변화하는 대상에 주의를 기울였다. 나의 스승 촉니 린포체가 가르쳤듯이, 족첸을 수행할 때 우리는 자신의 주의가 가 닿는 대상을 매번 내려놓고 여기에 이미 존재하고 있는 자각을 알아차렸다. 마음의 하늘 같은 특성-텅 비어있고 깨어있고 열려있는 자각-을 인식하고 그렇게 존재하는 것이다.

촉니 린포체의 안내로 처음 행한 족첸은 대상에 묶여 있던 나의 마음을 경이로운 방식으로 풀어주었다. 내가 현존하는 자각에 익숙해질수록 나의 자아를 지속시키는 내적 대화와 감정들의 토대가 더욱 약화되었다. 심신의 긴장이 저절로 풀렸고, 나의 마음은 떠오르는 모든 사람, 모든 사물에 다정하게 반응했다. 이 최초의 수행과, 훗날 참여한 족첸 수행을 마칠 때마다 내 마음이 대단히 넓어지고 자유로워진 느낌이었다.

최근에 나는 레스 페미Les Fehmi의 연구에 대해 알게 되었다. 그는 열린 자각 속의 휴식이 가져오는 심오한 치유 효과를 수십 년 동안 임상 기록으로 남긴 심리학자이자 뇌 연구가이다. 1960년대에 연구자들은 동기화된 알파파와 충만한 평화로움과 행복감을 상호 연관시키기 시작했다. 이 분야의 선구자인 페미는 알파파를 강화하고 증폭시킬 전략을 찾아냈다. 자원 피험자들을 대상으로 페미는 그들이 평화로운 풍경을 시각화하거나 음악을 듣거나 색색의 빛을 지켜보거나 다양한 향기를 맡을 때의 뇌파 변화를 추적 기록했다. 하지만 피험자들의 알파파가 실제로 치솟은 순간은 페미가 "두 눈 사이의 빈 공간을 상상해보세요."라고 지시한 후였다. 그는 또 지시했다. "두 귀 사이의 빈 공간을 상상해보세요." 피험자들의 알파파가 다시 크게 증폭됐다. 추가 연구는 페미가 '열린 주의 집중'이라고 부른 것의 효과를 확인해주었다. 요점은 빈 공간_{고요 또는 침묵 또는 영원}에 주의를 모으고 추상적인 대상을 자각하는 것이다.

특정 대상을 향한 주의 집중은 우리의 심신 전체에 영향을 미친다. 계획 수립, 다음 번 식사, 판단, 임박한 데드라인에 골몰할 때마다 이 협소한 주의 집중은 더 빠른 뇌파^{베타파}를 양산한다. 우리의 근육은 긴장하고 스트레스 호르몬인 코르티솔과 아드레날린이 분비된다. 이 스트레스 반응은 특정 과제 수행에 꼭 필요하다. 하지만 장기간 지속될 때는 우리가 건강한 몸과 열린 마음과 명료한 정신을 갖지 못하게 방해한다.

반면에 열린 주의 집중은 뇌를 쉬게 한다. 정보 처리 행위-기억, 계획, 자신에 관한 생각-를 한동안 멈추면 뇌파가 점차 느려져서 동기화된 알파파가 나타난다. 근육이 이완하고 스트레스 호르몬 수준이 낮아지고 혈류가 느려진다. 투쟁-회피 반응이 사라지며 우리의 몸과 마음은 점차 열리고 깨어나고 민감하고 편안해진다.

밤하늘을 바라보며 그 광활함을 실감할 때 당신은 이 열린 자각의 효과를 체험했을 수도 있다. 동트기 전 흐린 새벽의 침묵 속에 있을 때, 또는 눈이 내린 후 온 세상이 고요할 때 열린 자각을 경험했을지도 모른다. 우리는 그러한 순간과 공명한다. 그 순간은 우리를 가장 내밀한 참자아와 연결시켜주기 때문이다. 밤하늘 속에서 우리 존재의 깊이를, 침묵과 고요 속에서 참자아의 신비를 우리는 감지한다. 이 대상 없는 자각의 순간에 우리는 조용히 고향으로 돌아간다. 순수한 존재를 깨닫는다.

내적 공간 탐험하기

내면의 공간을 내가 생생하게 자각한 것은 나라얀과 함께 〈우주의 역사Cosmic Voyage〉라는 아이맥스 영화를 보러 갔을 때였다. 우리는 우주 속으로 날아갔다. 처음에는 태양계와 은하수를 통과했고, 이어 단계별로 범위를 넓혀서 관측 가능한 우주의 지평선까지 나아갔다.

그 규모를 느껴보자면, 우리와 가장 가까운 안드로메다 은하계의 별빛이 우리에게 도달하기까지는 240만 광년이 걸린다. 우리가 보는 그 빛은 240만 광년 동안 초당 299,338킬로미터의 속도로 우리를 향해 달려온 것이다. 그리고 이웃 은하계 너머, 상상할 수도 없이 먼 곳에 800억 개 이상의 은하계가 존재한다.

그러고 나서 영화는 우리를 다시 지상으로 데려와 물 한 방울을 통해 작은 세계로 들어간다. 이때도 단계별로 범위를 좁혀가다가 우리는 최소 입자로 알려진 쿼크에 이른다.

우리는 우주가 광대하고 거의 비어 있다는 것을 알고 있지만 우리에게 익숙한 세계는 매우 견고하고 치밀하다고 믿는다. 그러나 육체를 이루는 원자는 사실 99.99퍼센트가 텅 비어 있다. 그 부피와 비교해서 원자 간 거리와 원자 내 공간을 고려하면 우리의 내부는 우리가 살고 있는 우주만큼이나 널찍하다.

내적 공간이 우주의 축소판이라는 실상에 나는 큰 충격을 받았다. 그때 이후로 나는, 육체를 깨어서 자각한 다음에 내면의 그 소우주를 의도적으로 감지하면 우리의 습관적인 성향이 무너진다는 것을 발견했다. 자신과 타인, 여기와 저기, 현재와 과거가 모두 사라졌다. 안과 밖도 사라졌다. 우주의 무한한 거리와 우리 내면의 무한한 깊이를 감지할 때 우리는 자아가 매순간 깨어나는 공간 속으로, 광대하고 온전한 자각 속으로 소멸하는 것을 경험한다.

내적 관찰

실존existence-모든 소리와 생각과 육체와 사물의 합동 연주-을 삶의 전경으로 여기고 자각을 그 배경으로 여기는 것이 유용하다는 것을 발견했다. 경험이라는 전경에서 주의를 거두고 순수한 자각 속에서의 휴식에 초점을 맞추는 것을 선불교에서는 '내관內觀'이라고 한다. 생각이나 감정에서 물러나 지금 여기의 현재를 자각할 때마다 우리는 내적 관찰을 하고 있는 것이다. 자신에 관한 제한된 이야기에서 깨어나 자신의 본질인 자각과 다시 연결될 때 우리는 내관하고 있는 것이다. 특정 대상-소리, 감각, 생각-에 고정된 주의를 거두고 모든 곳에 있는 깨어있는 공간을 인식할 때 우리는 내관하고 있는 것이다. 달리 주의를 기울일 곳이 하나도 없을 때 우리는 이 깨달음에 이른다. 아무것도 없다. 우리는 광대하고 고요한 자각 자체로 돌아가 쉰다.

당신은 잠시 멈춰서 이 살아 있는 세상을 인식할 수 있을 것이다. 당신의 오감을 깨워 활짝 열고 모든 것을 차별 없이 공평하게 자각하고 삶을 있는 그대로 내버려두어라. 시시각각 변화하는 소리와 감각을 알아차릴 때 그 밑에서 흐르는 자각도 알아차려라. 당신이 이 순간에 존재하고 있음을 의식하라. 삶의 경험이 전경에서 계속 펼쳐지게 허락하면서 그 배경에 있는 이 깨어있는 내적 고요를 감지하라. 그리고 이 자각의 공간, 이 깨어 열린 공간이 되어라. 이 세상에 대한 경험이 드넓은 자각을 어떤 식으로든 점유하거나 제한하지 않고 당신을 통해 계속 연주되고 있는 것을 감지할 수 있는가? 당신은 새가 날고 있는 하늘이다. 티베트 불교의 짧은 가르침이 이 경계 없는 자각을 상기시킨다.

완전히 깨워라, 활짝 열린 감각을.
완전히 열어라, 고정되지 않은 자각을.

자각의 세 가지 특성

보리수 아래 정좌한 후 고타마 싯다르타는 참된 본성을 깨닫겠다고 결심했다. 그는 진리를 알고자 했다. '나는 누구인가?' '실상은 무엇인가?' 이 의문은 그가 깊은 내면을 바라보게 해주었고 그의 자각의 빛을 드러내주었다.

한 선담禪談이 알려주듯이, 이런 종류의 의문은 분석적 또는 이론적 설명이 가능하지 않다. 어느 날 행자승이 주지스님에게 물었다. "죽은 후에는 어떻게 됩니까?" 고명한 노승은 대답했다. "모르겠구나." 실망한 행자승이 말했다. "스님은 선승이 아니십니까?" "그렇지. 하지만 난 아직

죽지 않았다." 가장 강력한 의문은 우리의 주의를 지금 이 순간으로 돌려놓는다.

자기 탐구를 위해 우리는 마음을 고요히 가라앉히고 묻는다. '나는 누구인가?' 또는 '지금 자각하고 있는 자는 누구인가?' 또는 '지금 듣고 있는 자는 누구인가?' 이렇게 물은 후 의식을 온화하게 돌아보며 답을 찾으려 한다. 결국 우리는 마음이 이 질문에 결코 답할 수 없다는 것을 깨닫는다. 실제로 보이거나 느껴지는 것이 하나도 없다. 중요한 것은 단순히 돌아보고, 그러고 나서 여기에 존재하는 무無, no-thing-ness로 들어가는 것이다. '나는 누구인가?' 이것은 답을 찾는 자를 소멸시키기 위한 질문이다.

하지만 소멸이 곧바로 일어나지는 않는다. 처음에는 우리가 나 자신이라고 생각하는 온갖 것들, 나의 온갖 감정과 생각들, 나의 기억들, 나 자신에 관한 확고한 내적 대화들이 떠오른다. 우리의 주의는 전경을 이루는 수많은 요소에 잇달아 고정된다. 한 가지 감정에 집착할지도 모른다. 하지만 계속 묻는다. '그것을 느끼고 있는 자는 누구인가?' 또 묻는다. '이것을 자각하는 자는 누구인가?' 더 많이 물을수록 주의를 고정시킬 대상이 적어진다. 마침내 그 질문이 우리를 침묵으로 데려간다. 거기에는 내관할 것이 없다. 우리는 답할 수 없다.

무에 이르는 것은, 티베트 불교의 가르침에 의하면, '최상의 관觀'이다. 이것은 자각의 첫 번째 특성, 즉 비어있음空 또는 열려있음을 보여준다. 자각은 형체도 없고 중심도, 경계도, 주인도, 자아도 없다.

하지만 탐구를 통해 우리는 자각이 '유有, thingness'는 없지만 명료하게 깨어 살아 움직인다는 것을 발견한다. 즉, 자각은 끊임없는 앎knowing의

광휘로 빛난다. 루미는 이렇게 말했다. "당신은 지금 영원히 밝은 눈을 지닌 빛을 보고 있다." 색깔, 소리, 냄새, 맛, 모양이 저절로 인식된다. 자각은 경험의 강을 모두 알고 수용한다. 이것이 자각의 두 번째 특성인 깨어있음 또는 인지認知다.

이 열린 자각 속에 들어가 쉴 때 우리는 자각이 형체에 어떻게 반응하는지를 깨닫는다. 어떤 것-사람, 사건, 감정-이 떠오르든지 우리는 저절로 따뜻하고 다정하게 반응한다. 이것이 자각의 세 번째 특성으로 조건 없는 사랑이나 연민의 표현이다. 티베트 불교도들은 이것을 일러 자각의 그릇은 한없이 크다고 말한다. 그것은 기쁨, 감사 등 마음의 수많은 특성을 모두 담을 수 있다.

자신의 마음을 깊이 들여다본 순간, 싯다르타는 본성의 선함과 아름다움을 깨닫고 해탈에 이르렀다. 우리 존재, 즉 자각의 근본적인 세 가지 특성-열려있음/비어있음, 깨어있음, 자비-은 언제나 여기에 있다. 참된 귀의처에 이르는 길은 거의 모두 이 세 가지 특성을 지니며 그것에 의해 활성화된다. 다정하고 깨어있는 이 자각이 우리가 자신에 관해 지어낸 이야기보다 자신의 참모습에 더 가깝다는 것을 우리는 차차 깨닫는다. 우리는 영성의 길을 걷는 인간이라기보다는 육화된 인간을 통해 그 자신을 발견하는 영혼spirit이다. 이것을 알고 믿을 때 우리의 삶은 축복으로 충만해진다.

경이에 찬 어린아이 되기

내가 가장 즐겨 되새기는 구절 중 하나는 티베트 불교의 가르침의 일부로 아름다운 위안을 제공한다. 이 구절이 알려주는 자각의 귀의처는

우리가 상상하는 것보다 더 가깝다.
우리가 상상하는 것보다 더 심오하다.
우리가 상상하는 것보다 더 쉽다.
우리가 상상하는 것보다 더 경이롭다.

우리가 상상하는 것보다 더 가깝다:

만일 오늘, 지금 이 순간이 당신이 가진 전부라면? 당신은 이 순간의 한복판으로 들어가 내면의 깨어있는 고요를 경험할 수 있는가? 당신의 눈을 통해 보고 귀를 통해 듣고 피부를 통해 감촉을 느끼는 의식을 감지할 수 있는가? 자각이 당신이 상상하는 것보다 더 가깝다는 것을 깨닫는 것은 어떤 느낌인가?

우리가 상상하는 것보다 더 심오하다:

자문하라. "지금 나는 꿈을 꾸고 있는가?" 그리고 당신의 마음이 신비로운 본성을 덮어 가리는, 실상에 관한 정신적 수다에 골몰하고 있는지 아닌지 알아보라. 잠시 멈춰서 생각으로부터 물러나 그 생각들 사이사이와 그

주변의 공간을 감지한다면 어떤 일이 일어날까? 그 빈 공간에서 쉴 수 있는가? 내적 공간의 헤아릴 수 없는 깊이와 깨어있음을 감지할 수 있는가? 자각이 당신이 상상하는 것보다 더 심오하다는 것을 인식하는 것이 어떤 느낌인가?

우리가 상상하는 것보다 더 쉽다:

이슬람교 신비주의 시인 하피즈는 말했다. 우리가 성인聖人과 다른 건, 우리는 여전히 자신이 '천 가지 진지한 행위'를 하고 있다고 생각하기 때문이라고. 하지만 잠에 빠지고 행위에 빠지듯이 우리는 자각에 빠질 수 있다. 당신 자신이 편안하게 존재하게 하라. 그리고 계획을 세우거나 경험을 통제하려는 시도를 단념하라. 몸과 마음을 이완하고 모든 것-소리, 감정, 감각-이 일어나게 내버려두라. 현재로 돌아가는 것, 현재 속에서 실제로 쉬는 것이 무엇을 의미하는지 탐구해보라. 항상 이미 여기에 존재하는 깨어있는 열린 자각을 감지할 수 있는가? 자각으로의 귀향이 당신이 상상한 것보다 더 쉽다는 것을 깨닫는 것이 어떤 느낌인가?

우리가 상상하는 것보다 더 경이롭다:

자각은 우리의 예민한 몸과 마음과 정신을 통해 그 자신의 본질을 경험한다. 바로 지금 자각이 당신의 몸을 통해 그 자신의 활력과 생기, 창의성을 느끼고 있음을 감지할 수 있는가? 자각이 당신의 마음을 통해 그 자신의 한량없는 자비를 깨닫고 있음을 감지할 수 있는가? 자각이 당신의 정신을 통해 그 자신의 광활함과 광휘에 깨어나는 것을 감지할 수 있는가? 이 깨어난 몸과 마음과 정신을 지니고 사는 삶이 당신이 상상하는 것보다 더 경이롭다는 것을 깨닫는 것이 어떤 느낌인가?

이 신비로운 자각이 우리 자신을 포함한 모든 것을 통해 생겨나고 빛을 발한다는 것을 이해할 때 우리는 '경이에 찬 어린아이'가 된다. 우리는 언제나 온 마음을 다해 삶에 몰입한다. 일과 놀이에, 창의성과 열정에, 가족과 친구들에게 자신을 내어준다. 감정과 쾌락과 고통을 느낀다. 그리고 이 모든 것의 처음부터 끝까지 우리는 자신의 변함없는 본성을 기억한다. 이 본성은 우리가 감수성, 경외, 조건 없는 사랑을 지닌 채 세상을 두루 경험할 수 있게 해준다.

몇 년 전까지도, '경이에 찬 어린아이'로 사는 것은 아름다운 꿈, 내가 염원했지만 지속적으로 누리지는 못했던 어떤 것이었다. 그런데 희귀한 유전질환에 걸려 괴로워할 때 뭔가가 바뀌면서 나의 삶에 신선한 공기를 불어넣었다. 참된 귀의처에 대한 이 경험을 다음 마지막 장에서 들려주겠다.

내적 공간 탐험하기

삶을 살아갈 때는 주의의 폭을 유연하게 조정할 필요가 있다. 이미지나 신체 감각, 소리 같은 특정 대상이나 경험에 초점을 맞출 수 있는 협소한 주의는 물론이고, 자각의 공간을 지각하는 열린 주의도 필요하다. 내면의 공간에 들어서는 법을 익히면 주의의 유연성이 커진다. 우리는 모든 경험을 지탱하는 무형의 객관적인 토대에 익숙해진다. 주의의 폭이 좁아질 때도 그 대상에 골몰하거나 집착하거나 저항하는 성향이 감소한다.

글로 적힌 명상법을 따라 수행하는 것이 효과가 적다고 말하는 사람이 많아서 이 명상법의 오디오 파일을 나의 웹사이트에 올려놓았다^{477쪽 참고 자료 참조}. 간단히 맛보기 위해 다음 안내에 따라 명상을 해봐도 좋다. 각 안내 문구를 읽은 후, 눈을 감고 15초 정도 되새겨라. 저절로 일어나는 모든 것을 알아차려라. 애써 노력할 필요가 없다. 당신의 경험을 그냥 인식하고 받아들여라.

🍃

당신의 두 눈 사이의 빈 공간을 상상하세요.
두 귀 사이의 빈 공간을 상상하세요.

당신의 뒤통수와 이마 사이의 공간이 텅 비어 있다고 상상하세요.

두 손이 빈 공간으로 이루어져 있다고 상상하세요.

당신의 배가 빈 공간으로 이루어져 있다고 상상하세요.

당신의 온몸이 빈 공간으로 이루어져 있다고 상상하세요.

몸속의 그 빈 공간이 한없이 계속 커지고 있다고 상상하세요.

한없이 커지고 있는 그 빈 공간이 깨어있다고, 자각으로 충만하다고 상상하세요.

계속 커지고 있는 이 깨어있는 빈 공간 속에서 쉬고 있다고 상상하세요.

나는 누구인가?

"나는 누구인가?"는 거의 모든 영적 전통에서 제시하는 근본적인 의문이다. 철저한 자기 탐구 수행은 자아에 관한 내적 대화 그 너머를 바라보고 우리의 신비로운 참된 본성을 드러내주는 강력한 방법이다.

다음의 명상을 하기 전에 잠시 마음을 이완시켜 고요히 하라. '잠깐 멈춰서 현존하기'^{47쪽 제1장 명상 연습}나 바로 앞의 '내적 공간 탐험하기'^{441쪽 제14장} ^{성찰 연습}를 행해도 좋다. 이 명상을 하는 동안 생각과 감정이 저절로 계속 일어날 것이다. 하지만 감정이 강렬하지 않을 때 명상을 시작하는 것이 가장 좋다.

눈을 뜨고 명상하기를 원한다면 열린 하늘이나 풍경을 직접 바라볼 수 있는 장소를 찾아보라. 창밖이나 빈 벽, 방의 빈 공간을 바라보아도 좋다.

깨어 있는 동시에 이완할 수 있는 자세로 편안하게 앉는다. 눈을 뜨고 있다면 눈높이 조금 위의 지점을 응시한다. 눈에서 힘을 뺀다. 그러면 시선이 한 곳에 집중되지 않으면서도 시야에 들어오는 이미지를 받아들일 수 있다. 눈가의 근육과 미간의 긴장을 풀어준다.

14장. 자각에 귀의하다

하늘을 바라보거나 청명한 하늘을 상상하면서 당신의 자각을 그 끝없는 빈 공간과 한데 섞는다. 마음을 열어준다. 긴장을 풀고 넓게 확장시킨다. 주변 소리에 잠시 귀를 기울인다. 그 소리들이 어떻게 저절로 생겨나고 있는지 알아차린다. 가장 멀리서 들려오는 소리까지도 알아차리는 그 자각 속에 머무른다.

소리가 생겨났다 사라지는 것과 똑같이, 감각과 감정이 일어났다 소멸하게 내버려둔다. 산들바람이 불어오듯, 부드럽고 편안하게 호흡한다. 흘러가는 구름처럼 오고가는 생각을 자각한다. 고요하고 열려있는 자각 속에서 쉰다. 수시로 바뀌며 일어나는 소리, 신체 감각, 감정, 생각에 주의를 기울여 알아차리고 받아들인다.

마음이 이렇듯 귀를 기울여 자각할 때 자문한다. '지금 자각하고 있는 자는 누구인가?' 또는 '지금 듣고 있는 자는 누구인가?' 이렇게 물어도 좋다. '지금 무엇을 자각하고 있는가' 또는 '지금 무엇을 듣고 있는가?' 관심을 갖고 자각을 가볍게 살짝 돌아본다. 그냥 슬쩍 한번 돌아보고 무엇이 진실인지 알아본다.

무엇을 알아차렸는가? 고정적이거나 확고하거나 지속적인 어떤 '것' 또는 '자아'가 존재한다는 것을 알아차렸는가? 수시로 변하는 감정이나 감각, 생각의 흐름 외에 하나의 독립체가 존재하는가? 자각을 돌아다볼 때 당신이 실제로 본 것은 무엇인가? 당신의 경험의 중심 또는 경계가 있는가? 자각하고 있다는 것을 자각하는가?

자각을 돌아본 후 내려놓고 깨어있는 자각의 바다 속에서 완전히 이완한다. 내려놓고 그냥 존재하면서 삶이 자각 속에서 자연스럽게 펼쳐지게 허락한다. 무위無爲, nondoing 속에서, 주의가 흩어지지 않은 자각 속에서 쉰다.

자각 속에 계속 머무른다. 마음이 어떤 소리나 감각이나 어떤 경험에 다시 초점을 맞출 때까지 그렇게 쉰다. 그러다가 당신의 마음이 한 가지 특정한 생각-판단이나 비난, 이미지, 자기대화-에 고정되어 있음을 깨닫는 순간, 가만히 자각을 돌아보며 그 생각의 근원을 알아차린다. 스스로에게 질문을 던진다. '지금 생각하고 있는 자는 누구인가?' 이렇게 물어도 좋다. '지금 무엇을 생각하고 있는가?' 또는 '지금 이 순간, 자각하는 자는 누구인가?' 자각을 돌아보며 가볍게 알아차린다. 그냥 슬쩍 한번 돌아보며 생각하고 있는 자가 누구인지 본다.

그러고 나서 무엇을 보았든지 모두 내려놓고 그 속에서 온전히 쉰다. 내려놓고 그냥 존재하면서 삶이 자각 속에서 자연스럽게 펼쳐지게 허락한다. 무위 속에서, 주의가 흩어지지 않은 자각 속에서 쉰다. 생각을 내려놓을 때마다 반드시 온전히 이완한다. 깨어있는 이완의 자유, 삶을 있는 그대로 내버려두는 것의 자유를 발견할 것이다. 바라보고 알아차리고 내려놓고 자유로워져 본다.

감각이나 감정이 당신의 주의를 요구한다면 똑같은 방법으로 자각을 슬쩍 돌아보면서 뜨거움을 느끼는 자, 피곤해하는 자, 두려워하는 자가 누구인지 묻는다. 하지만 그 감각이나 감정이 어떤 식으로든 강렬하거나 강압적일 경우, 자각을 돌아보는 대신 마음을 열고 그 경험에 다정하게 직접 주의를 기울인다. 한 예로, 두려움에 사로잡힌 느낌이라면 호흡을 이용하여 두려움을 다정하게 자각하고 기꺼이 받아들인다274쪽 제9장 명상 연습의 통렌 수행법

^{을 참고하라}. 평정과 연민을 가지고 그 경험을 다시 알아차릴 수 있다면 자각 속에서 쉬면서 질문하는 과정을 다시 시작한다.

어느 시점에서든 마음이 흩어졌음을 알아차린다면 다시 감각에 주의를 기울인다. 소리에 귀를 기울이고 신체 감각을 느낀다. 그런 다음, 이 순간에 깨어서 존재하면서 모든 경험의 배경을 이루는 자각을 계속 탐구한다.

원한다면 유사한 과정을 하나 추가해서 적극적으로 탐구해도 좋다. 즉, '나는'이라고 말하거나 생각하고 거기에 어떤 말도 덧붙이지 않는다. 그 말에 뒤이은 침묵과 고요를 자각한다. 당신의 현존, 당신이 순수하고 자연스럽게 존재하고 있음을 감지한다. 모두 내려놓고 그 현존이 된다.

🍃

자기 탐구를 수월하고 편안하게 행하는 것이 중요하다. 올바로 해야 한다는 부담감으로 마음을 위축시키지 마라. 스트레스를 피하는 최선의 방법은 5분 내지 10분으로 수행 시간을 제한하는 것이다. 짧은 정식 수행을 하루에 여러 번 행해도 좋다.

약식 수행은 아주 잠깐의 시간이면 충분하므로 기억날 때마다 자각을 돌아보고 무엇이 진실인지 보아라. 그러고 나서 내려놓고 존재하라. 이윽고, 분리된 자아의 미망을 갈수록 뚜렷하게 자각할 것이다. 그러면 당신은 그 텅 빈 자각의 빛이 바로 당신의 진정한 고향이라는 것을 깨닫기 시작한다.

성찰 연습

내관

열린 자각은 우리가 주의를 통제하거나 조작하려는 싸움을 멈출 때 드러난다. 이 성찰 연습은 역설처럼 보인다. 즉, 이 수행을 통해 우리는 의도적인 모든 행위를 의도적으로 내려놓는다. 이 수행 자체가 미묘한 행위다. 하지만 지속적으로 수행한다면 우리가 삶을 통제하려는 싸움을 알아차릴 때마다 내려놓기가 저절로 일어나기 시작한다.

시작하기 전에 '내적 공간 탐험하기'441쪽 제14장 성찰 연습나 당신이 안정되고 이완하고 마음을 가라앉히게 도와주는 다른 명상법을 행해도 좋다.

🍃

몸을 똑바로 세우고 편안한 자세를 취한 후 정지한다. 가능하다면 욕구와 싸움과 목표를 모두 내려놓는다. 이제, 마음을 열고 귀를 기울인다. 사방에, 가깝고 먼 곳에 귀를 기울이며 특정한 소리에 주의를 고정시키지 말고 모든 소리를 공평하게 받아들인다. 단지 귀로만 듣지 말고 자각을 총동원하여 듣는다. 소리에, 감각에, 호흡에 주의를 기울인다.

이렇게 열린 상태에서 삶을 있는 그대로 그냥 내버려둔다. 몸의 경험을 알아차린다. 긴장이 느껴진다면 그것을 내려놓기에 저항하는 신호로 여긴다. 긴장을 다만 알아차리고 있는 그대로 내버려둔다. 불안이 느껴진다면 그것을 있는 그대로 내버려둔다.

자각은 유유히 흐른다. 자각은 지시하거나 저항하지 않고 다양한 경험을 알아차린다. 당신이 차를 타고 지나가고 있다고 상상한다. 차창 밖의 풍경을 보듯이, 다가오고 지나가는 경험을 자각한다. 당신은 통제하지 않는다. 어떤 것이 일어날지, 어디로 가고 있는지, 당신은 결코 알지 못한다. 당신은 단지 인식하고 허락하고 있을 뿐이다. 당신이 자각되고 있다.

생각이 일어나면 단지 알아차린다. "그냥 생각이야." 그러고 나서 내려놓고 지금으로 돌아와 존재한다. 마음이 명상을 분석하고 지시하려고 애쓰고 있음을 알아차리면 내려놓는다. 때로는 "내려놔."라는 말이 마음이 단단히 붙잡고 있는 것을 풀어놓게 도와줄 수도 있다. 일단 한 생각에서 벗어나면 그 생각과 생생하고 신비로운 지금 여기의 차이를 잠시 알아차린다.

당신이 생각을 내려놓고 그 경험의 배경에 있는 소리나 감정, 감각에 초점을 맞추고 있음을 깨달을지도 모른다. 그러면 그것을 다시 내려놓을 때 무슨 일이 일어나는지 탐구한다. 그리고 그 경험의 배경, 즉 당신 자신의 현존을 감지한다. 이 현존은 보이지도 들리지도 않고 어디에 있는지도 모른다. 하지만 당신은 이 무형의 존재 속으로 돌아가 쉴 수 있다.

당신이 내면을 관찰하고 현재에 항복하는 순간, 자각에 드넓은 침묵이 깃든다. 이 침묵은 소리에, 생각에 귀를 기울인다. 거대한 고요는 살아있음을 경험하고 받아들인다. 깨어있고 열려있는 공간 속에서 모든 것이 일어나고 있다. 이 열린 자각의 공간 속에서 그냥 쉬면서 삶의 소리와 감정과 감각이 자유로이 흐르게 허락한다.

명상 수행이 깊어짐에 따라 명상 중에 통제를 모두 내려놓고 열린 자각으로 돌아가 쉬는 데 조금이나마 시간을 할애하는 것이 유용하다.

마음속에는 모든 것이 모이는 한 곳이 있다.

나를 만나고 싶으면 그곳으로 오라.

정신, 감각, 영혼, 영원, 전부 그곳에 있다.

당신은 그곳에 있는가?

거대한 그릇 속으로, 마음속으로 들어가라.

그곳에 당신의 모든 것을 내주어라.

당신이 일단 그 길을 찾으면

본연의 주의가 당신을 부를 것이다,

돌아오라고, 돌아오고 또 돌아와서

"내가 여기에 있네, 여기 고향에 있네."

이렇게 깨달아 충만해지라고.

그 부름에 응하라.

– 비갸나 바이라바 탄트라 Vigyana Bhairava Tantra

15장

모든 것에 준비된 마음

지도 교사가 우리를 안내하고 있었다. "통증이 있는 부위에 기氣를 보내세요." 나는 무수한 빛살이 나의 아픈 무릎으로 흘러들어가서 그 부위를 적시는 장면을 그려보았다. 교사가 말을 이었다. "그 아픈 부위가 아주 건강해지고 활력이 넘치고 다른 모든 부위에도 기가 흘러 들어가면 어떤 느낌일지 상상해보세요."

이것은 불교 수행법이 아니었다. 나는 열흘 일정으로 중국의 동작 명상에 기초한 기공氣功을 수련하고 있었다. 기공의 핵심은 이 세계가 기, 즉 보이지 않은 에너지 장場, 역동적으로 표출된 순수한 자각으로 이루어져 있음을 아는 것이다.

오래전부터 나는 기공이 신체의 치유에 이상적인 명상이라는 말을 들었다. 이 기법을 처음 시도했을 때 나는 그것이 내 육신을 더 잘 체감하고 에너지의 변화를 더 잘 감지하게 도와준다는 것을 발견했다. 그러다가 건강이 악화되자 기공을 더 깊이 행해보기로 결심했다. 하지만 수련 사흘째 되는 날, 나는 의심에 빠졌다. 지침의 일부가 명백하게 '비불교적'으로 보였다. 그곳에서 나는 내 경험을 조작하고 행복하고 건강한 육체를 창조하려고 애쓰고 있었던 것이다. 통제를 내려놓고 삶을 있는 그대로 받아들이라는 가르침은 어떻게 하지? 이렇게 에너지의 흐름을 지시하고 상상하다보면 내가 건강에 더 강하게 집착하게 되지 않을까? 나의 유전 질환의 실상을 고려하면 이 기공 수련은 부질없는 짓처럼 보였다.

그러나 나는 수업료를 이미 지불했으므로 기공 교사의 지침을 계속 따랐다. 다음 날 아침 나는 꼭두새벽에 일어나 혼자서 수련하며 기의 바다에 들어가 주의와 에너지를 내 몸의 다양한 부위로 흘려보냈다. 30분 정도 수련한 후, 밖으로 나와 북부 캘리포니아의 구불구불한 시골길을 걷기 시작했다. 걸음을 옮길 때마다 아팠다. 무릎이 욱신거리고 한쪽 엉덩이를 칼로 찌르는 느낌이었다.

"이제 어떻게 하지? 내 몸에 기를 더 많이 보내야 하나?" 나는 우울해서 투덜거렸다.

그러다 문득 멈춰 섰다. 내 몸을 향한 격렬한 분노가 주의를 사로잡았다. 더 자세히 주시하자 격분은 곧바로 사라지고 익숙한 슬픔이 밀려왔다. 어째서 나는 그냥 걷기만 하는데도 이렇게 아파야 하는 걸까? 커다란 절망과 갈망을 자각하자 눈물이 흐르기 시작했다. "살아 있다고 느끼고 싶어. 살아 있다고 느끼고 싶어. 제발, 내가 온전히 살아 있다고 느낄 수 있기를." 갈망에 이름을 붙임으로써 나는 그 갈망 뒤에 숨은 것을 볼 수 있었다. "나는 삶을 사랑해." 슬픔 속에 깊이 파묻혀 있는 것은, 늘 그렇듯, 사랑이었다. 내 안의 목소리가 그 말을 수없이 되풀이하자 여리디 여린 온기가 나의 마음을 가득 채웠다.

삶을 사랑하라고 허락하기

나는 이 사랑을 자제해왔다. 삶을 만끽하는 것을 자제해왔다. 그것은 내 몸에게 배신당한 느낌에 대한 대응, 더 많은 상실을 막으려는 방어였다. 하지만 건강에 집착할까봐 두려워서 나는 진실을 인정하지 않았다. "나는 삶을 사랑해."라는 진실을. 기공은 집착을 강화하는 것과는 관계가 없었다. 기공은 살아있음을 완전히 받아들이는 수련법이었다. 그 순간 나는 삶에 대한 사랑을 더 이상은 자제하지 않기로 결심했다.

"나는 삶을 사랑해." 이 느낌을 있는 그대로 내버려두자 '나'가 사라졌다. '삶'이라는 개념조차 사라졌다. 남은 것은 따뜻하고 열려있는 마음, 세상만큼 넓게 열린 마음이었다.

이 다정한 자각은 모든 것을 사랑하고 있었다. 새벽하늘에 길게 그어진 부드러운 분홍빛 띠, 유칼립투스의 냄새, 솟구치는 독수리와 아름답게 지저귀는 새들. 자각은 멀찍이 떨어진 곳에서 새벽의 빛깔을 응시하며 말없이 서 있는 여자를 사랑하고 있었다. 그 여자의 몸속에서 수시로 변하는 통증과 기쁨을 사랑하고 있었다. 이제, 내 무릎에 기를 흘려보내는 것이 직관적으로 타당해 보였다. 그것은 자각이 그 창조물에게 보내는 당연하고도 자애로운 반응이었다. 삶을 사랑하고 있는 자는 '나'가 아니었다. 자각이었다.

이 경험으로 나는 내가 한동안 고수해온 무의식적인 편협한 믿음을 알아내고 내보냈다. 형체 없는 자각의 세계가 이 살아 있는 형체들의 세계보다 더 영적이고 귀중하다는 믿음을 내려놓은 것이다. 살아 있는 이 세계에 대한 그러한 편견은 많은 종교에서 찾아볼 수 있다. 그 편견은 붓다의 가르침을 감각적 쾌락-아름다움, 성관계, 음악, 놀이-을 경계하라는 주장으로 해석하는 것에서 생겨난다. 비구가 비구니보다 지위가 더 높은 것에서, 수도승의 삶을 가족과 일반인의 삶보다 더 중시하는 것에서, 친밀한 인간관계에 대한 애착을 경계하는 것에서 그 편견이 생겨난다. 이제 나는 그 편견이 삶 자체에 대한 두려움과 불신에서 생겨난다고 믿는다. 이것을 마음으로 인정한 것이 내게는 선물이었다.

자신의 참된 본성을 깨닫고 자유롭게 살기 위해 우리는 이 현실 세계를 초월할 필요가 없다. 사실, 초월할 수가 없다. 우리는 살아있음이자 그 근원인 형체 없는 자각이다. 우리는 체화된 공空이다. 형체의 세계를 사랑하면 할수록 우리는 온전한 자각, 자신 또는 타인의 공을 더 많이 알아차린다. 형체 없는 자각의 공간을 더 많이 깨달을수록 우리는 늘 변화하는 살아있는 형체를 더욱 조건 없이 사랑한다. 자각의 귀의처와 살아있음이 순간의 실상의 귀의처는 결국 불가분의 관계에 있다. 내가 바로 자각이라는 것을 감지하고 살아있음으로 표현되는 자각을 사랑하면서 나에게는 세 귀의처가 하나가 되었다.

대승 불교의 『반야심경』은 이렇게 말한다. "형체는 공空과 다르지 않고 공은 형체와 다르지 않으니 형체가 바로 공이요, 공이 바로 형체다色不異空 空不異色 色卽是空 空卽是色." 우리는 바다와 파도를 분리할 수 없다. 우리가 가야 할 길은 우리 존재가 광대한 바다라는 것을 깨닫고 그 표면에 이는 파도를 사랑하는 것이다.

이유 없는 행복

기공 수련원에서의 마지막 날 삶을 기꺼이 사랑하려는 나의 마음이 활짝 펼쳐지며 매우 깊고 안정된 행복이 솟아났다. 내 기분과 몸 상태는 항상 오르내렸지만 그 행복은 상황에 좌우되지 않았다. 나는 이유 없이 행복했다. 이 무조건적인 행복은 자각의 맛이었다. 자신의 본성이 자각임을 확신하고 이 살아 있는 온 세계가 자신의 마음의 일부임을 아는 순간, 무조건적인 행복이 일어난다. 이유 없는 행복은 무슨 일이 일어나든지 모두 괜찮을 거라는 일종의 자신감 또는 믿음을 내게 주었다.

집에 돌아온 나는 그 즉시 명상과 기공 의식을 날마다 기분 좋게 치렀다. 처음 몇 주 동안은 강으로 가서 바위와 덤불숲을 힘겹게 헤치고 한적한 강변으로 내려가곤 했다. 힘차게 흐르는 강물 소리, 단단한 모래밭, 이른 아침 공기에 한껏 고양되어 나는 정적인 동작을 취하며 기공을 수련했다. 이어서 익히 짐작할 수 있는 일이 벌어졌다. 강변으로 내려가는 비탈길에서 무릎 통증을 느낀 후, 수련 장소를 우리 집 테라스로 바꿨다. 몇 가지 팔 동작은 목에 부담을 주어서 범위를 축소해야 했다. 그 다음에는 기립 자세가 다리에 부담을 주어서 의자에 앉아 수련하기 시작했다. 그러고 나자 일주일 내내 비가 왔다.

하지만 그 모두가 정말로 괜찮았다. 아니, 그 이상이었다. 비 내리는 어느 날 아침, 의자에 앉아 있을 때 내 마음은 매우 고요해졌다. 나의 주의가 부드럽게 열리며 수시로 변화하는 경험의 흐름을 온전히 받아들였다. 통증, 심한 피로감, 스쳐 지나가는 생각, 빗소리. 계속 주의를 기울일 때 나는 살아 있는 미묘한 느낌기운이 온몸으로 퍼지는 것을 감지했다. 이 살아있는 느낌 은 농후하지 않았다. 가볍고 느슨했다. 춤추는 빛이었다. 그 살아있음을 더 많이 받아들일수록 나는 내면의 깨어있는 고요, 순수한 존재의 배경을 이루 는 내적 공간을 더 많이 감지할 수 있었다. 그리고 그 고요 속에서 더 오래 쉴수록 이 세상이 더욱 생생하게 살아 움직였다.

30분쯤 후, 나는 눈을 뜨고 침실에 걸려 있는 무성한 보스턴고사리를 바라보았다. 그 섬세함과 우아함을 보았다. 나는 그 보스턴고사리를 사랑했 다. 그 특이한 모양새이 우주는 어떻게 양치식물을 창조해낸 걸까?와 그 존재가 내뿜는 빛과 진동을 사랑했다. 그 순간에 그 보스턴고사리는 강변의 장엄한 풍경만 큼이나 경이로웠다. 나는 자신의 창조물을 사랑하는 자각이었다. 그리고 나 는 이유 없이 행복했다. 상황을 내 식대로 바꿀 필요가 없었다. 나는 삶을 있 는 그대로 사랑할 수 있는 것에 감사했다.

명상 수업 중에 삶에 "그래."라고 말하라고 권하면서 때때로 나는 수 련생들에게 이 "그래."가 얼마나 깊은 곳까지 이를 수 있는지 느껴보라고 한 다. 우리는 삶을 사랑하기로 결심할 수 있다. 애써 자제하지 않고 삶을 사랑 하겠다고 의식적으로 다짐할 수 있다. 그래도 우리는 계속 자제하겠지만 이 순간의 경험에 "그래."라고 말하고 자신의 저항감에 다정하게 주의를 기울 임으로써 언제나 새로 시작할 수 있다. "그래."를 의도적으로 심화함에 따라 우리는 조건 없는 받아들임-허락하는 열려있는 자각-을 발견한다. 그리고 그 자각이 우리를 자유로 이끈다. 우리는 삶이 어떤 특정한 방식으로 펼쳐지기를 갈구하지 않는다. 현재에 존재하며 자각하고 받아들이는 것 자체가 깊은 만족을 주기 때문이다.

우리는 행복에는 특별한 이유가 있다고 생각하는 습관이 있다. 초봄의 새싹, 어린아이의 웃음소리, 파도소리 등. 하지만 우리에게 실제로 행복감을 부여하는 것은 배경에 깔린 고요하고 열려있는 자각의 공간이다. 매 순간에 존재하며 살아있음을 자각할 때 현존이 강화되고, 자각은 자각 자체를 자각한다. 살아있는 새싹은 우리를 깨워서 이 내적 공간을 감지하게 해준다. 어린아이의 웃음소리가, 파도소리와 물보라가 우리를 깨워서 현존을, 자각을 가능케 한다. 우리는 온전한 참자아 속에 머물고, 있는 그대로의 자기 자신에게 행복해한다.

다음번에 행복과 평화를 자각할 때 당신에게 그 경험을 가능케 해준 현존과 자각의 공간을 감지할 수 있는지 알아보라. 철학자 프리드리히 니체는 이렇게 썼다.

행복하기 위해, 행복을 느끼기 위해 필요한 것은 얼마나 적은가!……
가장 소소한 것, 가장 조용한 것, 가장 가벼운 것, 도마뱀이 바스락거리는 소리, 한 번의 숨결, 한 줄기 미풍, 한 번의 눈 맞춤……

춤추는 공

이 형체色의 세계는 텅 빈空 자각 속에서 역동적으로 표현된다. 우리는 나무, 벌레, 건물, 컴퓨터, 로켓, 인간 등으로 드러난 형체를 자각한다. 형체에는 자아가 없다. 바다에 이는 파도처럼, 형체는 일시적이며, 다른 모든 형체와 본질적으로 연결되어 있다. 우리는 저마다 살아 움직이는 자각-'춤추는 공'空-이다.

나는 '춤추는 공'이란 선구禪句를 좋아한다. 그것은 무형과 유형, 텅 빈 자각과 그 안에서 표현되는 살아있는 세계의 불가분성을 인식하기 때문이다. 감정과 행위가 모두 텅 빈 자각 속에서 일어난다는 것, 거기에는 자아가 없다는 것을 기억할 때 우리는 충동적인 대응에서 벗어난다. 그러면 자신의 내적 경험에 더욱 책임을 지고 더 잘 반응할 수 있다. 자각을 자각하고 자신의 감정과 감각을 깨어서 자각함에 따라 우리는 흐르는 삶 속으로 들어가서 일어나는 모든 것에 다정하고 온화하게 반응할 수 있다.

춤추는 공의 자유와 무아無我에 대한 나의 설명에 수련생들은 이것이 개인적인 성장과 봉사를 외면하라는 뜻으로 여겨야 하는지 궁금해한다. 그렇게 되면 우리가 지금 여기서 살고 있는 삶의 가치를 등한시하지 않을까요? 내면의 자유에 이른 후에도 우리가 여전히 자기 자신과 세상을 치유하는 것에 관심을 가질까요?

이 질문을 받으면 나는 마리가 떠오른다. 마리는 자신이 소진되고 있음을 깨닫고 명상을 배우기 시작한 여성이었다. 그녀는 대규모 인권 단체에서 10년 넘게 기금을 모으는 일을 맡아왔다. 하지만 정치 환경이 험악해지

4부. 자각의 문

고 그 단체를 통제하려고 정당들끼리 싸움을 벌이자 기부자가 줄어들었고, 마리는 일부 동료들의 도덕성을 의심하게 되었다. 그녀는 정치계나 행동주의와는 어떤 관계도 맺지 않겠다고 통고했으며 그렇게 되기를 바랐다. 그리고 결국 그 단체를 그만두었다.

그 후 4년 동안, 마리는 스포츠 매장에서 일을 하며 명상 수업을 듣고 시간을 내서 예전의 열정-조류 관찰-을 다시 체험했다. 어느 날 명상 수업이 끝난 후, 마리가 내게 말했다. "이른 아침에 새를 지켜보고 새소리에 귀를 기울이며 걷고 있을 때 나는 침묵으로 돌아가요. 나 자신이 현재에 존재하는 걸 느껴요." 그 주의 깊은 침묵 속에서 새에 대한 마리의 사랑이 깊어졌다. "그건 나의 밖에 있지 않아요. 나의 내면 풍경의 일부예요." 새의 서식지 감소에 대한 경각심이 커지는 것을 느끼면서 마리는 행동가로서의 자신의 삶이 아직 끝나지 않았음을 깨달았다.

상담을 하면서 우리는 그 점을 함께 탐구했다. 마리는 이제부터는 상황이 다르리라는 것을 믿기 시작했다. 한 환경 단체의 기금 조성 업무를 받아들이면서 그녀는 그 조직 내에서도 에고들이 대립할 거라는 점을 인정했다. 불가피한 의견 충돌을 수차례 겪을 테지만 이제 마리에게는 귀의처가 있었다. 마리는 새와 나무들을 일으키는 자각을, 에고와 의견 충돌과 삶 전체를 일으키는 텅 빈 자각을 다시 접할 수 있을 것이다. 춤추는 공의 지혜를 기억하고 이 불완전한 세상에 봉사할 수 있을 것이다.

『춤추는 공Emptiness Dancing』의 저자 아디야샨티는 하루를 살아가면서 이렇게 자문하라고 권한다. "공 또는 자각은 이것음식, 산책, 샤워, 대화을 어떻게 경험하고 있는가?" 나 역시 즐겨 자문한다. "깨어있는 텅 빈 이 마음은 지금 일어나고 있는 것을 어떻게 경험하고 있는가?" 이 질문은 자아에 관한 내적 대화에서 물러나 마음과 자각의 관점에서 감각과 감정과 소리를 받아들일 것을 상기시킨다. 우리는 어떤 것에도 반대하지 않고 어떤 것에도 저항하지 않으며 어떤 것도 평가하지 않는다. 삶이 우리를 관통하여 흐른다.

이렇게 주의를 기울일 때 나는 삶과 결코 단절되지 않는다. 자아에 초점을 맞추지 않음으로써 오히려 나는 흘러가는 삶의 일부가 된다. 강물이 바위를 어떻게 돌아 흘러야 하는지 알고 있듯이, 나는 펼쳐지고 있는 삶에 직관적으로 반응할 수 있다. 매 순간에 더욱 자발적으로 참여하고 주변의 모든 것에 더욱 자연스럽고 분명하고 다정하게 반응한다. 나는 다른 사람들에게서도 이러한 변화를 관찰했다. 봉사를 하든 자연을 감상하든 간에 춤추는 공을 자각할 때 우리는 자신의 삶을 온 마음을 다해 경험한다. 불가피한 상실에 직면할 때조차 그러하다.

몇 년 전에 나는 바이올리니스트 이작 펄만Itzhak Perlman에 관한 감동적인 이야기를 들었다. 어려서 소아마비를 앓은 펄만은 연주할 때마다 목발을 짚고 느릿느릿 무대로 걸어 나와 의자에 앉은 후 다리 보조 장치를 풀고 연주할 준비를 한다. 1995년 링컨 센터에서의 연주회에서도 그는 평소처럼 그렇게 했다. 그런데 이날은 처음 몇 소절을 연주했을 때 바이올린 줄이 하나 끊어졌다. 줄이 퉁 하고 끊기는 소리를 모든 청중이 들을 수 있었다. 그들은 궁금했다. 이제 어떤 일이 벌어질까? 펄만이 보조 장치를 다시 끼우고 무대 밖으로 나가서 다른 바이올린을 갖고 올까?

이작 펄만은 연주를 멈추고 눈을 감은 채 잠시 그대로 앉아 있었다. 그러고 나서 지휘자에게 다시 연주하라는 신호를 보냈다. 펄만은 다시 활을 들고 놀라우리만치 힘차고 순수하고 열정적으로 연주를 했다. 펄만이 머릿속으로 그 협주곡의 조성을 바꾸고 편곡하며 창조 행위에 깊이 몰입한 것을 감지한 청중도 있었을 것이다. 연주가 끝났을 때 객석에는 경외에 찬 침묵이 흘렀다. 이어 우레 같은 박수가 터지며 모든 청중이 기립하여 환호했다.

펄만은 미소를 지으며 이마의 땀을 닦고 일어서서 청중에게 인사했다. 환호가 가라앉자 그는 겸손하게 조용히 말했다. "때로는 자신에게 남아있는 것을 가지고 최고의 음악을 연주하는 것이 예술가가 해야 할 일입니다."

이 일화에 담긴 지혜는 언제나 내 마음에 있다. 우리는 예전의 삶에 대한 기억과 앞으로 겪을 일에 대한 두려움으로 지금의 삶을 짓누른다. 하지만 살아있는 이 순간에 자신을 내맡길 때 우리는, 펄만처럼, 춤추는 공-창조의 흐름-의 일부가 된다. 우리는 자신의 세계의 고통과 아름다움에 다정한 마음으로 반응한다. 자신에게 남아있는 것을 가지고 최고의 음악을 연주한다.

모든 것에 준비된 마음

열반을 앞두고 붓다는 사랑하는 제자 아난다와 모여든 비구들에게 마지막 설법을 했다. "자기 자신을 등불로 삼고, 자기 자신을 귀의처로 삼아라. 밖에서 귀의처를 찾지 말라."

이 말이 무슨 뜻일까? 우리의 궁극적인 귀의처는 다름 아닌 우리 자신이다. 자각의 빛이 우리 개개인에게서 뿜어져 나오고 우리를 고향으로 안내한다. 파도가 바다와 분리되지 않듯이, 우리는 이 빛나는 자각과 결코 분리되지 않는다. 가장 외롭거나 수치스러울 때, 가장 혼란하거나 충동적일 때조차 우리는 자신의 깨어있는 마음과 결코 분리되지 않는다.

이것은 강력하고도 아름다운 가르침이다. 평범한 우리 인간들 모두 본디부터 이 자각을 갖고 있다. 다정하고 열려있는 이 자각은 우리의 가장 깊은 본성이다. 우리는 다른 곳을 찾아가거나 자신을 변화시킬 필요가 없다. 우리의 참된 귀의처는 우리 자신이다. 이것을 믿는다면 우리는 자유라는 축복을 얻는다.

미얀마의 우 판디타 사야도U Pandita Sayadaw는 이 축복을 가리켜 '모든 것에 준비된 마음'이라고 아름답게 묘사한다. 자신이 바다라고 믿으면 우리는 파도를 겁내지 않는다. 어떤 일이 일어나든지 다룰 수 있다는 자신감이 생긴다. 미리 대비하느라 삶을 허비할 필요가 없다. 다음에 일어날 일을 방어할 필요가 없다. 우리는 지금 여기의 삶을 마음껏 충분히 경험하고 현명하게 반응한다.

이렇게 자문해보라. "지금 이 순간, 모든 것에 준비된 마음을 지닌 것이 어떤 느낌일까?"

모든 것에 준비된 마음을 지닌다면 우리는 불가피한 상실과 깊은 슬픔을 받아들일 수 있다. 잃어버린 사랑, 잃어버린 젊음, 잃어버린 건강, 잃어버린 능력을 충분히 슬퍼할 수 있다. 이것은 인간다움의 일부이며, 삶을 향한 우리의 사랑의 표현이다. 상실의 실상을 깨어서 자각하고 있는 그대로 경험할 때 우리는 삶에서 사랑이 샘솟게 하는 수많은 방법을 늘 활용할 수 있다.

모든 것에 준비된 마음을 지닌다면 우리는 타인이 아파할 때 저절로 손을 내밀 것이다. 윤리적인 삶은 타인의 고통과 욕구에 응답하게 해주지만 깨어있고 열려있는 마음은 그 고통과 욕구를 본능적으로 보살피게 해준다. 이 보살핌은 조건이 없다. 이 조건 없는 보살핌은 두려움과 괴로움이 존재하는 모든 곳으로, 안으로 밖으로 뻗어나간다.

모든 것에 준비된 마음을 지닌다면 우리는 자기 자신으로 살아간다. 그 마음속에는 우리의 동물적인 자아의 야성을 위한 공간이 있고, 열정과 놀이를 위한 공간이 있다. 인간적인 자아, 친밀과 이해, 창의성과 생산성을 위한 공간이 있다. 매 순간을 비추는 자각의 빛, 영혼을 위한 공간이 있다. 티베트인들은 이렇듯 당당하게 자기 자신으로 살아가는 것을 '사자의 포효'라고 부른다.

모든 것에 준비된 마음을 지닌다면 우리는 이 세상에 가득한 아름다움과 우아함과 신비로움에 감탄한다. 위빠사나 명상 교사인 무닌드라 지 Munindra Ji는 수행하는 이유에 대한 물음에 이렇게 답했다. "명상을 하면 나는 매일 시내로 걸어올 때 길가에 핀 아주 작은 보라색 꽃을 바라볼 수 있게 된답니다." 방어벽이 없는 마음은 날마다 삶과 사랑에 빠진다. 우리는 경이에 찬 어린아이가 되어서 땅을 걷고 있는 것에 감사하고 서로서로 연결된 것에 감사하고 창조된 모든 것에 감사한다. 매순간 숨을 쉴 때마다 우리는 참된 귀의처를 발견한다. 우리는 이유 없이 행복하다.

🍃

우리가 자신의 마음과 자각의 아름다움을 믿기를 나

는 염원한다. 우리가 서로 손을 잡고 이 세상을 치유하고 자유롭게 하는 데 도움을 주기를 염원한다.

모든 존재가 자신의 본성이 자애로운 자각임을 깨닫기를.

모든 존재가 이 깨어있는 마음으로 살아가기를.

모든 존재가 행복하기를.

모든 존재가 더없이 평화롭기를.

땅 위에, 모든 곳에 평화가 깃들기를.

모든 존재가 깨어나고 자유롭기를.

염원하기

영적 깨달음에 이르려면 당신의 마음이 가장 중요시하는 것을 항상 기억해야 한다. 전통적인 불교에는 그것을 기억하게 도와주는 두 가지 염원이 있다.

○ 나의 삶에서 일어나는 모든 일-역경과 행운과 기쁨-이 내 마음과 정신을 깨우기를.

당신의 삶에서 지금 일어나고 있는 일을 아무거나 떠올려본다. 그 일에 깊이 주의를 기울이면서 그것이 당신의 타고난 사랑과 지혜를 어떻게 불러일으킬 수 있을지 상상해본다.

○ 내 삶이 모든 곳의 모든 존재에게 이롭기를.

당신의 삶이 삼라만상과 하나로 엮여 있다고 여긴다. 당신이 점차 마음을 열고 다정해짐에 따라 그 파장이 사방으로 끝없이 퍼져 나가는 것을 느껴본다.

성찰 연습

참된 귀의처에 들어가기

참된 귀의처-자각, 진리, 사랑-는 우리가 그것을 매 순간 깨어서 자각할 때 활기를 띤다. 이 간단한 연습은 4장에서 소개한 외부 귀의처와 내면 귀의처에 더 가까이 다가가게 도와준다. 결과적으로 이 연습은 당신의 마음이 진실한 공간, 순수하고 빛나는 참된 본성 속에서 쉬게 해준다. 이 명상을 책의 말미에 소개한 이유는 당신이 세 귀의처의 문을 이제 전부 통과했기 때문이다. 그 세 개의 문은 깨달음에 이르는 모든 길에 내재된 자유를 맛보게 해준다.

이제, 세 구절-자각에 귀의합니다, 진리에 귀의합니다, 사랑에 귀의합니다-을 속으로 외운 후 각 귀의처의 의미를 숙고하게 될 것이다. 자각과 진리와 사랑 대신, 불佛, 부처님과 법法, 가르침과 승僧, 승가이라는 불교 용어를 써도 좋다.

이 연습에서는 불교의 전통에 따라 귀의처를 나열한다. 하지만 당신의 마음에 가장 와 닿기만 한다면 용어나 순서는 얼마든지 바꿔도 좋다. 이 연습을 참신하고 창의적인 의식, 당신의 삶과 당신에게 가장 중요한 것을 일치시키는 의식으로 삼아라.

이제, 첫 번째 귀의처부터 마음속으로 말한다. "자각

에 귀의합니다."

이 구절을 말할 때 자각의 특성—열려있음, 깨어있음, 조건 없는 자비—을 갖춘 깨달은 인간이나 영적 인물과 공명하는 느낌이 들 수도 있다. 그 자각의 빛이 당신의 존재를 환히 비추고 있다고 상상해본다. 또는 당신 내면에 항상 존재하는 자각을 직접 감지하는 것이 더 자연스러울 수도 있다. 간단히 자문해도 좋다. "여기에 자각^{또는 의식}이 있는가?" 지금 자각하고 있음을 알아차리는 것이 어떤 느낌인가? 당신의 마음은 열린 자각을 어떻게 경험하고 있는가? 당신의 몸은? 당신의 정신은? 당신이 이 자각의 귀의처로 들어갈 때 어떤 일이 일어나는가? 당신의 마음이 참된 자각 속에서 쉬고 있을 때 어떤 일이 일어나는가?

이제, 두 번째 귀의처를 마음속으로 말한다. "진리에 귀의합니다."

이 구절을 외면서 영성의 길과 관련하여 당신에게 소중한 것을 잠시 기억해본다. 명상 수행과 가르침, 자비로운 삶에 관해 당신이 중요시하는 것을 상기한다. 이것은 진리의 길을 겉으로 표현해보는 것이다. 그 소중한 것을 자각하면서 매 순간 변화하는 경험의 흐름을 저항하지 말고 받아들인다. 현재의 한가운데로 들어가서 오고가는 소리와 감정과 감각을 자각한다. 삶을 있는 그대로 받아들이는 경험이 어떠한가? 당신이 이 진리의 귀의처로 들어갈 때 어떤 일이 일어나는가? 당신의 마음이 참된 진리 속에서 쉬고 있을 때 어떤 일이 일어나는가?

이제, 세 번째 귀의처를 마음속으로 말한다. "사랑에 귀의합니다."

이 구절을 외면서 그것이 당신에게 무엇을 의미하는지 감지한다. 가족과 친구의 가치와 소중함이 느껴지는가? 더 많은 연결에 대한 갈망이 일어나는가? 특별한 친구나 사랑하는 사람을 떠올려본다. 그 사람의 선함과 사랑스러움을 감지할 때 당신의 마음이 어떻게 반응하는지 알아차린다. 따뜻한 느낌이 드는가? 마음이 열리는 느낌인가? 다정함을 느끼는가? 이제 '타인'에 대한 생각은 모두 내려놓고 사랑 그 자체를 직접 받아들인다. 당신이 그 사랑이 된다. 이때 어떤 일이 일어나는가? 당신이 이 사랑의 귀의처로 들어가 머물 때 어떤 일이 일어나는가? 당신의 마음이 참된 사랑 속에서 쉬고 있을 때 어떤 일이 일어나는가?

🌿

이러한 방식으로 '귀의하기'를 규칙적인 명상의 일부로 삼거나 이것 하나만 아무 때나 수행할 수 있다. 이 명상을 할 때마다 항상 처음처럼 호기심을 갖고 행한다면 당신 존재의 아득한 깊이가 계속 드러날 것이다. 각 귀의처에 대해 숙고하는 데 오래 걸릴 때도 있고, 짧은 암송만으로도 금방 깨어나 다정하고 열린 자각을 접할 때도 있을 것이다.

동틀 녘과
아침의 눈꺼풀과
길 떠나는 달과
달이 뜬 순간의 밤의 이름으로

나는 맹세한다, 증오로
내 영혼을 폄하하지 않고

내 자신을 겸손하게 부르리라고,
자연의 수호자로
고통의 치유자로
경이의 전령으로
평화의 건축가로.

태양과 그 찬란한 빛과……
가장 깊은 밤과……
반딧불이와 사과의
눈부신 계절의 이름으로

나는 모든 곳의 모든 형태의
모든 생명을 존중하리라
그들은 나의 고향 지구와
별들의 대저택에 살고 있으리.
– 다이앤 애커먼 〈기도 시간 School Prayer〉

감사의 말

이 책을 쓰는 내내 '통찰 명상회'는 나에게 소중하고 참된 귀의처였다.

탁월한 편집자이자 사랑하는 친구 토니 버낵은 이 책을 시작하고 끝낼 때까지 항상 내 옆에 있어주었다. 토니 같은 길동무를 둔 것이 나로서는 비길 데 없는 행운이었다. 인간의 마음에 대한 토니의 깊은 이해와 저술가로서의 뛰어난 역량은 이 책의 완성에 지대한 공을 세웠다.

내용을 구상하고 초고를 쓰는 동안 바바라 게이츠의 남다른 재능과 나의 첫 번째 편집자인 랜덤하우스의 베스 라쉬마움의 예리한 논평이 큰 도움을 주었다. 역시 랜덤하우스의 앤젤라 폴리도로는 『호·그·미』의 준비 단계에서 다정하고 섬세하고 명료한 지성을 기꺼이 빌려주었다. 그리고 이 책이 드디어 세상의 빛을 보게 된 것은 편집장 마니 코크런의 비범한 재능과 노하우와 활기 덕분이었다.

나의 에이전트 앤 에델스타인에게 깊이 감사한다. 온정과 열정과 현명한 선견지명을 지닌 앤은 그 긴 세월 동안 항상 훌륭하고 믿을 만한 동맹자이자 친구였다.

원고를 검토해주고 용기를 북돋워서 내 영혼을 고양시키고 문장을 간결하고 세련되게 다듬어준 소중한 사람들에 진심으로 감사한다. 그들은 나에게 축복이었다. 잭 콘필드와 바바라 그레이엄, 스티븐 조지프, 다샨 브랙, 그리고 어머니 낸시 브랙에게 더없이 감사한다.

한결같이 나를 지지해준 비서 자넷 머릭은 미흡한 모든 곳을 채워주고 책의 인용과 허락을 구하는 일을 도맡았다. 자넷의 너그럽고 자애로운 도움에 정말로 감사한다. 후반에 합류한 신디 프레이는 언론과 마케팅과 비디오 제작에 관하여 놀라운 활력과 정보력과 기술을 발휘했다. 『호·그·미』의 표지와 웹사이트 디자인은 팀 케네디의 풍부한 창의성의 산물이다.

워싱턴 D.C.를 비롯하여 다양한 지역에 있는 나의 승가-동료 명상 교사들, 수련생들, 도반들-에게 깊은 감사를 보낸다. 그들은 과거사를 진솔하게 들려주고 나를 깨우쳐주고 성실하게 명상을 해왔다.

과거와 현재의 나의 스승들께 사랑과 감사의 절을 올린다. 진리를 깨닫고 자비심을 구현하는 일에 전심을 다하는 이 보살들은 나에게 항상 감동과 영감을 준다.

체일라와, 이제는 세상을 떠난 하쿠나와 맨디는 산책길에 나를 데려가주고 항상 요란하게 꼬리를 쳐서 나를 즐겁게 해주고 무한한 사랑을 보여주었다. 현생에서도 내세에서도 내가 너희들의 조건 없는 환대와 장난과 애정을 누릴 수 있기를.

473

참고자료

타라 브랙의 명상 지도 일정 : www.tarabrach.com
워싱턴 D.C 통찰명상회 : www.imcw.org
오디오 자료 : http://www.tarabrach.com/audiodharma.html
비디오 자료 : http://www.tarabrach.com/video.html
오디오 CD와 다운로드 : http://www.tarabrach.com/products.html
『호·그·미』의 미국 홈페이지 : www.tarabrach.com/findingtruerefuge/
유튜브 : http://www.youtube.com/tarabrach
페이스북 페이지 : http://www.facebook.com/tarabrach
트위터 페이지 : http://www.twitter.com/tarabrach
블로그 : http://blog.tarabrach.com/
핀트레스트 : http://pinterest.com/tarabrach

호흡하세요
그리고
미소지으세요

2014년 2월 5일 초판 1쇄 발행
2018년 6월 11일 개정판 1쇄 발행
2022년 11월 24일 개정판 4쇄 발행

지은이 타라 브랙 • 옮긴이 윤서인
발행인 박상근(至弘) • 편집인 류지호 • 상무이사 김상기 • 편집이사 양동민
책임편집 이상근 • 편집 김재호, 양민호, 김소영, 권순범 • 디자인 쿠담디자인
제작 김명환 • 마케팅 김대현, 이선호 • 관리 윤정안
콘텐츠국 유권준, 최호승, 정승채
펴낸 곳 불광출판사 (03150) 서울시 종로구 우정국로 45-13, 3층
　　　대표전화 02) 420-3200 편집부 02) 420-3300 팩시밀리 02) 420-3400
　　　출판등록 제300-2009-130호(1979. 10. 10.)

ISBN 978-89-7479-410-1 (03180)

값 20,000원